PASW(SPSS)에 의한

통계분석 입문

한올출판사

머리말

본서는 불확실한 경영환경 하에서 보다 정확하고, 안정적인 의사결정 및 불확실한 미래를 예측해볼 수 있는 통계 분석 능력을 향상시키기 위해 기획하였다. 불확실한 상황에서 보다 정확한 의사결정을 내리기 위해서는 어떤 데이터를 어떻게 수집하고, 분류하는가도 중요하겠지만 수집된 데이터를 어떻게 어떤 방법으로 분석하며, 분석 결과를 어떻게 해석하고, 의사결정에 반영해야 할 것인지가 더욱 중요한 문제이다.

그러한 문제를 해결하기 위해서는 통계 이론과 상식이 뒷받침 되어야 하겠지만, 통계 전공자들도 쉽지 않은데, 하물며 비전공자들이 가볍게 접할 수는 없는 것이다. 그래서 통계 이론에 연연하여 정작 중요한 의사결정을 내리지 못하는 경우도 발생할 수 있다. 본서는 꼭 필요한 통계 이론과 누구나 쉽게 통계 프로그램(PASW ; Predictive Analytics Software)을 실행시키고, 다룰 수 있도록 하였으며, 중급 수준의 사용자에게도 활용할 수 있도록 구성하였다. PASW는 SPSS(Statistical Package for the Social Science)에서 변경된 제품명으로 본서에서는 PASW와 SPSS를 병행 표기하고 있다.

본서는 통계 기초 이론 설명(1장-7장), 통계 기초 도구에 대한 설명(8장-17장), 도표에 대한 설명(18장), 시스템 환경설정 및 텍스트파일열기(19장)로 구성하였으며, 실행 순서에 입각하여 초보사용자라도 통계분석을 할 수 있고 분석된 결과를 쉽게 해석할 수 있도록 하였다.

끝으로 어려운 여건 하에서도 본서의 출간을 기꺼이 승낙해 주신 한올출판사 사장님 그리고 관계자 여러분의 노고에 깊은 감사의 말씀을 드린다.

2010년 5월
저자 씀

CONTENTS

조사연구 1

질문지 작성 2

가설과 변수 3

측정 4

CONTENTS

CONTENTS

평균비교 8

비율 분석 9

교차분석 10

CONTENTS

CONTENTS

CONTENTS

신뢰성 분석 17

도 표 18

시스템 환경 설정 및 텍스트 데이터 파일 열기 19

1 조사연구

1. 통계

한자어로 "통계"란 모아서 계산한다는 뜻이고, 영어의 "Statistics"는 국가(state)를 다스리기 위해 필요한 인구 및 경제자료의 수집과 활용의 뜻이다. 이러한 어원적인 측면에서 통계학을 단지 자료를 수집하여 표나 그림으로 나타나거나 자료의 특성값(평균이나 분산 등)들을 계산하는 학문으로 인식하는 경향이 있다. 그러나 현대의 통계학은 연구목적에 필요한 자료를 수집하여 정리하고 요약, 분석하여 합리적인 의사결정을 내리도록 하는 과학적인 분석 학문이다. 즉, 통계학은 논리적(logical) 사고와 객관적(objective)인 사실에 의거하며, 일반적(general)이고 확률적(probabilistic) 결정론에 의해서 인과관계를 규명한다. 특히, 연구목적에 의해 설정된 가설들에 대하여 분석결과가 어떤 결과를 뒷받침하고 있는지를 통계적 방법으로 검정할 수 있다.

이처럼 통계학은 과학적인 자료분석 방법이므로 연구대상에 대한 어떤 의미 있는 정보를 얻고자 하는 여러 방면에서 적용될 수 있다. 현재 통계학은 경제학, 경영학, 사회학, 정치학, 교육학, 의학, 공학 등 대부분의 모든 학문 분야에서 폭넓게 이용되고 있다. 특히, 경제학, 심리학, 의학 등에서는 통계학의 중요성이 강조되어 경제통계, 심리통계 등 독자적인 학문을 이루고 있다. 통계학이 이용되는 분야는 크게 두 가지로 구분될 수 있다. 그 중 한 가지는 수집된 자료의 특성을 쉽게 파악할 수 있도록 자료를 표나 그림 또는 대표값, 변동의 크기 등을 통하여 정리, 요약하는 방법을 다루는 분야인 기술통계학(descriptive statistics)과 모집단에서 추출한 표본의 정보로 모집단의 여러 특성을 과학적으로 추론하는 방법을 다루는 추측통계학(inferential statistics)이 있다.

2. 모집단과 표본

통계는 대상으로부터 자료를 수집, 특성을 숫자로 파악 및 요약하고, 그로부터 어떤 판단을 내리는 기술이다. 대상을 요약하는 방법은 해당 집단의 특성을 잘 나타내는 값으로 평균값, 최빈값, 중앙값 등이 사용되고 있다.

평균값 : 우리나라 남성들의 평균 체중
최빈값 : 우리나라의 결혼 적령기(결혼을 가장 많이 하는 연령층)
중앙값 : 무엇을 하든 중간은 해야 함(대상의 50%를 차지하는 위치)

이와 같이 통계는 관심 있는 분야를 알아보기 위해서 어떤 모양이나 연령, 성별 등의 조건에 맞게 개수를 세어보거나 또는 그래프를 그려서 알아 볼 수 있으며, 자료들이 일정한지, 들쑥날쑥한지 등을 보기 위해서 흩어진 정도(산포)를 살펴 볼 수도 있다. 또한 대상을 파악하는데 있어서 대상 전체를 조사하지 않고 일부만을 대상으로 하여 조사해볼 수도 있다. 즉, 음식 전부를 먹지 않고도 음식의 일부만 먹고 나서 음식맛을 평하는 것과 같은 이치이다. 이와 같이 전체 중에서 일부를 조사하는 것을 표본조사라 하고, 전체 대상 모두를 조사하는 것을 전수조사라 한다. 이때 전체는 모집단이라 하고, 모집단에서 추출한 일부는 표본이라 한다.

통계학에서의 모집단(population)은 연구대상이 되는 물체나 사람들의 전체를 의미하며, 이러한 연구 대상이 되는 전체에서 표본이 선택된다.

예를 들면, 한국 청소년들의 의식을 조사하기 위해서 조사를 한다고 할 경우 대상 모집단은 한국의 모든 청소년이 된다. 이들 대상에서 한국의 청소년의 의식을 가장 잘 나타내고 있는 학생들 200명을 대상으로 조사하였다면, 이들 200명의 청소년이 표본이 된다.

모집단의 크기는 연구대상에 따라 달라지며, 모집단이 설정되면 표본추출단위를 정해야 한다. 표본추출단위란 표본추출 과정의 각 단계에서의 표본추출 대상을 지칭한다. 표본추출 단위는 개인일 수도 있지만 표본 추출이 여러 단계에 걸쳐 진행될 경우에는 그룹이 될 수도 있다. 표본에 속한 각 관측값이 무작위로 택해졌을 때 이 표본을 무작위 표본(또는 확률 표본, 랜덤표본, random sample) 이라고 한다. 만약 표본이 무작위로 뽑혔다면 여기에 속한 임의의 한 관측값은 모집단의 성격을 그대로 갖게 된다.

즉, 무작위 표본에 속한 각 관측값의 확률분포는 모집단의 확률분포와 동일하다. 즉, 표본은 모집단의 특성을 잘 나타낼 수 있는 모집단의 부분집합이기 때문이다.

3. 조사 연구

1) 앙케트란

앙케트와 설문지조사

다른 사람의 의견이나 감각을 데이터로 모으기 위한 방법에 앙케트라고 하는 것이 있다. 앙케트(enquête : 조사)란 사전에 설문지를 준비하고 그 설문에 대한 회답방식을 통해서 회답자의 의견이나 감각을 알고자 하는 데이터 수집방법을 말한다. 앙케트에서는 설문에 대한 회답이 다른 사람의 의견이나 감각을 나타내는 데이터로서 수집된다. 통상 설문은 문장으로서 지면상에 표시된다고 하는 사실로부터 설문지조사라고도 불리고 있다. 그러나 최근에는 E-mail이나 인터넷을 이용한 앙케트도 실시되고 있는 사실로부터 '설문지'라고 하는 호칭은 이미지와 맞지 않게 되었다.

앙케트는 본래 '우송을 이용한 설문지에 의한 조사'를 의미하는 것이지만, 일반적으로는 우송에 의하지 않는 방법에 대해서도 앙케트라고 하는 말이 쓰이고 있으므로 이 책에서는 우송에 의한 방법이 아니더라도 설문지를 이용한 조사방법을 앙케트라고 부르기로 한다.

앙케트의 적용범위

앙케트는 다른 사람에게 묻지 않으면 알 수 없는 것을 알고 싶은 경우에 이용되는 조사방법으로, 그 적용범위는 극히 넓다고 할 수 있다.

앙케트를 적용하는 경우를 분야로 나누어 보면, 사회학에 있어서의 사회조사·여론조사, 경영학에 있어서의 시장조사, 의학에 있어서의 역학적(疫學的) 조사 등을 들 수 있다. 그리고 심리학에 있어서의 연구수단으로도 자주 이용되고 있다.

연구활동의 과정에서 나누어 보면, 연구자가 제창하는 이론·가설을 검증하는 경우, 이론·가설 그 자체를 탐색하는 경우, 연구 테마에 관한 현상을 파악하는 경우에 앙케트가 이용되고 있다.

경영학에 있어서는 시장조사 외에 종업원을 대상으로 하는 의식이나 의견의 조사, 고객(구입자, 이용자)의 만족도나 니즈를 조사하는 고객만족도조사에 있어서 앙케트가 쓰이고 있다.

관능검사와 앙케트

제품에는 중량이나 강도와 같이 측정기를 이용해서 물리적·화학적으로 검사할 수 있는 평가항목과 외관의 색, 냄새·향기, 감촉, 소리, 맛 등과 같이 인간의 감각(시각, 후각, 촉각, 청각, 미각)을 이용하지 않으면 검사할 수 없는 평가항목이 있다. 인간의 감각을 이용해서 제품을 평가, 검사하는 방법을 관능검사라고 부른다.

관능검사는 분석형 관능검사와 기호형 관능검사로 대별된다. 분석형은 인간의 감각을 측정수단으로서 시료(제품)의 양부(良否)를 판정하는 검사이며, 기호형은 시료에 대한 반응의 방식(아름답다, 번거롭다)을 통해서 인간의 감각이나 감정을 측정하는 검사이다. 분석형은 좋으냐 나쁘냐를 묻는 검사인 데 비해서, 기호형은 좋아하느냐 싫어하느냐를 묻는 조사라고 하는 견해가 가능하다.

관능검사에서는 감각을 표현하는 용어와 시료의 제시방법에 충분히 배려할 필요가 있으며, 이를 위한 효과적인 방법이 몇 가지 준비되어 있다. 따라서 앙케트의 내용이 인간의 오감에 호소해서 회답해 받는 내용일 때에는, 조사담당자는 관능검사나 감성공학이라고 하는 분야에 대해서도 공부해 두지 않으면 안 된다. 관능검사의 분야에서 제창되고 있는 데이터의 수집방법이나 분석방법을 습득해 둠으로써 질 좋은 데이터의 수집과 분석을 실시할 수 있게 된다.

앙케트의 추진방법

앙케트는 먼저 계획을 세우고 그 계획에 따라서 실시한다. 다음에는 앙케트에서 수집한 데이터를 분석하고, 마지막으로 분석결과를 보고서에 정리함과 동시에 결과를 금후의 행동에 도움이 되도록 한다는 일련의 흐름으로 추진된다. 이 흐름을 정리하면 다음과 같은 4개의 스텝으로 앙케트를 추진해 가게 된다.

(1) 계획의 입안
(2) 준비와 실시
(3) 집계와 분석

(4) 보고와 활용

앙케트가 성공하느냐 어떠냐의 열쇠는 최초의 스텝인 '계획의 입안' 단계에 있다. 계획이 불충분한 앙케트를 실시하더라도 품질 좋은 데이터는 수집되지 않는다. 품질이 좋지 않은 데이터는 어떠한 통계수법을 이용해서 분석하더라도, 소재가 될 데이터가 나쁘기 때문에 분석결과로부터 이끌어지는 결론의 신뢰성은 낮다. 그리고 금후의 행동지침이 되도록 하는 것은 얻어지지 않을 가능성이 높게 된다.

앙케트의 '준비와 실시' 단계의 구체적인 내용은 다음과 같다.

① 조사표(설문과 회답문)의 작성
② 예비조사
③ 조사표(설문과 회답문)의 수정
④ 그 밖의 준비(조사원의 교육, 회의장의 확보)
⑤ 본조사의 실시

상기의 ①에서 ④까지가 준비, ⑤가 실시에 해당된다. ②의 예비조사는 조사표의 완성도를 높이기 위해서 실시된다. 시간이 없다는 것을 이유로 이 예비조사를 실시하지 않고 본조사를 실시해 버리는 경우를 흔히 보게 되는데, 이것은 앙케트가 실패로 끝나는 큰 원인 중 하나가 된다. 설문이나 회답문은 뒤에서 설명할 몇 가지의 포인트에 주의를 기울이면서 작성할 필요가 있는데, 그렇더라도 완전한 것을 작성하기란 어렵고, 실시해야 비로소 불비한 점이 눈에 띄는 경우도 있다. 따라서 예비조사의 실시는 필요불가결한 과정이라고 생각해야 할 것이다.

앙케트의 '집계와 분석' 단계에서 주의하지 않으면 안 될 것은, 데이터가 수집되고 나서 어떠한 집계와 분석을 실시할 것인지를 정한다고 하는 추진방법은 잘못되어 있다는 것이다. 예를 들면, 어떤 상품의 소유율을 알기 위해서 앙케트를 실시했다고 한다. 앙케트의 데이터가 수집된 시점에서 소유율에는 남녀간에 차이가 있는지 어떤지를 알고 싶어졌을 때에 앙케트 내용 속에서 묻고 있지 않으면 그 분석은 불가능하게 된다. 따라서 집계나 분석의 방법은 계획의 입안 단계에서 데이터의 수집 전에 생각해 둘 필요가 있다.

데이터의 집계와 분석에 관한 작업은 PC를 이용해서 실시하면 좋다. 이때에 앙케트 데이터를 처리하기 위한 전용 소프트웨어 혹은 집계와 분석을 잘할 수 있는 통계 소프트웨어나 표계산(表計算) 소프트웨어가 필요하다.

앙케트의 '보고'는 보고서의 형태로 해서 문서로 실시하면 좋다. 문서로 남기는 것의 이점은 언제, 누가, 누구에게, 무엇에 대해서, 어떠한 방법으로 조사한 앙케트인가 하는 기록이 남는다는 것과 정보의 활용이 용이해진다는 것이다.

앙케트의 마지막 단계는 앙케트에서 얻어진 결론의 '활용'이다. 예를 들면, 고객만족도를 조사하는 앙케트를 실시한 결과로서, 고객이 불만을 느끼고 있다는 것이 밝혀졌다고 하자. 그 후 아무것도 개선되지 않는다면, 처음부터 앙케트 따위는 하지 않는 편이 낫다. 역으로 앙케트에 일부러 대답해 준 고객의 반감을 살 뿐이다. 앙케트의 결과를 활용하지 않는다면 앙케트를 실시하는 의미가 없다.

2) 앙케트의 계획

계획의 입안

앙케트의 계획을 세운다는 것은 다음의 10항목에 대해서 명확히 하는 것이다.

① 조사목적 – 무엇을 위해서 조사할 것인가? 결론을 어떻게 활용할 것인가? □
② 조사항목 – 무엇을 알고 싶은가? 무엇을 조사할 것인가? □
③ 조사대상 – 누구에게 질문할 것인가? □
④ 조사규모 – 몇 명에게 질문할 것인가? □
⑤ 조사시기 – 언제 실시할 것인가? □
⑥ 조사방법 – 어떻게 조사할 것인가? □
⑦ 분석방법 – 어떻게 집계하여 분석할 것인가? □
⑧ 보고방법 – 어떻게 정리하여 누구에게 보고할 것인가? □
⑨ 예　　산 – 얼마 드는가? □
⑩ 일　　정 – 언제까지 종료시킬 것인가? □

이들 질문에 모두 명확하게 답해진다면 계획의 입안은 끝났다고 생각해도 좋을 것이다.

조사목적의 명확화

앙케트는 그 목적에 따라서 가설검증형(假說檢證型)과 현상파악형(現狀把握型)의 2가지 타입으로 대별할 수 있다. 가설검증형은 조사를 실시하는 자가 어떠한 가설을 설정하고, 그 가설이 정말로 성립하는지 어떤지를 데이터로 확인하는 것을 목적으로 한 앙케트이다. 현상파악형은 연구 테마에 관한 현상을 조사하는 것으로서, 어떠한 상황에 있는지, 무엇이 일어나고 있는지를 파악하여 그 결과를 의사결정이나 가설발상에 활용하는 것을 목적으로 한 앙케트이다.

조사의 목적을 명확히 한다는 것은, 가설검증형이라면 어떠한 가설을 검증하고자 하고 있는지를 명확히 하는 것이며, 현상파악형이라면 앙케트 결과를 어떻게 활용할 것인지를 명확히 하는 것이라고 생각해도 좋다.

가설검증형의 앙케트를 실시할 경우, 앙케트에서 검증해야 할 가설의 설정에 즈음해서는 집단면접(그룹 인터뷰)을 실시하면 좋다. 집단면접이란 조사의 대상자로부터 몇 명을 골라 그 사람들을 한 곳에 모아서, 조사담당자에 의한 사회로 회의형식으로서 자유롭게 의견을 개진하는 방법이다. 또한 어떤 장소에 모이는 대신에 인터넷이나 PC통신상에서 집단면접을 실시하고 있는 기업도 있다.

집단면접으로 가설을 발견하고, 앙케트에서 가설을 검증한다고 하는 자리매김이 된다.

조사항목의 결정

앙케트로 알고 싶은 것이 조사항목이다. 앙케트에 있어서의 설문은 이 조사항목을 기초로 생각해 가게 된다. 조사항목을 정하려면 현상파악형의 앙케트인 경우에는 조사담당자가 모여서 브레인스토밍(brainstorming)을 실시하면 좋다. 조사항목은 브레인스토밍의 결과를 정리해서 정하게 된다. 가설검증형의 앙케트일 때에는 검증해야 할 가설에 따라서 조사항목을 정해 가면 된다.

브레인스토밍이나 집단면접에서 나온 의견을 정리하는 데는 신 QC 7가지 도구 중 친화도법(일명 KJ법)이 유효하다. 또 복수의 조사항목간 관계를 정리하고 조사항목 전체의 모습을 밝히는 수법으로서 연관도법 또는 계통도법 등의 도해수법이 효과적이다.

조사대상의 설정

조사의 대상이 되는 집단을 모집단이라고 한다. 예를 들면, 서울시내의 대학생이 취직에 대해서 어떠한 생각을 가지고 있는가를 조사하고자 했을 때에는, 서울시내의 대학생 전원이 모집단이 된다.

모집단에 속하는 요소(예를 들면, 앙케트의 대상이 되는 사람)의 수가 무한인 경우를 무한모집단, 유한인 경우를 유한모집단이라고 한다.

모집단이라고 하는 용어에는 다음과 같은 정의가 있으므로 소개하기로 한다.

[모집단의 정의]

① 연구 조사의 대상이 되는 것의 집합

② 무한개의 측정치의 집합

③ 처치의 대상이 되는 집합

그런데 모집단의 구성요소 모두를 조사하는 방법을 전수조사, 모집단의 일부를 추출해서 조사하는 방법을 표본조사라고 한다. 표본이란 모집단으로부터 추출된 집단을 말한다.

- 전수조사(census) : 조사 대상이 되는 모집단(소비자, 판매점, 기업, 제품 등) 전체를 대상으로 조사
- 표본조사(sample survey) : 모집단 전체에서 일부를 대표로 추출해 조사

표본조사의 경우, 모집단의 구성요소를 모두 다 조사하지 않고 일부만을 조사함으로 인해 발생되는 표본 오차와 조사를 시행하는 과정에서 발생되는 비표본 오류가 있다. 비표본 오류란 표본선정 이외에서 발생할 수 있는 오류로 자료수집과정, 관찰대상자에 접근하는 과정, 자료 기록 및 처리에서 발생하는 오류 등을 말한다.

	전수조사(census)	표본조사(sampling survey)
조 사 대 상	모집단 전체	모집단 일부(표본)
얻어지는 자료	모수(μ , σ)	통계량(X, s), 모수 추정치
표 본 오 차	0	표본규모가 커짐에 따라 줄어 듬
비표본 오류	표본조사보다 큼	전수조사보가 작음
시간·비용 경제성	시간·비용이 많이 듬	시간·비용이 적게 듬

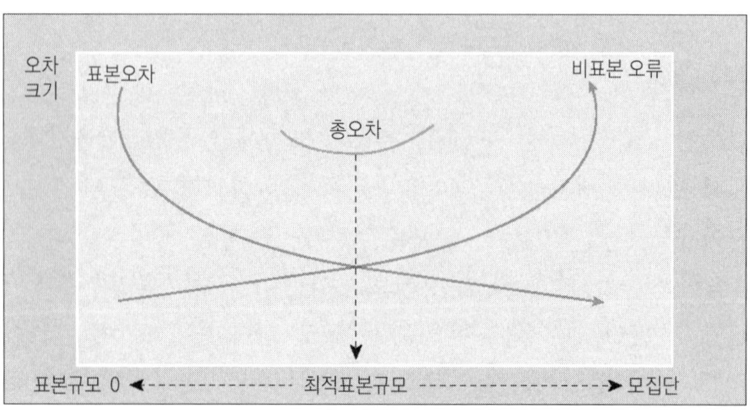

조사규모의 결정

표본조사를 실시할 때에는 모집단으로부터 추출할 사람 수를 정하지 않으면 안 된다. 이 사람 수는 요구정밀도, 회수율, 예산을 고려해서 결정된다.

지금 휴대폰의 소유율을 알기 위해서 "귀하는 휴대폰을 가지고 있습니까?"라고 하는 질문을 했다고 하자. 이 때에 "갖고 있다"고 대답한 사람의 수를 집계하면, 소유율은 몇 %인지 계산할 수 있다. 여기에서 얻어지는 소유율은 모집단에서 추출된 표본의 소유율이지 모집단의 소유율은 아니다. 모집단의 소유율은 전원을 조사한 것이 아니므로 표본의 소유율을 기초로 추정하게 된다. 이 때에 표본이라고 하는 일부의 데이터로 전체를 추정하고자 하므로 거기에는 오차가 따르게 된다. 이 오차를 최대로 어느 정도까지 허용할 수 있느냐 하는 것이 요구정밀도이다.

요구정밀도는 조사담당자가 임의로(통계학과는 무관하게) 정하게 된다. 요구정밀도가 정해지면 다음은 통계적인 계산에 의해서 몇 사람을 뽑으면 좋을지 자동적으로 정해진다. 구체적인 계산방법은 다음 절에서 해설한다.

가령 통계적인 계산에 의해서 100명을 뽑으면 좋다고 하는 결과가 얻어졌다고 한다. 이것은 100명의 회답이 필요하다는 것이기 때문에, 회수율이 50%로 예상될 때에는 200명분의 조사표를 준비해 둘 필요가 있다. 회수율은 과거의 앙케트를 참고로 예상하게 되는데, 어떠한 조사방법을 이용하느냐에 따라서 대개 20%에서 70% 사이에서 크게 변한다.

예산은 마지막으로 고려한다. 계산에서 구한 사람 수로 예산을 초과해 버릴 때에는, 사람 수를 줄이게 된다. 이 경우에 당초의 요구정밀도는 확보할 수 없게 되므로, 사람 수를 줄인 결과 정밀도가 어느 정도 떨어지는지를 살펴볼 필요가 있다.

조사시기의 결정

앙케트의 실시시기는 스케줄의 문제인데, 주의해야 할 것은 실시의 타이밍이다. 학생의 취직활동에 관한 앙케트를 생각한 경우에 3월과 9월에는 대답이 변할지도 모른다. 실시시기는 이러한 사정도 고려해서 정할 필요가 있다.

조사방법의 결정

앙케트로 데이터를 수집하는 데는 조사의 대상으로서 뽑힌 사람과 직접 만나서 회답해 받는 방법이나 우편을 사용하는 방법 등 여러 가지 방법을 생각할 수 있다. 대표적인 조사방법을 소개하면 다음과 같다.

① 방문면접법

조사원이 조사의 대상자를 방문하여 인터뷰 형식으로 질문에 대답해 받는 방법이다. 회답의 기입은 조사원이 행하는 경우와 회답자가 스스로 행하는 경우가 있다. 이 방법은 질문의 의미를 그 자리에서 회답자에게 설명할 수 있으므로 질문의 의미를 오해하고 회답해 버리는 오답을 막을 수 있다.

방문면접에서는 조사원의 설명방식을 통일하여 누구라도 같은 설명을 하도록 사전에 교육을 해 둘 필요가 있다. 방문면접에는 회수율이 높고 회답의 신뢰성이 높다고 하는 이점과 비용이 든다고 하는 결점이 있다.

② 우송조사법

조사표를 대상자에게 우편으로 송부하여 대상자에게 기입 후 반송해 받는 방법이다. 우송조사법에서는 조사표를 회수할 일손이 불필요하게 된다.

우송조사법에는 비용이 들지 않는다고 하는 이점과 회수율이 낮다고 하는 결점이 있다.

③ 유치조사법

조사원이 대상자에게 조사표를 배포하고 수일 후에 조사원이 돌아다니며 회수하는 방법이다. 유치조사법(留置調査法)은 회답하는 데 시간을 요하는 앙케트일 때에 유효한 방법이다.

④ 가두조사법·점두조사법

조사원이 가두(街頭)나 점두(店頭)에서 대상자를 찾아내어 인터뷰 형식으로 질문하여 회답해 받는 방법이다.

가두조사법은 인터뷰에 응해 줄 사람과 만나는 것이 용이하지 않다. 또한 회답자에게 치우침이 생기는 경우가 많다. 가두조사법을 실시할 때에는 평일에 실시할 것인가 휴일에 실시할 것인가, 오전인가 오후인가 등 요일과 시간대의 선정에 주의할 필요가 있다. 백화점의 점두 등에서 교통수단을 질문하는 경우에는 실시일의 날씨 등도 고려하지 않으면 안 된다.

⑤ 전화조사법

조사원이 대상자에게 전화로 질문을 하여 대답해 받는 방법이다. 전화조사법에서는 질문의 수를 적게 해서 상대방으로부터 시간을 뺏지 않도록 할 필요가 있다. 또한 가두조사법과 마찬가지로 회답해 줄 사람과 만나는 것이 어렵다.

⑥ 집합조사법

대상자를 어떤 회장에 모이게 하여 그 장소에서 질문에 대답해 받는 방법이다.

집합조사법은 기업이 개발한 새로운 상품의 감상을 묻는 경우 등에 유효한 방법이다.

집합조사법의 이점은 회장에서 한번에 다수의 조사표를 회수할 수 있다는 것이다. 한편 회장의 확보나 집합시간과 장소의 사전연락이라고 하는 준비작업에 일손이 필요하다고 하는 결점이 있다.

⑦ 온라인 조사법

E-mail이나 인터넷을 이용하는 방법이다.

E-mail은 우송조사법의 우편 대신에 사용한다. 이 방법을 이용하면 회답결과를 PC에 입력하는 작업이 대폭 경감된다.

인터넷을 이용하는 방법은 E-mail을 사용하는 방법과 홈페이지를 사용하는 방법으로 대별된다. 홈페이지를 사용하는 방법은 그 페이지를 본 사람만이 회답하게 되어 회답결과에 치우침이 생길 가능성을 포함하고 있다. 또한 모집단을 어떻게 생각할 것인가 하는 문제도 있다.

분석방법의 결정

앙케트에서 수집한 데이터를 어떻게 집계, 분석할 것인가는 앙케트를 실시하기 전에 생각해야 하며 계획 단계에서 정해 둘 필요가 있다.

앙케트의 데이터를 집계하는 방법에는 단순 집계와 크로스 집계가 있다.

단순 집계란 어느 선택지(選擇肢)를 몇 명이 선택했는지를 질문마다 집계해 가는 방법이다.

크로스 집계란 2개의 질문을 조합해서 집계하는 방법이다. 크로스 집계를 함으로써 2개 질문의 회답방식에 어떤 관계가 있는지를 분석할 수 있다.

크로스 집계는 데이터의 체크에도 도움이 되는 방법이다. 예를 들면, 직업을 묻고 있는 질문에는 학생이라고 대답하고 있으면서, 직위를 묻는 질문에는 과장이라고 대답하는 등 "있을 수 없는 편성"의 회답방식을 취하고 있는 회답자를 발견한다거나, 성별이 남자이며 연령이 30세 이상의 회답자는 몇 명 있는가라고 하는 집계를 함으로써 "표본의 구성"을 확인할 수 있다.

단순 집계는 모든 질문에 대해서 실시하게 되지만, 크로스 집계는 관심이 있는 편성에 대해서 실시하게 된다. 그래서 어느 질문과 어느 질문을 편성해서 크로스 집계를 할 것인지 다음과 같은 매트릭스도로 정리하면 좋다.

	문 1	문 2	문 3	문 4
문 1		○	○	
문 2	○		○	
문 3	○	○		○
문 4			○	

앙케트의 데이터를 분석하는 데 도움이 되는 대표적인 수법을 열거하면 다음과 같다.

① 비율에 관한 검정과 추정
② 비율의 차이에 관한 검정과 추정
③ 크로스 집계표(분할표)에 관한 검정
④ 대수선형 모델
⑤ 중회귀분석
⑥ 판별분석
⑦ 주성분분석
⑧ 요인분석
⑨ 수량화이론 I류
⑩ 수량화이론 II류
⑪ 수량화이론 III류
⑫ 수량화이론 IV류
⑬ 다차원척도법
⑭ 컨조인트 분석

보고방법의 결정

보고서는 다음과 같은 3개의 부문으로 구성하면 좋다.

(1) 조사의 개요
(2) 조사의 결과
(3) 자료

첫번째 부문인 "조사의 개요"에는 최소한 다음과 같은 내용을 기재한다.

① 테마
② 조사목적
③ 가설과 조사항목
④ 조사대상과 표본의 추출방법
⑤ 조사방법
⑥ 실시시기
⑦ 회답자의 수와 회수율
⑧ 표본의 구성(회답자의 내역)

다음 부문인 "조사의 결과"에는 최소한 다음과 같은 내용을 기재한다.

① 설문과 단순집계의 결과를 나타내는 그래프 및 그 해설(설명·고찰·결론)
② 설문과 크로스 집계의 결과를 나타내는 그래프 및 그 해설
③ 통계적 분석의 결과와 그 해설
④ 요약

마지막 부문인 "자료"에는 다음과 같은 장표류(帳票類)를 첨부한다.

① 조사표
② 데이터의 일람표
③ 단순집계의 결과를 나타내는 표
④ 크로스 집계의 결과를 나타내는 표
⑤ 통계적 분석의 계산결과

예산

예산계획을 세울 때에 잊어버리기 쉬운 비용으로서, 사례에 드는 비용이 있다. 앙케트의 회답자에게 사례를 하는 것은 당연한 예의이다.

사례가 아니라 추첨에 의한 현상품(懸賞品)을 제공하는 앙케트가 있는데, 고액의 현상품을 걸면 회수율은 올라가지만 현상품의 제공자에게 호의적인 회답이 많아지기 쉽다. 따라서 이와 같은 앙케트는 집계나 분석에 역점을 두는 것이 아니라, 데이터베이스를 만드는 것을 목적으로 하는 편이 무난하다.

질문지 작성 2

1. 표본조사법

1) 모집단과 표본

예제 2-1

사내에서 어떤 앙케트를 실시하고자 생각하고 있다. 다만 시간 관계상 전 사원은 조사할 수 없는 것으로 한다. 이 앙케트에서 가장 관심이 있는 질문은 자유근무시간제의 도입에 찬성인지 반대인지를 묻는 것으로서, 찬성의 비율을 정밀도가 높게 추정하고자 한다.

전사원의 수가 2,000명이라 하고, 추정의 신뢰수준을 95%, 요구정밀도를 10%로 하면 몇 명의 사원을 조사하면 좋을까?

모집단의 크기와 표본의 크기

앙케트에서 조사의 대상이 되는 집단을 모집단이라 부르고, 모집단에 속하는 사람 모두를 조사하는 방법을 전수조사, 모집단으로부터 일부의 사람을 뽑아서 조사하는 방법을 표본조사라고 한다. 여기에서 모집단으로부터 추출된 사람의 집합을 표본이라 부른다.

모집단에 속하는 사람의 수를 모집단의 크기라 하고, N으로 나타내는 것이 관례이다. N이 무한인 경우를 무한모집단, N이 유한인 경우를 유한모집단이라고 한다.

표본으로서 추출된 사람의 수는 표본의 크기(sample size)라 하고, n으로 나타내는 것이 관례이다.

모집단의 크기를 모집단의 수라고 부르며 표본의 크기를 표본의 수라고 부르는 사람이 있는데, 이것은 잘못된 호칭이므로 주의해야 한다. 모집단의 수 혹은 표본의 수라고 하는 경우에는 다른 의미가 된다.

표본의 크기를 정하는 방법

표본조사에 있어서 모집단으로부터 추출할 사람의 수(표본의 크기)를 정하기 위한 순서는 다음과 같다.

순서 1 ▸▸▸ 요구정밀도 e 의 결정

허용 가능한 최대오차 e를 정한다.

순서 2 ▸▸▸ 신뢰수준 α 의 결정

95%로 하는 경우가 많다. 그 밖에 90%, 99%도 자주 쓰인다.

순서 3 ▸▸▸ 모집단의 비율 P 의 예측

예비조사의 결과나 과거의 앙케트(같은 종류의 것) 결과를 기초로 P를 예측한다. 예측할 수 없을 때에는 P를 50%(0.5)로 한다.

㈜ P를 0.5로 하면 가장 안전한(가장 큰) 표본의 크기가 얻어진다.

순서 4 ▸▸▸ 계산

필요한 표본의 크기를 n,
모집단의 크기를 N,
요구정밀도(허용할 수 있는 최대오차)를 e,
예상되는 모집단의 비율을 P
라고 한다.

① 유한모집단의 경우

$$n \geq \frac{N}{\left(\frac{e}{k}\right)^2 \frac{N-1}{P(1-P)} + 1} \qquad k$$

여기에서, k는 신뢰수준을 정하면 자동적으로 정해지는 상수
(k는 신뢰수준에 대응하는 표준정규분포의 %점)
신뢰수준을 α라고 하면,

$$a = 0.95 \text{ 이면 } k = 1.96$$
$$a = 0.90 \text{ 이면 } k = 1.65$$
$$a = 0.99 \text{ 이면 } k = 2.58$$

이 된다.

② 무한모집단의 경우

$$n \geq \frac{1}{\left(\frac{e}{k}\right)^2 \frac{1}{P(1-P)}} \qquad k$$

이상의 순서는 '모집단의 구간추정'이라고 하는 통계적 방법을 이론의 기초로 하고 있기 때문에, 공식의 이론적 배경을 이해하려면 이 책의 제 7 장을 참조하기 바란다.

예제의 해답

본 예제에서는 모집단의 비율(찬성률)은 예측 불가능하다고 생각하여 50%로 계산한다.

모집단의 크기	$N = 2000$
요구정밀도	$e = 0.1$
모집단의 비율	$P = 0.5$
신뢰수준	$a = 0.95$ (따라서 계수 $k = 1.96$)

이므로

$$n \geq \frac{2000}{\left(\frac{0.1}{1.96}\right)^2 \frac{2000-1}{0.5(1-0.5)}+1} = \frac{2000}{0.0026 \times \frac{1999}{0.25}+1} = \frac{2000}{21.7896} = 91.7869 \rightarrow 92$$

92명 이상의 사원을 조사할 필요가 있다.

예제 2-2

예제 2-1의 전사원수를 4000명이라고 하면, 필요한 표본의 크기 n은 얼마가 될까?

예제의 해답

$$n \geq \frac{4000}{\left(\frac{0.1}{1.96}\right)^2 \frac{4000-1}{0.5(1-0.5)}+1} = \frac{4000}{0.0026 \times \frac{3999}{0.25}+1} = \frac{4000}{42.5896} = 93.9196 \rightarrow 94$$

모집단의 크기가 2000인 경우와 4000인 경우를 비교하면,

모집단의 크기 N = 2000 표본의 크기 n = 92
모집단의 크기 N = 4000 표본의 크기 n = 94
가 되어, 모집단의 크기가 2배가 되더라도 표본의 크기는 2배로 될 필요가 없다는 것을 알 수 있다.

2) 표본추출

예제 2-3

100명의 학생에 대한 이름이 등록되어 있는 학생명부가 있다고 한다. 학생명부 속에는 학생번호가 1번에서 100번까지 각 학생에게 할당되어 있다. 이 100명의 학생 중에서 20명을 무작위로 추출하라.

표본의 추출방법

모집단으로부터 일부의 사람을 뽑아 조사하는 표본조사에서는 어떠한 방법으로 일부의 사람을 뽑을 것인가라고 하는 문제가 생긴다. 일부 사람의 데이터를 기초로 모집단 전체의 논의를 하고자 하는 것이므로 뽑힌 사람들은 모집단을 대표하고 있을 필요가 있다.

모집단으로부터 표본을 뽑는 행위를 표본추출(sampling)이라 하고, 그 방법에는 무작위추출 (random sampling)과 유의추출(purposive sampling)이 있다.

무작위추출이라고 하는 것은 난수(random number)나 추첨(lot)을 통해서 표본을 뽑는 방법이다. 난수나 제비뽑기를 통함으로써 표본을 뽑는 사람의 의지가 들어가지 않게 되어, 앙케트를 실시하는 측에게 있어서 형편이 좋은 사람들이 모이는 것을 피할 수 있다. 또 일부 사람들의 데이터로부터 모집단 전체를 추정함으로써 생기는 오차가 어느 정도의 크기가 될 것인지 통계적으로 계산에 의해서 어림할 수 있다.

유의추출이라고 하는 것은 모집단을 대표한다고 생각되는 표본을 의식적으로 뽑는다거나 조사담당자의 아는 사람을 표본으로 뽑는다고 하는 방법이다.

유의추출 쪽이 무작위추출보다도 수고는 덜하다. 그러나 유의추출법은 표본이 모집단을 대표하고 있다는 보증이 없고, 추정의 오차도 평가할 수 없다. 따라서 원칙적으로 무작위추출법을 사용해야 한다.

무작위추출

무작위추출 중에도 몇 가지의 방법이 있으므로 소개하면 다음과 같다.

① 단순무작위추출

모집단의 명부를 준비해서 명부에 일련번호를 매기고, 제비뽑기의 요령으로 그 중에서 필요한 수만큼 표본으로서 추출하는 방법이다.

PC의 난수를 사용한다면, 모집단의 크기를 N이라 하고 N 이하의 수치가 생성되는 난수를 표본 크기의 수(n개)만큼 발생시킨다. 발생한 난수의 값과 일치하는 일련번호의 사람을 표본으로서 뽑는다.

② 계통추출

모집단의 명부로부터 개시번호를 무작위로 정하고 그 다음은 일정한 추출간격으로 표본을 뽑는 방법이다.

추출간격은

$$(\text{모집단의 크기 } N) \div (\text{표본의 크기 } n)$$

로 구한다.

예를 들면 9000명으로부터 1000명을 뽑는 경우, 추출간격은

$$9000 \div 1000 = 9$$

가 된다. 개시번호는 추출간격인 9 이하의 난수를 발생시켜서 정한다.

③ 층화추출

미리 모집단을 그룹으로 나누어서(층화해서) 각 그룹(층)으로부터 무작위로 표본을 뽑는 방법이다. 층화(層化)는, 예를 들면 남자와 여자로 나눈다거나 직업별로 나눈다고 하는 것처럼 같은 그룹에는 동질의 사람이 모이도록 한다.

④ 다단추출

모집단으로부터의 추출을 몇 단계로 나누어서 실시하는 방법이다. 예를 들면 전국 규모의 앙케트를 생각할 때에, 먼저 시·도(市道)를 무작위로 뽑은 다음에 뽑힌 각각의 시·도로부터 구·면·동(區面洞)을 무작위로 뽑고, 마지막으로 구·면·동 중에서 사람을 뽑는다고 하는 식으로 한다.

⑤ 집락추출

미리 모집단을 그룹으로 나누어 놓고 그룹을 무작위로 뽑는 방법이다. 뽑힌 그룹에 대해서는 전원을 조사하는 것이 집락추출(集落抽出)의 특징이다. 그리고 그룹을 나누는 방법은 층화추출과 달리 그룹 내가 동질이 되도록 하는 것이 아니라 각 그룹이 비슷한 것이 되도록 한다.

2. 조사표의 작성

1) 설문

설문의 작성

앙케트에 있어서의 설문은 회답자에게 명확하고 알기 쉬운 문장이 되도록 말의 표현방법에 주의하지 않으면 안 된다. 설문을 생각할 때의 체크 포인트는 다음과 같다.

●●● 설문의 체크 포인트 ●●●

① 무례한 어구를 사용하고 있지 않은가? □
② 하나의 설문에 2개 이상의 논점을 포함하고 있지 않은가? □
③ 개인적인 설문과 일반적인 설문을 혼동하고 있지 않은가? □
④ 어려운 표현은 없는가? □
⑤ 애매한 표현은 없는가? □
⑥ 헷갈리기 쉬운 표현으로 되어 있지 않은가? □
⑦ 특정한 가치관을 포함한 말은 없는가? □
⑧ 유도질문으로 되어 있지 않은가? □
⑨ 평등하게 다루고 있는가? □
⑩ 설문의 순서에 문제는 없는가? □

하나의 설문에 2개 이상의 논점이 포함되어 있는 것을 더블 배럴(double barrel) 설문이라고 한다. 2개 이상의 논점이 포함되면 회답자는 어느 쪽의 논점에 착안할 것인지를 멋대로 판단해 버리므로, 회답결과의 신뢰성이 낮아진다.

특정한 가치관을 포함한 말을 스테레오타입(stereotype)의 말이라고도 한다. 스테레오타입이란 일반적으로 널리 알려져 있는 이미지로서, 스테레오타입의 말을 포함한 설문에서는 그 말로부터 받는 이미지로 회답해 버릴 위험성이 생긴다.

개개의 설문을 체크할 뿐만 아니라 설문의 나열방식도 체크할 필요가 있다. 간단히 답할 수 있는 설문에서 어려운 설문으로 늘어놓는 것이 일반적이다. 또 같은 화제의 설문은 연속되도록 늘어놓는 쪽이 회답자는 답하기 쉽다.

설문의 순서에서 주의해야 할 것은, 앞의 질문이 뒤의 질문의 회답에 영향을 미치는 것이다.

예제 2-4

다음 설문의 문제점을 지적하라.

설문 1 ▸▸▸ 이 호텔의 숙박설비나 프런트의 대응은 다음의 어느 쪽입니까?

(1) 좋다 (2) 나쁘다

설문 2 ▸▸▸ 귀하는 규칙적으로 아침식사를 하십니까, 안하십니까?

(1) 한다 (2) 안한다

설문 3 ▸▸▸ 건강진단은 병의 예방에 도움이 되지 않는다고

(1) 생각한다 (2) 생각하지 않는다

설문 4 ▸▸▸ 사내의 스포츠 대회를 개최하는 것에는

(1) 찬성 (2) 반대

설문 5 ▸▸▸ 보도기관에 대한 정부의 언론통제는

(1) 필요 (2) 불필요

설문 6 ▸▸▸ 근무 중의 금연활동에 찬성입니까?

(1) 예 (2) 아니오

해설

(설문 1)은 "숙박시설이나 프런트의 대응"이라고 하는 부분이 "하나의 설문에 2개 이상의 논점을 포함하고 있는" 문장으로 되어 있다. 이 설문에서는 숙박시설은 좋다고 생각하지만 프런트의 대응은 나쁘다고 생각하는 사람은 어떻게 회답하면 좋을지 알 수 없다. 다음과 같이 2개의 설문으로 나누어야 한다.

이 호텔의 숙박시설이나 프런트의 대응은
├──→ (1) 이 호텔의 숙박시설은
└──→ (2) 이 호텔의 프런트의 대응은

(설문 2)는 "규칙적으로"라고 하는 부분이 '애매한 표현'으로 되어 있다. "규칙적으로 아침식사를 한다"는 것이 "매일 한다"라고 하는 것을 의미하는지, "시간을 들여서 한다"라고 하는 것을 의미하는지 확실하지 않다.

(설문 3)은 "도움이 되지 않는다"고 하는 부분이 '헷갈리기 쉬운 표현'으로 되어 있다. 이 설문에서는 도움이 된다고 생각하고 있는 사람은 "생각하지 않는다"를 선택하게 되지만, 잘못해서 "생각한다"를 선택하기 쉽다. 설문에 부정문을 사용하는 것은 피하는 편이 좋다.

(설문 4)는 '개인적인 설문인지 일반적인 설문인지' 불명확하다. 개최에는 찬성하지만, 자신은 참가하지 않겠다고 하는 의견의 소유자도 있을 것이다. 다음과 같은 개인적인 설문이라는 인식이 명확한 설문을 추가하는 편이 좋다.

귀하는 사내의 스포츠 대회에 참가하시겠습니까, 하지 않으시겠습니까?
(1) 참가한다　　　　(2) 참가하지 않는다

(설문 5)는 "언론통제"라고 하는 말은 좋은 이미지를 갖고 있지 않다. 이 말이 스테레오타입으로 되어 있다. 설문 전체를 생각하지 않고 이 말을 본 것만으로 부정적인 회답(불필요)을 선택하는 사람이 많아질 가능성이 있다.

(설문 6)은 "찬성입니까"라고 하는 부분이 엄밀하게는 '평등하게 다루고 있다'고는 할 수 없는 예에 해당된다. 다음과 같이 수정하는 편이 좋다.

근무 중의 금연활동에 찬성입니까?
(1) 예　　　　(2) 아니오

↓

근무 중의 금연활동에 찬성입니까, 반대입니까?
(1) 찬성　　　　(2) 반대

더구나 금연활동과 같이 사회적으로 반대하기 어려운 분위기에 있는 설문의 경우에는 반대라고 하는 대답은 적게 되기 쉽다. 마찬가지로 사회적으로 "나쁘다"는 것이 명확한 것에 대해서는 본심으로서는 나쁘다고 생각하지 않는 경우라고 하더라도 그것을 긍정하는 회답은 적어지게 된다.

2) 회답의 형식

회답방식

설문에 대한 회답방식에는 자유회답, 선택회답, 순위회답의 3가지 형식이 있다.

자유회답형식은 단어, 문장, 수치를 자유롭게 기입해 받는 방법이고, 선택회답형식은 사전에 준비된 답의 후보 중에서 해당하는 것을 선택해 받는 방법이다.

여기에서 간단한 예를 소개하기로 한다.

"귀하의 연령을 답해 주십시오"라고 하는 설문에 대한 회답형식으로서 다음의 2가지 회답방식을 생각할 수 있다.

A : (　　)세

B : 1. 20세 미만　　2. 20~29세　　3. 30~39세　　4. 40세 이상

A는 (　　) 속에 연령을 기입해 받는 형식이며, B는 4개의 선택지(選擇肢) 중에서 하나를 선택해 받는 형식이다. A는 자유회답형식이고 B는 선택회답형식이다.

선택회답형식에 있어서의 선택지의 하나하나를 카테고리(category)라고 부른다. 또 회답을 복수의 카테고리로 나누어서 각 카테고리에 코드(기호)를 할당하는 작업을 코딩(coding)이라고 부른다. 코딩에는 프리코딩(precoding)과 애프터코딩(aftercoding)이 있다. 프리코딩이란 회답자에게 조사표를 제시하기 전에 코딩을 실시하는 것이며, 애프터코딩이란 회답이 얻어지고 나서 코딩을 실시하는 것이다. 선택회답형식의 경우에는 프리코딩, 자유회답형식의 경우에는 애프터코딩이 된다.

자유회답형식

자유회답형식의 전형적인 예를 들면 다음과 같다.

① 귀하의 의견을 들려주십시오.(　　　　　　　　　　　　)

② 귀하가 좋아하는 색을 답해 주십시오. (　　　) 색

③ 귀하의 통근시간을 답해 주십시오.　(　　　) 분

①은 문장, ②는 단어, ③은 수치를 기입해 받는 형식이다.

단어나 수치로 얻어진 데이터는 집계나 통계적 분석이 비교적 용이하지만, 문장의 경우에는 상당히 번거롭다.

문장으로 얻어진 데이터를 처리하는 방법으로서는 신 QC 7가지 도구 중 친화도법이나 연관도법 등을 이용해서 데이터를 요약해 가는 방법과, 키워드(keyword)에 코드를 할당해서 어떠한 키워드가 어느 정도의 빈도로 등장하느냐 하는 집계를 하는 방법이 있다.

선택회답형식

선택회답형식에는 다음의 2종류가 있다.

① 단일회답 ; 선택지 중에서 하나만을 택한다.

② 복수회답 ; 선택지 중에서 2개 이상 택할 수 있다.

단일회답에는 2개의 선택지 중에서 하나를 고르는 이항선택과, 3개 이상의 선택지 중에서 하나를 고르는 다항선택이 있다.

복수회답에는 몇 개라도 선택할 수 있는 무제한복수회답과, 선택하는 수에 제한을 하는 제한복수회답이 있다.

순위회답형식

순위회답형식에는 다음의 2종류가 있다.

① 완전순위매김 ; 모든 대상(선택지)에 순위를 매긴다.

② 부분순위매김 ; 상위 3개까지라고 하는 것처럼 부분적으로 순위를 매긴다.

선택회답형식의 주의사항

선택회답형식의 경우에 대한 체크 포인트는 다음의 2가지 점이다.

●●● 답문의 체크 포인트 ●●●

① 선택지의 수준은 맞는가?	□
② 선택지는 빠짐없이 모두 나와 있는가?	□

선택지의 수준이 맞지 않는 예를 소개하면 다음과 같다.

설문 ▸▸▸ 충치의 치료를 받기 전에 어느 정도 강한 아픔을 느끼고 있었습니까?
다음 중 해당하는 것에 하나만 ○표를 하십시오.

회답

1. 참을 수 없을 정도의 강렬한 아픔이었다.
2. 참을 수 있을 정도의 아픔이었다.
3. 아플 때와 아프지 않을 때가 있었다.
4. 아픔은 거의 없었다.

1, 2, 4가 아픔의 "정도"를 표현하고 있는 데 비해서, 3은 아픔의 "빈도"를 표현하고 있어서 다른 3개의 선택지와 수준이 맞지 않는다는 것을 알 수 있다. 이대로는 하루 중에서 참을 수 없을 정도의 강렬한 아픔이 있을 때와 거의 아픔이 없을 때가 있는 사람은 1과 3의 두 경우가 해당된다.

이 예와 같이 선택지의 수준이 맞지 않으면 하나만 선택하도록 하는 회답형식이더라도 복수를 선택하지 않을 수 없게 되어 회답자에게 혼란을 주게 된다.

그런데 선택회답형식에 있어서 모든 선택지를 빠짐없이 열거한다는 것은, 혈액형과 같이 4가지밖에 없는 경우를 제외하면 대단히 어렵다. 그래서 이를 위한 대책으로서 선택지의 하나에 "기타"를 설정하도록 하면 된다.

순서가 있는 선택지

단일회답의 다항선택에는 선택지에 순서관계가 있는 경우와 없는 경우가 있다. 예를 들면 다음의 설문과 회답의 선택지를 보도록 하자.

설문 1 ▸▸▸ 이 호텔의 서비스에 대한 만족도는 다음의 어느 것입니까?

1. 만족　　2. 약간 만족　　3. 약간 불만　　4. 불만

설문 2 ▸▸▸ 귀하의 혈액형은 다음의 어느 것입니까?

1. A　　2. B　　3. AB　　4. O

설문 1의 선택지에는 1에서 4의 순서로 만족도가 저하해 간다고 하는 순서가 있는데 비해서, 설문 2의 선택지에는 순서관계는 없다.

선택지에 순서관계를 갖게 하려면 "대단히", "약간", "전혀" 등의 어구를 붙여서 격을 매기는 방법이 흔히 이용된다. 어구의 사용방법에 대한 예를 들면 다음과 같다.

예 1 ▸▸▸

1. 대단히 만족　　2. 만족　　3. 불만　　4. 대단히 불만

예 2 ▸▸▸

1. 만족　　2. 약간 만족　　3. 약간 불만　　4. 불만

일반적으로는 "대단히", "충분히", "전혀" 등의 강한 수식어를 이용하면, 그 선택지는 선택되기 어렵다고 하는 경향이 있다.

그런데 순서관계를 갖게 한 선택지를 생각할 경우, 몇 단계로 나눌 것인가 하는 문제가 생긴다. 앞의 예는 4단계였지만, 일반적으로는 5단계에서 7단계가 자주 쓰이고 있다. 단계의 수를 홀수(5단계, 7단계)로 하면, "어느 쪽이라고도 할 수 없다"라고 하는 중간회답(중간의 선택지)이 존재한다. 5단계, 6단계, 7단계의 예를 보도록 하자.

예 3 ▸▸▸

1. 만족　　2. 약간 만족

3. 어느 쪽이라고도 할 수 없다　　4. 약간 불만　　5. 불만

예 4 ▸▸▸

1. 대단히 만족　　2. 만족
3. 약간 만족　　4. 약간 불만
5. 불만　　6. 대단히 불만

예 4 ▸▸▸

1. 대단히 만족　　2. 만족
3. 약간 만족　　4. 어느 쪽이라고도 할 수 없다
5. 약간 불만　　6. 불만
7. 대단히 불만

몇 단계로 할 것인가는 일률적으로 말할 수 없지만 4단계에서 7단계까지가 적당할 것이다. 이와 관련하여 5단계와 7단계에서는 중간회답에 답이 모이기 쉬운 경향이 있다. 7단계보다도 5단계 쪽이 그 경향이 일어나기 쉽다.

리커트법과 SD법

수식어에 의해 격을 매김으로써 선택지에 순서관계를 갖게 하는 방법을 소개해 왔는데, 지금까지와 같은 방법을 리커트법(Likert's method)이라고 한다. 이것에 비해서 대상의 이미지를 묻는 설문의 경우에 자주 쓰이는 것이 SD법이라고 불리는 격 매김의 방법이다.

SD법(semantic differential technique)이란 서로 반대의 의미를 갖는 형용사 쌍을 사용해서 격 매김해 가는 방법이다. SD법의 예를 리커트법과 대비시켜서 소개하기로 한다.

리커트법

이 방은 "따뜻한" 인상을

1	2	3	4
대단히 받는다	약간 받는다	별로 받지 않는다	전혀 받지 않는다

SD법

이 방의 인상은

	대단히	약간	약간	대단히	
따뜻하다	1	2	3	4	차갑다

⟵

가설과 변수 3

1. 가설

가설이란 연구 문제에 대한 잠정적인 사실이다. 가설은 원인변수와 결과변수와의 관계로 서술될 수 있는데, 만약 … 하다면, … 하다와 같은 형태로 서술된다. 가설은 기존 이론으로부터 도출 할 수도 있고, 직접적인 관찰 내지는 직관을 통해서 구성할 수도 있다. 경험적 사실의 검정을 위한 가설은 명료해야하고, 가치중립적이어야 하며, 특정화되어 있어야 하며, 경험적으로 검정 가능해야만 한다.

우리는 일상 생활속에서 알게 모르게 가설을 세우고 이를 검정하면서 살아가고 있다. 오늘 내가 출근할 때 어느 정도의 시간이 소요될 것인가? 오늘이 월요일이니 평소보다 20분 먼저 나가면 되겠는가? 이러한 모든 것들이 자기 나름대로 가설을 세우고 이를 현실에서 입증(검정)해 가는 것이다. 통계적 가설검정은 가설을 먼저 수립하고 이를 구체적인 자료로 검정해 나가는 것을 말한다. 이를 해결하는 통계적 방법에는 여러 방법이 있다. 그러나 여기서는 가장 대표적인 방법에 대해서만 알아보도록 하자.

첫 번째는 구간추정을 통해 가설을 검정하는 방법이며, 두 번째는 먼저 가설을 기각하는 영역을 정해놓고 표본결과가 이 영역 안에 들어오면 가설을 기각하는 방법이다. 마지막으로 유의확률(p-value)에 의한 방법이다. 이 방법은 표본 결과가 가설을 얼마나 지지하는가를 파악하기 때문에 가설을 기각할 것인지 아닌지를 결정하는 것이다.

가설은 앞서 설명하였듯이 실증적인 증명에 앞서 연구자가 주장하는 잠정적인 사실이며, 추후 논리적으로 검정될 수 있는 명제이다. 따라서 가설은 반드시 확신하여 완벽하게 채택하거나 기각하기가 어렵다. 그래서 많은 경우에 연구가설이나 결과는 확률적인 진술로 되어 있는 것이다.

가설에는 귀무가설(영가설)과 연구가설(대립가설)이 있다.

귀무가설은 통계량의 차이는 단지 우연의 법칙에서 나온 표본추출오차로 생긴 정도로써 늘 변함이 없다라는 주장이다. 즉, 평균불량율이 10%이면, 그 불량률은 10%로 변함이 없다고 보는 것이다. 흔히 '0이다', '동일하다', '차이가 없다', '변함이 없다'의 개념으로 활용된다. 이에 반해 연구가설은 논리적 대안으로서 검정하고자 하는 현상에 관한 예측이다. 그래서 귀무가설을 부정하고 논리적인 대안을 받아들이기 위한 진술이므로 귀무가설에 반대 또는 대립한다는 개념으로 대립가설 또는 대체가설이라고도 한다.

2. 변수

가설은 대개 변수와 변수의 관계로 나타낸다. 변수란 관찰대상이 갖는 특성으로 여러 범주로 나누어진다. 또한 변수가 가지고 있는 속성을 변수값이라고 한다. 예를 들어 성별을 묻는 질문이 있다고 해보자.

질문) 당신의 성별을 답해주시오.

1) 남성　　　　　　　　2) 여성

이때 변수는 응답자의 특성중 남성과 여성과 관련된 특성을 파악하고자 하는 것이며, 이 변수의 이름(명칭)은 '성별'이라고 할 수 있다. 변수 이름은 연구자가 연구 내용을 잘 파악할 수 있도록 임의로 정할 수 있으므로 'sex', '성별', '성별은' 등 어떤 명칭을 사용해도 좋다. 성별 변수라고 한다면 성별 변수의 변수값은 무엇이 있을까? 변수값은 해당 응답자의 특성을 파악할 수 있도록 세분화 시킨 하위 범주이다. 성별에서는 남성과 여성이란 2개의 성이 존재하므로 남성과 여성이라는 2개 하위 범주가 있다. 따라서 성별 변수의 변수값은 남성과 여성이 된다. 그런데 여성 집단을 대상으로 조사하면서 성별을 조사하는 것은 의미가 있을까? 이러한 경우에는 의미가 없기 때문에 성별 구분은 변수가 될 수 없다.

독립변수와 종속변수

두 변수(X, Y)가 있을 때, 한 변수(X)가 다른 변수(Y)에 원인(선행)이 된다면 그 변수(X)의 변화가 다른 변수(Y)의 변화에 영향을 미칠 수 있다. 즉, 결과는 원인이 없으면 발생될 수 없다는 것이다. 상처가 났다는 것은 넘어지거나 맞았거나 등의 원인이 있어야만 발생되는 결과의 개념이다. 따라서 상처가 났다는 것은 Y 변수가 되고, 넘어졌다는 것은 X 변수가 된다. 여기서 원인에 해당하는 X 변수를 독립변수(원인변수, 설명변수)라 하고, 영향을 받는 Y변수는 종속변수(결과, 목적변수)라고 한다.

연속형변수와 이산형변수

연속형변수는 사람이나 대상물 또는 사건을 그들 속성의 크기나 양에 따라 분류하는 것이고, 이산형변수는 그들 속성의 종류나 성질에 따라 분류하는 것이다. 연속형변수는 측정한 값들이 척도상에서 무한대로 세분화 해도 가능하리만큼 연속성을 띤 무한대의 값이며, 실수값으로 구성된다. 반면 이산형변수는 정수값으로 구성되며, 이분변수와 같이 있다 없다와 같이 간단한 형태로 구성될 수도 있다.

연속형변수와 이산형변수의 차이는 연속형변수는 실수형태로 구성되고, 이산형변수는 정수 형태로 구성되면서 범주형 이란 것이다. 즉, 연속형변수도 이산형변수와 같이 정수로 구성될 수도 있는데, 예를 들어 가족수는 1명, 2명 3명과 같이 구성되지, 1.5명, 2.3명과 같이 구성되지는 않는다. 그러나 평균 가족수는 1.3명과 같이 표시될 수 있기 때문에 가족수는 연속형변수가 될 수 있지만, 프로선수의 등번호인 1번, 2번, 3번과 같은 이산형변수는 평균 등번호와 같이 1.2번, 2.5번으로 표시할 수 없다. 이와 같이 단순히 분류만을 목적으로 사용되는 변수를 이산형변수라고 하는 것이다.

3. 변수정의

1) PASW(구, SPSS)에 데이터 입력

다음과 같은 예제 설문지를 토대로 하여 조사한 데이터를 PASW(구, SPSS)의 데이터 편집기에서 직접 입력해 보자.

●●● 예제 설문지 ●●●

다음 질문 항목의 괄호( )에 ○ 표시를 해주시기 바랍니다. 단, 나이는 만 나이를 기입하시오.

1. 당신의 성별은 어떻게 되십니까?
   1) 남 ( )　　2) 여 ( )

2. 당신의 거주 지역은 어떻게 되십니까?
   1) 서울 ( )　　2) 경기강원권 ( )　　3) 충청권 ( )　　4) 전라경상권 ( )

3. 당신의 나이는 어떻게 되십니까? (　　)세

4. 현재 사용 중인 상품에 대한 만족도는 어떻게 되십니까?
1) 대단히 불만 ( )　2) 불만 ( )　3) 보통 ( )　4) 만족 ( )　5) 대단히 만족

※ 참고 : PASW(Predictive Analytics Software)

SPSS社는 다양한 통계전문 소프트웨어를 판매하는 회사이다. 최근에 통계분야에서 각광받고 있는 예측통계분야에 특화시킨 제품을 출하하였고, 이를 전략제품화 하기 위하여 기존의 제품명인 SPSS를 PASW로 변경하였다. 본 저서는 기존 사용자의 혼란을 방지하기 위하여 기존의 SPSS와 PASW를 병기하여 표기하고자 한다.

2) 변수정의

데이터 입력을 하기 전 단계로 변수 정의 단계가 있다. PASW(SPSS)에 조사한 데이터를 입력하게 되면 그 데이터는 변수가 되며, 이때 변수의 명칭, 변수의 유형, 변수의 자릿수, 변수의 소수 이하 자릿수, 변수에 대한 설명, 변수값에 대한 설명, 결측값, 열, 척도와 같은 항목을 PASW(SPSS) 프로그램 상에서 지정해야 하기 때문이다.

(1) PASW(SPSS)를 시작하여 나타나는 작업 선택 상자에서 [데이터 입력]을 선택한 후 [확인] 버튼을 클릭한다.

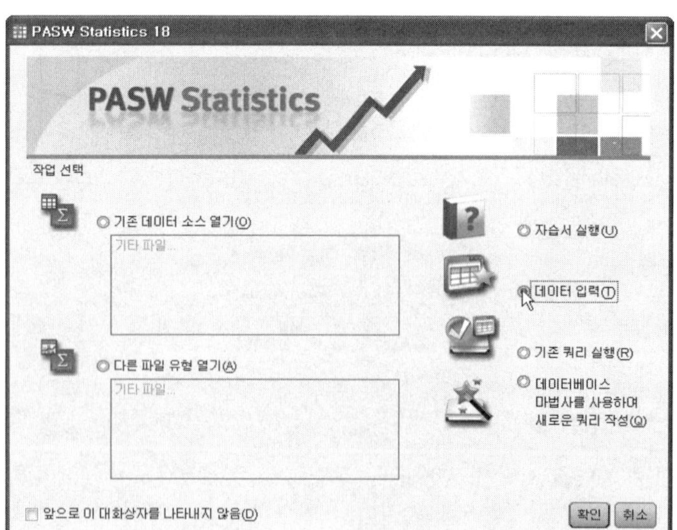

이미 PASW(SPSS)가 시작된 상태라면 [파일] 메뉴의 [새파일] → [데이터]를 선택한다.

(2) 데이터 편집기 창이 나타나면 [변수 보기] 시트를 클릭한다.

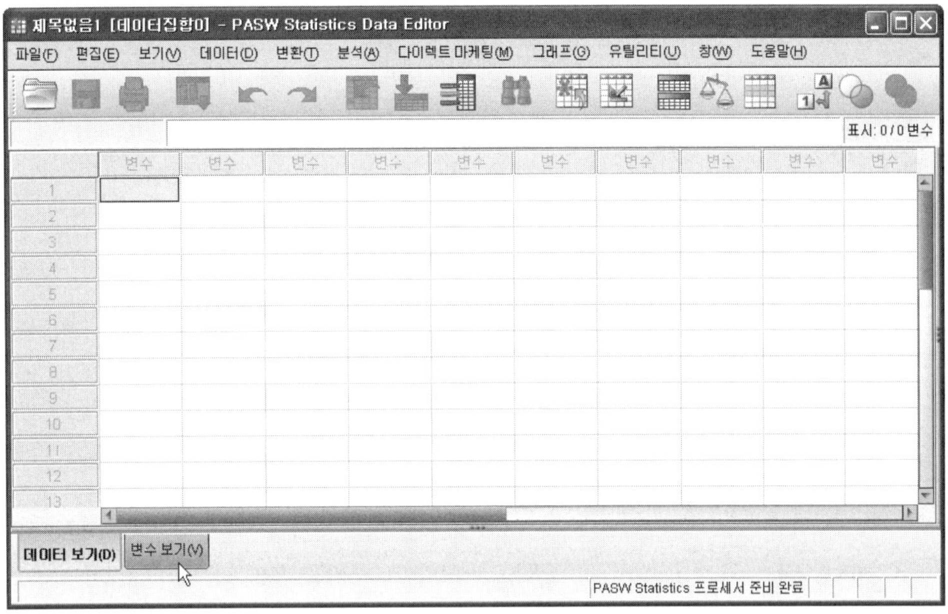

(3) 1행에 예제설문지의 첫 번째 질문을 나타내는 변수이름을 입력한다. [이름] 필드의 1행의 셀을 더블클릭한 후 변수 이름을 한글로 '성별'이라고 입력하고 Enter↵ 키를 친다.

변수명(이름)

변수이름은 한글이나 영문 모두 사용할 수 있기 때문에 편리한 대로 입력하면 된다. 변수의 수가 많지 않다면 한글이나 영문과 같이 문자로 변수이름을 정해도 되겠지만, 변수의 수가 많을 경우에는 v1, v2, v3, …와 같이 영문과 일련번호를 조합해 사용하는 것이 편리한 점이 많다. 예를 들어, 변수의 수가 10~99개 사이면 v01~v99로, 100~999개 사이라면 v001~v999로 지정하는 것이 분석도구를 사용할 때 변수이름에 문자만으로 구성하는 것보다 효율적이다.

어느 정도 변수에 대한 요령이 생기면 각 요인별로 달리 정할 수도 있다. 예를 들어, 서비스(servece)와 품질(quality)이 만족(satisfaction)에 어떤 영향을 미치는지 확인하기 위해 서비스 항목(10개), 품질 항목(10개), 만족 항목(2개)을 조사를 했다면 서비스를 se로 줄여서 se1...se10, 품질을 qa로 줄여서 qa1...qa10, 만족을 sa로 줄여서 sa1, sa2로 변수이름을 정할 수도 있다. 변수 이름은 연구자가 구분하여 어떤 변수인지 파악할 수 있도록 작성하면 된다.

※ 참고 : 변수이름 규칙

변수이름에 적용되는 규칙은 다음과 같다.

① 변수이름은 문자로 시작해야 한다. 나머지 부분은 문자, 숫자, 마침표, 부호(@, #, _, $) 등을 사용할 수 있다.

② 변수이름 끝에 마침표(.), 밑줄(−)을 사용하면 안된다.

③ 이름 길이는 최대 64바이트이기 때문에 영어 등은 64자, 한글(한자, 일어 포함)은 32자까지 가능하다.

④ 공백과 특수문자(예: !, ?, ', * 등)를 사용할 수 없다.

⑤ 각 변수이름은 중복될 수 없고 유일해야 한다.

⑥ 예약된 키워드는 변수이름으로 사용할 수 없다. 예약된 키워드는 ALL, AND, BY, EQ, GE, GT, LE, LT, NE, NOT, OR, TO, WITH 등이다.

⑦ 변수이름은 대문자와 소문자를 혼합하여 정의할 수 있으며 표시를 목적으로 대소문자를 유지한다.

(4) [유형] 필드에서 '숫자'라고 적힌 셀의 오른쪽 경계선 부분([유형] 필드와 [너비] 필드 사이의 경계선 왼쪽 부분)을 클릭한다.

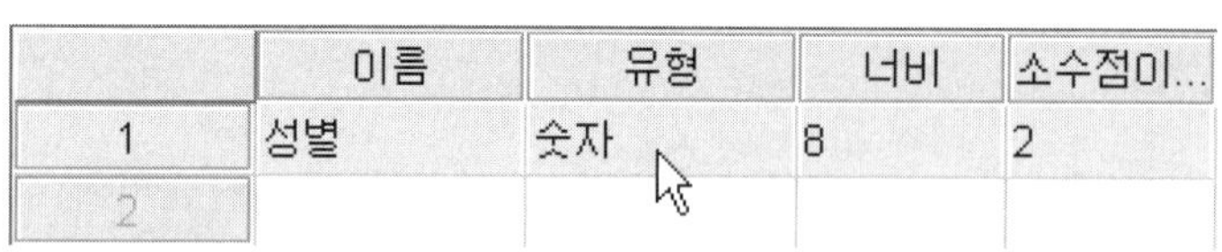

(5) 그러면 변수유형을 선택하는 상자가 나타난다. 성별은 남성일 경우 '1', 여성일 경우 '2' 또는 여성일 경우 "1", 남성일 경우 "2"를 입력하므로 [숫자]를 선택하고, '자리수' 항목은 '8', '소수점이하자리수' 항목은 '2'로 설정한 후 [확인] 버튼을 클릭한다.

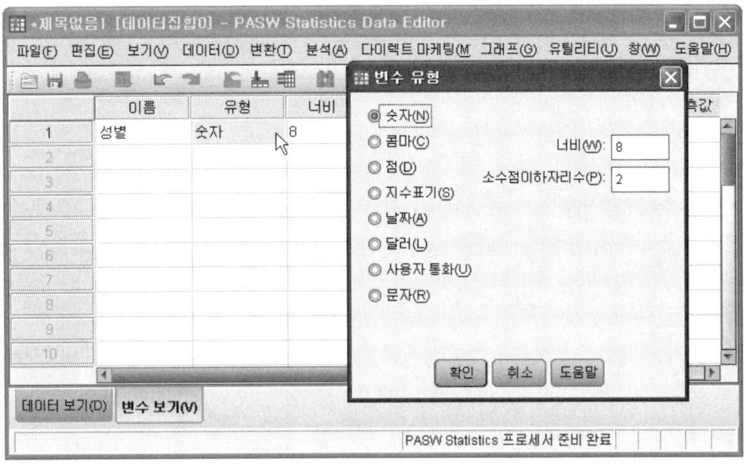

(6) 그러면 [자리수]와 [소수점이하자리] 필드의 값이 변수유형 상자에서 설정한 값으로 변경된다. 만약 임의로 [자리수]나 [소수점이하자리]를 변경하려면 해당 셀을 클릭한 후 증감 버튼(⬍)을 이용해 변경해야 한다.

(7) [설명] 필드를 두 번 클릭한 후 '당신의 연령은?'이라 입력한다. 설명은 변수에 대한 설명을 적는 것이므로 길게 써도 된다. 즉, 변수이름만으로 어떤 내용을 조사한 항목인지 구분하기 힘든 경우 설명을 통해 쉽게 구분할 수 있도록 적는 것이 좋다.

(8) [값] 필드 셀의 오른쪽 부분을 클릭하면 변수값 설명 상자가 나타난다. '기준값' 항목에 '1'이라 입력하고 '변수값 설명' 항목에 '남성'이라 입력한 후 [추가] 버튼을 클릭한다.

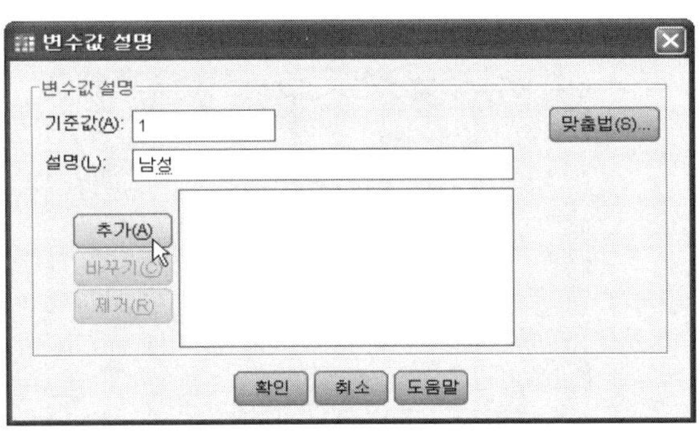

(9) '기준값' 항목에 '2'라 입력하고 '설명' 항목에 '여성'이라 입력한 후 [추가] 버튼을 클릭하면, 남성과 여성의 기준값과 변수값 설명이 입력된다. [확인] 버튼을 클릭한다.

(10) 결측값(무응답자)이 있을 경우 결측값으로 사용할 값을 입력한다. 이 때 결측값은 무응답자뿐 아니라 분석에서 제외하고자 하는 응답자를 제외시킨 후 분석하고자 할 때도 유용하게 활용할 수 있다. 즉, 무응답자는 일반적으로 입력수치가 없으므로 점(.)으로 표기되며, 만약 임의로 지정할 경우에는 '9'와 같이 실제 변수값이 아닌 값을 지정해야 한다. 만약 변수값 중에 '9'가 있다면 '99'로 하면 된다. 예를 들어, 만족도를 묻는 문항에서 "1. 매우 만족", "2. 만족", "3. 불만", "4. 매우불만"의 4개의 변수값이 있다고 할 때 결측값을 '9'로 정하고, 응답자들이 응답한 변수값 1, 2, 3, 4 중 1번과 2번으로 응답한 경우만 분석하려 한다면 다음과 같이 할 수 있다.

① [결측값] 필드 셀의 오른쪽 경계선 부분을 클릭한 후 나타나는 결측값 대화상자에서 [이산형 결측값]을 선택한다.

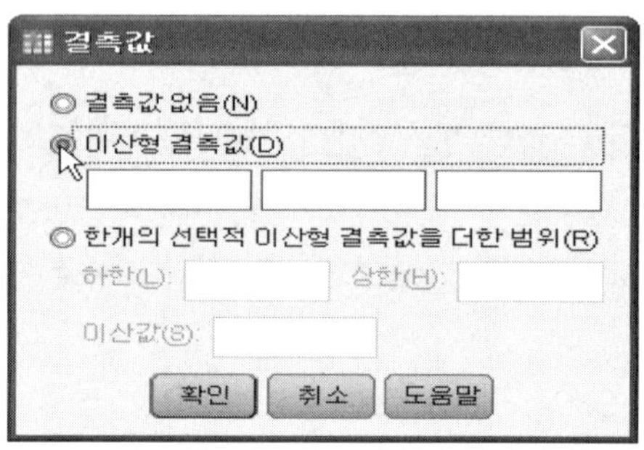

② 입력된 값중 "1"과 "2"를 제외한 3, 4, 9를 분석에서 제외하려면 이산형 결측값 상자에 각각 '3', '4', '9'를 입력하면 제외 할 수 있다.

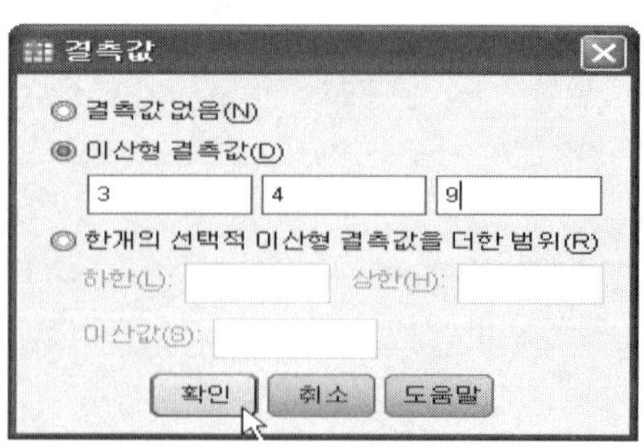

③ 연속형 결측값의 경우에는 [한개의 선택적 이산형 결측값을 더한 범위]를 클릭한 후 지정한다. 예를 들어, 1부터 5번까지의 응답 중 2번부터 4번까지를 분석에서 제외하겠다면 [하한]에 '2'를, [상한]에 '4'를 입력하고 [이산값]에 '9'를 입력한다. 단, 이산값은 한 번에 하나의 값만 지정할 수 있다.

(11) 여기서는 결측값이 없으므로 [결측값 없음(N)]을 선택하고 [확인] 버튼을 클릭한다.

(12) [열]과 [맞춤]은 그대로 둔다.

(13) 측도는 '명목척도'로 설정한다. 척도에 대해서는 '2.1.3. 척도'를 참조하기 바란다.

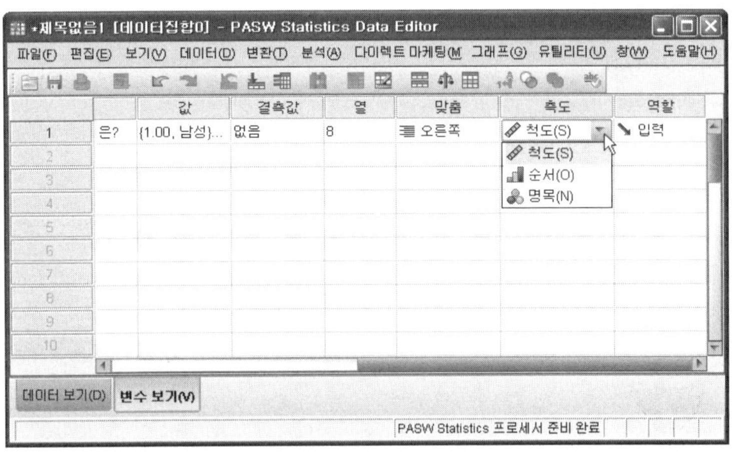

(14) 이와 같은 방법으로 나머지 데이터의 변수정의를 다음과 같이 지정한다. 단, 연령에서 [값]은 입력하지 않는다. 간격척도와 비율척도는 [척도]로 지정하고 명목척도와 순서척도 데이터만 해당 [측도]를 선택하여 지정하면 된다.

항목 중 빈 곳은 그대로 두면 된다.

이름	유형	너비	소수점 이하자리	설명	값: 기준값	값: 설 명	결측값	열	맞춤	측도
거주 지역	숫자	8	4	당신의 거주지역	1	서울	없음	8	오른쪽	명목
					2	경기 강원				
					3	충청				
					4	전라경상				
나이				당신의 나이는						척도
만족도				상품에 대한 만족도	1	대단히 불만				순서
					2	불만				
					3	보통				
					4	만족				
					5	대단히 만족				

측정 4

1. 척도(측도)

어떤 사실을 수치화한다는 것은 객관적이고 과학적인 실증 조사를 하고자 함이며, 특히 사회과학이나 인문과학처럼 조사 대상이 수치화되어 있지 않은 데이터(정성적)들은 실증 분석을 할 수 없다. 예를 들어, 남성과 여성 중 어느 쪽이 자사 제품을 선호하는가를 조사하고자 할 때 남성과 여성은 개념이지 숫자가 아니다. 이러한 경우 남성을 '1', 여성을 '2'로 구분하여 측정한다면 이러한 과정을 척도라고 볼 수 있다.

즉, 변수의 속성에 할당된 변수값들의 관계로 측정대상(소비자, 제품 등)이 지니고 있는 속성에 대해 체계적으로 숫자를 부여하는 과정을 말한다. 측정 과정을 거치기 전에는 개념상태에 있는 것이며, 측정을 거쳐서 값이 부여되면 변수의 역할을 수행하게 된다.

분석기법을 선택할 때에 분석의 대상으로 하고 있는 변수의 척도가 어떠한 종류인지를 명확히 하는 것이 가장 중요한 포인트가 된다. 분석기법을 선택할 때의 최저조건이라고 할 수 있을 것이다.

척도에 따라서 왜 사용할 수 있는 분석기법이 달라지는가? 그것은 척도의 종류에 따라서 그 값이 가지고 있는 정보(특징)가 다르기 때문이다. 예를 들면 요인분석을 실시할 때에는 그 계산에 필요한 정보라고 하는 것이 있으며, 그 정보를 갖지 않는 척도 타입의 변수를 사용할 수는 없다.

좀더 구체적으로 말하자면 대상이나 현상의 특성에 대해서 수치를 할당하는 기준을 척도(scale)라고 한다. 무엇인가를 측정한다고 하는 것은, 일정한 기준에 의거해서 대상이나 현상의 특성에 대하여 수치를 할당하는 것이다. 예를 들면 끈의 길이를 잰다고 하는 것은 끈에 댄 자의 눈금을 읽음으로써, 그 끈의 길이라고 하는 특성에 수치를 할당하는 것이다. 이 때, 자에 매긴 눈금이 전혀 엉터리라면 측정한 결과로부터 아무 것도 말할 수 없다. 스티븐스(S. S. Stevens)는 척도의 성질을 다음의 네 개 수준으로 분류했다.

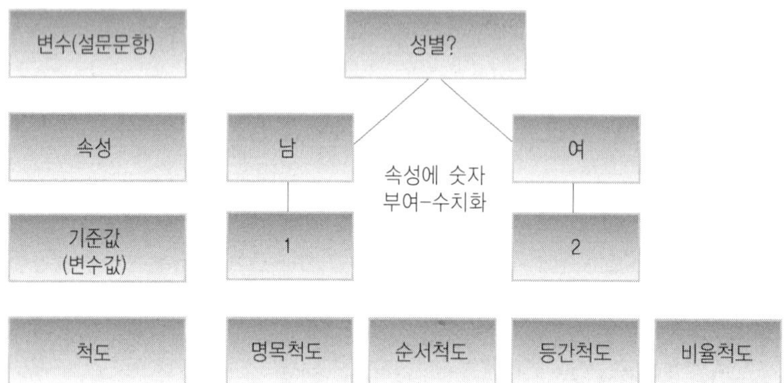

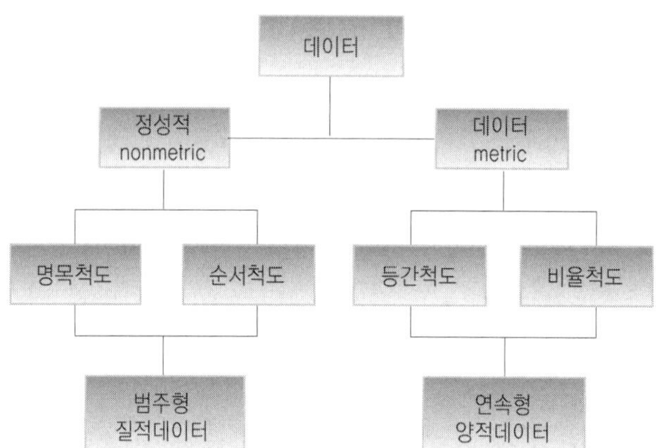

명목척도(nominal scale)

가감승제나 순서의 개념이 있는 데이터가 아니라 어떤 고유한 특성에 따라 분류하거나 구분하기 위해 사용한 데이터가 명목척도이다. 즉, 설문문항 1번의 성별의 경우 1은 남성, 2는 여성과 같이 구분하기는 했으나, 1을 여성, 2를 남성으로 구분해도 된다. 숫자 1과 2는 순서와 상관없으며, 단지 특정 데이터를 구분하기 위한 구분기호 문자로 사용되었을 뿐 수량의 의미가 아니다. 따라서 설문문항 1번과 2번의 성별, 혈액형 등은 명목척도로 분류된다.

순서척도(ordinal scale, 순위척도)

어떤 대상들을 비교하기 위해 대소 관계에 따라 특정한 수치를 부여한 데이터가 순서척도에 해당한다. 즉, 설문문항 4번의 만족도의 경우 [대단히 불만]에서 [대단히 만족]까지 6단계로 만족도를 구분하였으므로 이러한 데이터는 만족도의 순서로 구분될 수 있으므로 순서척도로 분류된다.

간격척도(inteval scale : 등간척도)

어떤 대상들이 양적인 정도의 차이에 따라 등 간격성을 갖는 경우 간격척도에 해당한다. 이러한 데이터는 절대 영점이 존재하지 않는 데이터가 되는데, 예를 들어, 온도의 0℃는 온도가 존재하지 않음을 나타내는 것이 아니므로 간격척도에 해당된다. 즉, 측정하고자 하는 데이터에서 속성이 전혀 없는 절대 영점(0)을 의미하지 않는 데이터는 간격척도로 보고 절대영점이 존재하는 데이터는 비율척도로 본다.

간격척도는 사칙연산이 가능하고 평균, 표준편차, 분산 등의 계산이 가능하다. 대표적인 간격척도로는 온도, 물가지수, 생산성지수, 주가지수, 광고인지도, 만족도, 상표선호도 등 절대 영점이 존재하지 않는 데이터들이 있다.

비율척도(ratio scale)

비율척도는 간격척도의 특성에 비율계산이 가능하다는 속성이 부가된 척도이다. 무게의 경우 10kg은 5kg보다 2배가 더 무겁다는 비율이 성립되며, 0kg은 무게가 없음을 뜻한다. 그러나 간격척도인 온도의 경우에는 10℃가 5℃보다 2배나 뜨겁다고 말할 수 없고, 0℃가 온도가 없음을 뜻하는 것이 아니다.

이와 같이 절대 영점이 존재하여 비율계산이 가능한 데이터를 비율척도 데이터라 한다. 대표적인 비율척도로는 시청률 조사, 구독률, 가격, 점수, 급여, 매출액, 생산원가, 무게, 나이 등이 있으며, 설문문항 3번의 연령 변수가 비율척도에 해당한다.

위의 명목척도와 순서척도를 질적척도(質的尺度) 혹은 계수척도(計數尺度)라 하고, 등간척도와 비율척도를 양적척도(量的尺度) 혹은 계량척도(計量尺度)라고 한다.

척도	대표값	비교방법	분석 툴	등간격
명목척도	최빈값 (mode)	확인, 분류	빈도분석, 교차분석, 비모수 통계	성별, 상품유형분류, 존재유무, 결혼, 혈액형 등과 같은 분류 데이터
순서척도	중앙값 (median)	순위비교	서열상관분석, 비모수 통계	선호 및 중요순위, 사회계층 등
등간(간격) 척도	산술평균 (mean)	간격비교	대부분의 모든 통계 분석 도구 사용이 가능함, 모수 통계	온도, 광고인지도, 만족도, 선호도, 주가 및 물가지수, 생산성지수 등
비율척도	기하평균 조화평균	절대크기		시청률, 구독률, 가격, 점수, 급여, 매출액, 생산원가, 무게, 나이 등

질적척도에 의한 데이터를 질적 데이터라 하고, 양적척도에 의한 데이터를 양적 데이터라고 한다. 데이터가 양적이냐 질적이냐에 따라서 통계적 분석기법이 달라지며, 특히 다변량분석(multivariate analysis)을 위한 많은 분석기법들은 이러한 기준으로 분류되어 있다.

여기에서는 정보가 적은 변수부터 차례로 그 특징을 살펴보도록 한다.

명목척도(nominal scale)

예를 들면, 김씨(남성), 이씨(남성), 최씨(여성)의 세 사람에게 성별을 물어 남성에게는 1을, 여성에게는 2라고 하는 값을 할당했다고 한다.

김씨와 이씨는 성별의 데이터가 모두 1이며 "1=1", 즉 "성별이 같다"고 하는 관계를 나타내는 정보를 갖고 있다고 하는 셈이 된다. 이에 비해서 이씨와 최씨는 성별의 데이터가 "1"과 "2"이기 때문에 "1≠2"라고 하는 관계가 되어, "성별이 같지 않다"고 하는 정보를 이 데이터로부터 얻을 수 있다. 이와 같은 "="나 "≠"의 정보를 동일성(同一性)이라고 부르며, 명목척도는 이 정보밖에 갖고 있지 않다.

동일성의 정보를 사용해서 산출할 수 있는 통계량은 최빈값이다. 최빈값이란 가장 회답자의 수가 많은 카테고리(그룹)이다. 또한 동일성의 정보를 사용해서 분석할 수 있는 기법으로서 카이제곱검정이 있다. 이 검정은 피조사자를 속성에 따라 카테고리로 나누고 그 비율의 차를 보는 것이기 때문에 동일성의 정보가 있으면 분석하는 것이 가능하게 된다.

두 명목변수의 관계를 살펴보는 데에 쓰이는 기법이 카이제곱검정이다. 예를 들면, 성별에 따라서 구입하는 상품의 종류에 차이가 있는지 알고 싶은 경우 사용하는 변수는 '성별'과 '구입상품'이다. 이것들은 동일성의 정보밖에 갖고 있지 않다. "성별에 따라서 구입하는 상품에 차이는 없다('성별'과 '구입상품'은 서로 독립이다)"라고 하는 귀무가설이 기각되는지 검정하면 된다. 기각된다면 "성별에 따라서 구입하는 상품에 차이가 있다"는 결론에 이르게 된다.

순서척도(ordinal scale)

예를 들면, 어떤 사람에게 A, B, C, D 4종류의 사과를 시식하게 하여 당도(糖度)의 순서를 데이터로서 보존했다고 하자. 시식 결과 A가 1위, B가 2위, C와 D가 공동 3위로 평가되었다. C와 D 사이에는 "3=3"이라고 하는 관계가 성립하여 "당도가 같다"라고 하는 정보를 가지고 있다는 것을 알 수 있다. 이에 비해서 A와 B는 각각 "1", "2"라고 하는 다른 값을 갖고 있어당도가 같지 않다", 즉 "≠"의 정보를 갖고 있다는 것을 알 수 있다. 이와 같이 순서척도는 명목척도와 마찬가지로 동일성이라고 하는 정보를 갖고 있다.

이 동일성의 정보 외에 순서성(順序性)이라고 하는 정보도 갖고 있는 것이 순서척도의 특징이다. 순서성의 정보는 ">", "<"의 관계를 나타낼 수 있다. 이 예에서 말하자면 사과 당도의 순위 값이 작으면 작을수록 "맛이 더 달다"라고 하는 순서를 나타내고 있기 때문에 명목척도가 아니라 순서척도라고 생각할 수 있다. 이와 같이 수치의 대소관계가 순서의 정보를 갖고 있다고 하는 것이 명목척도와의 차이이다.

순서성의 정보를 가짐으로써 그 케이스(피조사자)를 데이터 값의 크기 순으로 정렬할 수 있다(명목척도의 경우에는 그 수치의 대소에 의미가 없으므로, 정렬을 하더라도 정렬된 결과(순서)에 의미는 찾아볼 수 없다). 데이터를 수치의 크기 순으로 정렬한 후, 한가운데에 위치하는 사람의 값을 중앙값이라고 한다. 즉, 순서성의 정보를 데이터가 갖고 있어야 비로소 중앙값이라고 하는 통계량을 산출하는 의미가 있는 것이다. 중앙값은 중위수라고도 부른다.

순서성의 정보를 사용하는 분석기법으로서 스피어만(Spearman)의 순위상관계수나 켄달(Ken- dall)의 순위상관계수, 맨-휘트니(Mann-Whitney)의 U검정, 크러스컬-월리스(Kruskal-Wallis)의 순위합검정 등이 있다.

간격척도(interval scale)

순서척도의 예에서는 사과에 대한 당도의 순서를 문제삼아, 수치의 대소가 당도의 순서정보를 나타낸다는 것을 확인했다. 순서성의 정보만으로는 수치의 간격이 같다고 말할 수 없다는 점에 주의할 필요가 있다.

예를 들면 1위와 2위의 사이에 5도 브릭스(Brix)의 차가 있고, 2위와 3위의 사이에는 3도 브릭스의 차가 있었다고 하자. 등간격이 아니더라도 당도의 순서대로 1위, 2위, 3위, … 등으로 수치를 할당하고 있을 뿐이므로 1위와 2위의 차와 2위와 3위의 차는 같다고 말할 수 없어 "1+1=2"라고 하는 관계가 성립하지 않는다.

이에 비해서 순위의 개념 이외에 간격의 개념을 갖는 척도가 양적 데이터이다. 이 등간격의 정보를 가법성(加法性)이라고 한다. 간격척도는 동일성, 순서성, 가법성의 정보를 갖고 있는 척도이다. 간격척도의 예로서 여기에서는 기온(℃)을 들기로 한다.

그저께의 기온이 23℃, 어제의 기온이 24℃, 오늘의 기온이 25℃라고 하자. '기온'(℃)이라고 하는 변수에 있어서 같은 값이 관측되었을 때에 "기온이 같다"고 말하게 되며, 동일성의 정보를 갖는다. 또한 값이 작을수록 "기온이 낮다(춥다)"고 말하게 되기 때문에 순서성의 정보도 갖고 있다. 그러나 그뿐만이 아니라 섭씨의 기온에 있어서는 등간격이 되도록 값이 할당되어 있기 때문에 "25−24=1", 즉 오늘의 기온은 어제의 기온보다 1℃ 높다고 생각할 수 있다. 또한 "23+2=25"라고 하는 계산도 성립하여 오늘의 기온은 그저께의 기온에 2℃ 더한 기온이라고 해석하는 것도 가능하다. 이와 같이 가법성의 정보가 더해짐으로써 "+"나 "−"의 부호를 사용할 수 있게 된다.

대부분의 사람들이 알고 있는 평균값이라고 하는 통계량은 모든 데이터를 합계해서 산출한다. 즉, "+"의 부호를 사용할 수 있는 것이 평균값을 산출할 때의 조건이며 그것을 충족시키고 있는 척도가 간격척도와 다음에 나올 비율척도 두 종류이다.

가법성의 정보를 사용하는 분석기법으로서 피어슨의 상관계수, t 검정, 분산분석 등이 있다.

비율척도(ratio scale)

K 아파트 주민들의 연령분포를 조사해 보았더니 20세 미만이 2000명, 20세에서 40세 미만이 3000명, 40세에서 60세 미만이 2000명, 60세에서 100세 미만의 노인은 1500명, 그리고 100세 이상의 주민 수는 0명으로 구성되어 있음을 알 수 있었다. 20세 미만의 주민 수와 40세에서 60세 미만의 주민 수는 2000명으로 같고, 20세 미만의 주민 수와 60세 이상의 주민 수는 다르기 때문에 동일성의 정보를 갖고 있음을 알 수 있으며, 또한 수치가 클수록 주민 수가 많다는 것을 의미하므로 순서성의 정보도 갖고 있다.

그리고 K 아파트 모든 주민의 수는 "2000명+3000명+2000명+1500명+0명=8500명"이라고 하는 관계가 성립하여 가법성의 정보도 갖추고 있다. 여기까지는 간격척도와 같지만, 비율척도에서는 등비성(等比性)이라고 하는 정보도 갖고 있다고 하는 것이 특징이다. 등비성의 정보를 갖고 있느냐 없느냐로 0의 취급방법이 다르며, 비율척도에 있어서의 0은 절대의 0, 즉 아무것도 존재하지 않는다는 것을 나타낸다. 이에 비해서 등비성의 정보를 갖고 있지 않은 간격척도에 있어서의 0은, 등간격으로 눈금을 매겨간 결과, 통과점(通過點)으로서의 0이 나타난 것일 뿐 절대의 0은 아니다.

기온에 있어서 0℃라고 하는 온도는 기온이 존재하지 않는다는 것이 아니라, 0℃라고 하는 온도가 존재한다. 이것은 32°F와 같은 온도로서 물이 어는 온도를 가리킨다. 더욱이 1℃ 추워지면 −1℃라고 하는 기온이 존재하지만, 주민 수에 있어서의 0명은 "해당하는 연령대의 주민이 없다"는 것을 의미하고 있어 이 점이 다르다.

절대의 0이 존재함으로써 '×'나 '÷'를 사용할 수 있게 된다. 토요일의 낮 최고기온이 5℃이고 일요일의 낮 최고기온이 10℃인 경우, 토요일의 기온에 5℃ 더한 것만큼 일요일의 기온은 따뜻해졌다고 하는 것을 의미하지만, 일요일의 기온은 토요일 기온보다 두 배 따뜻하다고 계산할 수는 없다. 그러나 등비성의 정보를 갖는 주민 수의 데이터에서는, 20세에서 40세 미만의 주민 수는 3000명으로 60세에서 100세 미만의 주민 수 1500명의 두 배라고 하는 비율의 계산이 성립하게 된다.

비율척도의 경우에는 모든 통계기법을 사용할 수 있다.

네 개의 척도가 갖고 있는 정보

	척도의 종류	동일성 (= ≠)	순서성 (> <)	가법성 (+ −)	등비성 (× ÷)
질적 척도	명목척도	○			
	순서척도	○	○		
양적 척도	간격척도	○	○	○	
	비율척도	○	○	○	○

명목척도에서는 동일성이라고 하는 하나의 정보밖에 갖고 있지 않지만 비율척도에서는 동일성, 순서성, 가법성 및 등비성의 네 가지 정보를 갖고 있다.

조사를 위해서 데이터를 수집하고자 한다면 가능한 한 정보가 많은 척도의 유형으로 취하는 것이 바람직하다. 전술한 바와 같이 비율척도에는 동일성에서 등비성까지 네 가지의 정보가 포함되어 있는데, 가법성과 등비성의 정보를 무시하고 동일성과 순서성의 정보만을 사용하면 순서척도로 전환된다. 예를 들면, '연간소득'을 듣고 그대로 데이터로서 보존한 경우에 그것은 비율척도가 된다. 그러나 그 '연간소득'이라고 하는 데이터를 "1 : 1000만 원 미만", "2 : 1000만 원 이상 3000만 원 미만", "3 : 3000만 원 이상 5000만 원 미만", "4 : 5000만 원 이상 7000만 원 미만", "5 : 7000만 원 이상 1억 원 미만," " 6 : 1억 원 이상" 등 여섯 개의 카테고리로 나누어서 '연간소득 카테고리'라고 하는 새로운 변수에 보존했을 때, 그 변수는 순서척도가 된다.

데이터를 가공하는 작업은 척도의 종류를 바꾸어서 여러 가지의 분석기법에 대응할 수 있도록 하는 준비작업의 일면도 갖고 있다. 이에 비해서 일단 순서척도로 수집한 데이터를 간격척도로 고치는 것은 데이터를 다시 수집하지 않는 한 불가능하다. 즉, 앙케트 조사를 다시 실시하지 않으면 안 되므로 이 점을 주의해야 한다.

※ 참고 :

조사표 설계에 흔히 쓰이는 리커트 스케일(Likert scale)의 척도는 어떤 종류에 해당하는가? 앙케트 조사에서 '만족도'를 "5 : 매우 만족 ~ 1 : 매우 불만족"이라고 하는 5점 척도법의 리커트 스케일로 데이터를 수집했다면, 이 때 척도의 종류는 어디에 해당하는가?

같은 회답을 하면 만족의 정도가 같다고 하는 셈이 되고 또한 값이 클수록 만족도가 높다고 하는 결과가 되므로, 순서의 정보도 갖고 있다고 생각할 수 있다. 한편, 1과 2의 차, 2와 3의 차가 같다고 하는 보증은 없으므로, 엄밀히 말하자면 리커트 스케일은 순서척도가 된다. 그러나 앙케트 조사의 경우에는 5점 척도 이상이면 간격척도로 간주하고 분석하는 경우가 많다. 3점 척도의 경우는 간격척도로서 다루어지지 않는 편이 나을 것이다. 4점 척도는 그 중간에 해당된다. 이제부터 조사표를 작성할 경우, 피조사자가 5단계의 차이를 식별할 수 있다고 생각된다면, 5점 척도법 이상으로 해도 무방할 것이다. 단, 고령자나 미취학 아동 등이 조사대상인 경우에는 4점 척도법을 이용하는 경우도 적지 않다.

조사표 질문항목의 척도 종류

조사표의 각 질문항목을 확인하고 척도의 종류를 명확히 해야 한다. SPSS의 데이터 편집기에서는 '명목', '순서', '척도'로 분류되어 있는데 '척도'란 간격척도와 비율척도를 합쳐서 표현한 것이다. 다음의 예를 이 세 가지 타입으로 분류하여 어떠한 척도에 해당되는지 생각해 보자.

[질문 1] : 귀하의 성별은?

1. 남
2. 여

▶▶ 코드 번호를 "1, 2" 그대로 입력하면'명목'이지만, "0, 1"로 더미 코드화한 경우에는 '척도'로서 취급할 수 있다.

질문 1의 답은 남자와 여자 두 가지로 나누어진다. 이 때 남, 여를 각각 범주(category)라고 한다.

'음주의 유무'를 "0, 1"로 더미 코드화하고 싶은 경우, '음주'와 '비음주' 어느 쪽의 카테고리를 0으로 해도 무방하다. 단 해석의 경우에 "0의 카테고리에서 1의 카테고리로 변화했을 때 … (0 → 1)"이라고 하는 해석방식이 되므로 기준이 되는 카테고리를 0으로 해 두면 이해하기 쉽다. "비음주에서 음주로 변화한다면 … "이라고 생각하는 경우에는 '비음주'를 0으로 하는 편이 분석결과를 해석할 때에 용이해진다.

[질문 2] : 결혼여부는?

1. 기혼
2. 미혼
3. 기타

▶▶ 결혼상황을 분류하고 있을 뿐이므로 '명목'이 된다.

[질문 3] : 귀하의 연령을 기입해 주십시오.

(　　세)

▶▶ 연령을 물은 경우에는 '척도'가 되지만, 20세 미만, 20대, 30대, 40대 등으로 특정의 범주를 설정하는 경우에는 '순서'가 된다.

20대, 30대 등의 연대를 묻는 것보다는 연령을 묻는 편이 '척도'로서 데이터를 다룰 수 있으므로 분석기법의 선택 폭은 넓어진다. 그러나 피조사자에 따라서는 연령이나 연간소득 등의 기입을 싫어하는 사람도 있다. 일반적으로 나이가 들어감에 따라 여성의 경우는 연령의 회답을 싫어하는 경향이 있고, 남성의 경우는 평균 소득보다 자신의 소득이 낮다고 생각하는 사람에게 있어서 소득의 회답을 거부하는 경향이 있다. 앙케트 조사에서는 결손 데이터를 최소한으로 하여 유효회답을 가능한 한 많이 모으는 것이 중요한 포인트이므로, 미리 회답거부가 많을 것으로 예상되는 경우는 척도의 종류에만 얽매이지 말고 회답의 용이성이라고 하는 관점에서 설문방법을 연구하는 것이 중요하다.

실제 조사에서는 연령으로 물은 것을 연대별로 집계한다거나 정리하여 카이제곱검정 등의 통계분석을 실시하는 경우가 많기 때문에, 처음부터 굳이 연령을 묻지 않고 연대를 묻는 편이 나은 것은 아닌지 잘 생각할 필요가 있다. 개인의 연간소득이나 회사의 연간 매출액의 조사에서도 마찬가지이다.

[질문 4] : 현재 근무하는 회사에서 귀하의 근속년수는 얼마인가?
(년)

▶▶ 근속년수는 등간격으로 5년 일한 다음에 다시 1년 더 일하면 6년 근무한 셈이 된다. 가법성의 정보를 갖고 있으므로 '척도'에 해당된다.

[질문 5] : 귀하의 현재 직위는 어디에 해당됩니까?

1. 평사원
2. 주임급
3. 과장급
4. 부장급
5. 기타

▶▶ "5. 기타"의 취급방법에 따라서 경우가 달라진다. 1에서 4까지는 값이 커질수록 직위가 높아지고 있기 때문에 이 4개의 카테고리만을 사용한다면, '순서'가 된다. 그러나 "5. 기타"는 "4. 부장급"보다도 직위가 위라는 보증이 없기 때문에 이 카테고리를 포함하게 되면'명목'이 된다.

[질문 6] : 귀하의 현재 직종은 다음 중 어디에 속해 있습니까?

1. 사무직
2. 기술직
3. 관리직

▶▶ 부문에 우열을 가정하고 있지 않다면 단지 분류하고 있을 뿐이므로 '명목'이 된다.

질문 6의 답은 세 개의 범주로 나누어진다. 이와 같이 데이터가 몇 개의 범주로 구성되어 있을 때 범주형 데이터(categorical data)라고 한다.

[질문 7] : 입사 시에는 사무직이었습니까, 기술직이었습니까?

1. 사무직
2. 기술직

▶▶ 단지 분류하고 있을 뿐이므로 '명목'이 된다. 그러나 1, 2의 값을 할당하는 것이 아니라 "0 : 사무직", "1 : 기술직"으로 "0 1" 데이터로 한 경우에는 '척도'로서 취급할 수도 있다.

[질문 8] : 귀하의 직장은 어떠한 곳입니까. 해당하는 번호에 "○표"를 해주십시오.

	그렇게 생각 하지 않는다 1	2	어느 쪽도 아니다 3	4	그렇게 생각한다 5
1. 직장 동료와는 개인적인 일에서도 스스러움 없이 이야기할 수 있다.					
2. 직장 분위기는 따뜻하여 쉽게 친숙해진다.					
3. 좋은 일을 하면 직장동료로부터 높이 평가받는다.					
4. 직장의 동료에게는 걱정거리나 고민거리를 무엇이라도 상담할 수 있다.					

▶▶ 리커트 스케일이므로 엄밀히 말하면 '순서'이지만, 5점 척도법이기 때문에 '척도'로서 취급할 수 있다.

PASW(SPSS)프로그램상에서 척도 설정

PASW(SPSS)는 데이터 입력시 변수정의를 통해 해당 데이터의 척도를 선택하도록 되어 있다. 이때 사용되는 척도는 명목척도, 순서척도, 척도(등간 및 비율)의 3가지이다. 즉, 등간이나 비율척도는 '척도'로 선택하고, 명목척도는 '명목'으로, 순서척도는 '순서'로 등비(등간 및 비율)척도는 '척도'로 설정한다.

종속변수 / 독립변수	명목, 서열	등간, 비율	
명목, 서열	범주형 분석 대응일치 분석	T-test 분산 분석	
등간, 비율	로지스틱 회귀분석 판별 분석 프로빗 분석 더미 정준상관 분석	회귀 분석 정준 분석	요인 분석 군집 분석
명서+등비	더미 정준상관 분석 더미 범주형 분석	공분산 분석 더미회귀분석 더미 정준상관 분석	더미 군집 분석

항목	척도 구분
당신의 만족도는? ① 대단히 만족 ② 만족 ③ 보통 ④ 불만족 ⑤ 대단히 불만	순서
당신의 거주 지역은? ① 서울 및 수도권 ② 강원 ③ 충청 ④ 경상 ⑤ 전라 ⑥ 제주	명목(특정한 순서나 대소관계가 아니라 단순히 지역을 나열)
당신의 만 나이를 몇 세인지 ( )에 기입하시오. ( )	비율
당신이 생각하는 적정 온도를 괄호 안에 기입하시오. ( )	등간(온도는 '0도'의 경우 온도가 존재하지 않는다는 절대 영점이 아니며, 배수가 적용되지 않으므로)

2. 데이터 입력

1) 편집기 창에서 데이터 입력

(1) 데이터를 입력하기 위해 [데이터 보기] 시트를 클릭하면 앞서 정의한 변수이름이 표시된다.

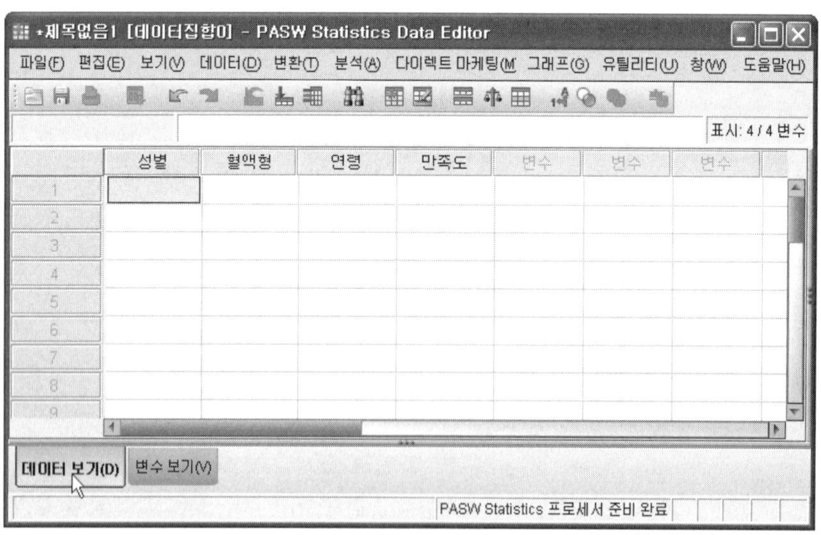

(2) 다음의 표를 참조하여 각 셀에 다음의 내용을 입력한다. 이 때 케이스 번호(행 번호)는 입력하지 않는다. 단지 케이스 번호를 참조하기 위해 적어 놓은 것이다.

	성별	혈액형	연령	만족도
1	1	1	32	3
2	1	3	20	5
3	1	2	25	3
4	2	4	38	4
5	2	4	45	2
6	2	3	36	6
7	1	2	39	2
8	1	1	23	3
9	1	1	22	1
10	1	1	40	2
11	2	1	35	2
12	1	1	32	3
13	2	2	40	3
14	1	3	38	3
15	2	4	40	1
16	1	1	35	1
17	2	3	42	1
18	1	2	35	2
19	2	1	20	2
20	2	3	18	3

← 변수이름

← 케이스(입력할 데이터)

(3) 데이터를 입력할 때 이미 앞서 변수정의에서 소수이하자릿수를 2자리로 설정했기 때문에 '1'을 입력하면 1.00으로 표시된다.

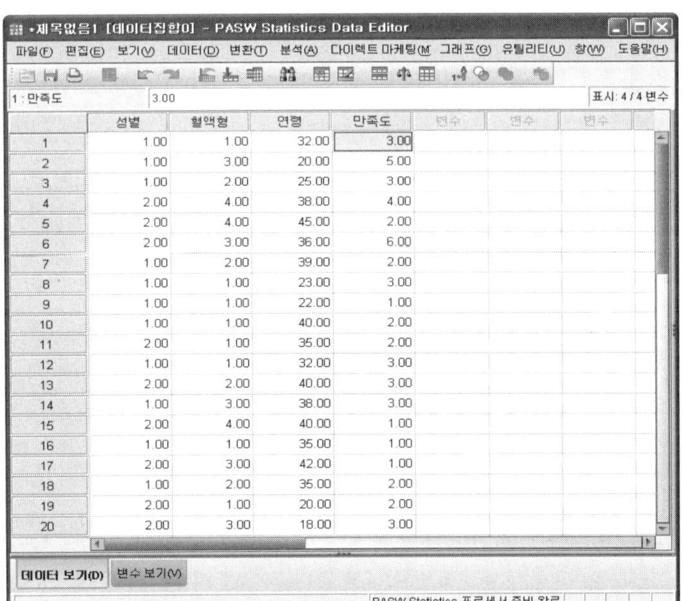

	성별	혈액형	연령	만족도	변수	변수	변수
1	1.00	1.00	32.00	3.00			
2	1.00	3.00	20.00	5.00			
3	1.00	2.00	25.00	3.00			
4	2.00	4.00	38.00	4.00			
5	2.00	4.00	45.00	2.00			
6	2.00	3.00	36.00	6.00			
7	1.00	2.00	39.00	2.00			
8	1.00	1.00	23.00	3.00			
9	1.00	1.00	22.00	1.00			
10	1.00	1.00	40.00	2.00			
11	2.00	1.00	35.00	2.00			
12	1.00	1.00	32.00	3.00			
13	2.00	2.00	40.00	3.00			
14	1.00	3.00	38.00	3.00			
15	2.00	4.00	40.00	1.00			
16	1.00	1.00	35.00	1.00			
17	2.00	3.00	42.00	1.00			
18	1.00	2.00	35.00	2.00			
19	2.00	1.00	20.00	2.00			
20	2.00	3.00	18.00	3.00			

(4) [파일] 메뉴의 [저장]을 선택한 후 [찾아보기(I)]에서 [My Documents]를 선택하고 '파일 이름'에 '설문예제'라 입력한 후 [저장] 버튼 클릭하여 저장한다.

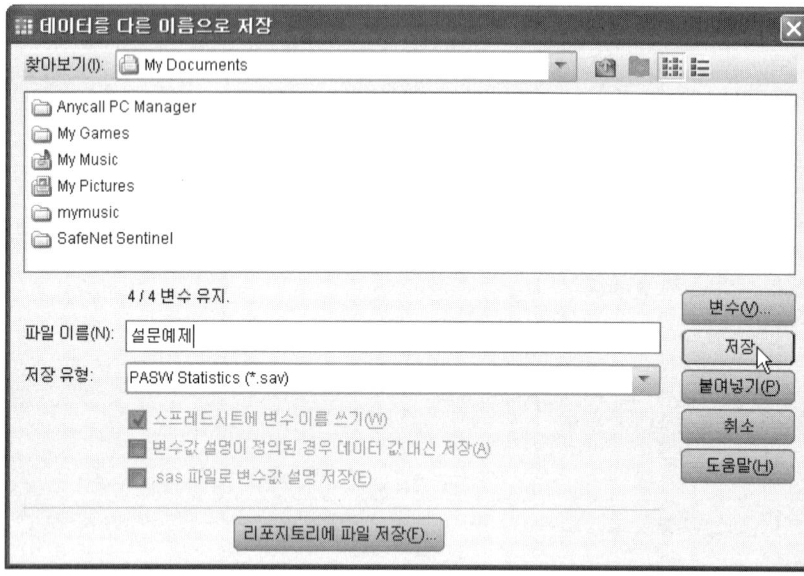

2) 데이터 편집

삭제 및 복원

(1) 입력이 잘못되어 이를 지워야 할 경우에는 지우고자 하는 셀을 클릭한 후 키보드의 [Delete] 또는 [Del] 키를 치면 된다. 그러나 여러 셀을 한꺼번에 삭제하겠다면 다음과 같이 마우스 왼쪽 버튼을 누른 채 끌어서 범위로 지정한 후 키보드의 [Delete] 또는 [Del] 키를 친다.

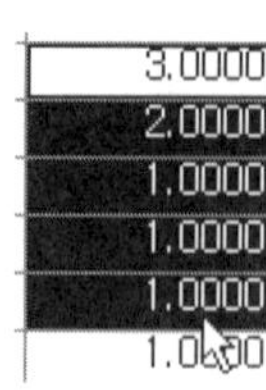

(2) 삭제해서는 안 되는데, 삭제한 경우가 종종 있다. 이런 경우에는 다시 데이터를 입력할 필요 없이 [편집] 메뉴의 [복구]를 선택하면 원래 상태로 되돌려 준다.

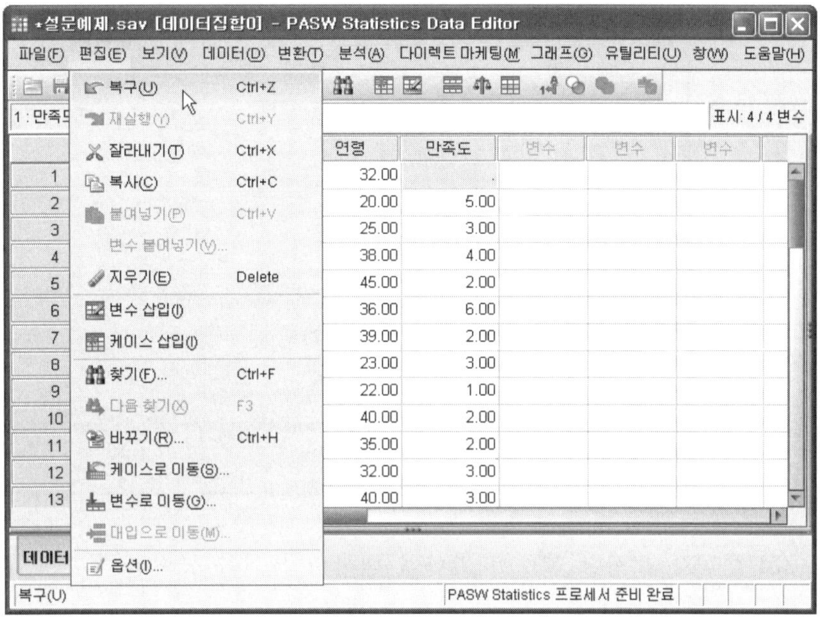

복사 및 이동

반복되는 내용이 있을 경우 내용이 많다면 직접 입력하기보다는 앞서 입력한 내용을 복사하는 것이 편하며, 잘못된 위치를 이동시켜야 할 때가 있다. 이 때 사용하는 것이 [편집] 메뉴의 [복사]와 [잘라내기] 그리고 [붙여넣기]이다.

(1) 복사하고자 하는 셀들을 범위(블록)로 지정한다. 범위로 설정하고자 하는 셀의 시작위치 셀에서 마우스 왼쪽 버튼을 누른 채 마지막 범위의 셀까지 끌면 범위로 설정된 셀들이 반전된다.

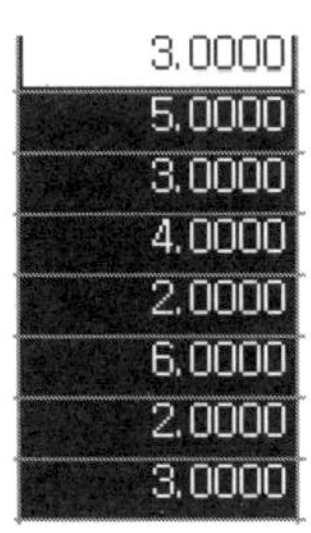

(2) [편집] 메뉴의 [복사]를 선택하거나 범위로 설정된 셀에서 마우스 오른쪽 버튼을 클릭한 후 [복사]를 선택하여도 된다.

(3) 범위로 설정한 셀들이 복사될 대상위치 셀을 클릭한 후 [편집] 메뉴의 [붙여넣기]를 선택한다.

(4) 이동은 (2)의 과정에서 [편집] 메뉴의 [잘라내기]를 선택하고, (3)의 과정을 따라하면 된다.

① 복사

복사하고자 하는 셀들을 범위로 설정 → [편집] 메뉴의 [복사] → 범위로 설정한 셀들이 복사될 대상위치 셀 클릭 → [편집] 메뉴의 [붙여넣기]를 선택한다.

② 이동

이동하고자 하는 셀들을 범위로 설정 → [편집] 메뉴의 [잘라내기] → 범위로 설정한 셀들이 이동될 대상위치 셀 클릭 → [편집] 메뉴의 [붙여넣기]를 선택한다.

변수 삽입 및 삭제

새로운 변수는 현재 변수의 왼쪽 열로 삽입된다.

(1) 삽입하고자 하는 변수위치에 있는 기존 변수이름을 마우스 오른쪽 버튼으로 클릭한 후 [변수 삽입]을 선택한다. 즉, [만족도] 변수 왼쪽에 새로운 변수를 삽입하기 위해 [만족도] 변수이름을 마우스 오른쪽 버튼으로 클릭한 후 [변수 삽입]을 선택한다.

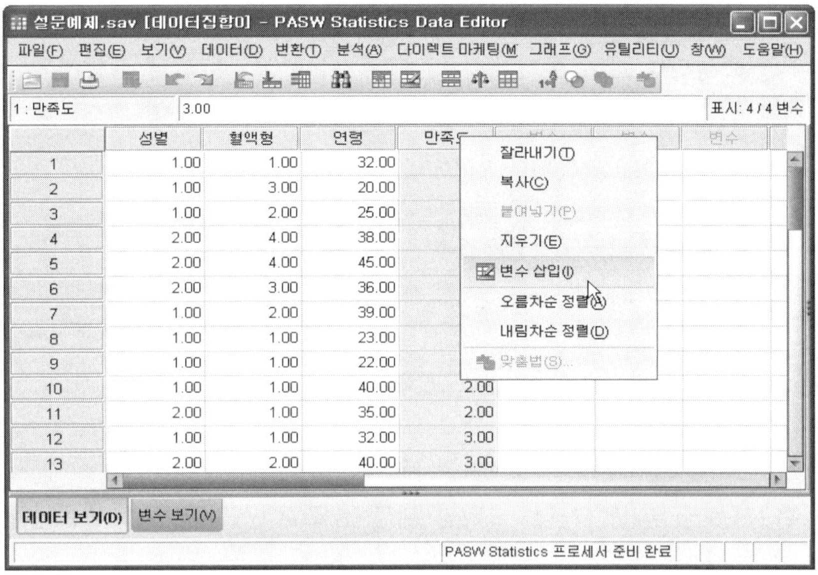

(2) 그러면 [만족도] 변수 왼쪽에 새로운 변수 'var0001'이 삽입된다. 이때 새로 삽입되는 변수이름은 임시이름으로 'var'에 0001과 같은 일련번호가 붙게 되며, 현재 문서에서 임시 이름이 사용된 적이 있으면 0001이 아닌 'var0002', 'var0003'과 같이 다음 순서에 해당하는 일련번호가 붙는다.

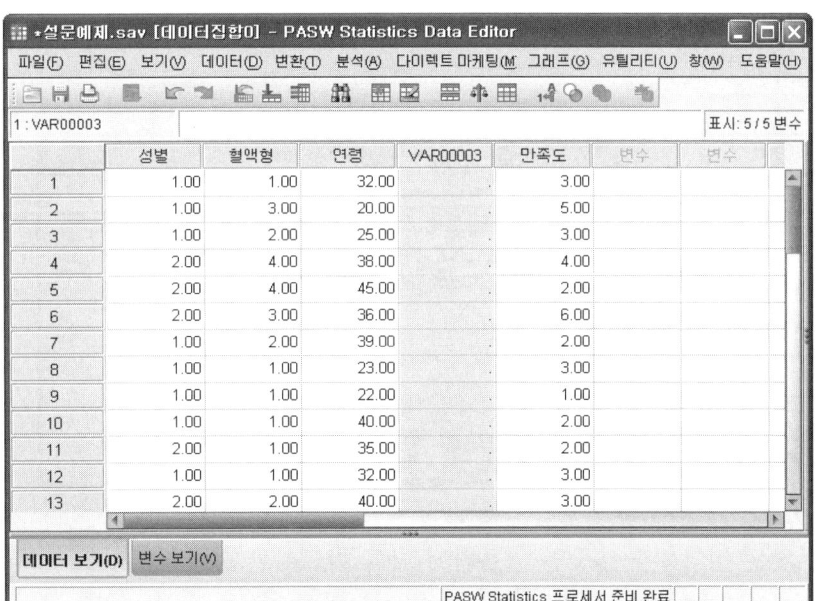

(3) 새로운 변수가 삽입되면 '변수정의'부터 해야 하므로 [변수 보기] 시트를 클릭한 후 변수정의를 해야 한다. 소득의 경우 응답자가 자신의 소득액을 직접 기입하도록 하였기 때문에 비율척도에 해당한다. 따라서 [값]의 "기준값", "변수값 설명"은 입력하지 않고 비워둔다.

항목 중 빈 곳은 그대로 두면 된다.

이름	유형	너비	소수점 이하자리	설명	값		결측값	열	맞춤	측도
					기준값	설명				
소득	숫자	8	4	당신의 소득은?			없음	8	오른쪽	척도

(4) 새로 삽입된 변수이름(여기서는 '소득' 변수)을 마우스 오른쪽 버튼으로 클릭한 후 [지우기]를 선택한다. 그러면 새로 삽입된 [소득]변수가 삭제된다.

찾기

변수에서 특정문자나 숫자를 찾고자 할 때는 [편집] 메뉴의 [찾기]를 선택하여 찾는다. 단, 선택한 변수에서만 찾기가 수행되므로 찾고자 하는 변수를 먼저 선택한 후에 찾기를 해야 한다.

(1) [연령] 변수에서 '18'을 찾기 위해 [연령] 변수이름을 클릭한 후 [편집] 메뉴의 [찾기]를 선택하고, [찾기]에 '18'이라 입력한 후 [다음 찾기] 버튼을 클릭한다.

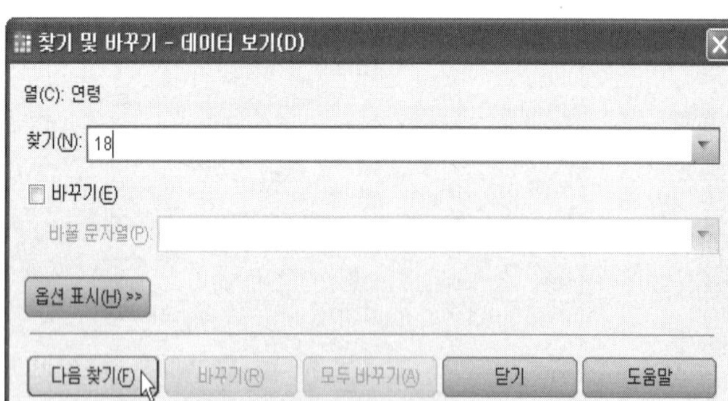

(2) 찾은 결과는 사용중인 컴퓨터에 따라 다르지만 다른색으로 표시해서 구분해준다. 윈도우 XP 기본 테마일 경우에는 오렌지색으로 반전되어 표시한다.

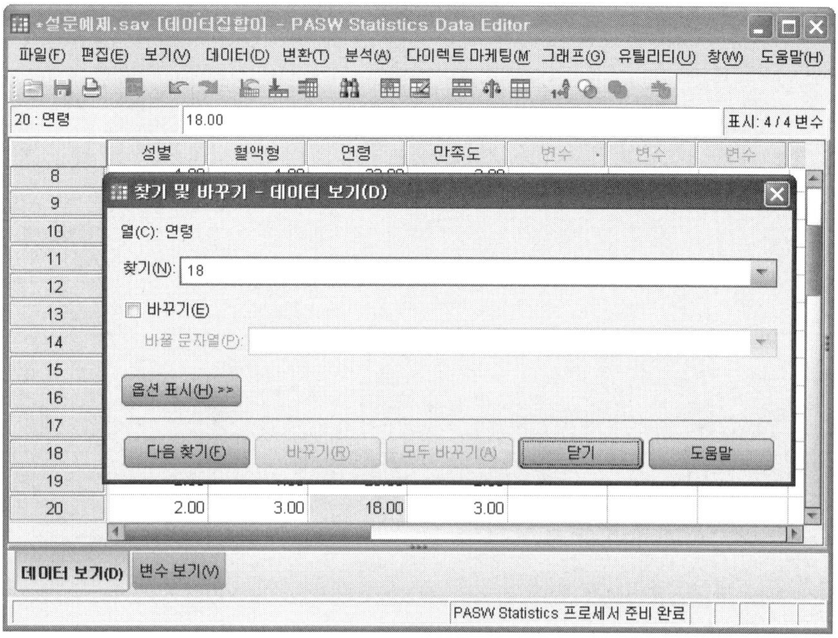

(3) 계속 찾고자 한다면 [다음 찾기] 버튼을 클릭한다.

(4) 문자열의 경우에는 대소문자를 구분해 찾을 수 있다.

3) 변수값 복사

반복되는 변수는 [변수 보기] 시트에서 복사해서 입력할 수 있다.

●●● 예제 설문지 ●●●

다음의 각 설문에 해당하는 항목의 괄호( ) 안에 ✔ 표시를 해주시기 바랍니다.

1. 부문별 매출 리포트를 활용하고 계십니까?

1 ——— 2——— 3——— 4——— 5

전혀 아니다	아니다	보통	그렇다	매우 그렇다

2. 시간대별 매출현황을 활용하고 계십니까?

1 ——— 2——— 3——— 4——— 5

전혀 아니다	아니다	보통	그렇다	매우 그렇다

3. 계획대비 실적현황을 활용하고 계십니까?

1 ——— 2——— 3——— 4——— 5

전혀 아니다	아니다	보통	그렇다	매우 그렇다

4. 단품별 매출 리포트를 활용하고 계십니까?

1 ——— 2——— 3——— 4——— 5

전혀 아니다	아니다	보통	그렇다	매우 그렇다

(1) [파일]메뉴의 [새파일] → [데이터]를 순서대로 선택하여 새로운 데이터 편집창이 열리면 [변수보기] 시트를 클릭하여 첫 번째 설문항목의 변수정의를 다음과 같이 설정한다. 나머지 설문문항도 값을 제외한 나머지 변수정의를 마친다.

항목 중 빈 곳은 그대로 두면 된다.

이름	유형	너비	소수점 이하자리	설명	값		결측값	열	맞춤	측도
					기준값	설명				
부문별	숫자	8	4	부문별 매출 리포트	1	전혀아니다	없음	8	오른쪽	순서
					2	아니다				
					3	보통				
					4	그렇다				
					5	매우그렇다				
시간대별				시간대별 매출현황						
실적현황				계획대비 실적현황						
단 품 별				단품별 매출리포트						

(2) 첫 번째 변수의 변수값 정의가 되어 있는 셀([값] 변수정의의 1행 셀)을 마우스 오른쪽 버튼을 클릭한 후 [복사]를 선택한다.

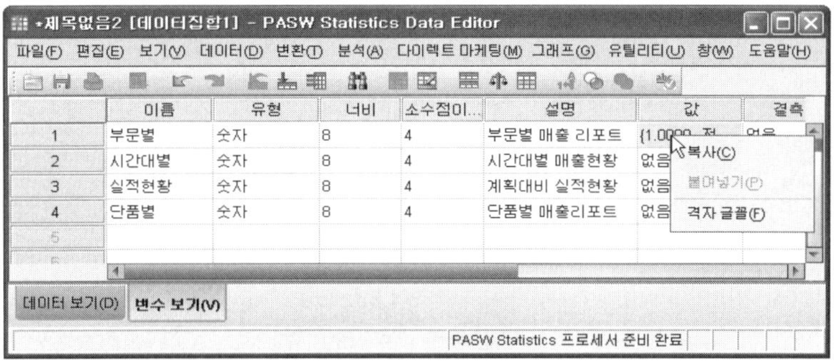

(3) [값]의 2행부터 4행까지를 마우스 끌기(드래그)를 범위로 지정한 후 마우스 오른쪽 버튼을 클릭하고 [붙여넣기]를 선택한다.

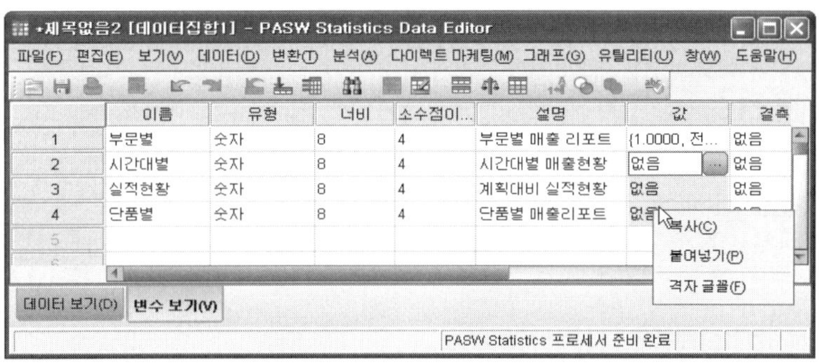

(4) 그러면 첫 번째 '부문별' 변수의 기준값과 변수값 설명이 나머지 변수의 '값' 항목에 복사된다. 이와 같은 방법을 활용하면 반복되는 변수의 값을 지정할 때 편리하게 활용할 수 있다.

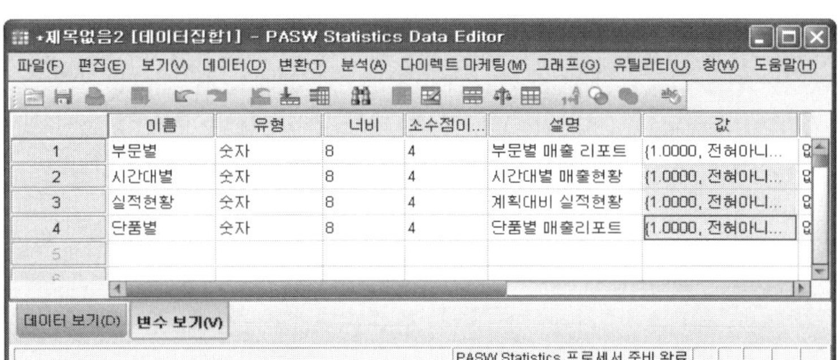

데이터 관리 5

1. 케이스(case) 삽입과 삭제

케이스(case) 삽입, 삭제

이미 입력한 데이터 파일에 새로운 케이스를 추가하고자 할 경우에는 다음과 같이 한다.

① 데이터보기 화면에서 새로 삽입할 케이스(행) 번호를 마우스 오른쪽 버튼으로 클릭한 후 [케이스 삽입]을 선택한다.
② 삽입하고자 할 케이스가 위치할 케이스 행 번호를 클릭한 후 [편집] 메뉴의 [케이스 삽입]을 선택한다.

변수삽입과 삭제는 '2장의 2.2 데이터 입력'의 '2. 데이터 편집'에서 '변수삽입 및 삭제'를 참조한다.

순서 1 ››› 케이스 삽입

(1) 2장에서 작성한 '설문예제' 문서를 연다.

(2) 7행에 새로운 행 하나를 삽입하고자 한다면 행 번호 '7'을 마우스 오른쪽 버튼으로 클릭한 후 [케이스 삽입]을 선택한다.

(3) 다음과 같이 빈행 하나가 추가된다.

순서 2 ››› 케이스 삭제

① 삭제하고자 하는 행 번호를 마우스 오른쪽 버튼으로 클릭한 후 [지우기]를 선택한다.

② 삭제하고자 하는 행 번호를 클릭한 후 [편집] 메뉴의 [지우기]를 선택한다.
③ 삭제하고자 하는 행 번호를 클릭한 후 키보드의 [Del] 키를 친다.

(1) 새로 추가한 7행을 삭제하기 위하여 행 번호 '7'을 클릭한다.
(2) 키보드의 [Del] 키를 친다.

2. 파일결합

파일결합에는 두 가지 경우를 생각해 볼 수 있다. 먼저 케이스의 수는 다르지만 변수이름이 동일한 파일들이 있고, 케이스 수는 같으나 변수이름이 다른 파일들이 있을 것이다. 이러한 2가지 경우의 파일들을 하나의 파일로 결합하는 방법을 알아보자.

순서 1 ››› 케이스 수는 다르나 변수이름이 동일한 경우의 파일 결합

(1) 다음과 같은 2개의 파일을 각각 작성한 후 '8−1−1.sav'와 '8−1−2.sav'로 각각 저장한다. 단, 소수 이하 자리는 4자리로 변수정의를 한다.

8−1−1.sav

	v1	v2
1	3.0000	3.0000
2	2.0000	2.0000
3	1.0000	4.0000
4	2.0000	2.0000

8−1−2.sav

	v1	v2
1	3.0000	4.0000
2	1.0000	2.0000
3	2.0000	3.0000
4	2.0000	1.0000
5	4.0000	1.0000

(2) 현재 열려 있는 파일은 '8−1−2.sav' 파일로 한다.

(3) [데이터] 메뉴의 [파일 합치기]에서 [케이스 추가]를 선택한다.

(4) [케이스 추가 : 파일 읽기] 상자가 열리면 '8−1−1.sav'를 선택하고 [계속]을 클릭한다.

(5) 다음과 같은 케이스 추가 상자가 나타나면 오른쪽의 '새활성 데이터 파일의 변수(V)' 목록에서 'v1'을 클릭한 후 [←]를 클릭한다.

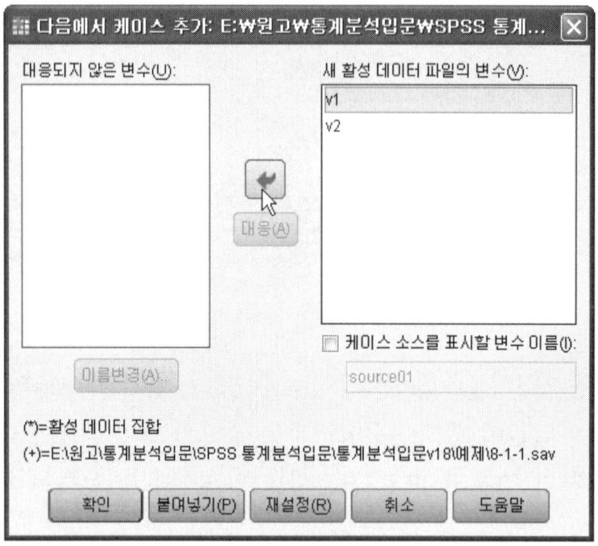

(6) 왼쪽의 '대응되지 않은 변수(U)' 목록에 2개의 변수가 나타난다. 이 때 변수이름 뒤에 '*'가 붙은 것은 '8−1−2.sav'의 'v1' 변수이고, 변수이름 뒤에 '+'가 붙은 것은 '8−1−1.sav'의 'v1' 변수이다.

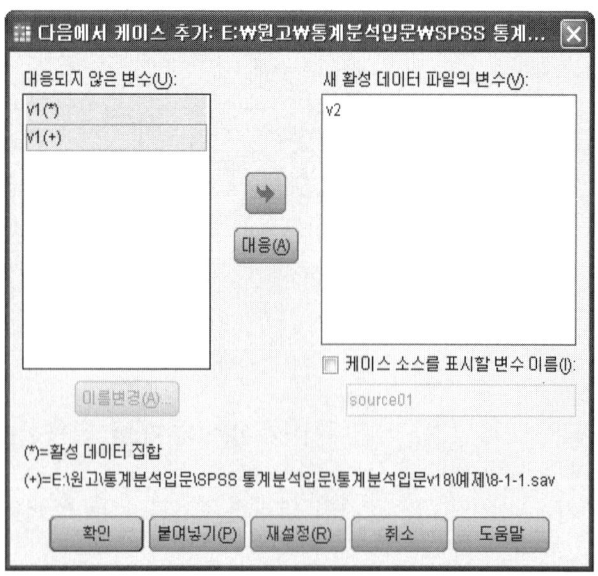

(7) [대응(A)] 버튼을 클릭하면 'v1' 변수는 오른쪽의 '새로운 작업 데이터 파일의 변수(V)' 목록의 'v2' 변수 밑으로 이동한다.

(8) 나머지 'v2' 변수도 이와 같은 방법으로 대응시킨다.

(9) 두 개의 v1, v2 변수의 대응이 끝났으면 [확인] 버튼을 클릭한다.

(10) 다음과 같이 '8-1-2.sav' 파일에 '8-1-1.sav' 파일의 케이스들이 추가된다.

순서 2 ››› 케이스 수는 같으나 변수이름이 다른 경우의 파일 결합

(1) 다음과 같은 두 개의 파일을 각각 작성한 후 '8-1-3.sav'와 '8-1-4.sav'로 각각 저장한다. 단, 소수 이하 자리는 4자리로 변수정의를 한다.

8-1-3.sav

	a1
1	3.0000
2	2.0000
3	1.0000
4	2.0000

8-1-4.sav

	v1
1	3.0000
2	1.0000
3	2.0000
4	2.0000

(2) 현재 열려 있는 파일은 '8-1-4.sav' 파일로 한다.

(3) [데이터] 메뉴의 [파일 합치기]에서 [변수 추가]를 선택한다.

(4) [변수 추가 : 파일 읽기] 상자가 열리면 '8－1－3.sav'를 선택하고 [계속]을 클릭한다.

(5) 다음과 같은 변수 추가 상자가 나타난다. 이 때 현재 열려 있는 파일인 '8－1－4.sav' 파일의 변수 뒤에는 '*'표시가 붙어 있고, 새로 결합할 '8－1－3.sav' 파일의 변수 뒤에는 '+'표시가 붙어 있다.

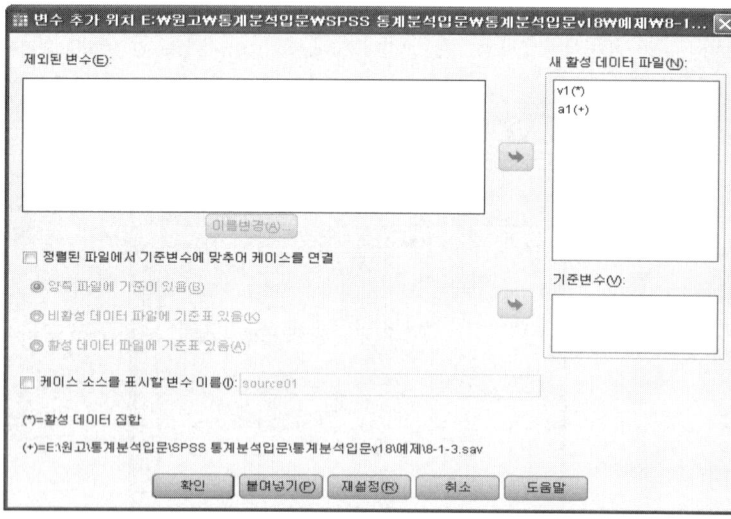

(6) 만약 결합시 제외할 변수가 있다면 오른쪽의 '새로운 작업 데이터 파일' 목록에서 제외할 변수를 선택한 후 를 클릭하여 '제외된 변수'에 보낸 후 합쳐야 한다.

(7) [확인] 버튼을 클릭한다. 그러면 다음과 같이 '8－1－4.sav' 파일에 '8－1－3.sav' 파일의 변수 'a1'이 결합된다.

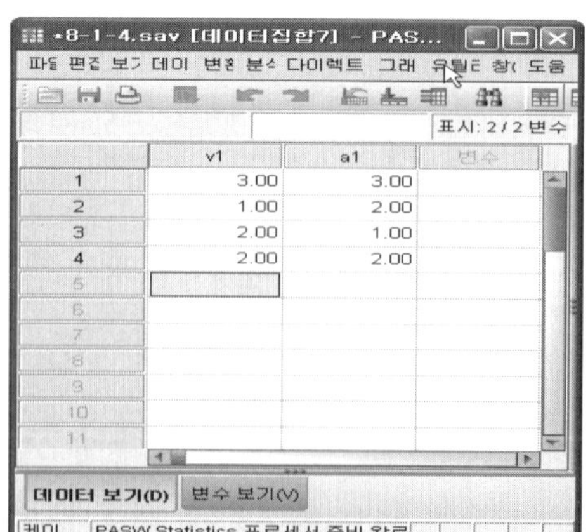

3. 케이스 정렬

입력된 케이스를 특정 기준으로 정렬하고자 할 경우가 있다. 이러한 경우에는 [데이터] 메뉴의 [케이스 정렬]을 선택하여 케이스를 정렬시킨다.

(1) 2장의 '설문예제'에서 성별에 따라 정렬시키되, 연령의 적은 순에서 많은 순의 오름차순으로 정렬해 보도록 하자.

(2) 2장에서 작성한 '설문예제.sav' 파일을 연 후 [데이터] 메뉴의 [케이스 정렬]을 선택한다.

(3) 먼저 우선 순위로 정렬하고자 하는 변수인 '성별'을 클릭한 후 ➡를 클릭하여 '정렬기준'으로 이동시킨 후 '오름차순'을 선택한다.

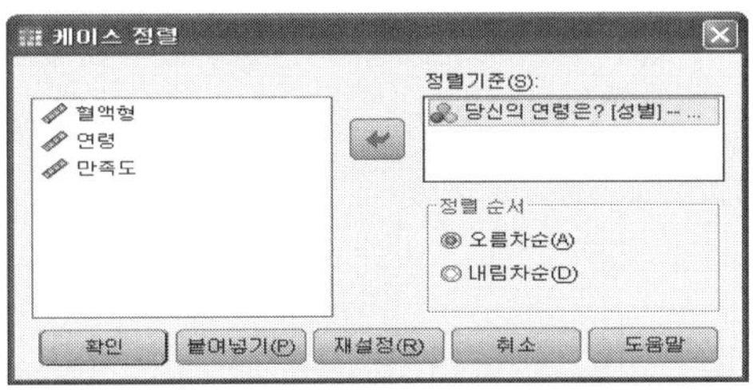

(4) '연령' 변수도 '성별' 변수처럼 오른쪽의 '정렬기준'으로 보내고, '오름차순'을 선택한다.

(5) [확인] 버튼을 클릭하면 다음과 같이 성별순으로 정렬이 된 후 각 성별에서 연령이 낮은 순에서 높은 순으로 정렬된다.

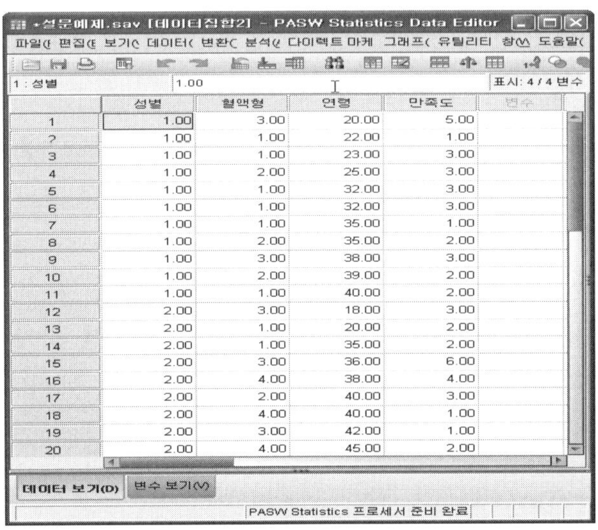

4. 데이터 전치

데이터 전치란 케이스(행)와 변수(열)을 서로 맞바꾸는 기능이다. 데이터 전치가 되면 변수명은 새로운 케이스로 추가되고, 행 배열의 케이스는 열 배열로 변경된다. 2장의 '설문예제.sav'를 이용해 실습해 보자.

(1) [데이터] 메뉴의 [데이터 전치]를 선택한다.

(2) 왼쪽 목록에서 4개의 변수를 모두 선택한 후 ➡를 클릭하여 오른쪽의 '변수' 목록으로 이동시킨 후 [확인] 버튼을 클릭한다.

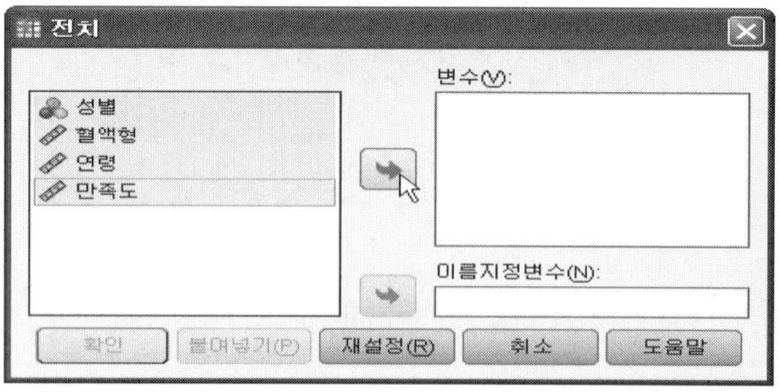

(3) 다음과 같이 전치가 된다.

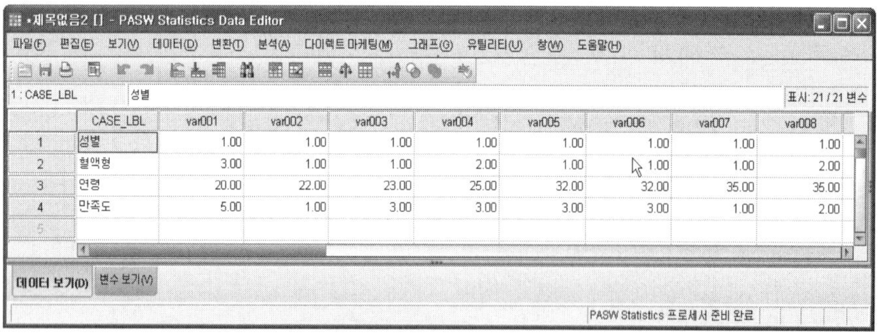

(4) [파일] 메뉴의 [최근에 사용한 데이터]를 선택하고 저장할 것인지를 묻는 대화상자가 나타나면 [아니오]를 선택한 후에 데이터 전치를 하기 전에 미리 새로운 변수를 추가하여 다음과 같이 '번호' 변수를 만든 후 데이터 전치를 해보자.

(5) '성별' 변수를 마우스 오른쪽 버튼으로 클릭한 후 [변수삽입]을 선택해 새로운 변수가 만들어지면 변수이름을 '번호'로 수정한다.

(6) '번호' 변수에 1부터 20까지 번호를 순서대로 입력한다.

(7) **데이터전치를 선택하여** '번호' 변수는 오른쪽의 '이름지정변수(N)'로 보내고, 나머지 '성별'부터 '만족도'까지는 '변수(V)' 목록으로 보낸 후 [확인] 버튼을 클릭한다.

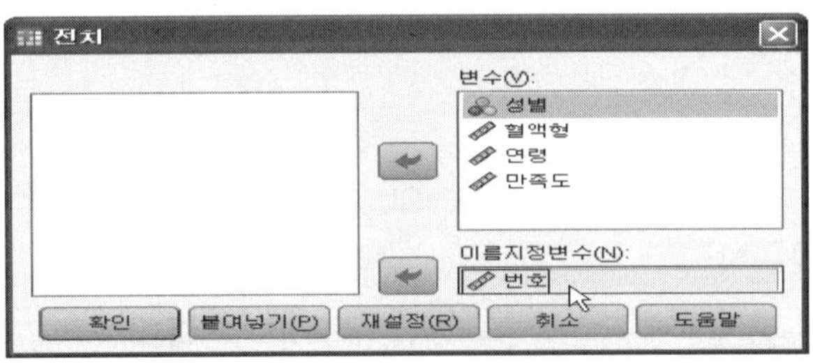

(8) 그러면 다음과 같이 변수이름이 k_01, k_02 … 으로 지정된다.

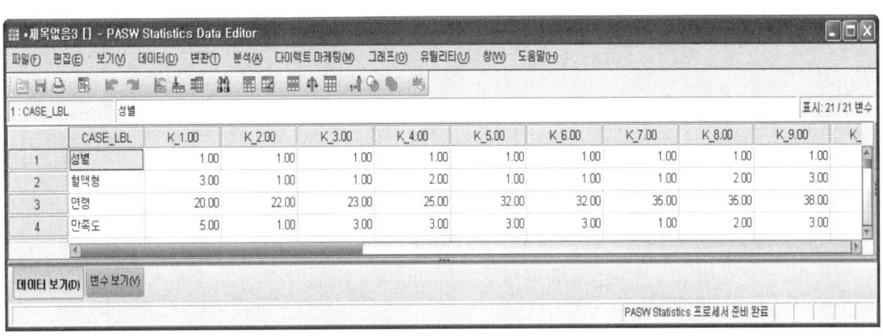

5. 파일분할

파일분할 기능은 앞서 설명한 '케이스 정렬'처럼 변수를 그룹으로 분리하여 각각 정렬시켜 주는 기능이다. 단, 케이스 정렬의 경우에는 분석도구를 사용할 경우 전체 케이스를 대상으로 하여 분석결과가 출력되지만 파일분할에 의해 그룹별로 분리된 경우에는 각 그룹별로 분석이 각각 행해진다.

(1) '설문예제.sav' 파일을 성별로 파일분할을 해보자.

(2) [데이터] 메뉴의 [파일분할]을 선택한 후 [각 집단별로 출력결과를 나타냄]을 선택한 후 왼쪽의 '성별'을 오른쪽의 '분할 집단변수' 목록으로 보낸다.

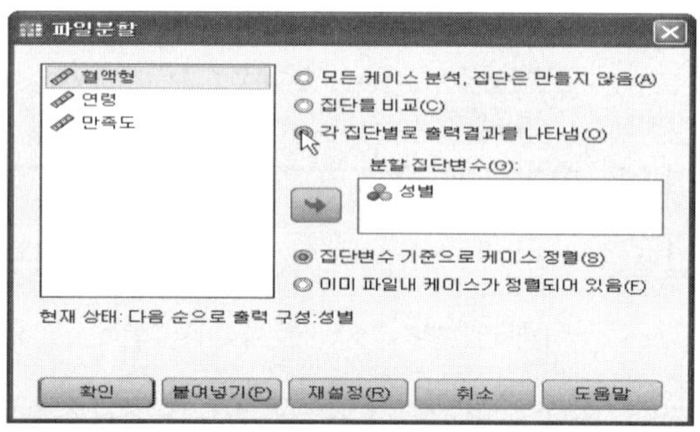

(3) [확인] 버튼을 클릭한다.

(4) 다음과 같이 성별순으로 분할되는데, 앞서 실시했던 케이스 정렬의 결과와 동일하게 나타난다.

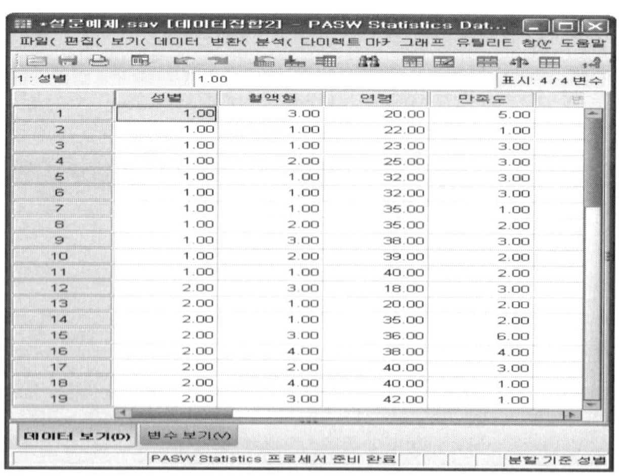

(5) 그러나 빈도분석을 실시하면 다음과 같이 남성과 여성의 각각의 빈도분석표가 출력된다. 단, 남녀의 종합 빈도분석표는 출력되지 않는다.

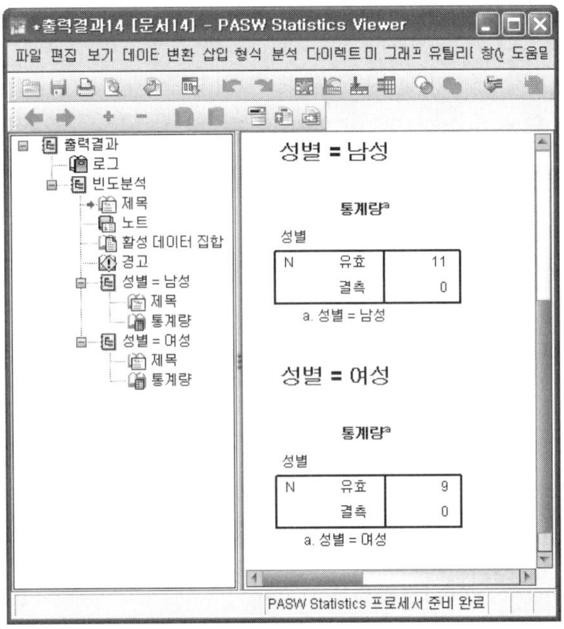

(6) 만약 '성별'로 케이스 정렬을 수행한 후 '빈도분석'을 행하면 다음과 같이 남녀별 빈도분석표가 만들어진다.

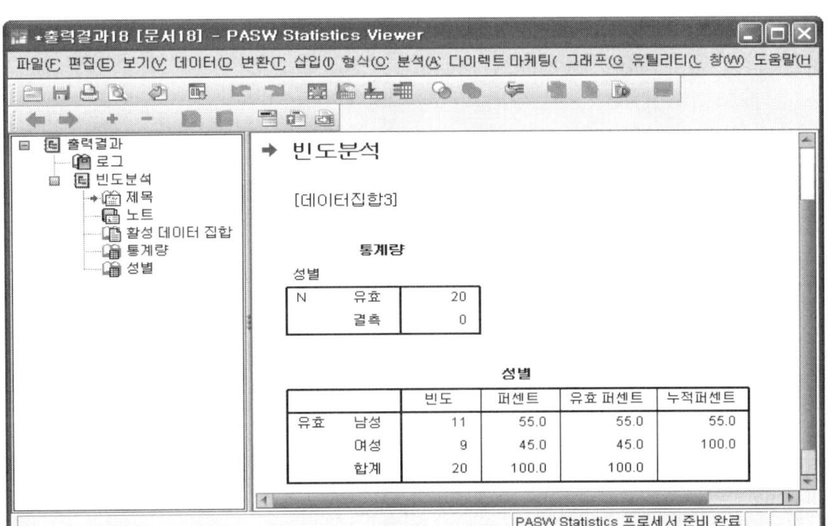

6. 변수변환

변수를 특정한 기준으로 묶어야 할 경우가 있다.

① '설문예제.sav' 파일에서 연령을 30세 이하, 31~40세, 41~50세, 51세 이상과 같이 특정한 기준에 따라 변수를 변환해야 할 경우가 있다.

② 부정형 문항의 경우 점수를 반대(reverse)로 변환해야 하는 경우 원자료는 응답자가 응답한대로 입력(코딩)하고, 이를 변환시켜서 분석한다.

③ 사교적인 성격인지를 알아보는 설문문항에서 1번과 2번은 사교적인 성격이고, 3번은 사교적인 성격에 반대되는 문항이므로 부정형 문항이라고 볼 수 있다. 이러한 문항은 원래 응답값을 분석하기 전에 '전혀 아니다'를 ⑤로, '매우 그렇다'를 ①로 코딩을 변환한 후 분석해야 한다.

	전혀 아니다		보통이다		매우 그렇다
1. 나는 매사에 활동적이다.	①	②	③	④	⑤
2. 나는 마음을 터 놓고 대화하기를 좋아한다.	①	②	③	④	⑤
3. 슬픈 영화를 보면 남들보다 그 기분이 오래간다.	①	②	③	④	⑤

순서 1 ▸▸▸ 새로운 변수로 변환

(1) 2장의 '설문예제.sav'의 연령 변수를 30 이하를 ①, 31~40을 ②, 41~50을 ③, 51 이상을 ④로 변환해 보자.

(2) [변환] 메뉴의 [다른변수로 코딩변경]을 선택한다.

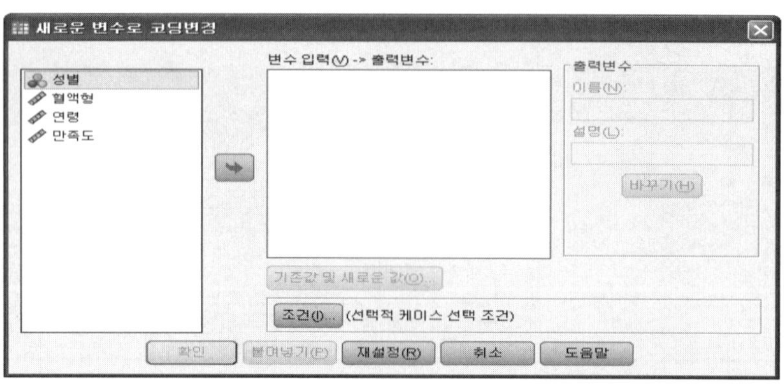

(3) 왼쪽 목록에서 [연령]을 클릭한 후 를 클릭하여 오른쪽 목록으로 보낸다.

(4) 출력변수의 '이름'란에는 '연령구분'이라 입력하고, '설명'란에는 '연령의 구분화'라 입력한 후 [바꾸기] 버튼을 클릭한다.

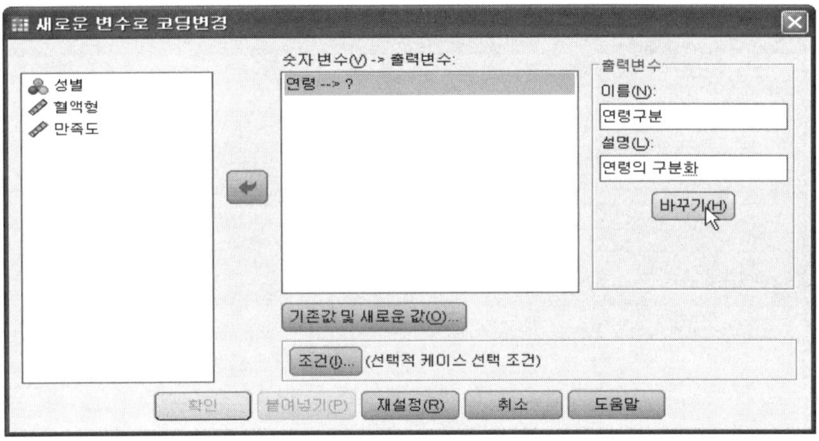

(5) 목록에 '연령 → ?'가 '연령 → 연령구분'이라 표시되면 [기본값 및 새로운 값] 버튼을 클릭한다.

(6) 첫 번째 구간은 30세 이하이므로 왼쪽의 중간 부분에 있는 [기존값]의 [범위(G)] 항목의 [최저값에서 다음값까지 범위]의 입력상자를 클릭한 후 '30'이라 입력하고, 오른쪽 상단의 [새로운 값] 항목의 [기준값(A)]의 입력상자를 클릭한 후 '1'이라 입력하고, [추가(A)] 버튼을 클릭한다.

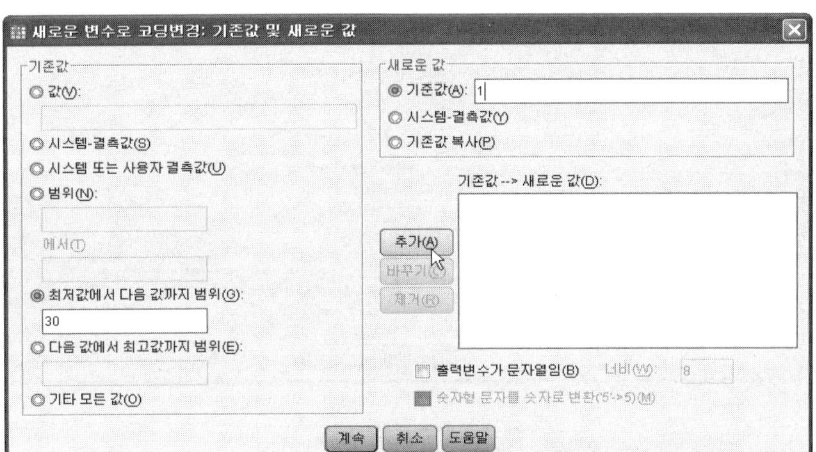

(7) [기존값 → 새로운 값] 목록상자에 'Lowest thru 30→1'이라고 추가되면 31~40세까지의 범위를 '2'로 변환시키기 위해 [범위(N)] 항목을 클릭한 후 '31'을 입력하고 '에서(T)' 아래 입력상자에 '40'을 입력하고, [새로운 값] 항목의 [기준값(A)]의 입력상자에는 '2'를 입력한다.

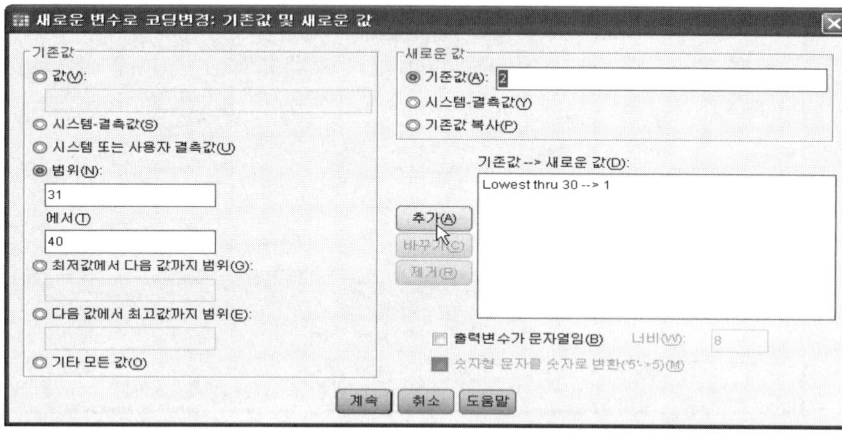

화면과 같이 설정되었으면 [추가(A)] 버튼을 클릭한다.

(8) 앞의 동일한 방법으로 41~50세까지를 '3'으로 추가시킨 후, 51세 이상은 [다음값에서 최고값까지 범위(E)] 항목의 입력상자에 '51'이라 입력하고, [새로운 값] 항목의 [기준값(A)]의 입력상자에 '4'라 입력하고 [추가(A)] 버튼을 클릭한다.

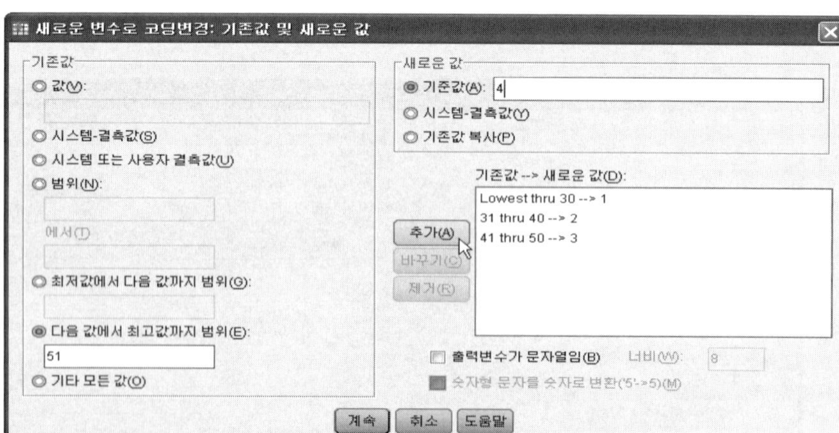

(9) [계속] 버튼을 클릭한 후 [확인] 버튼을 클릭한다.

(10) 그러면 다음과 같이 새로운 변수인 '연령구분' 변수가 만들어지고, 연령이 사전에 정의한 4개의 연령 구간으로 변환된다.

순서 2 ▸▸▸ 같은 변수로 변환

같은 변수로 변환한다는 것은 앞서 설명한 부정형 문항과 같이 문항번호를 바꾸는 경우 등에 해당된다. 즉, 1번 문항에 응답한 결과를 5번으로, 2번 문항을 4번 등으로 변환하는 방법이다.

(1) 연령 등급 변수 오른쪽에 다음과 같이 10개의 케이스만 입력하여 변환해 보자.

슬픈 영화
1
2
3
1
5
4
2
3
1
2

(2) [변환] 메뉴의 [같은 변수로 코딩변경]을 선택한 후 [슬픈영화]를 오른쪽 목록으로 보낸다.

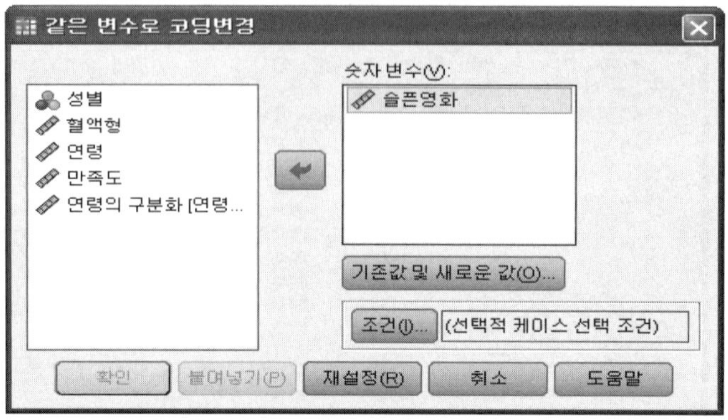

(3) [기존값 및 새로운 값] 버튼을 클릭한다.

(4) [기존값] 항목의 [값(V)]의 입력상자에 '1'을 입력하고, 오른쪽의 [새로운 값] 항목의 [기준값(A)]의 입력상자에 '5'를 입력한 후 [추가(A)] 버튼을 클릭한다.

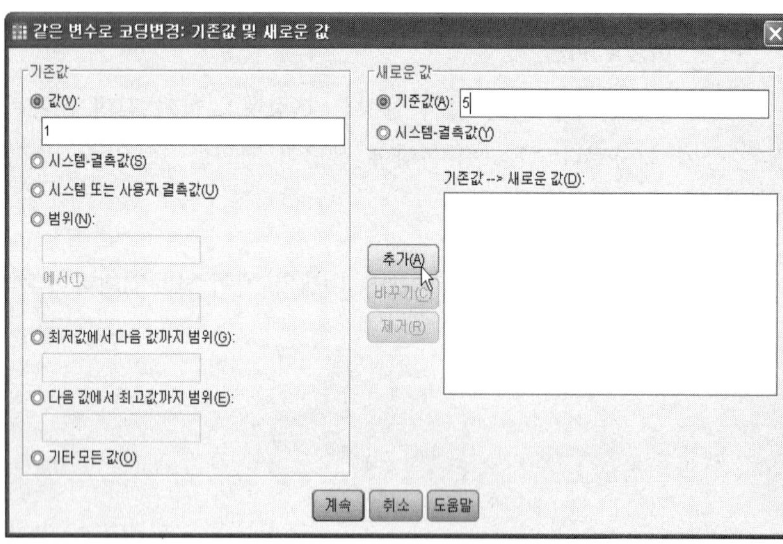

(5) 이와 같은 방법으로 기존값 '2'는 새로운 값 '4'로, 기존값 '3'은 새로운 값 '3', 기존값 '4'는 새로운 값 '2', 기존값 '5'는 새로운 값 '1'로 변환한다.

(6) [계속] 버튼을 클릭한 후 [확인] 버튼을 클릭하여 다음의 표의 데이터와 비교해서 바르게 변환되었는지 확인해 본다.

슬픈 영화
1
2
3
1
5
4
2
3
1
2

슬픈 영화
5
4
3
5
1
2
4
3
5
4

조사표의 집계 6

1. 단순 집계

1) 단순 집계의 방법

예제 6-1

다음에 보이는 앙케트를 20명에게 실시한 결과 데이터표에 보이는 바와 같은 회답 결과가 얻어졌다. 설문마다 단순 집계하라. 단, 설문 4는 제외한다.

설문 1 ▸▸▸ 성별을 답해 주십시오.

1. 남　　　　2. 여

설문 2 ▸▸▸ 혈액형을 답해 주십시오.

1. A　　　　2. B　　　　3. AB　　　　4. O

설문 3 ▸▸▸ 가장 좋아하는 색을 답해 주십시오.　(　　　　) 색

설문 4 ▸▸▸ 귀하의 연령을 답해 주십시오.　(　　　　) 세

설문 5 ▸▸▸ 이 상품을 처음으로 알게 된 계기는 다음 중 어느 것입니까?

1. TV의 광고
2. 라디오의 광고
3. 신문의 광고
4. 점두(店頭)
5. 아는 사람의 소개
6. 기타　　　　(　　　　　　　　)

설문 6 ▸▸▸ 이 상품에 대한 만족도를 답해 주십시오.

1. 대단히 불만
2. 불만
3. 약간 불만
4. 약간 만족
5. 만족
6. 대단히 만족

●●● **데이터표** ●●●

No.	설문 1	설문 2	설문 3	설문 4	설문 5	설문 6
1	1	1	적	32	3	3
2	1	3	황	20	5	4
3	1	2	적	25	6	5
4	2	4	청	38	1	6
5	2	4	백	45	1	3
6	2	3	흑	36	2	4
7	1	2	백	39	4	5
8	1	1	적	23	3	1
9	1	1	녹	22	2	2
10	1	1	백	40	3	3
11	2	1	백	35	3	1
12	1	1	적	32	5	2
13	2	2	적	40	6	3
14	1	3	적	38	3	4
15	2	4	녹	40	3	3
16	1	1	녹	35	2	5
17	2	3	녹	42	1	3
18	1	2	백	35	1	5
19	2	1	백	20	2	5
20	2	3	적	18	3	4

PASW(SPSS)에 의한 해법

순서 1 ››› 데이터의 입력(예제 6-1.sav)

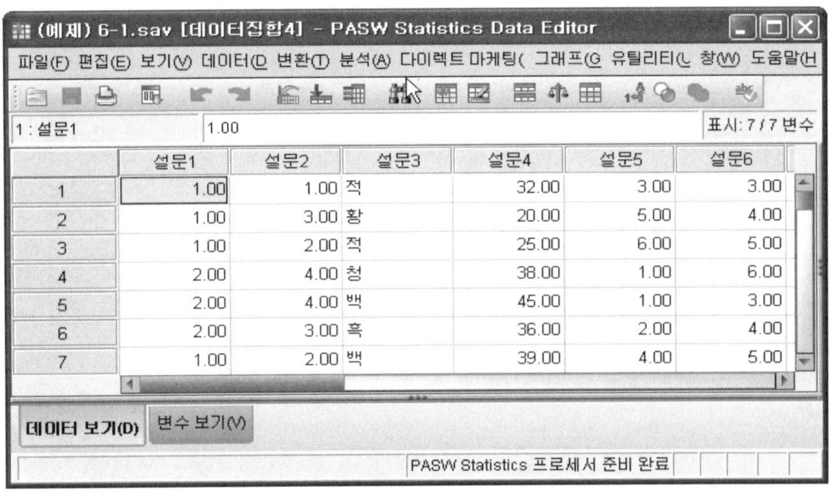

순서 2 ››› 자동 코딩변경

메뉴에서 [변환(T)]-[자동 코딩변경(A)]을 선택하여, 설문 3을 "변수 -> 새이름" 으로 보낸 후 새이름에 "설문 3신" 입력 후 [새이름 추가] -> [확인]을 클릭 한다.

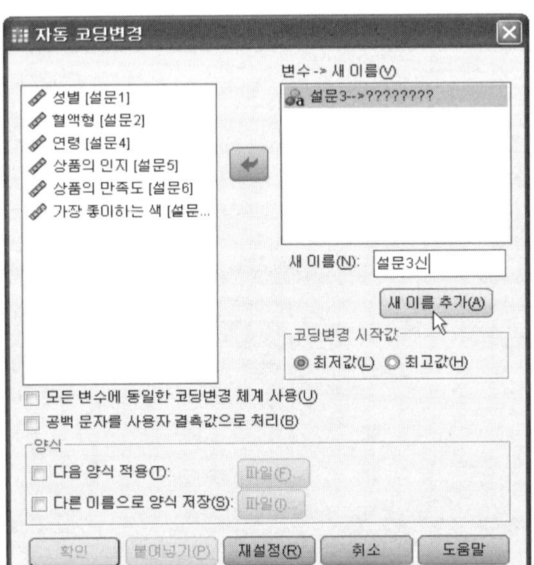

순서 3 ▸▸▸ 도수분포표의 선택

메뉴에서 [분석(A)]–[기술통계량(E)]–[빈도분석(F)]을 선택한다.

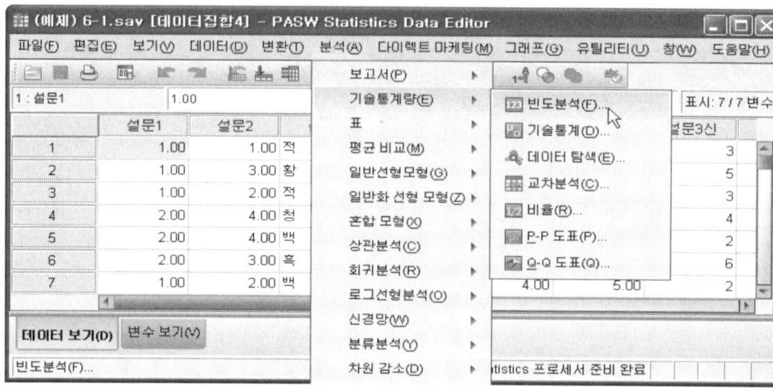

↓ (대화상자가 나타난다)

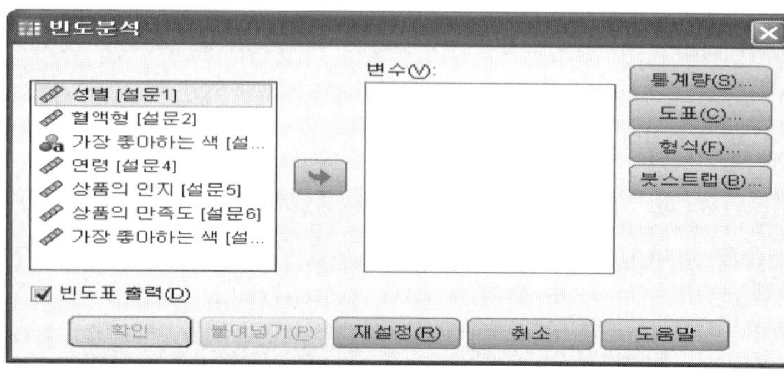

순서 4 ▸▸▸ 변수의 선택

집계하고 싶은 변수를 선택한다. 여기에서는 "설문 1", "설문 2", "설문 3신", "설문 5", "설문 6"을 선택한다.

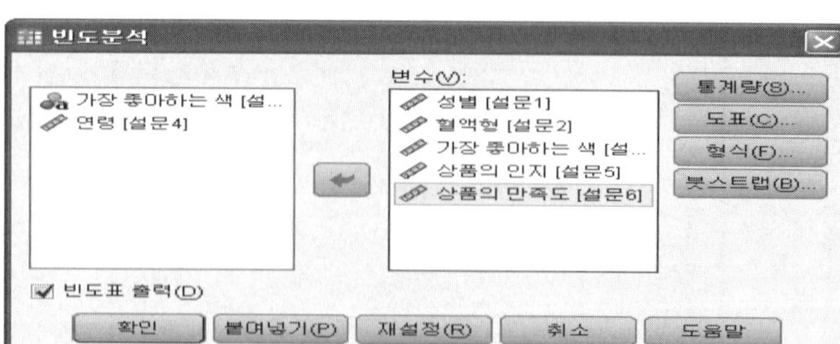

[확인] 버튼을 클릭하면 단순 집계의 결과가 얻어진다.

단순 집계의 결과

●●● 성별 ●●●

		빈도	퍼센트	유효 퍼센트	누적 퍼센트
유효	남	11	55.0	55.0	55.0
	여	9	45.0	45.0	100.0
	합계	20	100.0	100.0	

●●● 혈액형 ●●●

		빈도	퍼센트	유효 퍼센트	누적 퍼센트
유효	A	8	40.0	40.0	40.0
	B	4	20.0	20.0	60.0
	AB	5	25.0	25.0	85.0
	O	3	15.0	15.0	100.0
	합계	20	100.0	100.0	

●●● 가장 좋아하는 색 ●●●

		빈도	퍼센트	유효 퍼센트	누적 퍼센트
유효	녹	4	20.0	20.0	20.0
	백	6	30.0	30.0	50.0
	적	7	35.0	35.0	85.0
	청	1	5.0	5.0	90.0
	황	1	5.0	5.0	95.0
	흑	1	5.0	5.0	100.0
	합계	20	100.0	100.0	

●●● 상품의 인지 ●●●

		빈도	퍼센트	유효 퍼센트	누적 퍼센트
유효	TV광고	4	20.0	20.0	20.0
	라디오 광고	4	20.0	20.0	40.0
	신문광고	7	35.0	35.0	75.0
	점두	1	5.0	5.0	80.0
	아는 사람의 소개	2	10.0	10.0	90.0
	기타	2	10.0	10.0	100.0
	합계	20	100.0	100.0	

●●● 상품의 만족도 ●●●

		빈도	퍼센트	유효 퍼센트	누적 퍼센트
유효	대단히 불만	2	10.0	10.0	10.0
	불만	2	10.0	10.0	20.0
	약간 불만	6	30.0	30.0	50.0
	약간 만족	4	20.0	20.0	70.0
	만족	5	25.0	25.0	95.0
	대단히 만족	1	5.0	5.0	100.0
	합계	20	100.0	100.0	

2) 복수회답의 단순 집계

예제 6-2

다음에 보이는 바와 같은 앙케트를 20명에게 실시한 결과, 데이터표와 같은 회답결과가 얻어졌다. 설문마다 단순 집계하라.

설문 1 ▸▸▸ 제품 X를 구입한 이유로서 적합한 것에 모두 O표를 하시오.

1. 가격이 싸다
2. 품질이 좋다
3. 디자인이 좋다
4. 아는 사람의 권유

설문 2 ▸▸▸ 제품 X를 두는 장소로 적당하다고 생각하는 공간으로서 적합한 것에 2개까지 O표를 하시오.

1. 사무실
2. 가정의 서재
3. 연구실
4. 학교의 교실

●●● 데이터표 ●●●

No.	설문 1				설문 2	
1	1				1	2
2	2	3			2	3
3	3				3	4
4	1	3	4		1	3
5	1	2	3	4	1	2
6	1	3	4		1	3
7	1				2	4
8	2				1	3
9	1	4			1	2
10	2	4			1	2
11	1	3	4		2	3
12	2	4			2	4
13	2	4			1	2
14	3	4			2	3
15	4				1	4
16	1	4			2	4
17	1	2	4		2	3
18	1	2	3	4	1	2
19	2	3			1	2
20	2	4			1	4

PASW(SPSS)에 의한 해법

순서 1 ▸▸▸ 데이터의 입력(예제 6-2.sav)

설문 1에 대해서는 4개의 변수를 준비하여 선택지(選擇肢)를 변수로 한다. 그 선택지가 선택되어 있으면 '1', 선택되어 있지 않으면 '0'을 입력한다.

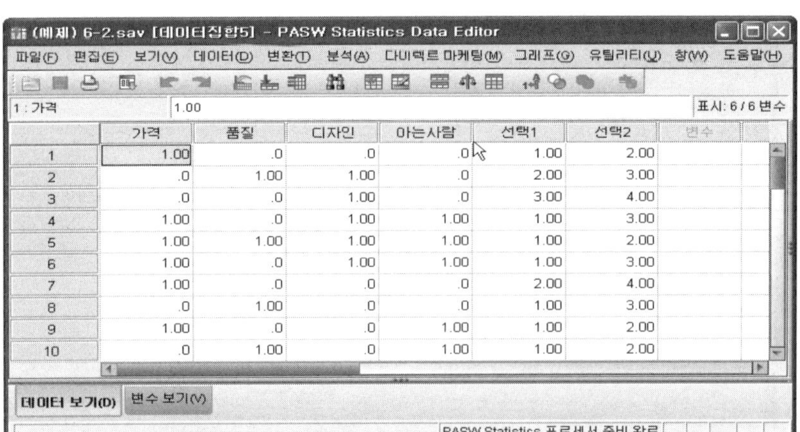

설문 2에 대해서는 2개의 선택지를 준비하여, "첫 번째의 선택"과 "두 번째의 선택"을 변수로 생각하기로 한다. 각 변수에는 선택된 선택지의 번호를 입력한다.

순서 2 ▸▸▸ 변수값 설명의 설정

여기에서 선택 1의 변수에만 다음과 같은 변수값 설명을 해놓는다.

1=사무실 2=가정의 서재 3=연구실 4=학교의 교실

순서 3 ▸▸▸ 변수의 그룹화

메뉴에서 [분석(A)]−[다중응답(U)]−[변수군 정의(D)]를 선택한다.

↓(대화상자가 나타난다)

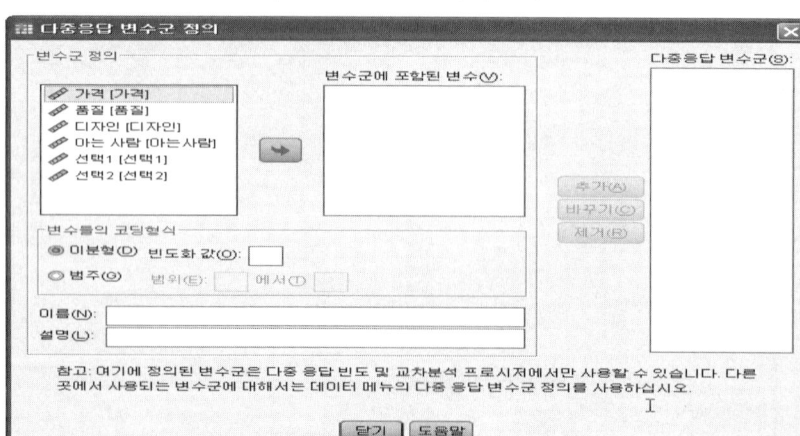

순서 4 ▸▸▸ 변수의 선택

① 하나의 그룹으로 한데 모으고 싶은 변수를 선택한다. 우선 설문 1의 선택지로 되어 있는 4개의 변수를 선택한다.

② (0, 1) 데이터이므로 [변수들의 코딩형식]은 [이분형(D)]을 선택하고, [빈도화 값]에는 '1'이라고 입력한다.

③ 하나의 그룹으로 한데 모았을 때의 이름을 [이름(N)]의 난에 입력한다. 여기에서는 "설문1"로 해놓는다.

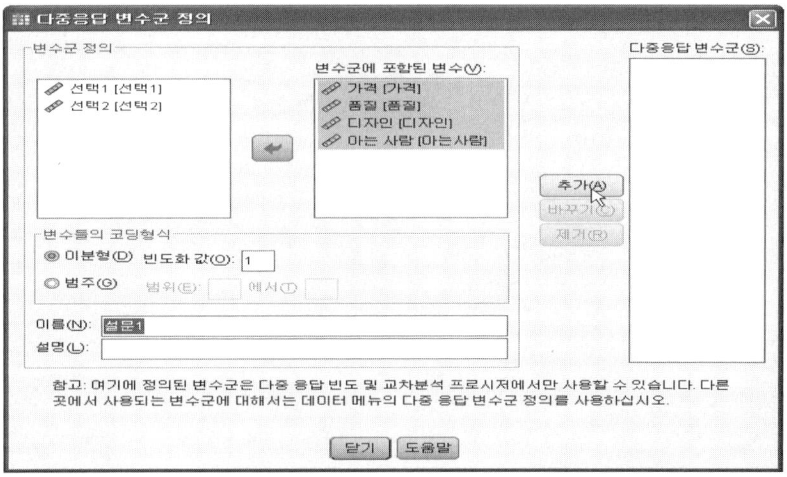

여기에서 [추가(A)]를 클릭하면 다음 화면처럼 오른쪽 '다중응답 변수군(S)' 목록에 '$설문1'이 추가된다.

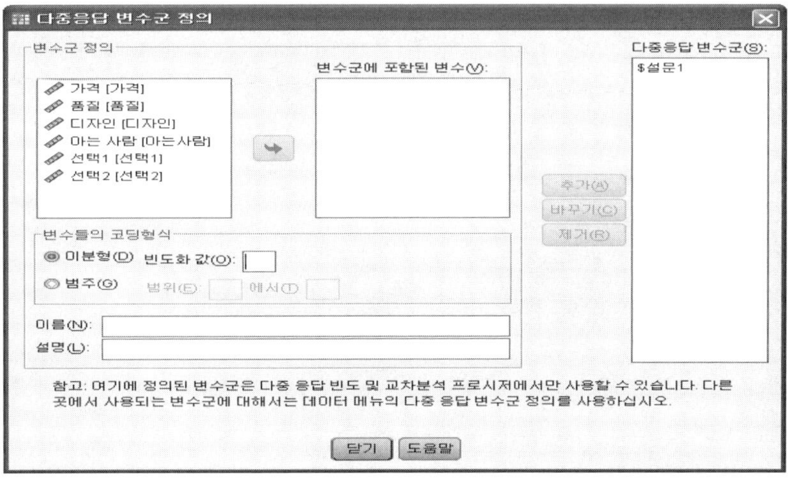

이것으로 설문 1에 대한 그룹화는 완료된다.

④ 이번에는 설문 2의 선택지로 되어 있는 2개의 변수 '선택1 [선택1]'과 '선택2 [선택2]'를 선택한다.

⑤ 2개의 변수는 1에서 4까지의 정수값을 취하므로, [변수들의 코딩 형식]은 [범주(G)]을 선택하고 [범위]에 1에서 4까지를 입력한다.

⑥ 하나의 그룹으로 한데 모았을 때의 이름을 [이름(N)] 난에 입력한다. 여기에서는 "설문 2"로 해놓는다.

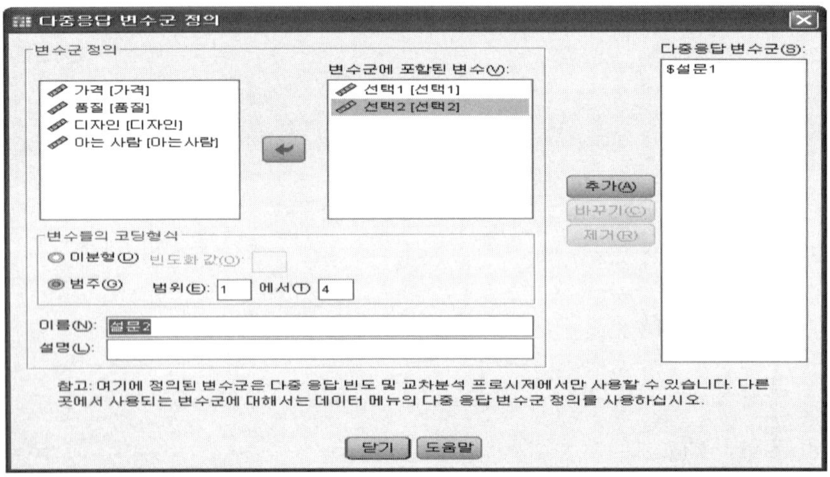

여기에서 [추가(A)]를 클릭하면 다음 화면과 같이 오른쪽 '다중응답 변수군(S)' 목록에 '$설문2'가 추가된다.

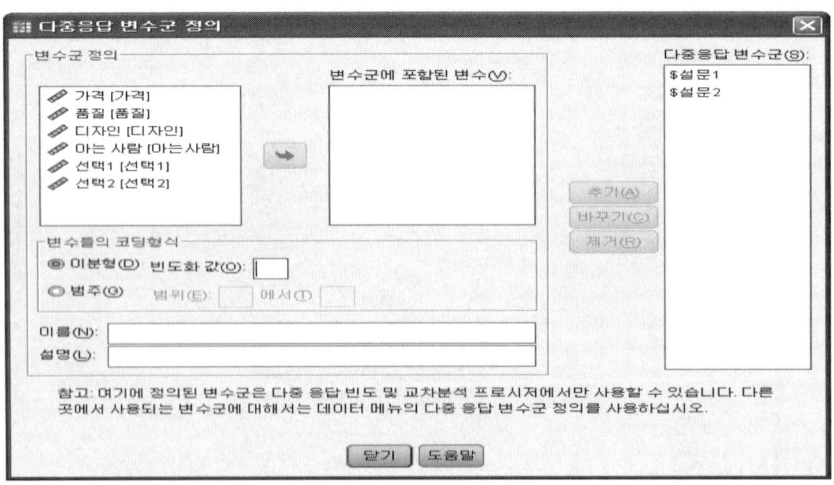

[닫기]를 클릭하면, 이것으로 설문 2에 대한 그룹화는 완료된다.

순서 5 ▸▸▸ 빈도분석의 선택

메뉴에서 [분석(A)]－[다중응답(U)]－[빈도분석(F)]을 선택한다.

↓ (대화상자가 나타난다)

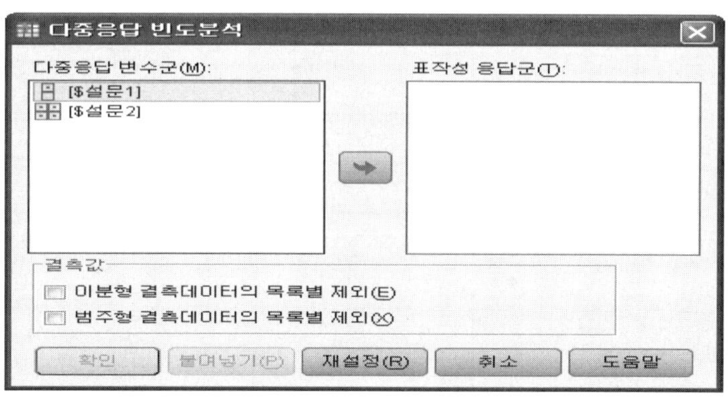

순서 6 ▸▸▸ 그룹의 선택

[다중응답 변수군(M)] 중에서 집계하고 싶은 그룹을 선택한다. 여기에서는 [$설문 1]과 [$설문 2]를 선택한다.

(주) 그룹명에는 이름의 앞에 $가 자동적으로 붙여진다.

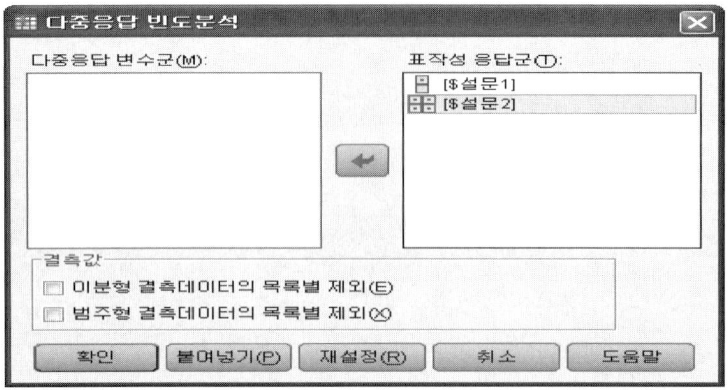

여기에서 [확인] 버튼을 클릭하면 단순 집계의 결과가 얻어진다.

단순 집계의 결과

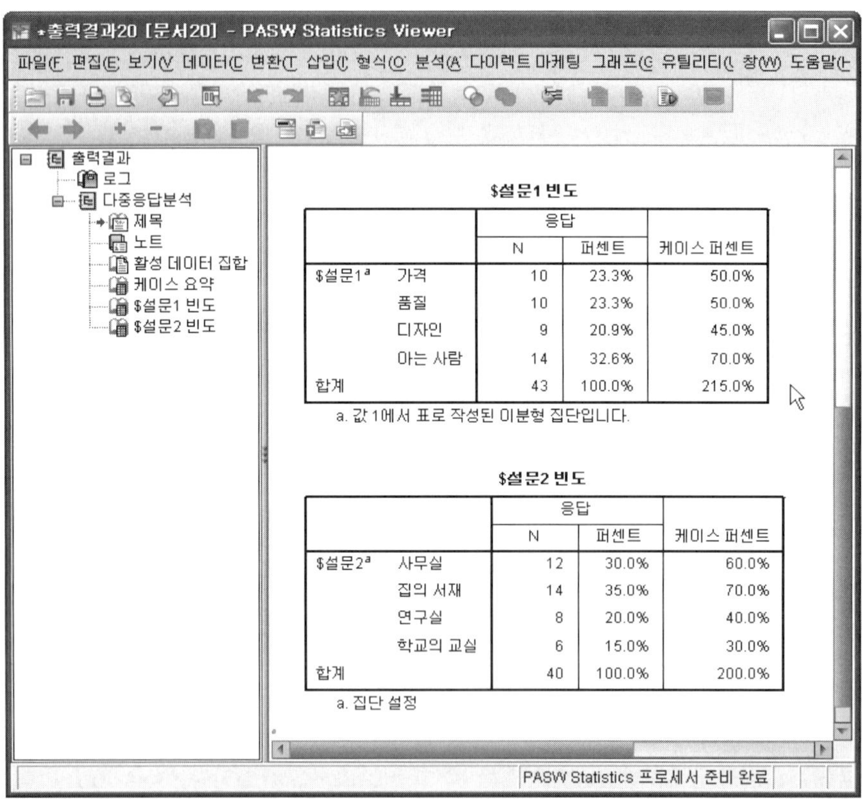

$설문1 빈도

		응답		케이스 퍼센트
		N	퍼센트	
$설문1[a]	가격	10	23.3%	50.0%
	품질	10	23.3%	50.0%
	디자인	9	20.9%	45.0%
	아는 사람	14	32.6%	70.0%
합계		43	100.0%	215.0%

a. 값 1에서 표로 작성된 이분형 집단입니다.

$설문2 빈도

		응답		케이스 퍼센트
		N	퍼센트	
$설문2[a]	사무실	12	30.0%	60.0%
	집의 서재	14	35.0%	70.0%
	연구실	8	20.0%	40.0%
	학교의 교실	6	15.0%	30.0%
합계		40	100.0%	200.0%

a. 집단 설정

2. 크로스 집계

1) 크로스 집계의 방법

예제 6-3

크로스 집계표

N명의 사람들에게 다음과 같은 2개의 설문을 했다고 한다.

설문 1 ▸▸▸ 성별을 답해 주십시오.

1. 남　　　　　2. 여

설문 2 ▸▸▸ 럭비와 탁구 중 어느 쪽이 좋은지 답해 주십시오.

1. 럭비　　　　　2.탁구

이 질문에 대해서,

남성으로 럭비가 좋다고 답한 사람이 a명,
남성으로 탁구가 좋다고 답한 사람이 c명,
여성으로 럭비가 좋다고 답한 사람이 b명,
여성으로 탁구가 좋다고 답한 사람이 d명

이라고 하면, 집계결과는 다음과 같은 이원표로 정리할 수 있다.

	남성	여성
럭비	a	b
탁구	c	d

이 표는 (설문 1)과 (설문 2)를 편성해서 집계한 결과를 나타내고 있다. 이와 같은 편성의 집계방법을 크로스 집계라고 한다. 크로스 집계한 결과로서 얻어지는 위와 같은 이원표를 분할표 혹은 크로스 집계표(교차분석표)라고 부른다.

PASW(SPSS)에 의한 해법

순서 1 ››› 교차분석의 선택(예제 6-1.sav)

메뉴에서 [분석(A)]-[기술통계량(E)]-[교차분석(C)]을 선택한다.

↓(대화상자가 나타난다)

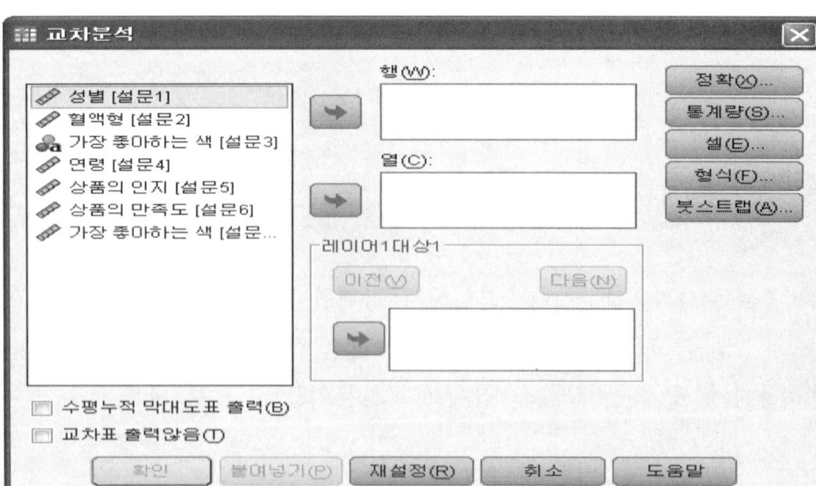

순서 2 ▸▸▸ 변수의 선택

편성해서 크로스 집계할 2개의 변수를 선택한다.

먼저 설문 1과 다른 설문과의 크로스 집계를 실시하기로 한다.

① 크로스 집계표의 행으로 취할 변수로서 "설문 1"을 선택한다.

② 크로스 집계표의 열로 취할 변수로서 "설문 2", "설문 3신", "설문 5", "설문 6"을 선택한다.

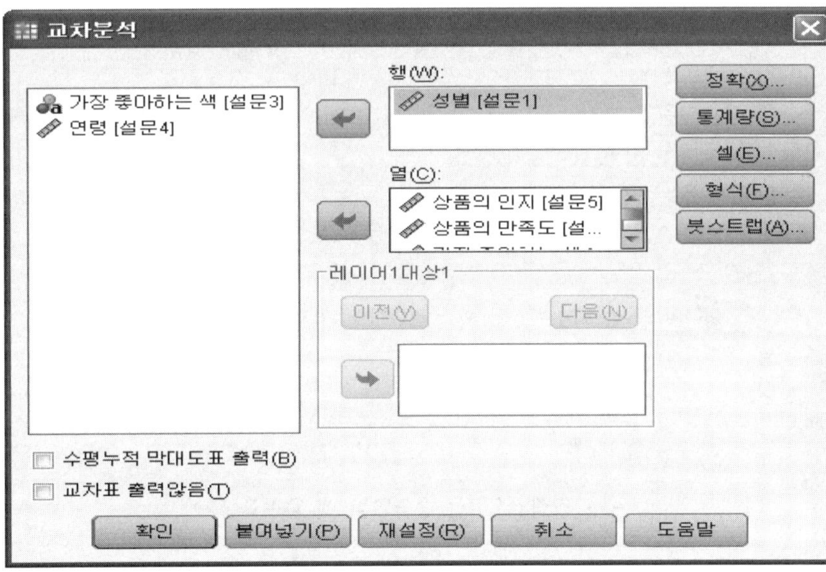

[확인] 버튼을 클릭하면 크로스 집계표가 작성된다.

설문 1을 제외한 나머지의 편성에 대해서도 같은 순서로 처리하면 된다.

크로스 집계의 결과

●●● 성별 * 혈액형 교차표 ●●●

빈도

		혈액형				
		A	B	AB	O	전체
성별	남	2	3	2		11
	여	2	3	3	3	9
전체		4	6	5	3	20

●●● 성별 * 가장 좋아하는 색 교차표 ●●●

빈도

		가장 좋아하는 색						
		녹	백	적	청	황	흑	전체
성별	남	2	3	5		1		11
	여	2	3	2	1		1	9
전체		4	6	7	1	1	1	20

●●● 성별 * 상품의 인지 교차표 ●●●

빈도

		상품의 인지						
		TV 광고	라디오 광고	신문 광고	점두	아는 사람의 소개	기타	전체
성별	남	1	2	4	1	2	1	11
	여	3	2	3			1	9
전체		4	4	7	1	2	2	20

●●● 성별 * 상품의 만족도 교차표 ●●●

빈도

		상품의 만족도						
		대단히 불만	불만	약간 불만	약간 만족	만족	대단히 만족	전체
성별	남	1	2	2	2	4		11
	여	1		4	2	1	1	9
전체		2	2	6	4	5	1	20

●●● 혈액형 * 가장 좋아하는 색 교차표 ●●●

빈도

		가장 좋아하는 색						
		녹	백	적	청	황	흑	전체
혈액형	A	2	3	3				8
	B		2	2				4
	AB	1		2		1	1	5
	O	1	1		1			3
전체		4	6	7	1	1	1	20

●●● 혈액형 * 상품의 인지 교차표 ●●●

빈도

		상품의 인지						
		TV 광고	라디오 광고	신문 광고	점두	아는 사람의 소개	기타	전체
혈액형	A		3	4		1		8
	B	1			1		2	4
	AB	1	1	2		1		5
	O	2		1				3
전체		4	4	7	1	2	2	20

●●● 혈액형 * 상품의 만족도 교차표 ●●●

빈도

		상품의 만족도						
		대단히 불만	불만	약간 불만	약간 만족	만족	대단히 만족	전체
혈액형	A	2	2	2		2		8
	B			1		3		4
	AB			1	4			5
	O			2			1	3
전체		2	2	6	4	5	1	20

●●● 상품의 인지 * 가장 좋아하는 색 교차표 ●●●

빈도

		가장 좋아하는 색						
		녹	백	적	청	황	흑	전체
상품의 인지	TV 광고	1	2		1			4
	라디오 광고	2	1				1	4
	신문 광고	1	2	4				7
	점두		1					1
	아는 사람의 소개			1		1		2
	기타			2				2
전체		4	6	7	1	1	1	20

●●● 상품의 인지 * 상품의 만족도 교차표 ●●●

빈도

		상품의 만족도						
		대단히 불만	불만	약간 불만	약간 만족	만족	대단히 만족	전체
상품의 인지	TV 광고			2		1	1	4
	라디오 광고		1		1	2		4
	신문 광고	2		3	2			7
	점두					1		1
	아는 사람의 소개		1		1			2
	기타			1		1		2
전체		2	2	6	4	5	1	20

2) 분할표의 종류

다중분할표와 층별한 분할표

다음의 분할표는 행수가 2행(럭비와 탁구), 열수가 2열(남성과 여성)이므로 2×2 분할표라고 한다.

●●● 분할표 A ●●●

	남성	여성
럭비	700	400
탁구	300	600

일반적으로 L행 M열로 이루어지는 분할표를 L×M 분할표라고 부른다.

그런데 이 분할표 A에서 남성과 여성을 각각 학생과 사회인으로 층별한 결과가 다음의 분할표 B이다.

●●● 분할표 B ●●●

	남성		여성	
	학생	사회인	학생	사회인
럭비	300	400	300	100
탁구	200	100	200	400

이 분할표는 "남성과 여성", "학생과 사회인", "럭비와 탁구"의 3가지 관점에서 분할되어 있다. 이와 같은 표를 삼중분할표(트리플 크로스 집계표)라고 한다. 일반적으로 3가지 이상의 관점에서 분할되어 있는 표를 다중분할표라고 한다.

분할표 B는 분할표 A와 다음에 보이는 분할표 C, 분할표 D의 3가지 분할표를 합성한 형태로 되어 있다.

●●● 분할표 C ●●●

	학생	사회인
럭비	600	500
탁구	400	500

●●● 분할표 D ●●●

	학생	사회인
남성	500	500
여성	500	500

분할표 B는 분할표 C를 남성과 여성으로 층별한 분할표로도 되어 있다.

분할표의 타입

분할표는 데이터를 어떠한 방법으로 수집했느냐에 따라서 3가지의 타입으로 나누어진다.

(1) 총합계만이 미리 정해져 있는 타입

데이터를 수집하기 전에는 합계만이 정해져 있고, 각 행의 합계나 각 열의 합계는 데이터를 수집하고 나서 정하는 경우의 분할표이다.

예 1 ▸▸▸

학생 200명을 골라서 다음과 같은 2개의 질문을 했다고 한다.

(질문 1) 영어를 좋아합니까, 싫어합니까?

(질문 2) 수학을 좋아합니까, 싫어합니까?

이 조사결과는 다음과 같은 2×2분할표로 정리할 수 있다.

		영어		합계
		좋다	싫다	
수학	좋다			?
	싫다			?
합계		?	?	200

이 경우에 총합계가 200이 된다는 것은 미리 알고 있다. 그러나 행의 합계(수학을 좋아하는 사람과 싫어하는 사람의 수)와 열의 합계(영어를 좋아하는 사람과 싫어하는 사람의 수)는 집계가 끝날 때까지는 알 수 없다.

예 2 ▸▸▸

어떤 병의 검사방법으로서 A법과 B법의 2가지 방법이 있다고 한다. 이 2가지 방법의 검사정밀도를 비교하기 위하여 환자 200명에 대해서 A법과 B법으로 검사한다. 검사결과가 양성이나 음성 중 어느 쪽일 때, 200명을 검사한 결과는 다음과 같은 2×2분할표로 정리할 수 있다.

		A법		합계
		양성	음성	
B법	양성			?
	음성			?
합계		?	?	200

(2) 행 또는 열 중 어느 쪽인가의 합계만이 미리 정해져 있는 타입

데이터를 수집하기 전에는 행 또는 열의 어느 쪽인가 한쪽의 합계만이 정해져 있고, 다른 한쪽의 합계는 데이터를 수집하고 나서 정해지는 경우의 분할표이다.

예 3 ▸▸▸

어떤 정책의 찬반을 조사하기 위하여 남성 100명, 여성 100명을 추출하여 찬반의 의견을 물었다고 한다. 이 조사결과는 다음과 같은 2×2분할표로 정리할 수 있다.

		성별		합계
		남	여	
의견	찬성			?
	반대			?
합계		100	100	200

각 열의 합계는 100, 전체의 합계는 200이 된다는 것은 미리 알고 있다. 그러나 각 행의 합계는 집계가 끝날 때까지는 알 수 없다.

이와 같은 분할표에서는 각 열의 비율의 차이에 관심이 있다. 즉 남성과 여성은 찬성률(반대율)에 차이가 얼마인지를 검토하게 된다.

예 4 ▸▸▸

담배를 피우는 습관이 있는 사람 100명, 일체 담배를 피우지 않는 사람 100명을 추출하여 그 사람들이 어떤 병에 걸렸는지 안 걸렸는지를 조사했다고 한다. 이 조사결과는 다음과 같은 2×2 분할표로 정리할 수 있다.

		흡연		합계
		피운다	안 피운다	
병	있음			?
	없음			?
합계		100	100	200

예 5 ▸▸▸

어떤 병에 걸렸던 적이 있는 사람 100명, 걸렸던 적이 없는 사람 100명을 추출하여 그 사람들에게 담배를 피우는 습관이 있는지 없는지를 조사했다고 한다. 이 조사결과는 다음과 같은 2×2 분할표로 정리할 수 있다.

		흡연		합계
		피운다	안 피운다	
병	있음			100
	없음			100
합계		?	?	200

예 4와 같이 어떤 병의 원인이 될 듯한 인자(흡연의 습관)를 갖고 있는 사람과 갖고 있지 않은 사람을 모아서, 병이 발생하는지 어떤지를 조사하는 연구방법을 코호트 연구(cohort research)라고 부른다.

이에 비해서 예 5와 같이 어떤 병에 걸려 있는 사람과 걸려 있지 않은 사람을 모아서, 병의 원인을 조사하는 연구방법을 케이스 컨트롤 연구라고 부른다.

코호트 연구는 어떤 시점에서 장래를 향한 조사이므로 진보적 연구라고 불리는 경우가 있다. 그리고 케이스 컨트롤 연구는 어떤 시점에서 과거로 거슬러 올라가는 조사이므로 퇴보적 연구라고 불리는 경우가 있다.

(3) 행과 열의 양쪽 합계가 미리 정해져 있는 타입

데이터를 집계하기 전부터 행과 열의 합계가 정해져 있는 경우의 분할표이다.

예 6 ▸▸▸

어떤 제품의 검사원의 능력을 조사하기 위하여 양품을 100개, 불량품을 100개, 합계 200개의 제품을 준비한다. 이 200개의 제품에 대해서 검사원에게 양품이지 불량품인지를 판단하게 한다. 다만 양품과 불량품의 비율은 가르쳐 주기로 한다. 이 판정결과는 다음과 같은 2×2 분할표로 정리할 수 있다.

		판정		합계
		양품	불량품	
실제	양품			100
	불량품			100
합계		100	100	200

예 7 ▸▸▸

연령과 수입을 묻는 조사를 200명에게 실시했다고 한다. 그 회답결과로부터 연령의 중앙값과 수입의 중앙값을 구한다. 그리고 200명을 연령이 중앙값보다 높은 그룹과 낮은 그룹으로 나누고, 더욱이 수입이 중앙값보다 높은 그룹과 낮은 그룹으로 나누면, 그 분류결과는 다음과 같은 2×2 분할표로 정리할 수 있다.

		연령		합계
		>중앙값	<중앙값	
수입	>중앙값			100
	<중앙값			100
합계		100	100	200

이상과 같이 최종적으로 얻어지는 분할표의 형태는 같다고 하더라도 데이터의 수집방식에따라 몇 가지의 타입으로 나누어지며, 어떤 타입인가에 의해서 검토해야 할 내용도 달라진다고 하는 것에 주의할 필요가 있다.

데이터 요약과 시각화 7

1. 데이터 요약

1) 기본 통계량에 의한 요약

예제 7-1

예제 6-1에 있어서의 설문 4에 대한 회답결과인 연령의 데이터에 대해서 평균과 표준편차를 구하라.

사고방식과 적용수법

데이터(data)의 집합은 몇 가지의 수치로 요약할 수가 있다. 이 때에 이용되는 것이 통계량이다. 통계량이란 데이터를 기초로 계산된 평균 등의 수치로서 분포의 중심위치를 나타내는 통계량, 산포도(dispersion)를 나타내는 통계량, 형태를 나타내는 통계량 등이 있다.

기본 통계량

(분포의 중심위치를 나타내는 지표)

① 평균

n개의 데이터 x_1, x_2, $\cdots$, x_n이 있을 때, 이들 데이터의 평균(mean)은 다음과 같이 계산된다.

평균은 $\bar{x}$라고 하는 기호를 사용하는 것이 일반적이다.

$$\bar{x}=\frac{1}{n}(x_1+x_2+\cdots+x_n)=\frac{1}{n}\sum_{i=1}^{n}x_i$$

② 중앙값

데이터를 수치의 작은 순서(혹은 큰 순서)로 늘어놓았을 때, 한가운데의 순위에 놓이는 데이터의 값을 중앙값(median)이라고 한다.

예 1 ▸▸▸ 14, 12, 10, 19, 16 등 5개의 데이터가 있을 때는 작은 순서로 바꾸어 늘어놓으면 10, 12, 14, 16, 19로 되기 때문에 중앙값은 14이다.

예 2 ▸▸▸ 14, 12, 10, 19, 16, 18 등 6개의 데이터가 있을 때는 작은 순서로 바꾸어 늘어놓으면 10, 12, 14, 16, 18, 19로 되기 때문에 중앙에 위치하는 2개의 값(14와 16)의 평균인 15를 중앙값으로 한다.

〈 분포의 산포도를 나타내는 지표 〉

① 범위

데이터 중의 최대값과 최소값의 차가 범위(range)이다. 범위는 통상 R이라는 기호로 나타내진다.

$$\text{범위}=\text{최대값}-\text{최소값}$$

범위는 산포도(散布度, dispersion)를 나타내는 지표의 하나로서 가장 간단히 구할 수 있다. 단, 데이터의 수가 10일 때나 100일 때나 이용하는 데이터는 최대값과 최소값의 두 개뿐이므로 데이터의 수가 많을 때는 정보의 손실이 커져 버린다.

② 분산

n개의 데이터 $x_1, x_2, \cdots, x_n$ 이 있을 때, 우선 이들 데이터의 평균 $\bar{x}$를 계산한다. 다음에 각 데이터와 평균 $\bar{x}$의 차(편차라고 부른다)를 구한다.

$$x_1-\bar{x},\ x_2-\bar{x},\cdots,\ x_n-\bar{x}$$

이들 n개의 편차 값은 하나하나 달라서 같은 값으로는 되지 않으므로 편차 전체의 크기를 생각하기로 한다. 이를 위해서는 편차의 합계치를 구하면 좋을 것 같은데, 편차는 평균과의 차이기 때문에 평균보다도 큰 데이터일 때는 +, 작은 데이터일 때는 −가 되어 합계를 구하면 +와 −가 서로 상쇄되어서 언제나 0이 되어 버린다. 즉,

$$\sum_{i=1}^{n}(x_i-\bar{x})=0$$

이렇게 되면 산포도의 척도로서 쓸 수 없으므로, 각 편차를 제곱하고 나서 합계한다.

$$S=(x_1-\bar{x})^2+(x_2-\bar{x})^2+\cdots+(x_n-\bar{x})^2=\sum_{i=1}^{n}(x_i-\bar{x})^2$$

이렇게 해서 얻어진 값을 편차제곱의 합(sum of squares)이라고 한다. 편차제곱의 합은 통상 S로 나타낸다.

그런데 편차제곱의 합은 합계치이기 때문에, 데이터의 수가 많아지면, 산포도의 크기에 관계없이 커져간다. 이렇게 되면 데이터의 수가 다른 그룹의 산포도를 비교하는 데에 불편하다. 그래서 편차제곱의 합을 데이터의 수에 따라서 조절한, 다음과 같은 지표 V를 생각한다.

$$V=\frac{S}{n-1}$$

이와 같은 V를 분산(variance)이라고 한다.

③ 표준편차

평균의 단위는 원래의 데이터 단위와 같다. 그러나 편차제곱의 합이나 분산의 단위는 공식으로부터도 알 수 있듯이 원래 데이터의 단위를 제곱한 것이 된다. 그래서 단위를 원래 데이터의 단위와 일치시키기 위해서 분산의 지승근(square root)을 취한 지표 s를 생각한다.

$$s=\sqrt{V}=\sqrt{\frac{S}{n-1}}$$

이와 같은 지표 s를 표준편차(standard deviation)라고 한다.

〈 분포의 형태를 나타내는 통계량 〉

① 왜도

왜도(歪度, skewness)란 평균에 대한 분포의 비대칭 정도를 나타내는 지표이다. 왜

도가 양수이면 분포의 비대칭 꼬리가 양의 값 쪽으로 치우쳐 있으며, 왜도가 음수이면 분포의 비대칭 꼬리가 음의 값 쪽으로 치우쳐 있다. 왜도는 통상 b_1 혹은 $\sqrt{b_1}$이라고 하는 기호로 표시된다.

$$b_1 = \frac{n}{(n-1)(n-2)} \sum_{i=1}^{n} \left(\frac{x_i - \bar{x}}{s} \right)^3$$

여기서 $\bar{x}$: 표본의 평균
s : 표본의 표준편차
이 때 $b_1 = 0$ → 좌우 대칭
$b_1 > 0$ → 오른쪽 꼬리 비대칭
$b_1 < 0$ → 왼쪽 꼬리 비대칭

예 제

SKEW(3, 4, 5, 2, 3, 4, 5, 6, 4, 7)[1] = 0.359543

② 첨도

첨도(尖度, kurtosis)란 분포의 뾰족한 정도를 정규분포와 비교하여 나타내는 것으로 양의 첨도는 상대적으로 더 뾰족하고 음의 첨도는 덜 뾰족하다. 첨도는 통상 b_2라고 하는 기호로 표시되며 다음과 같이 정의된다.

$$b_2 = \frac{n(n+1)}{(n-1)(n-2)(n-3)} \sum_{i=1}^{n} \left(\frac{x_i - \bar{x}}{s} \right)^4 - \frac{3(n-1)^2}{(n-2)(n-3)}$$

여기서 $\bar{x}$: 표본의 평균
s : 표본의 표준편차
이 때 $b_2 = 0$ → 정규 분포형
$b_2 > 0$ → 상대적으로 더 뾰족
$b_2 < 0$ → 상대적으로 덜 뾰족

예 제

KURT(3, 4, 5, 2, 3, 4, 5, 6, 4, 7)[2] = −0.1518

PASW(SPSS)에 의한 해법

PASW(SPSS)에서 통계량을 구하는 순서는 다음과 같다.

---

1) SKEW는 Excel에서 왜도를 구하는 통계함수이다.
2) KURT는 Excel에서 첨도를 구하는 통계함수이다.

순서 1 ▸▸▸ 기술통계의 선택(예제 6-1.sav)

메뉴에서 [분석(A)]-[기술통계량(E)]-[기술통계(D)]를 선택한다.

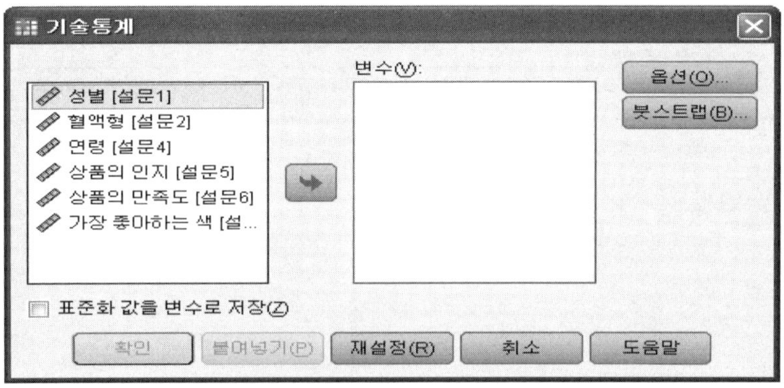

순서 2 ▸▸▸ 변수의 선택 및 통계량의 선택

요약하고 싶은 변수를 선택한다. 여기에서는 "설문 4"를 선택한다.

[옵션(O)] 버튼을 클릭하면 다음과 같은 [기술통계 : 옵션] 대화상자가 나타난다.

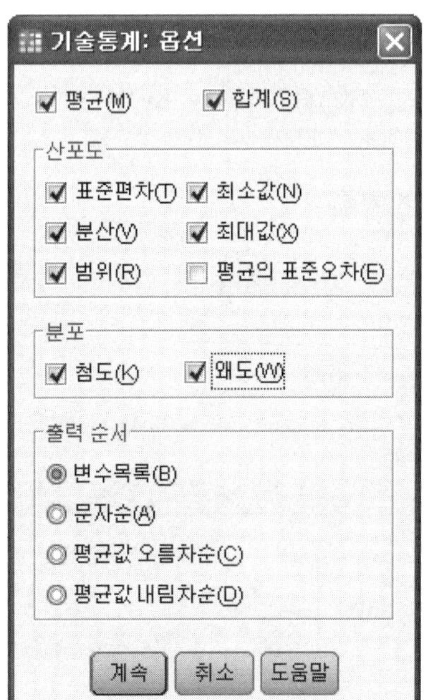

위와 같이 입력하고 [계속]을 클릭한 다음, [확인]을 클릭하면 다음과 같은 결과가 얻어진다.

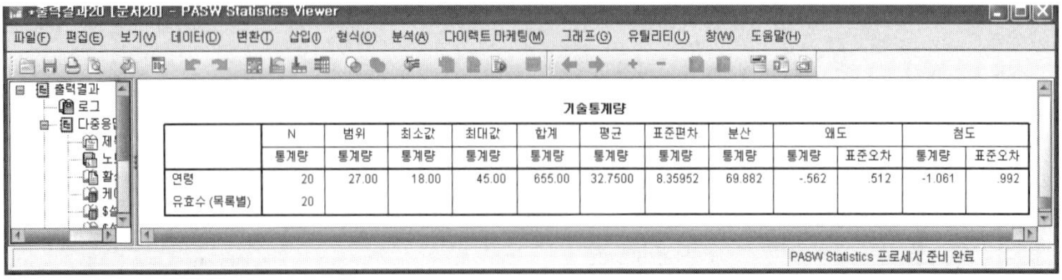

2) 도수분포표에 의한 요약

예제 7-2

예제 6-1에 있어서의 설문 4에 대한 회답결과인 연령의 데이터에 대해서 도수분포표를 작성하라.

도수분포표의 작성

회답결과로서 연령과 같이 수량이 얻어지는 데이터는 도수분포표를 작성해서 정리하면 좋다. 도수분포표란 데이터의 범위를 몇 개의 구간으로 나누어서 그 구간 내에 존재하는 데이터의 수(빈도수)를 표로 만든 것이다.

PASW(SPSS)에 의한 해법

PASW(SPSS)에서 도수분포표를 작성하는 순서는 다음과 같다.

순서 1 ››› 빈도분석의 선택(예제 6-1.sav)

메뉴에서 [분석(A)]-[기술통계량(E)]-[빈도분석(F)]을 선택한다.

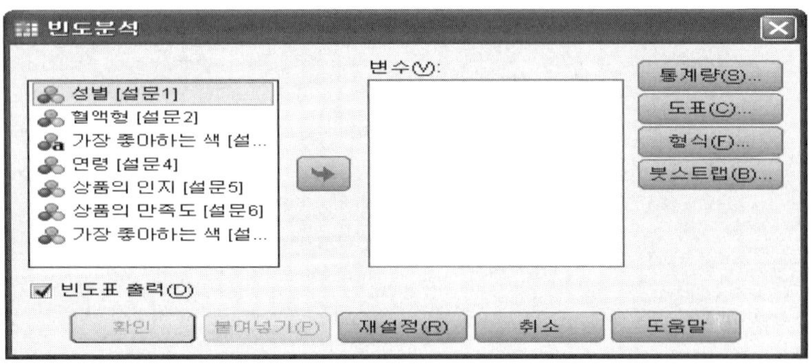

순서 2 ▸▸▸ 변수의 선택

도수분포표를 작성하고 싶은 변수를 선택한다. 여기에서는 "설문 4"를 선택한다.

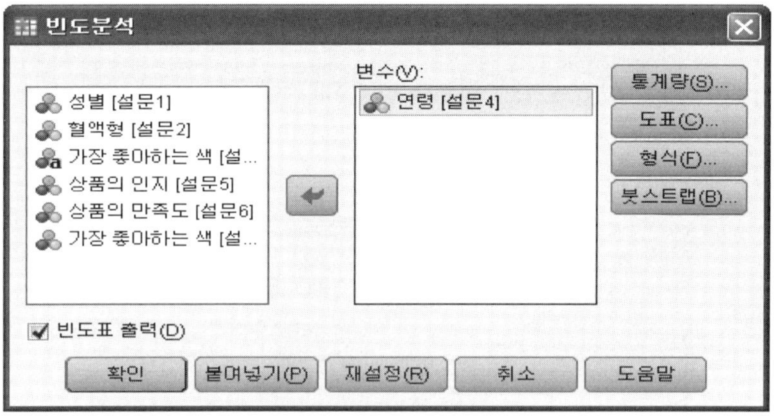

순서 3 ▸▸▸ 통계량 구하기

도수분포표에서 필요한 통계량을 구하기 위해 [통계량(S)]을 클릭하면, [빈도분석 : 통계량] 대화상자가 나타난다.

[빈도분석 : 통계량] 대화상자에서 다음 사항을 지정하고, [계속] 버튼을 클릭한다.

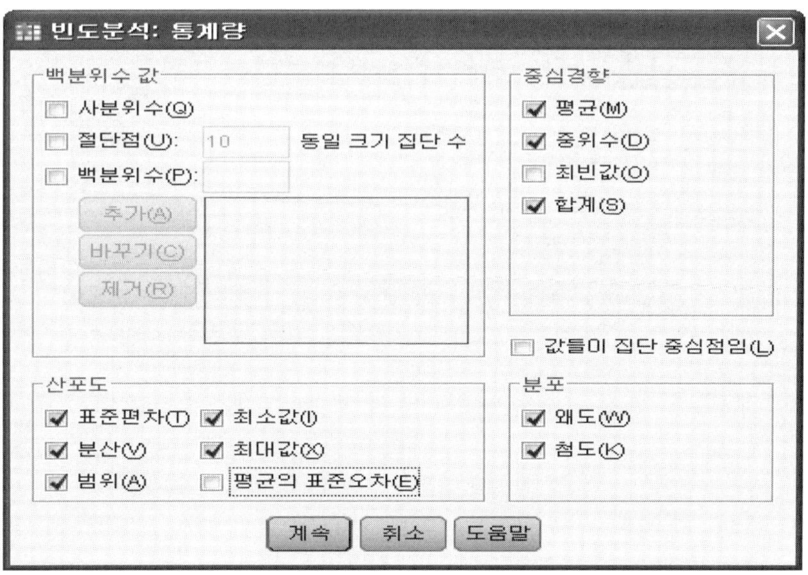

순서 4 ››› 출력결과 형식 정하기

도수분포표의 결과를 원하는대로 출력하기 위해서는 [형식(F)] 버튼을 클릭하면 된다.

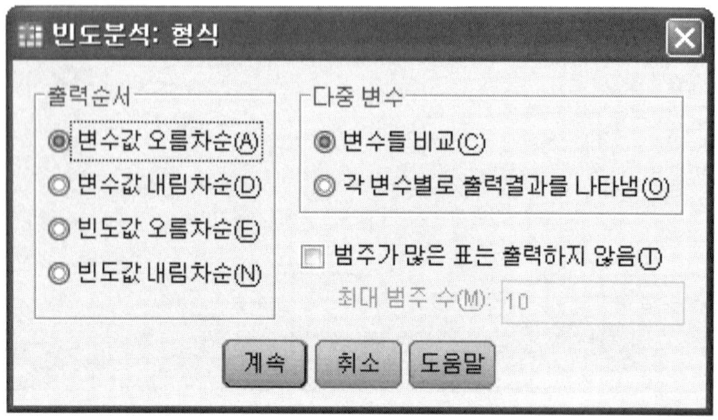

[빈도분석 : 형식] 대화상자에서 [변수값 오름차순(A)]을 선택한 후, [계속] 버튼을 클릭하면 원래의 화면으로 되돌아간다.

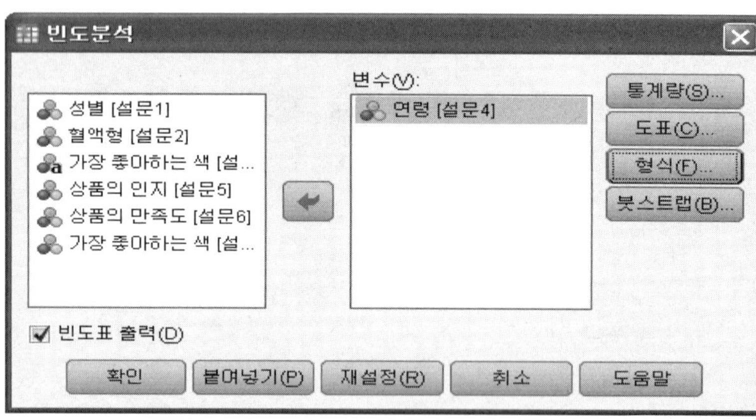

여기에서 [확인] 버튼을 클릭하면 다음과 같은 결과가 얻어진다.

PASW(SPSS) 실행 결과

●●● 통계량 ●●●

N	유효	20
	결측	0
평균		32.7500
중위수		35.0000
최빈값		35.00[a]
표준편차		8.3595
분산		69.8816
왜도		-.562
왜도의 표준오차		.512
첨도		-1.061
첨도의 표준오차		.992
범위		27.00
최소값		18.00
최대값		45.00
합계		655.00

a. 여러 최빈값이 있습니다. 가장 작은 값이 나타납니다.

●●● 도수분포표 ●●●

		빈도	퍼센트	유효 퍼센트	누적 퍼센트
유효	18.00	1	5.0	5.0	5.0
	20.00	2	10.0	10.0	15.0
	22.00	1	5.0	5.0	20.0
	23.00	1	5.0	5.0	25.0
	25.00	1	5.0	5.0	30.0
	32.00	2	10.0	10.0	40.0
	35.00	3	15.0	15.0	55.0
	36.00	1	5.0	5.0	60.0
	38.00	2	10.0	10.0	70.0
	39.00	1	5.0	5.0	75.0
	40.00	3	15.0	15.0	90.0
	42.00	1	5.0	5.0	95.0
	45.00	1	5.0	5.0	100.0
	합계	20	100.0	100.0	

3) 백분위수에 의한 요약

예제 7-3

다음의 데이터는 어느 아파트에 거주하는 주민들의 자동차가 하루 운행하는 거리를 조사한 결과이다.

21.8	31.4	11.6	31.4	18.0	30.5	7.2	17.0	18.0	17.9	22.5
22.4	26.5	17.5	7.4	20.9	21.5	6.2	22.8	23.6	24.0	33.7
16.0	15.8	20.5	14.0	44.4	23.2	12.5	16.0	22.7	26.8	20.0
11.0	21.8	15.0	24.4	29.0	13.1	27.7	22.5	32.5	30.9	12.6
23.7	30.1	23.8	35.5	17.3	18.6	18.0	17.3	32.0	19.9	21.8
27.5	18.0	25.0	27.6	12.9	22.4	3.0	24.5	10.8	15.0	19.2
14.5	15.2	24.7	19.7	22.1	7.4	37.3	9.0	23.7	18.4	19.0
21.8	21.6	21.0	15.4	14.5	17.7	26.8	8.4	15.5	21.0	18.9
24.7	24.8	15.9	24.4	16.4	15.0	15.4	20.0	20.0	17.9	12.5
28.0	30.4	15.5	20.5	13.5	23.5	13.1	26.2	19.5	24.0	26.0

이 데이터를 사용해서 제1사분위수, 제2사분위수, 제3사분위수, 10백분위수, 90백분위수 등을 구하라.

사고방식과 적용수법

데이터의 분포를 표현하는 것으로 백분위수(percentile)가 있다. 백분위수란 그 값 이하의 비율이 전체인 100%가 되는 수치를 가리킨다. 그리고 최대값, 최소값, 중앙값, 25%점, 75%점의 5개 통계량을 사용해서 데이터를 요약하는 것을 5수요약(五數要約)이라고 한다.

백분위수

백분위수를 구하려면 먼저 n개의 데이터를 수치의 작은 순서로 바꾸어 늘어놓는다.

$$x_{(1)} \leqq x_{(2)} \leqq \cdots \leqq x_{(n-1)} \leqq x_{(n)}$$

$X_{(i)}$는 i번째로 작은 데이터를 의미하며 i번째의 순서통계량이라고 부른다. $100p\%$점을 A라고 하고, $(n+1)p$의 정수부(整數部)를 k, 소수부(小數部)를 d라 하면,

$$A=(1-d)x_{(k)}+dx_{(k+1)}$$

로서 구하면 된다.

사분위편차

사분위편차(四分位偏差)는 제 3사분위수와 제 1사분위수의 차(差)를 말한다. 이것은 표준편차와 마찬가지로 분포의 산포도(散布度)를 나타내는 지표이다.

사분위수와 백분위수의 산출

순서 1 ▸▸▸ 데이터의 입력

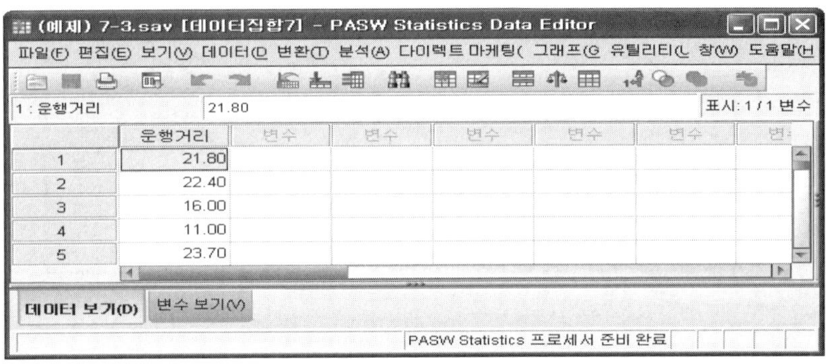

순서 2 ▸▸▸ 빈도분석의 선택

메뉴에서 [분석(A)]－[기술통계량(E)]－[빈도분석(F)]을 선택한다.

순서 3 ▸▸▸ 변수의 선택

[빈도분석] 대화상자가 나타나면, 백분위수를 구하고 싶은 변수를 선택한다. 여기에서는 "운행거리"를 선택한다.

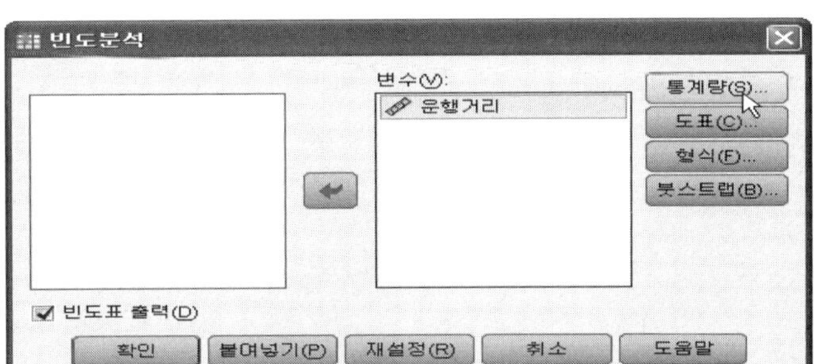

순서 4 ▸▸▸ 통계량 구하기

필요한 통계량을 구하기 위해 [통계량(S)]을 클릭하면, [빈도분석 : 통계량] 대화상자가 나타난다.

[빈도분석 : 통계량] 대화상자에서 다음 사항을 지정하고, [계속] 버튼을 클릭한다. '백분위수' 항목을 선택한 후 오른쪽 입력란에 '10'을 입력하고 [추가] 버튼 클릭, '90'을 입력하고 [추가] 버튼을 클릭한다.

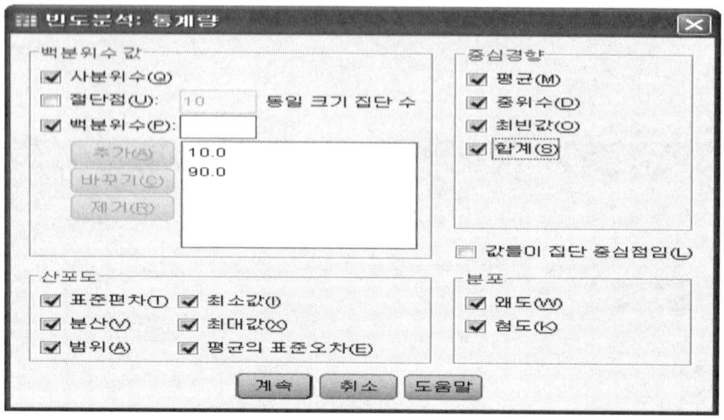

여기에서 [확인] 버튼을 클릭하면 다음과 같은 결과가 얻어진다.

PASW(SPSS) 실행 결과

●●● **통계량** ●●●

N	유효	110
	결측	0
평균		20.4627
평균의 표준오차		.6701
중위수		20.2500
최빈값		18.00[a]
표준편차		7.0276
분산		49.3866
왜도		.320
왜도의 표준오차		.230
첨도		.674
첨도의 표준오차		.457
범위		41.40
최소값		3.00
최대값		44.40
합계		2250.90
백분위수	10	12.5000
	25	15.5000
	50	20.2500
	75	24.4250
	90	30.3700

a. 여러 최빈값이 있습니다. 가장 작은 값이 나타납니다.

2. 데이터 시각화

1) 히스토그램

예제 7-4

예제 7−3의 데이터를 사용해서 히스토그램을 작성하라.

사고방식과 적용수법

데이터의 분포를 수치로 파악하는 데는 평균, 표준편차, 왜도, 첨도 등의 통계량을 이용하면 된다. 그러나 이들 수치만으로 분포의 형태를 머리 속에 그린다는 것은 어렵기 때문에 그래프화해서 시각에 호소하는 것도 필요하다. 이 때에 도움이 되는 그래프가 히스토그램(histogram)이라고 불리는 것이다.

히스토그램

히스토그램은 데이터의 범위를 몇 개의 구간으로 나누고, 그 구간 내에 존재하는 데이터의 수(도수 혹은 빈도라고 부른다)를 막대그래프로 해서 도시한 것이다. 히스토그램을 작성함으로써 ① 중심의 위치, ② 산포도(散布度), ③ 분포의 형태, ④ 크게 차이가 나는 값의 유무 등을 시각적으로 파악할 수 있게 된다.

히스토그램의 일반적인 작성순서

히스토그램의 작성순서는 다음과 같다.

순서 1 ▸▸▸ 데이터 수 n을 센다.

순서 2 ▸▸▸ 최대값과 최소값을 구한다.

순서 3 ▸▸▸ 범위 R을 구한다.

R = 최대값 − 최소값

순서 4 ▸▸▸ 구간의 수(막대의 수) k를 정한다(k는 $\sqrt{n}$에 가까운 정수를 기준으로 해도 좋다).

순서 5 ▸▸▸ 구간의 폭 h를 구한다.

$h = R/k$

로 해서 h를 계산하고 데이터의 측정단위에 대한 정수배로 반올림한다.

순서 6 ▸▸▸ 최초 구간의 아래측 경계치 a를 구한다.

a=(최소값에 가까운 값으로 최소값보다 작고 구분하기 좋은 수치)

(주) a=최소값−(측정단위 / 2)로 하는 방법도 있다.

순서 7 ▸▸▸ a에 폭 h를 더하여 최초 구간의 위측 경계치 b를 구한다.

$b = a + h$

b는 다음 구간의 아래측 경계치이기도 하다. 이하, 폭 h를 순차적으로 더해 나가서 최대값을 포함하는 구간까지 계속한다.

순서 8 ▸▸▸ 각 구간마다의 도수를 세어서 다음과 같은 도수분포표(frequency distribution table)를 작성한다.

●●● 도수분포표 ●●●

No.	구간	도수
1	$a \sim a+h$	N_1
2	$a+h \sim a+2h$	N_2
3	$a+2h \sim a+3h$	N_3
4	$a+3h \sim a+4h$	N_4
5	$a+4h \sim a+5h$	N_5
6	$a+5h \sim a+6h$	N_6
7	$a+6h \sim a+7h$	N_7
8	$a+7h \sim a+8h$	N_8
…	…	…
$k-1$	$a+(k-2)h \sim a+(k-1)h$	N_{k-1}
k	$a+(k-1)h \sim a+kh$	N_k

순서 9 ▸▸▸ 도수분포표에 의거해서 도수를 세로축으로 한 막대그래프를 작성한다(히스토그램에서는 막대와 막대 사이를 붙이는 것이 일반적이다).

히스토그램의 작성

순서 1 ‣‣‣ 데이터의 입력(예제 7-3.sav)

순서 2 ‣‣‣ 빈도분석의 선택

메뉴에서 [분석(A)]-[기술통계량(E)]-[빈도분석(F)]을 선택한다.

순서 3 ‣‣‣ 변수의 선택

[빈도분석] 대화상자가 나타나면, "운행거리"를 선택한다.

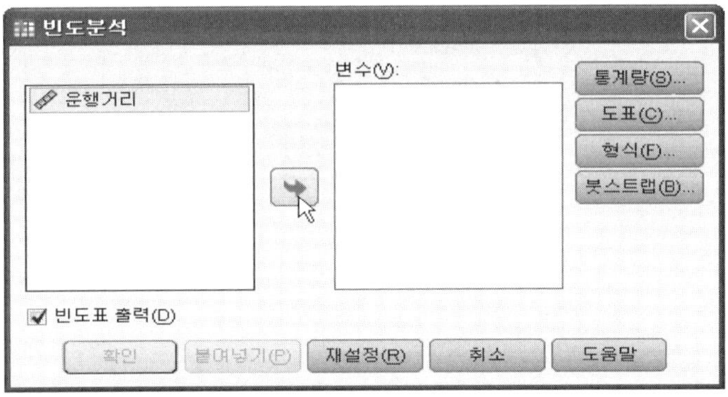

순서 4 ‣‣‣ 통계량 구하기

필요한 통계량을 구하기 위해 [통계량(S)]을 클릭하면, [빈도분석 : 통계량] 대화상자가 나타난다. [빈도분석 : 통계량] 대화상자에서 다음 사항을 지정하고, [계속] 버튼을 클릭한다.

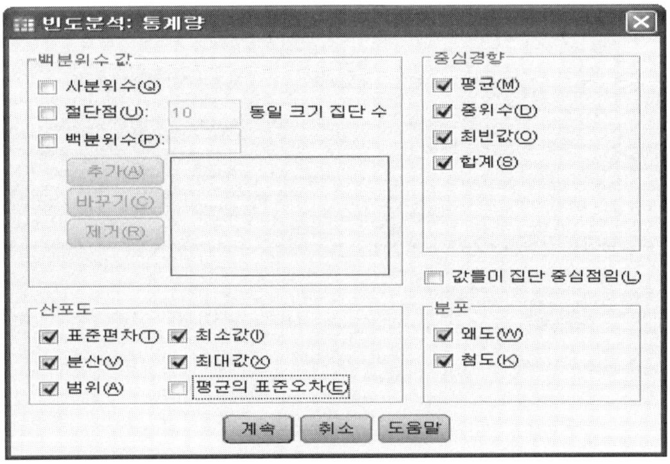

순서 5 ▸▸▸ 도표 그리기

[빈도분석] 대화상자로 되돌아오면 [도표(C)] 버튼을 클릭한다. [빈도분석 : 도표] 대화상자에서 [히스토그램(H)], [정규곡선 표시(W)]를 선택한다.

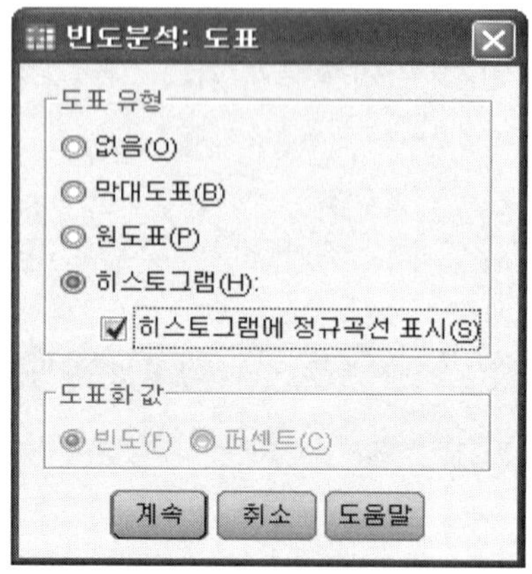

[계속] 버튼을 클릭한다.

순서 6 ▸▸▸ 출력결과 형식 정하기

도수분포표의 결과를 원하는대로 출력하기 위해서는 [형식(F)] 버튼을 클릭하면 된다. [빈도분석 : 형식] 대화상자에서 [변수값 오름차순(A)]을 선택한 후, [계속] 버튼을 클릭하면 원래의 화면으로 되돌아간다.

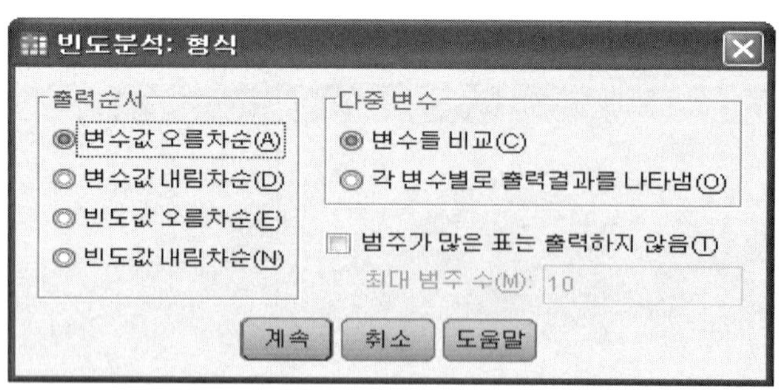

여기에서 [확인] 버튼을 클릭하면 다음과 같은 결과가 얻어진다. 출력이 안되면 출력 창 왼쪽의 '출력결과'에서 '히스토그램'을 찾아서 선택하면 된다.

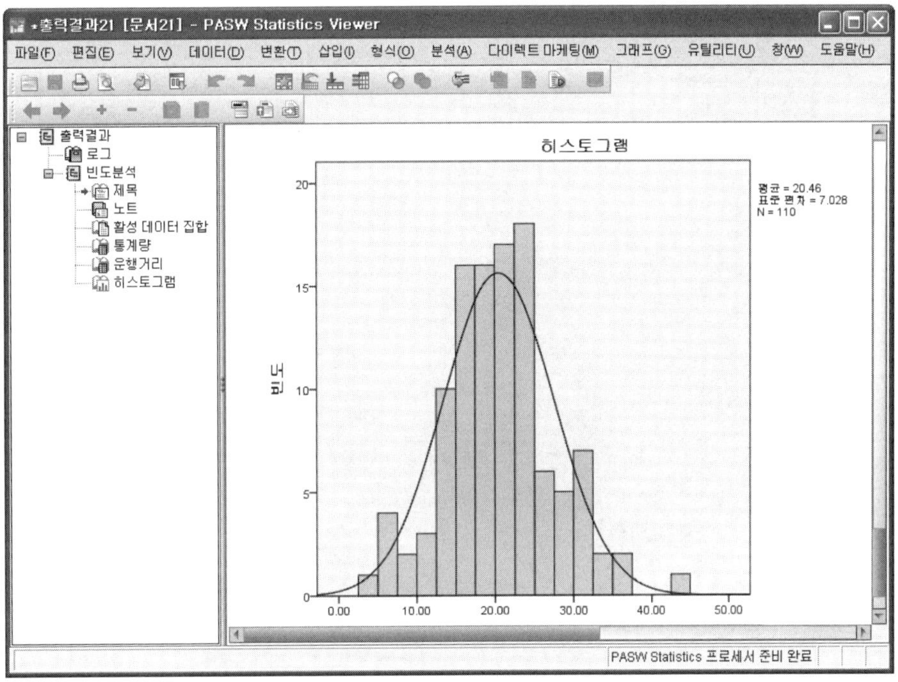

(주) Mean : 평균, Std. Dev. : 표준편차, N : 관측수

2) 히스토그램의 수정

히스토그램은 원시자료를 디폴트(초기 지정값) 상태로 알아보는 것도 의미가 있겠지만, 연구자의 연구목적에 맞게 정리하는 것이 경우에 따라서 필요하다. 일반적으로 히스토그램은 종모양의 대칭분포, 즉 정규분포에 따르도록 하는 것이 바람직하다. 앞에서 구해진 히스토그램은 구간의 너비가 2.5이며 구간의 수가 18개로서 데이터의 수에 비하여 구간의 수가 다소 많다. 그 결과 전체적으로 정규분포에 따르지 않고 있다. 이제 구간너비를 5로 하여 히스토그램을 살펴보기로 하자.

여기에서는 앞에서 구한 히스토그램을 직접 수정·편집하는 방법에 대하여 설명한다.

(1) 출력결과 뷰어 화면에서 2.5 5.0 … 45.0 (운행거리 부분)을 더블클릭하면 도표 편집기 화면과 특성 화면이 나타난다.

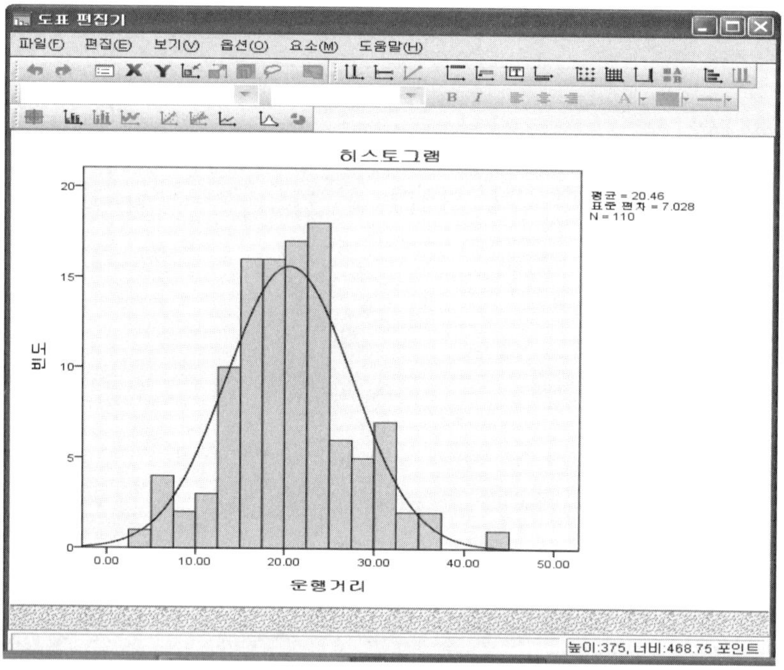

(2) 도표 편집기 창에서 막대그래프를 더블클릭하면 다음과 같은 특성창이 나타난다.

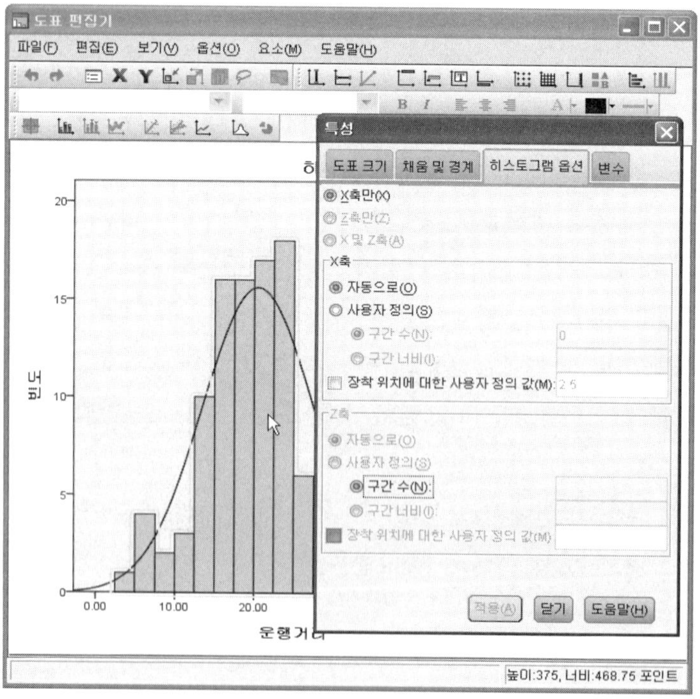

(3) [히스토그램 옵션] 탭을 클릭한 후 그룹 크기의 '자동'이 아닌 '사용자 정의'를 클릭하여 선택한 후 '구간너비'를 5로 지정하고 [적용]버튼 클릭.

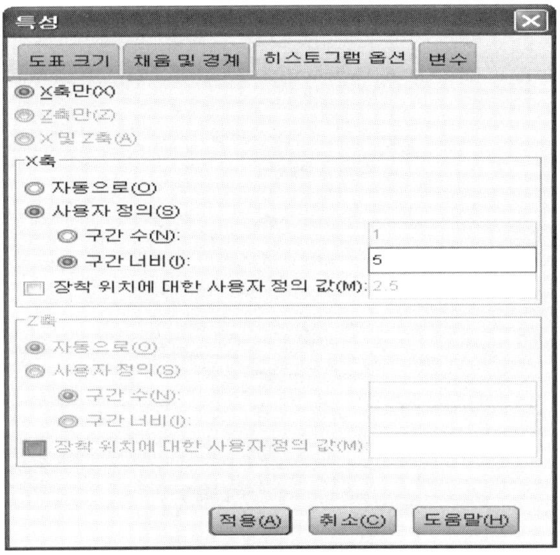

(4) **운행거리의 수치 부분을 더블클릭한 후** [척도화분석] 탭을 선택한 후 '최소값'을 클릭한 후 '0', 최대값을 클릭한 후 '45'를 각각 입력한다.

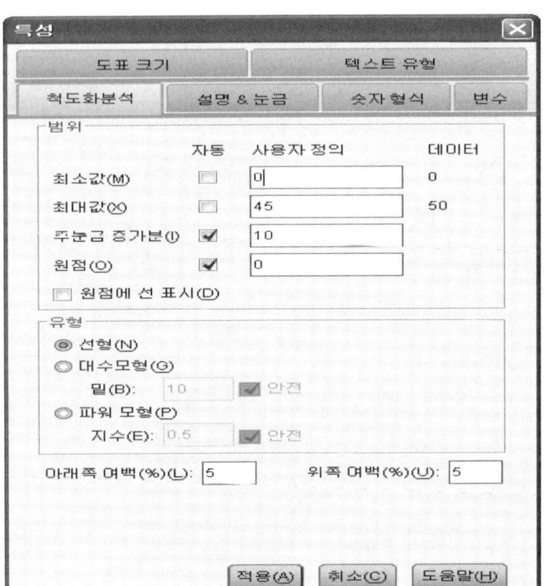

(5) [적용] 버튼을 클릭하고 [닫기] 버튼을 클릭하면 다음과 같이 수정된 히스토그램을 얻을 수 있다.

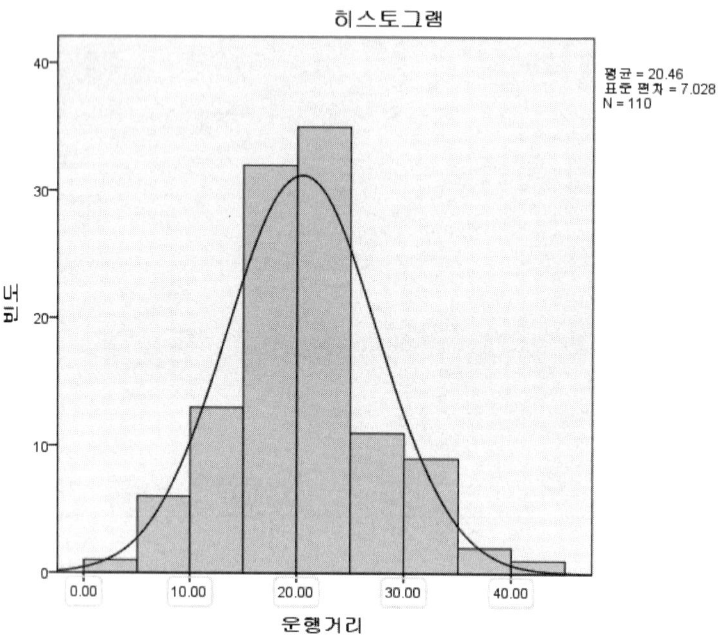

3) 분석 도구를 이용한 히스토그램

앞에서는 빈도분석의 일환으로서 히스토그램을 작성했는데, 분석 도구를 이용해서 간단히 작성할 수도 있다. 작성순서는 다음과 같다.

순서 1 ▸▸▸ 데이터의 입력

순서 2 ▸▸▸ 히스토그램의 선택

메뉴에서 [그래프(G)]–[레거시대화상자]-[히스토그램(I)]을 선택한다.

순서 3 ▸▸▸ 변수의 선택

[히스토그램] 대화상자가 나타나면 "운행거리"를 변수로 선택하고, [정규곡선 출력(D)]을 체크한다.

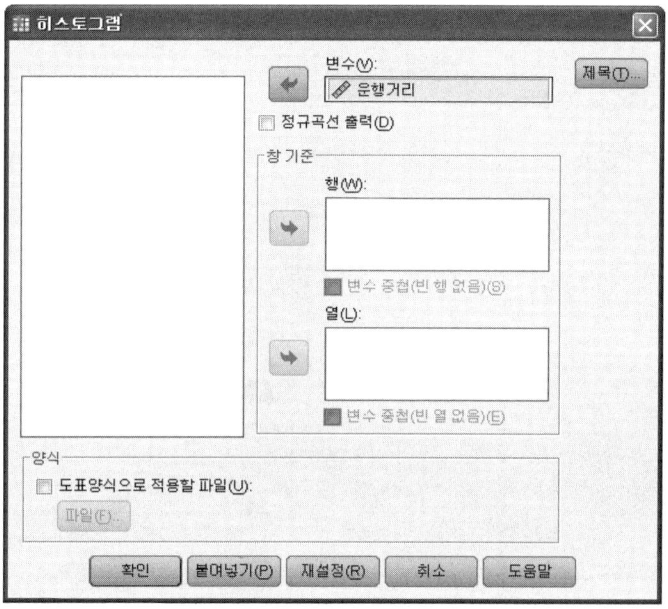

순서 4 ››› 제목 기입

[제목(T)] 버튼을 클릭하면 [제목] 대화상자가 나타난다. [첫째 줄(L)] 난에 "운행거리 히스토그램"이라고 입력한다.

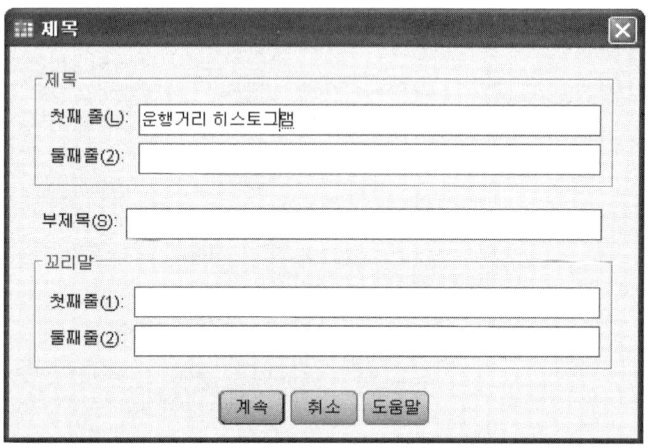

[계속] 버튼을 클릭하면 [히스토그램] 대화상자로 되돌아간다. 여기에서 [확인] 버튼을 클릭하면 다음과 같은 히스토그램을 얻을 수 있다.

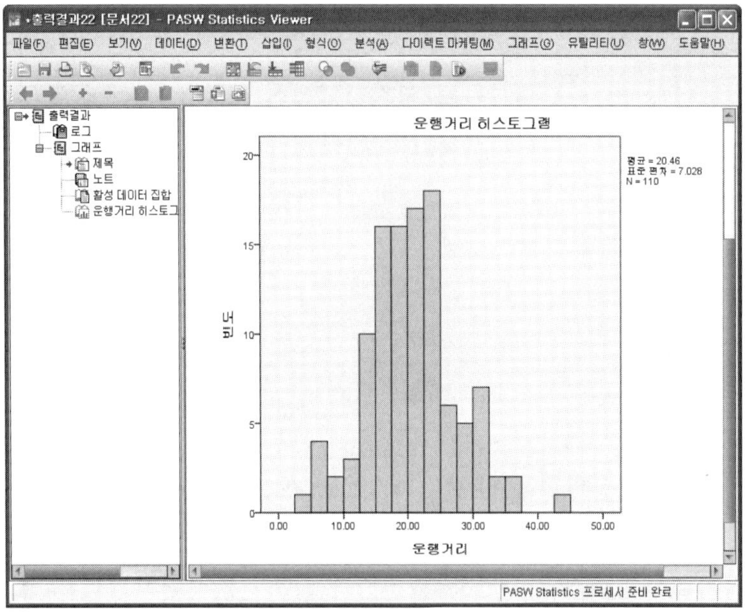

앞에서와 같은 방법으로 수정을 하면 다음과 같은 히스토그램을 얻게 된다.

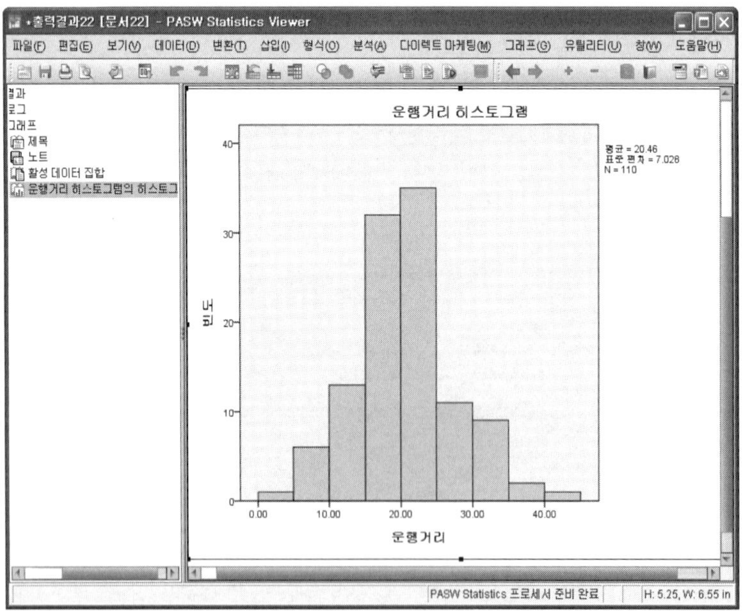

평균비교 8

1. 단일표본 T-Test

1) 모표준편차가 기지일 때의 검정과 추정

예제 8-1

다음의 데이터는 어떤 제품 A의 중량이다. 제품 A의 평균 중량은 30g이라고 일컬어지고 있는데 제조공정을 변경했기 때문에 데이터를 수집하여 평균 중량의 변화를 검토하게 되었다.

데이터는 제품 A를 16개 골라서 그 중량(단위 : g)을 측정한 것이다. 이 데이터로부터 평균 중량은 30g이라고 판단해도 좋을 것인가? 종래의 표준편차 값은 2g으로 공정의 변경에 의해서도 이 값은 변하지 않은 것으로 생각한다.

●●● 데이터 ●●●

26	33	27	32	33	24	32	29
31	30	27	31	25	34	29	30

사고방식과 적용수법

여기에서 문제로 제시하고 있는 것은 16개 데이터의 평균이 30보다 큰가 어떤가 하는 것이 아니라, 이 데이터가 추출된 모집단의 평균이 30보다 큰가 어떤가 하는 것이다. 모집단(population)이란 조사·연구의 대상으로 하고 있는 집단, 혹은 측정치의 집합을 말한다. 모집단의 평균을 모평균이라고 부른다. 여기에서 다루는 16개의 데이터는 모집단으로부터 추출된 표본(sample)이라고 불리며, 이 평균을 표본평균이라고 부른다. 표본평균은 $\bar{x}$라고 하는 기호를 사용하고 모평균은 μ 라고 하는 기호를 사용한다. 그런데 가령 모평균이 30이라면 그 모집단으로부터 추출된 데이터의 평균은 30에 가까운 값을 나타내 보일 것이다. 그러나 정확히 30이 된다고는 할 수 없다. 왜냐하면 모집단의 모든 데이터를 사용한 것이 아니라 16개의 데이터밖에 사용하지 않았기 때문에 오차가 생기게 마련이다. 그래서 16개 데이터의 평균이 30이 아닐 때에는 30과의 차가 오차의 정도인가, 오차보다 훨씬 큰가 하는 것이 문제가 된다. 오차의 정도를 넘어서고 있다면 모평균의 값은 30이 아니라고 생각한다. 이와 같은 방식으로 데이터를 해석하는 수법이 가설검정(hypothesis testing)이다.

하나의 모집단에 관한 검정은 모표준편차 σ 가 기지의 경우와 미지의 경우에 각각 계산방법이 다르다. 본 예제는 종래의 표준편차에 변화가 없다고 생각하므로 σ 는 기지(旣知)라고 생각한다.

가설검정

검정에서는 처음에 다음과 같은 두 개의 가설을 세운다.

가설 0 : 모평균은 30이다.
가설 1 : 모평균은 30이 아니다.

그리고 이 두 개의 가설 중 어느 쪽이 보다 그럴 듯한지(가능성이 높은지)를 주어진 데이터에 의거해서 확률적으로 판단한다. 가설 0을 귀무가설(null hypothesis)이라 하고, H_0라고 하는 기호로 나타낸다. 다른 한편의 가설 1을 대립가설(alternative hypothesis)이라 하고, H_1이라고 하는 기호로 나타낸다. 가설 0과 1을 통계적인 습관으로 표현하면,

$$H_0 : \mu = 30$$
$$H_1 : \mu \neq 30$$

이 된다.

가설 검정은 다음과 같은 절차에 의해 이루어진다.

① 귀무가설 H_0가 옳다고 가정한다.

② 이 가정에 의거해서 실제로 얻어진 현상이 일어날 확률을 계산한다.

③ 그 확률이 작다면, ①에 있어서 귀무가설 H_0가 옳다고 가정했던 것이 잘못이었다고 생각해서 귀무가설 H_0를 기각하고, 대립가설 H_1을 채택한다. 반대로 확률이 작지 않다면, 귀무가설 H_0를 기각하지 않는다.

여기에서 ③의 '확률이 작은지 어떤지'라고 하는 판정에는, 5%라는 기준이 사용되는 경우가 많다. 5% 이하이면 작다고 간주하자는 것이다. 5%라고 하는 것은 절대적인 것이 아니라 경우에 따라서는 1%나 10%라도 관계 없다. 확률이 작은지 어떤지를 판정하는 기준을 유의수준(level of significance)이라 부르고 α 라고 하는 기호로 나타낸다. 유의수준은 연구자가 판단하여 1%, 5%, 10% 등을 적용하며, 일반적으로 5%와 1%에 의해 가설검정을 실시한다.

하나의 모평균에 관한 검정방법(모표준편차 σ 가 기지일 때)

검정의 순서는 다음과 같다.

순서 1 ▸▸▸ 가설의 설정

$$H_0 : \mu = \mu 0$$
$$H_1 : \mu \neq \mu 0$$

이때 μ 0는 임의의 특정한 값, 이 예제에서는 μ 0=30이며, $\mu = \mu$ 0가 같다는 것은 차이가 없다는 의미이며, 차이가 없다는 것은 같은 수에서 같은 수를 뺄셈하면 "0"이 나온다는 의미와 같다.

대립가설은 귀무가설을 부정하는 것으로 다음과 같이 세 가지로 생각될 수 있다.

① $H_1 : \mu \neq \mu 0$
② $H_1 : \mu > \mu 0$
③ $H_1 : \mu < \mu 0$

①, ②, ③의 어느 가설을 설정할 것인가는 통계의 문제가 아니다. 데이터를 다루는 사람이 무엇을 검증하고 싶은가로 정하게 된다. ①과 같은 가설을 양측가설이라 부르고, ②와 ③처럼 대소관계를 문제로 하고 있는 가설을 단측가설이라 부르고 있다.
즉, ①과 같이 같지 않다는 것은 μ 가 μ 0보다 작은쪽 방향과 μ 가 μ 0보다 큰쪽 방향 등 양 방향을 모두 살펴봐야 하므로 양측(쪽) 가설이라 한다.

이 예제에서는 변화했는가 어떤가에 관심을 갖고 있으므로 ①의 가설이 된다.

순서 2 ▸▸▸ 유의수준의 설정

유의수준 α =0.05(신뢰수준 95%)

순서 3 ▸▸▸ 검정통계량 μ값의 산출

$$u = \frac{\bar{x} - \mu_0}{\frac{\sigma}{\sqrt{n}}}$$

순서 4 ▸▸▸ p 값의 산출

유의수준과 비교할 확률 p를 계산한다. p값은 표준정규분포에 있어서 $|u|$ 이상의 값이 발생할 확률이다.

순서 5 ▸▸▸ 판정

p값 ≦ 유의수준 α → 귀무가설 H_0를 기각한다.

p값 > 유의수준 α → 귀무가설 H_0를 기각하지 않는다.

하나의 모평균에 관한 추정방법(모표준편차 σ 가 기지일 때)

검정에서는 모평균 μ 가 어떤 값과 같은지 어떤지, 어떤 값보다 큰지 어떤지를 문제로 해왔다.

예를 들면,

$$H_0 : \mu = 30$$
$$H_1 : \mu \neq 30$$

의 검정에 있어서 H_1이 채택되면 μ 는 30이라고는 할 수 없다는 것을 알았다. 이 경우 다음 단계로서는 「μ 는 얼마쯤일까」라고 하는 것이 관심의 대상이 된다. 이 답을 내는 수법이 모수의 추정(estimation)이라고 불리는 것이다.

모평균 μ 는 얼마쯤일까라고 하는 물음에 대해서 「μ 는 35 정도로 추정된다」고 답하는 추정방법을 점추정(point estimation)이라고 한다. 표본평균 $\bar{x}$의 값은 모평균 μ의 점추정치이며, 표본분산 s2의 값은 모분산 δ 2의 점추정치이다.

점추정은 하나의 값으로 추정하기 때문에 모평균이나 모분산의 값을 완전히 맞힐 가능성은 낮다. 그래서 「μ 는 30에서 40 사이에 있다고 추정된다」고 답하면, 모평균을 맞힐 가능성은 높아진다.

이와 같이 구간으로 추정하는 방법을 구간추정(interval estimation)이라고 부른다.

구간추정의 방법도 검정과 마찬가지로 모표준편차가 기지의 경우와 미지의 경우에 계산 방법이 다르다.

구간추정

구간추정을 사용하면 그 구간이 μ 를 포함할 확률도 분명히 할 수가 있다. 구간추정의 결론은 다음과 같은 형식으로 표현된다.

$$30 \leqq \mu \leqq 40 \text{ (신뢰도 95\%)}$$

$30 \leqq \mu \leqq 40$을 모평균의 95% 신뢰구간이라 하고, 30을 신뢰하한, 40을 신뢰상한이라고 한다.

「신뢰도가 95%이다」라고 하는 것은, 이 구간이 「모평균을 포함할 확률이 95%이다」라고 하는 것을 의미한다. 신뢰도는 목적에 따라서 자유롭게 설정할 수가 있는데 통상은 95%로 하는 경우가 많다. 99%나 90%도 자주 쓰인다.

신뢰도를 높이면 신뢰구간의 폭은 넓어지고, 신뢰도를 낮추면 신뢰구간의 폭은 좁아진다.

모평균의 구간추정(모표준편차 σ 가 기지일 때)

모평균 μ 의 $(1-\alpha)\times100\%$ 신뢰구간은 다음의 계산식으로 구해진다.

$$\bar{x} - u(\alpha)\frac{\sigma}{\sqrt{n}} \leq \mu \leq \bar{x} + u(\alpha)\frac{\sigma}{\sqrt{n}}$$

여기에서 $u(\alpha)$는 표준정규분포에 있어서의 $100\times\alpha$ %점을 의미한다.

2) 모표준편차가 미지일 때의 검정과 추정

예제 8-2

어떤 철 제품의 강도는 모평균이 12(kg/m2), 모표준편차는 1(kg/m2)이라는 것을 알고 있었다. 최근에 새로운 설비를 도입하여 제조방법을 변경했다. 그래서 강도의 모평균이 변경 전과 변함이 없는지를 조사하기 위해서 다음과 같은 데이터를 수집했다. 모평균은 변함이 없다고 할 수 있겠는가? 제조방법의 변경에 의해 표준편차도 변해 있을 가능성이 있다.

●●● 데이터 ●●●

11	12	15	14	17	20	18	14
18	11	17	14	16	13	15	19

사고방식과 적용수법

모표준편차가 미지일 때에는 기지일 때에 이용했던 정규분포의 성질이 아니라 t분포의 성질을 사용해서 검정한다.

이 예제에서는 모평균이 변했는지 어떤지에 흥미가 있으므로 양측검정을 실시한다.

하나의 모평균에 관한 검정(모표준편차 δ 가 미지일 때)

검정의 순서는 다음과 같다.

순서 1 ▸▸▸ 가설의 설정

H_0 : μ $= \mu$ 0 (모평균은 12로 그 값에 변함이 없다)

H_1 : μ $\neq \mu$ 0

(μ 0는 임의의 특정한 수치, 이 예제에서는 μ 0=12)

(주) 대립가설은

① H_1 : μ $\neq \mu$ 0

② H_1 : μ $> \mu$ 0

③ H_1 : μ $< \mu$ 0

의 세 가지를 생각할 수 있다. 이 예제는 ①의 가설이 된다.

순서 2 ▸▸▸ 유의수준의 설정

유의수준 α = 0.05

순서 3 ▸▸▸ 자유도 ϕ의 산출

자유도 ϕ = 데이터의 수 $n-1$

순서 4 ▸▸▸ 검정통계량 t 값의 산출

$$t = \frac{\bar{x} - \mu_0}{\frac{s}{\sqrt{n}}}$$

순서 5 ▸▸▸ p 값의 산출

유의수준과 비교할 확률 p값을 계산한다. p값은 자유도 ϕ의 t분포에 있어서 $|t|$ 이상의 값이 발생할 확률이다.

순서 6 ▸▸▸ 판정

p값 $\leqq$ 유의수준 α → 귀무가설 H_0를 기각한다.

p값 $>$ 유의수준 α → 귀무가설 H_0를 기각하지 않는다.

PASW(SPSS)에 의한 해법

순서 1 ▸▸▸ 데이터의 입력(8-2.sav)

순서 2 ▸▸▸ 일표본 T 검정의 선택

메뉴에서 [분석(A)]-[평균 비교(M)]-[일표본 T검정(S)]을 선택한다.

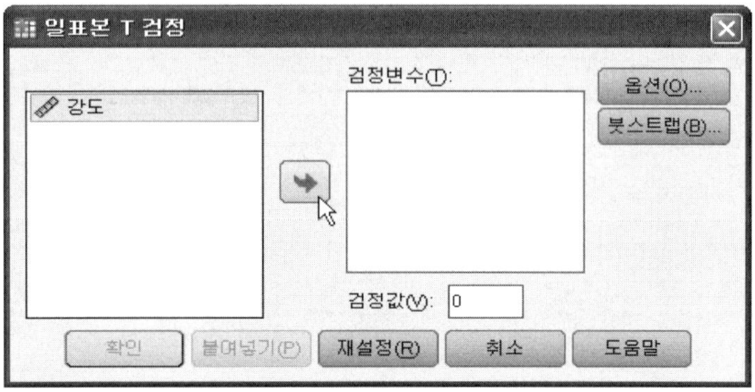

순서 3 ▸▸▸ 검정 변수의 선택

위의 [일표본 T검정] 대화상자에서 [검정 변수(T)]로서 "강도"를 선택하고, [검정값(V)] 난에 "12"를 입력한다.

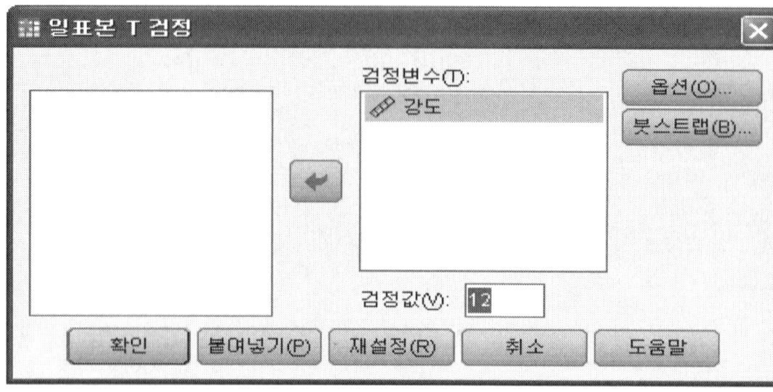

순서 4 ››› 신뢰구간의 선택

[옵션(O)] 버튼을 클릭하면 [일표본 T검정 : 옵션] 대화상자가 나타난다. 디폴트(초기 지정값)로 95%의 신뢰구간이 설정되어 있으나 연구자가 임의로 신뢰수준을 입력할 수 있다.

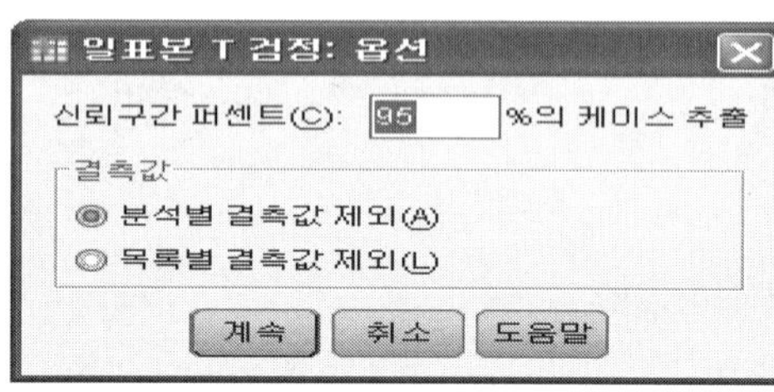

[계속] 버튼을 클릭하면 앞의 대화상자로 되돌아가는데, 여기에서 [확인] 버튼을 클릭하면 결과 화면이 나타난다.

분석결과

●●● 일표본 통계량 ●●●

	N	평균	표준편차	평균의 표준오차
강도	16	15.2500	2.7689	.6922

●●● 일표본 검정 ●●●

	검정값 = 12					
	t	자유도	유의확률 (양쪽)	평균차	차이의 95% 신뢰구간	
					하한	상한
강도	4.695	15	.000	3.2500	1.7746	4.7254

결과의 해석방법

유의확률(양쪽)=0.000 < 0.05이므로 귀무가설은 기각된다. 즉, 모평균은 12라고 할 수 없다. 그리고 귀무가설의 수치(12)와 표본평균(15.25)간의 차이에 대한 95% 신뢰구간을 살펴보면, 1.7746~4.7254가 된다. 이 신뢰구간이 0을 포함하고 있지 않으므로 귀무가설을 기각하게 된다.

하나의 모평균에 관한 추정(모표준편차 σ 가 미지일 때)

모평균 μ 의 $(1-\alpha)\times 100\%$ 신뢰구간은 다음의 계산식으로 구해진다.

$$\bar{x}-t\left(\phi,\frac{\alpha}{2}\right)\frac{s}{\sqrt{n}} \le \mu \le \bar{x}+t\left(\phi,\frac{\alpha}{2}\right)\frac{s}{\sqrt{n}}$$

여기에서 $t\left(\phi,\frac{\alpha}{2}\right)$는 자유도 ϕ 인 t분포에 있어서의 $100\times\frac{\alpha}{2}\%$ 점을 의미한다.

2. 독립표본 T-Test

1) 두 모평균의 차에 관한 검정

예제 8-3

다음의 데이터는 어떤 건축재료에 대해서 열처리 후의 늘어난 길이(mm)를 측정한 것이다. A 그룹의 데이터는 A사 제품 18개에 대해서 측정한 것이며, B 그룹의 데이터는 B사 제품 16개에 대해서 측정한 것이다. A사 제품과 B사 제품의 늘어난 길이에는 차가 있다고 말할 수 있는지를 검토하라.

●●● 데이터표 ●●●

A 그룹	22	19	16	17	19	16	26	24	18
	19	13	16	22	18	19	22	19	26
B 그룹	22	20	28	24	22	28	22	19	25
	21	23	24	23	23	29	23		

사고방식과 적용수법

두 개의 그룹이 존재할 때에 두 그룹의 모평균이 같은지 어떤지, 어떤 그룹의 모평균은 다른 한쪽 그룹의 모평균보다도 큰지 어떤지 등을 검토할 때에는 두 모평균의 차에 관한 검정이 실시된다.

두 모평균의 차에 관한 검정

귀무가설 H_0와 대립가설 H_1은 다음과 같이 표현된다.

$$
\begin{aligned}
&\text{귀무가설 } H_0 : \mu_A = \mu_B \\
&\text{대립가설 } H_1 : \mu_A \neq \mu_B \\
&\qquad\qquad (\text{또는 } \mu_A > \mu_B) \\
&\qquad\qquad (\text{또는 } \mu_A < \mu_B)
\end{aligned}
$$

여기에서 μ_A는 A 그룹의 모평균, μ_B는 B 그룹의 모평균을 의미한다.

두 모평균의 차를 검정하는 방법은 다음의 어느 쪽 케이스인가에 따라 다르다.

(케이스 1) 데이터에 대응이 없는 경우
(케이스 2) 데이터에 대응이 있는 경우

데이터에 대응이 있느냐 없느냐는 데이터의 수집방법에 의해서 정해지는 것이다. 데이터에 대응이 없다는 것은 한쪽 그룹의 데이터가 다른 한쪽 그룹의 데이터와는 무관하게 수집되는 경우를 말한다. 예를 들면, 남성과 여성에 있어서 신장에 차가 있는지 없는지를 조사하는 경우, 남성의 데이터와 여성의 데이터는 전혀 무관하게 수집된다.

이것에 비해서 부부의 신장에는 차가 있는지 없는지를 조사하는 경우, 남편의 데이터를 수집했을 때에 상대인 아내의 데이터를 수집해서 비교할 필요가 있다. 즉, 남편의 데이터와 아내의 데이터는 쌍으로 얻어지게 된다. 이와 같은 경우를 데이터에 대응이 있다고 한다. 데이터에 대응이 있을 때에는 쌍마다의 차가 문제가 된다.

본 예제는 데이터에 대응이 없을 때(독립적인 두 표본 문제)로 간주할 수 있다.

등분산의 가정

데이터에 대응이 없는 경우는 모평균의 차에 관한 검정을 실시하기 전에 두 그룹의 모분산은 같은지 어떤지를 검토할 필요가 있다.

모분산은 같다고 하는 가정을 설정하는 것을 등분산의 가정이라고 한다. 등분산을 가정할 것인지 말 것인지에 따라서 모평균의 차에 관한 검정방법을 바꾸지 않으면 안 된다.

등분산을 가정했을 때의 검정방법

순서 1 ▸▸▸ 가설의 설정

귀무가설 H_0 : $\mu_A = \mu_B$

대립가설 H_1 : $\mu_A \neq \mu_B$

(주) 대립가설은

① H_1 : $\mu_A \neq \mu_B$

② H_1 : $\mu_A > \mu_B$

③ H_1 : $\mu_A < \mu_B$

의 세 가지를 생각할 수 있다. 이 예제에서는 A제품과 B제품의 늘어난 길이에 차가 있는지 어떤지에 흥미를 갖고 있으므로 ①이 설정된다.

순서 2 ▸▸▸ 유의수준 a의 설정

유의수준 $a = 0.05$

순서 3 ▸▸▸ 공통분산 V의 산출

두 그룹의 모분산을 각각 $\sigma_A{}^2$, $\sigma_B{}^2$이라고 하면, 두 개의 모분산은 같다고 가정하기 때문에 $\sigma_A{}^2 = \sigma_B{}^2 = \sigma^2$($\sigma^2$은 어떤 값)으로 표현할 수 있다. σ^2은 미지수이므로 다음과 같이 해서 계산되는 V를 σ^2의 추정치로서 이용하기로 하다.

$$V = \frac{S_A + S_B}{\phi_A + \phi_B}$$

여기에서

$S_A = A$ 그룹의 편차제곱의 합　　$S_B = B$ 그룹의 편차제곱의 합

$n_A = A$ 그룹의 데이터 수　　$n_B = B$ 그룹의 데이터 수

$\phi_A = n_A - 1$　　$\phi_B = n_B - 1$

순서 4 ▸▸▸ 검정통계량 t 값의 산출

$$t = \frac{\overline{x_A} - \overline{x_B}}{\sqrt{V\left(\frac{1}{n_A} + \frac{1}{n_B}\right)}}$$

순서 5 ▸▸▸ p 값의 산출

유의수준 α 와 비교할 확률 p값을 계산한다. p값은 자유도 $\phi_A + \phi_B$의 t분포에 있어서 $|t|$값이 발생할 확률이다.

순서 6 ▸▸▸ 판정

p값 ≦ 유의수준 a → 귀무가설 H_0를 기각한다.
p값 > 유의수준 a → 귀무가설 H_0를 기각하지 않는다.

등분산을 가정하지 않을 때의 검정방법

등분산을 가정한 경우의 모평균 차에 관한 검정방법은 Student의 t 검정이라고 불리고 있다. 한편 등분산을 가정하지 않는 경우의 모평균 차에 관한 검정방법은 Welch의 t 검정이라고 불린다. 이 검정순서는 다음과 같다.

순서 1 ▸▸▸ 가설의 설정

귀무가설 H_0 : $\mu_A = \mu_B$

대립가설 H1 : μ A ≠ μ B

순서 2 ▸▸▸ 유의수준 α의 설정

유의수준 α = 0.05

순서 3 ▸▸▸ 검정통계량 t 값의 산출

$$t = \frac{\overline{x_A} - \overline{x_B}}{\sqrt{\frac{V_A}{n_A} + \frac{V_B}{n_B}}}$$

순서 4 ▸▸▸ 등가자유도 ø*의 산출

$$ø^* = \frac{\left(\frac{V_A}{n_A} + \frac{V_B}{n_B}\right)^2}{\left(\frac{V_A}{n_A}\right)^2 \frac{1}{n_A - 1} + \left(\frac{V_B}{n_B}\right)^2 \frac{1}{n_B - 1}}$$

순서 5 ▸▸▸ p 값의 산출

유의수준과 비교할 확률 p값을 계산한다. p값은 등가자유도 ø*의 t분포에 있어서 $|t|$값 이상의 값이 발생할 확률이다.

순서 6 ▸▸▸ 판정

p값 ≦ 유의수준 α → 귀무가설 H_0를 기각한다.
p값 > 유의수준 α → 귀무가설 H_0를 기각하지 않는다.

2) 두 모평균의 차에 관한 추정

예제 8-4

예제 8−3의 데이터에 대해서 등분산을 가정한 경우와 가정하지 않은 경우에 대하여 두 모평균의 차를 신뢰도 95%로 구간추정하라.

사고방식과 적용수법

검정에서는 두 개의 모평균 μ_A와 μ_B에 차가 있는지 어떤지, μ_A는 μ_B보다 큰지 어떤지를 문제로 했다. 예를 들면,

$$\text{귀무가설 } H_0 : \mu_A = \mu_B$$
$$\text{대립가설 } H_1 : \mu_A \neq \mu_B$$

의 검정에 있어서 H_1이 채택되면 μ_A와 μ_B에 차가 있다고 하는 것을 알았다는 셈이 된다. 이 경우 다음 단계로서는 「μ_A와 μ_B의 차는 어느 정도인가」라고 하는 것이 관심의 대상이 될 것이다. 그래서 두 모평균의 차에 관한 추정을 적용한다.

모평균에 관한 차의 구간추정

검정의 경우와 마찬가지로 등분산을 가정하느냐 하지 않느냐로 추정의 방법이 바뀐다.

① 등분산을 가정했을 때의 구간추정 공식
모평균의 차 $\mu_A - \mu_B$의 $(1-\alpha)\times100\%$ 신뢰구간은 다음과 같이 해서 구해진다.

$$(\overline{x_A} - \overline{x_B}) - t\left(\phi, \frac{\alpha}{2}\right)\sqrt{V\left(\frac{1}{n_A} + \frac{1}{n_B}\right)} \leq \mu_A - \mu_B \leq (\overline{x_A} - \overline{x_B}) + t\left(\phi, \frac{\alpha}{2}\right)\sqrt{V\left(\frac{1}{n_A} + \frac{1}{n_B}\right)}$$

여기에서

$$V = \frac{S_A + S_B}{\phi_A + \phi_B}$$

$S_A = A$ 그룹의 편차제곱의 합　　$S_B = B$ 그룹의 편차제곱의 합

$n_A = A$ 그룹의 데이터 수　　$n_B = B$ 그룹의 데이터 수

$\phi_A = n_A - 1$　　$\phi_B = n_B - 1$

② 등분산을 가정하지 않을 때의 구간추정 공식

모평균의 차 $\mu_A - \mu_B$의 $(1-\alpha)\times 100\%$ 신뢰구간은 다음과 같이 해서 구해진다.

$$(\overline{x_A} - \overline{x_B}) - t\left(\phi^*, \frac{\alpha}{2}\right)\sqrt{\frac{V_A}{n_A} + \frac{V_B}{n_B}} \le \mu_A - \mu_B \le (\overline{x_A} - \overline{x_B}) + t\left(\phi^*, \frac{\alpha}{2}\right)\sqrt{\frac{V_A}{n_A} + \frac{V_B}{n_B}}$$

여기에서

$$\phi^* = \frac{\left(\frac{V_A}{n_A} + \frac{V_B}{n_B}\right)^2}{\left(\frac{V_A}{n_A}\right)^2 \frac{1}{n_A - 1} + \left(\frac{V_B}{n_B}\right)^2 \frac{1}{n_B - 1}}$$

3) 독립표본 T 검정의 실시

예제 13-3의 데이터를 PASW(SPSS)에 의해서 두 모평균의 차에 관한 검정을 실시한다. 그 순서는 다음과 같다.

순서 1 ▸▸▸ 데이터의 입력(8-3.sav)

순서 2 ▸▸▸ 독립표본 T 검정의 선택

메뉴에서 [분석(A)]-[평균 비교(M)]-[독립표본 T검정(T)]을 선택한다.

순서 3 ▸▸▸ 변수의 선택

[검정변수(T)]로서 "길이"를 선택하고, [집단변수(G)]로서 "그룹" 변수를 지정한다. [집단변수(G)]란을 클릭하면 [집단정의(D)] 버튼을 사용할 수 있다.

[집단정의(D)] 버튼을 클릭하면 [집단정의] 대화상자가 나타난다.

순서 4 ››› 집단정의

[집단정의] 대화상자에서 [집단 1]에는 "1"(A 집단), [집단 2]에는 "2"(B 집단)를 입력한다.

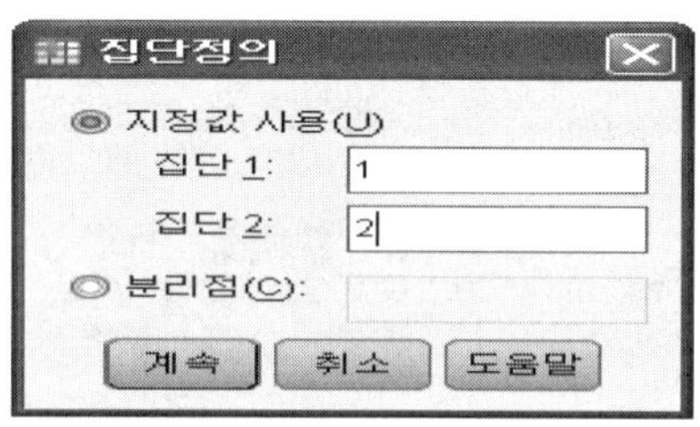

[계속] 버튼을 클릭하면 [독립표본 T검정] 대화상자로 되돌아간다.

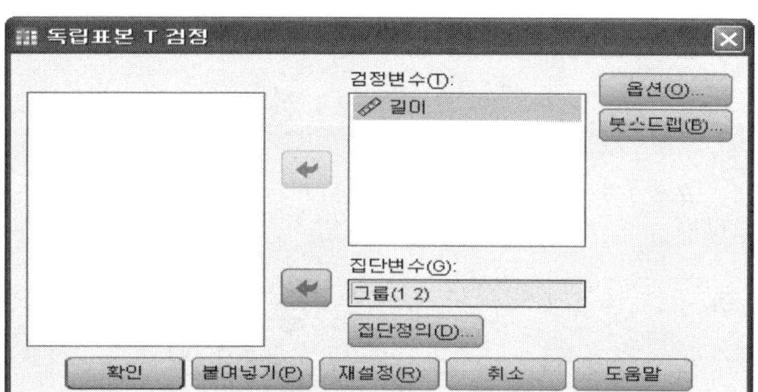

위와 같이 [집단변수(G)] 난에 "그룹(1 2)"로 지정 변경된 것을 볼 수 있다. 이어서 [옵션(O)] 버튼을 클릭한다.

순서 5 ▸▸▸ 신뢰구간의 설정

[독립표본 T검정 : 옵션] 대화상자가 나타나면 디폴트로 95%의 [신뢰구간(C)]이 설정되어 있는데, 연구자가 임의로 신뢰수준을 입력할 수도 있다.

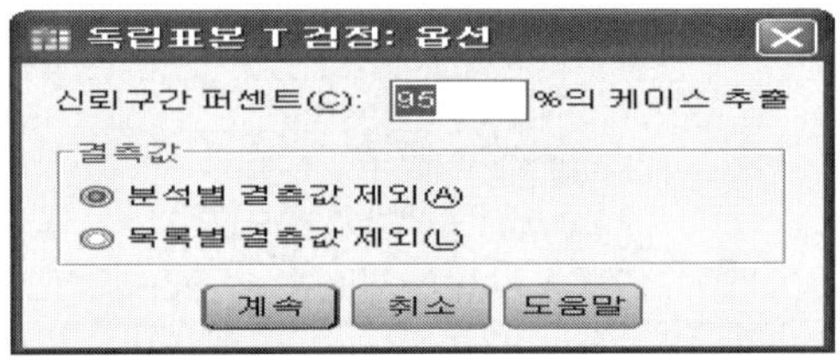

[계속] 버튼을 클릭하면 [독립표본 T검정] 대화상자로 다시 돌아간다. 여기에서 [확인] 버튼을 클릭하면 분석결과가 나타난다.

분석결과

●●● 집단통계량 ●●●

그룹	N	평균	표준편차	평균의 표 준오차
길이 A그룹	18	19.5000	3.5521	.8372
B그룹	16	23.5000	2.8284	.7071

●●● 독립표본 검정 ●●●

	Levene의 등분산 검정		평균의 동일성에 대한 t-검정						
	F	유의확률	t	자유도	유의확률(양쪽)	평균차	차이의 표준오차	차이의 95% 신뢰구간 하한	차이의 95% 신뢰구간 상한
길이 등분산이 가정됨	.936	.340	-3.601	32	.001	-4.0000	1.1109	-6.2628	-1.7372
등분산이 가정되지 않음			-3.650	31.651	.001	-4.0000	1.0959	-6.2332	-1.7668

결과의 해석방법

A 그룹 18개에 대한 늘어난 길이의 평균은 19.5이며 표준편차는 3.5521, 표준오차는 0.8372이다. 여기서 표준오차는 표준편차를 관찰개수의 제곱근, 즉 $\sqrt{18}$로 나눈 값이다. B 그룹도 동일하게 설명된다.

[Levene 등분산 검정 : $F = 0.936$ 유의확률 = 0.34] : 독립표본 T검정을 위해서는 먼저 두 집단에 대한 분산의 동질성 가정을 검정해야 한다. 이러한 분산의 동질성 여부

는 Levene의 검정, 즉 F 값을 이용한다.

$$H_0 : \sigma_1^2 = \sigma_2^2$$
$$H_1 : \sigma_1^2 \neq \sigma_2^2$$

F 값이 0.936이고 유의확률 = 0.34 > 0.05이므로 두 모집단의 분산이 동일하다는 귀무가설(H_0)이 채택되어, 등분산이 가정되는 하에서 T 검정을 실시한다.

[평균차이 = −4.0] : 제시된 통계량에서 A 그룹의 늘어난 길이와 B 그룹의 늘어난 길이의 차이는 −0.4(19.5−23.5)이다. 유의확률(양쪽) = 0.001 < 0.05이므로 아래의 귀무가설은 기각된다.

$$H_0 : \mu_1 - \mu_2 = 0$$
$$H_1 : \mu_1 - \mu_2 \neq 0$$

따라서 A 그룹과 B 그룹간의 늘어난 길이의 차이 −4.0은 통계적으로 유의하다. 그리고 평균차이의 95% 신뢰구간을 계산하면 [−6.2628, −1.7372]이다. 신뢰구간이 0을 포함하고 있지 않으므로 귀무가설이 기각되었음을 알 수 있다. 즉, A 그룹과 B 그룹의 늘어난 길이의 모평균에는 차이가 있다고 판단된다.

3. 대응표본 T-Test

1) 대응이 있는 데이터의 모평균의 차에 관한 검정

예제 8-5

다음의 데이터는 학생 12명의 중간고사와 기말고사의 점수를 나타낸 것이다. 기말고사의 성적(B)과 중간고사의 성적(A) 사이에는 차이가 있다고 생각해도 좋을지를 검토하라.

●●● 데이터 ●●●

	1	2	3	4	5	6	7	8	9	10	11	12
중간	76	57	72	47	52	76	64	64	66	57	38	58
기말	89	60	71	65	60	70	71	69	68	66	50	62

사고방식과 적용수법

전술한 바와 같이 데이터에 대응이 있느냐 없느냐는 데이터의 수집방법에 따라서 정해지는 것이다. 데이터에 대응이 있을 때에는 데이터 쌍마다의 차가 문제가 된다.

대응이 있는 데이터의 두 모평균의 차에 관한 검정

순서 1 ▸▸▸ 가설의 설정

귀무가설 H_0 : $\mu_A - \mu_B = 0$

대립가설 H_1 : $\mu_A - \mu_B \neq 0$

(주) 대립가설은 다음의 세 가지를 생각할 수 있다.

① $\mu_A - \mu_B \neq 0$

② $\mu_A - \mu_B > 0$

③ $\mu_A - \mu_B < 0$

본 예제에서는 기말고사의 성적(B)은 중간고사의 성적(A)과 차이가 있는지 어떤지에 관심을 갖고 있으므로, ①이 설정된다.

순서 2 ▸▸▸ 유의수준 α의 설정

유의수준 $\alpha = 0.05$

순서 3 ▸▸▸ 각 쌍마다의 차의 산출

$$d_i = x_{Ai} - x_{Bi}$$

순서 4 ▸▸▸ d i 의 평균 $\bar{d}$와 분산 V_d의 산출

순서 5 ▸▸▸ 검정통계량 t 값의 산출

$$t = \frac{\bar{d}}{\sqrt{\frac{V_d}{n}}}$$

순서 6 ▸▸▸ p값의 산출

유의수준과 비교할 확률 p값을 계산한다. p값은 자유도 $\phi = n-1$의 t 분포에 있어서 $|t|$ 이하의 값이 발행할 확률이다.

순서 7 ››› 판정

p값 $\leqq$ 유의수준 α → 귀무가설 H_0를 기각한다.
p값 $>$ 유의수준 α → 귀무가설 H_0를 기각하지 않는다.

2) 대응이 있는 데이터의 모평균의 차에 관한 추정

사고방식과 적용수법

데이터에 대응이 있을 때의 모평균의 차에 관한 구간추정을 적용한다.

데이터에 대응이 있을 때의 모평균의 차에 관한 구간추정

데이터에 대응이 있을 때에는 쌍마다의 차를 계산하여, 그 평균 $\bar{d}$와 분산 V_d를 이용해서 다음의 식에 의해 모평균의 차 $\mu_A - \mu_B$의 $(1-\alpha)\times100\%$ 신뢰구간을 구할 수 있다.

$$\bar{d}-t\left(\phi,\frac{\alpha}{2}\right)\sqrt{\frac{V_d}{n}} \leq \mu_A-\mu_B \leq \bar{d}+t\left(\phi,\frac{\alpha}{2}\right)\sqrt{\frac{V_d}{n}}$$

3) 대응표본 T 검정의 실시

예제 8-5의 데이터를 PASW(SPSS)에 의해서 두 모평균의 차에 관한 검정을 실시한다. 그 순서는 다음과 같다.

순서 1 ››› 데이터의 입력(8-5.sav)

순서 2 ››› 대응표본 T 검정의 선택

메뉴에서 [분석(A)]-[평균 비교(M)]-[대응표본 T검정(P)]을 신택한다.

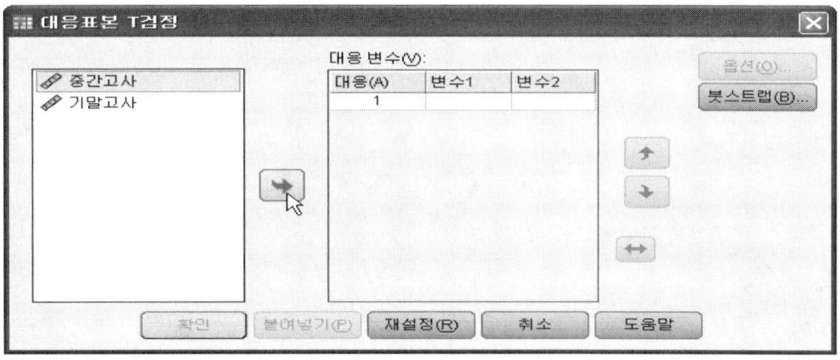

순서 3 ▸▸▸ 변수의 선택

왼쪽 변수상자에서 [Ctrl] 키를 누른채 '기말고사' 변수와 '중간고사' 변수를 각각 클릭한 후, 버튼을 클릭하면 대응 변수(V)] 목록상자의 "변수1"과 "변수2"에 각각 중간고사와 기말고사가 나타난다.

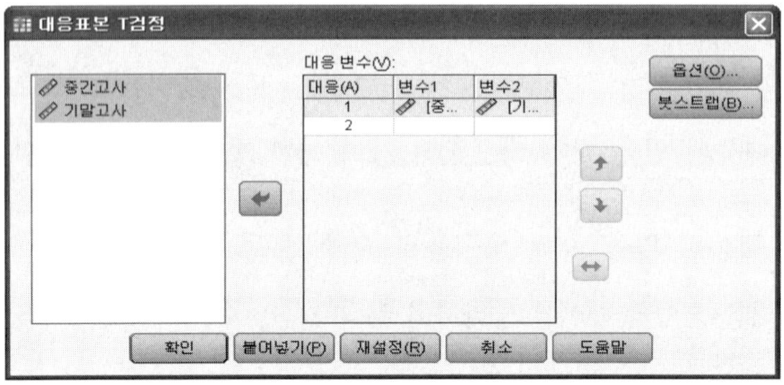

[옵션] 버튼을 클릭하면 [대응표본 T검정 : 옵션] 대화상자가 나타난다.

순서 4 ▸▸▸ 신뢰구간의 설정

[대응표본 T 검정 : 옵션] 대화상자가 나타나면 디폴트로 95%의 [신뢰구간(C)]이 설정되어 있는데, 연구자가 임의로 신뢰수준을 입력할 수도 있다.

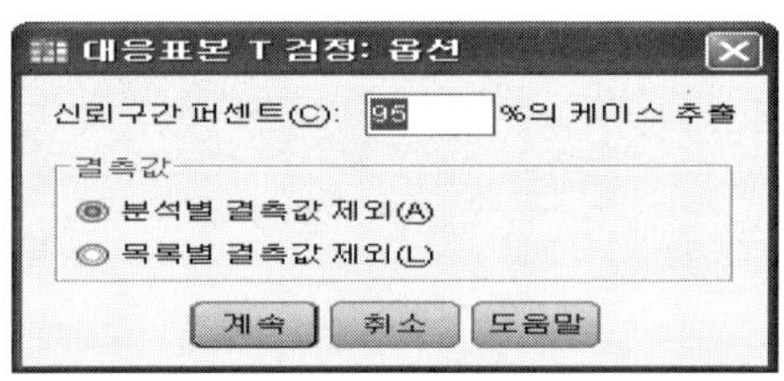

[계속] 버튼을 클릭하면 [대응표본 T검정] 대화상자로 다시 돌아간다. 여기에서 [확인] 버튼을 클릭하면 분석결과가 나타난다.

분석결과

●●● 대응표본 통계량 ●●●

		평균	N	표준편차	평균의 표준오차
대응	중간고사	60.5833	12	11.5165	3.3245
1	기말고사	66.7500	12	9.2748	2.6774

●●● 대응표본 상관계수 ●●●

	N	상관계수	유의확률
대응 1 중간고사 & 기말고사	12	.825	.001

●●● 대응표본 검정 ●●●

	대응차					t	자유도	유의확률 (양쪽)
	평균	표준편차	평균의 표준오차	차이의 95% 신뢰구간				
				하한	상한			
대응 1 중간고사 - 기말고사	-6.1667	6.5064	1.8782	-10.3006	-2.0327	-3.283	11	.007

결과의 해석방법

두 변수의 대응표본 상관계수는 0.825로 상당히 강한 상관을 보이고 있다. 중간고사의 평균점수와 기말고사의 평균점수 차이가 −6.1667(60.5833−66.7500)이며 표준편차는 6.5064, 표준오차는 1.8782이다. 이 평균 차이의 95% 신뢰구간은 [−10.3006~−2.0327]이며, 이것은 0을 포함하고 있지 않으므로 기말고사의 성적은 중간고사의 성적보다 향상했다고 판단할 수 있다. 그리고 T 검정을 해보면 유의확률(양쪽) = 0.007 < 0.05이므로, 유의수준 0.05에서 두 집단간의 평균 차이는 유의하다고 할 수 있다.

대응표본 T 검정은 상당히 유용한 기법이다. 일반적으로 두 표본의 평균차 문제에서는 두 표본이 독립적이라는 것을 가정해야만 한다. 그러나 대응표본 T 검정에서는 이것을 가정할 필요가 없으며, 또한 모분산이 같다고 가정하지 않아도 된다. 대응표본 T검정에서 유의할 것은 데이터의 짝을 맞추는 일이다. 동일한 대상을 계속해서 측정하는 경우에는 별 문제가 없으나 짝지어지는 대상이 다른 경우에는 유의해야 한다. 예를 들면, 두 종류의 치료약을 개발하여 환자를 두 집단으로 나누어 실험했다고 하자. 한 치료약을 복용한 환자 그룹의 평균치가 다른 치료약을 복용한 환자 그룹보다 높아서 전자의 효과가 후자보다 좋다고 판단했다고 하자. 그러나 전자의 집단이 후자의 집단보다 더 젊거나 건강하다면 두 치료약의 효과는 명확히 판단할 수 없다. 이 경우에는 나이와 건강상태가 같은 두 사람을 한 쌍으로 하여 실험해야 한다. 이렇게 하여 여러 쌍에 대해서 실험을 계속하게 되면, 치료약을 제외한 나이나 건강상태와 같은 외생효과를 제거할 수 있다.

비율 분석 9

1. 비율에 관한 검·추정

1) 비율에 관한 검정(1) −직접확률계산법−

예제 9-1

어떤 호텔에서는 종래부터 숙박객을 대상으로 앙케트를 실시하고 있었다. 앙케트로 조사하고 있는 항목 중에 숙박을 예약할 때의 전화대응이 있었다. 전화대응에 어떠한 불만을 갖는 사람의 비율은 종래 15%였다. 이번에 고객의 불만을 줄이기 위해서 예약 담당자를 모아서 교육을 실시했다. 교육 후에 숙박객 100명을 조사했더니 7명이 불만을 갖고 있었다. 불만율(불만을 갖는 사람의 비율)은 종래의 15%보다도 낮아졌다고 할 수 있겠는가?

사고방식

이 예제가 문제로 하고 있는 것은 표본(100명)의 불만율이 15%보다 낮은지 어떤지가 아니라, 모집단의 불만율이 15%보다 낮으냐 어떠냐 하는 것이다. 예를 들면, 20세 이상의 한국인을 대상으로 어떤 정책에 찬성인지 반대인지를 묻는 앙케트를 실시했다고 하자. 모집단(20세 이상의 한국인) 전원으로부터 의견을 듣는다는 것은 불가능하므로 일부의 사람을 몇 명 골라서 찬성인지 반대인지를 물었더니 찬성이라고 답한 사람의 비율이 55%였다고 하자. 55%라고 하는 수치는 모집단의 일부(표본)로부터 얻어진 비율이지 모집단 전원을 조사했을 때의 비율이 아니다. 그래서 모집단의 비율은

50%를 넘는다고 생각해도 좋은지, 모집단의 비율은 어느 정도인지 하는 문제가 생긴다. 이 문제를 해결하는 데에 쓰이는 방법이 검정과 추정이라고 하는 통계적 방법이다. 이와 관련하여 모집단의 비율을 모비율이라고 한다.

검정의 논리

먼저 이 예제에 대한 모집단의 불만율이 15%라고 가정해 보자. 만약에 이 가정이 옳다면 모집단으로부터 추출된 표본의 비율도 15%에 가까운 값을 보일 것이다. 그러나 정확히 15%라고는 할 수 없다. 왜냐하면 모집단의 모든 사람을 조사한 것이 아니라 일부 사람의 데이터밖에 사용하고 있지 않으므로 오차가 생기기 때문이다. 그래서 100명의 불만율이 15%가 아닌 경우에는 15%와의 차가 오차인지, 오차보다 훨씬 큰지가 문제가 된다. 오차의 정도를 넘는다면 모집단의 불만율은 15%가 아니라고 생각한다. 이와 같은 논리로 데이터를 분석하는 방법이 가설검정이다.

가설검정에서는 먼저 다음과 같은 2개의 가설을 세운다.

> 가설 0 : 모집단의 불만율 p는 15%이다.
> 가설 1 : 모집단의 불만율 p는 15%가 아니다.

그리고 이 2개의 가설 중 어느 쪽이 성립할 가능성이 높은지를 데이터에 의거해서 확률적으로 판단한다.

가설 0을 귀무가설이라 하고, H_0라고 하는 기호로 나타낸다. 가설 1을 대립가설이라 하고, H_1이라고 하는 기호로 나타낸다. 가설 0과 가설 1을 가설검정의 습관으로 표현하면,

> 귀무가설 H_0 : $\mathrm{P} = 0.15$
> 대립가설 H_1 : $\mathrm{P} \neq 0.15$

가 된다.

검정에서는 처음에 귀무가설 H_0가 옳다고 가정한다. 다음에 그 가정하에서 실제로 얻어진 현상(예를 들면, 100명 중 7명이 불만)이 어느 정도의 확률로 발생하는지를 계산한다. 이 확률을 유의확률 또는 p값이라고 한다. 유의확률이 작다면 처음에 귀무가설 H_0가 옳다고 가정했던 것이 틀렸다고 생각하여 귀무가설 H_0를 기각하고, 대립가설 H_1을 채택한다. 역(逆)으로 확률이 작지 않다면 귀무가설 H_0를 기각하지 않는다고 하는 방식이다.

여기에서 "유의확률이 작은지 어떤지"라고 하는 판정에는 5%라고 하는 기준이 사용되는 경우가 많다. 5% 이하이면 작다고 간주하고자 하는 것이다. 5%라고 하는 것은 절

대적인 것이 아니고 1%나 10%라도 상관없다. 유의확률이 작은지 어떤지를 판정하는 기준을 유의수준(level of significance)이라고 부르며, α 라고 하는 기호로 나타낸다.

모비율의 검정방법

모비율에 관한 검정의 방법에는 다음의 3가지 방법이 있다.

① 직접확률계산법
② F 분포법
③ 정규근사법

직접확률계산법은 이항분포의 성질을 이용해서 비율에 관한 검정을 실시하는 방법이다. F 분포법은 이항분포와 밀접한 관계가 있는 F 분포의 성질을 이용해서 검정을 실시하는 방법이다. 정규근사법은 본래는 이항분포를 하는 데이터를 정규분포하는 것으로 간주하고, 정규분포의 성질을 이용해서 검정을 실시하는 방법이다.

여기에서는 직접확률계산법을 소개하기로 한다.

이항분포

어떤 큰 주머니 속에 빨간 공과 흰 공이 다수 들어 있다고 하자. 이 주머니 속의 빨간 공의 비율 P를

$$P = 0.1$$

이라고 한다.

이 주머니 속에서 무작위로 10개의 공을 뽑아 냈을 때에, 그 중에 빨간 공이 2개 있을 확률 P_2는 다음과 같이 구할 수 있다.

$$P_2 = \frac{10!}{2! \times 8!} \times 0.1^2 \times 0.9^8$$
$$= \frac{10 \times 9 \times 8 \times 7 \times 6 \times 5 \times 4 \times 3 \times 2 \times 1}{(2 \times 1) \times (8 \times 7 \times 6 \times 5 \times 4 \times 3 \times 2 \times 1)} \times 0.1^2 \times 0.9^8 = 0.194$$

일반적으로 어떤 2개의 사상(이 경우에는 빨간 공과 흰 공)이 있고 이 중 한쪽의 사상 A(빨간 공)가 일어날 확률을 P라고 할 때, 사상 A가 n회 중 r 회 일어날 확률 P_r

은 다음의 공식으로 구한다.

$$P_r = \frac{n!}{r!(n-r)!} \times P^r \times (1-P)^{n-r}$$

r은 0에서 n 까지의 가능성이 있으므로 P_0에서 P_n 까지 구해지며, 확률이 P_0에서 P_n 까지 변화하는(분포하는) 모습을 이항분포하고 있다고 한다.

검정의 순서

순서 1 ▸▸▸ 가설의 설정

귀무가설 H_0 : $P = P_0$ (P_0는 어떤 비율)
대립가설 H_1 : $P \neq P_0$
(또는 $P > P_0$)
(또는 $P < P_0$)

이 예제에서는 모비율이 작아졌는지 어떤지가 관심의 대상이므로,

귀무가설 H_0 : $P = 0.15$
대립가설 H_1 : $P < 0.15$

가 된다.

순서 2 ▸▸▸ 유의수준 α의 설정

유의수준 $\alpha = 0.05$

순서 3 ▸▸▸ 발생확률의 계산

$$P_r = \frac{n!}{r!(n-r)!} \times P_0^r \times (1-P_0)^{n-r}$$

$$W_1 = \sum_{x=0}^{r} Px$$

$$W_2 = \sum_{x=r}^{n} Px$$

여기에서 n은 시행회수(sample size), r은 발생회수(발생수)로 한다.
W_1은 발생회수가 0회에서 r회까지의 합계이며, r회 이하가 될 확률이 된다.

W_2는 발생회수가 r회에서 n회까지의 합계이며, r회 이상이 될 확률이 된다.

순서 4 ▸▸▸ p 값의 산출

유의수준과 비교할 p값을 산출한다.

① 양측 p값의 계산

$W_1 \geq W_2 \rightarrow p$값$=2\times W_2$

$W_1 < W_2 \rightarrow p$값$=2\times W_1$

② 단측 p값(우측)의 계산

p값$= W_2$

③ 단측 p값(좌측)의 계산

p값$= W_1$

순서 5 ▸▸▸ 판정

① 대립가설 H_1이 $P \neq P_0$인 경우

p값(양측) $\leqq$ 유의수준 α → 귀무가설 H_0를 기각한다

p값(양측) $>$ 유의수준 α → 귀무가설 H_0를 기각하지 않는다

② 대립가설 H_1이 $P > P_0$인 경우

p값(우측) $\leqq$ 유의수준 α → 귀무가설 H_0를 기각한다

p값(우측) $>$ 유의수준 α → 귀무가설 H_0를 기각하지 않는다

③ 대립가설 H_1이 $P < P_0$인 경우

p값(좌측) $\leqq$ 유의수준 α → 귀무가설 H_0를 기각한다

p값(좌측) $>$ 유의수준 α → 귀무가실 H_0를 기각하지 않는다

본 예제의 계산결과와 결론만 기술하기로 한다.

$$p\text{값(단측)}=0.01217 < \text{유의수준 } \alpha = 0.05$$

이므로 귀무가설 H_0는 기각된다. 즉, 모집단의 불만율은 낮아졌다고 판단할 수 있다.

그리고 PASW(SPSS)에서는 이 검정을 정규근사법으로 실시할 수 있다. 구체적으로는 메뉴에서 [통계분석(S)]−[비모수 검정(N)]−[이항(B)]을 선택하여 실행한다.

2) 비율에 관한 검정(2) – F분포법 –

예제 9-2

예제 9−1의 검정을 F분포의 성질을 이용해서 실시하라.

사고방식

이항분포는 F분포와 밀접한 관계가 있으므로, 모비율에 관한 검정을 F분포를 이용해서 실시할 수 있다. 이 결과는 직접확률계산에 의한 방법과 같은 결과가 된다.

검정의 순서

순서 1 ▸▸▸ 가설의 설정

귀무가설 H_0 : $P = P_0$ (P_0는 어떤 비율)

대립가설 H_1 : $P \neq P_0$

(또는 $P > P_0$)

(또는 $P < P_0$)

순서 2 ▸▸▸ 유의수준 α의 설정

유의수준 $\alpha = 0.05$

순서 3 ▸▸▸ 검정통계량 F값의 계산

n을 시행회수(sample size), r을 발생회수(발생수)로 한다.

$a = 2(n - r + 1)$, $b = 2r$로 해서,

$$F_1 = \frac{b(1-P_0)}{aP_0}$$

$c = 2(r+1)$, $d = 2(n-r)$로 해서,

$$F_2 = \frac{dP_0}{c(1-P_0)}$$

순서 4 ▸▸▸ p 값의 산출

유의수준과 비교할 p값을 산출한다.

① 양측 p값의 계산

$\frac{r}{n} \geq P_0 \rightarrow p$값$= 2 \times F(F_1,\ \mathrm{a},\ \mathrm{b})$

$\frac{r}{n} < P_0 \rightarrow p$값$= 2 \times \mathrm{F}(F_2,\ \mathrm{c},\ \mathrm{d})$

② 단측 p값(우측)의 계산

p값$= F(F_1,\ \mathrm{a},\ \mathrm{b})$

③ 단측 p값(좌측)의 계산

p값$= F(F_2,\ \mathrm{c},\ \mathrm{d})$

여기에서 $F(F_1,\ \mathrm{a},\ \mathrm{b})$란 제 1자유도 a, 제 2자유도 b인 F분포에 있어서 F_1 이상의 값이 될 확률을 나타낸다.

순서 5 ▸▸▸ 판정

① 대립가설 H_1이 $P \neq P_0$인 경우

p값(양측) $\leqq$ 유의수준 α →귀무가설 H_0를 기각한다.

p값(양측) $>$ 유의수준 α →귀무가설 H_0를 기각하지 않는다.

② 대립가설 H_1이 $P > P_0$인 경우

p값(우측) $\leqq$ 유의수준 α →귀무가설 H_0를 기각한다.

p값(우측) $>$ 유의수준 α →귀무가설 H_0를 기각하지 않는다.

③ 대립가설 H_1이 $P < P_0$인 경우

p값(좌측) $\leqq$ 유의수준 α →귀무가설 H_0를 기각한다.

p값(좌측) $>$ 유의수준 α →귀무가설 H_0를 기각하지 않는다.

여기에서도 계산결과와 결론만 기술하기로 한다.

$$p\text{값(단측)} = 0.01217 < \text{유의수준 } \alpha = 0.05$$

이므로 귀무가설 H_0는 기각된다. 즉, 모집단의 불만율은 낮아졌다고 판단할 수 있다.

3) 비율에 관한 추정

예제 9-3

예제 9－1에 대한 모집단의 불만율을 추정하라.

사고방식

검정에서는 모비율 P가 어떤 값과 같은지 어떤지, 혹은 어떤 값보다 큰지 어떤지를 문제로 해 왔다.

예를 들면,

$$\text{귀무가설 } H_0 : P = 0.15$$

의 검정에 있어서 H_1이 채택되면, P는 0.15라고는 할 수 없다는 것을 알게 된 셈이다. 이 경우에 다음 단계로서는 "P는 얼마쯤일까?"라고 하는 것이 관심의 대상이 될 것이다. 이 답을 내는 수법이 추정이라고 불리는 것이다.

모비율 P는 얼마쯤일까라고 하는 물음에 대해서,

"P는 0.2 근처로 추정된다"

라고 답하는 추정방법을 점추정이라고 한다. 표본의 비율 p값은 모비율 P의 점추정치가 된다.

점추정치는 하나의 값으로 추정하기 때문에 모비율의 값을 완전히 알아맞힐 가능성은 낮다. 그래서,

"P는 0.18에서 0.22 사이에 있다고 추정된다"

라고 답하면 모비율을 알아맞힐 가능성은 높아진다. 이와 같이 구간으로 추정하는 방법을 구간추정이라고 부른다. 본 예제에서는 모비율의 구간추정을 실시한다.

구간추정을 사용하면, 그 구간이 모비율 P를 포함할 확률도 밝힐 수 있다. 구간추정의 결론은 다음과 같은 형식으로 표현된다.

$$0.18 \leqq P \leqq 0.22 \text{ (신뢰수준 95\%)}$$

$0.18 \leqq P \leqq 0.22$를 모비율의 95% 신뢰구간이라고 하며 0.18을 신뢰하한, 0.22를 신뢰상한이라고 한다. 신뢰수준이 95%라고 하는 것은 이 구간이 모비율을 포함할 확률이 95%라고 하는 것을 의미한다. 신뢰수준은 목적에 따라서 자유롭게 설정할 수 있는데 통상은 95%로 하는 경우가 많다. 99%나 90%도 자주 쓰인다. 신뢰수준을 높이면 신뢰구간의 폭은 넓어지고, 신뢰수준을 낮추면 신뢰구간의 폭은 좁아진다. 그런데 신뢰수준을 높여서 신뢰구간의 폭을 넓히면, 그만큼 정보로서의 가치는 줄어들게 된다.

모비율의 구간추정

모비율 P의 구간추정을 실시하려면, 이항분포와 F분포 사이에 다음의 관계가 있다는 것을 이용한다.

시행회수(sample size)를 n, 발생회수(발생수)를 x라고 한다. x가 r 이상이 될 확률을 $Pr\{x \geqq r\}$, x가 r 이하가 될 확률을 $Pr\{x \leqq r\}$라고 나타내기로 한다.

① $Pr\{x \geqq \mathrm{r}\} = \alpha$ 가 되는 r 및 n, $p(=r/n)$ 사이에는 다음의 관계가 성립한다.

$$\phi 1 = 2(n - r + 1)$$

$$\phi 2 = 2r$$

$$p = \frac{\phi_2}{\phi_1 F(\phi_1, \phi_2; \alpha) + \phi_2}$$

② $Pr\{x \leqq r\} = \alpha$ 가 되는 r 및 n, $p(=r/n)$ 사이에는 다음의 관계가 성립한다.

$$\phi 1 = 2(r + 1)$$

$$\phi 2 = 2(n - \mathrm{r})$$

$$p = \frac{\phi_1 F(\phi_1, \phi_2; \alpha)}{\phi_1 F(\phi_1, \phi_2; \alpha) + \phi_2}$$

구간추정의 순서

신뢰수준 $(1-\alpha)\times 100\%$의 신뢰구간은 다음과 같이 구한다.

<신뢰하한 P_L>

$$\phi 1 = 2(n - r + 1)$$

$$\phi 2 = 2r$$

$$P_L = \frac{\phi_2}{\phi_1 F\left(\phi_1, \phi_2; \frac{\alpha}{2}\right) + \phi_2}$$

<신뢰상한 P_U>

$\phi 1 = 2(r+1)$

$\phi 2 = 2(n-\mathrm{r})$

$$P_U = \frac{\phi_1 F\left(\phi_1, \phi_2; \frac{\alpha}{2}\right)}{\phi_1 F\left(\phi_1, \phi_2; \frac{\alpha}{2}\right) + \phi_2}$$

본 예제의 계산결과와 결론만 기술하기로 한다.

모집단의 불만율 P의 95% 신뢰구간은,

$$0.0286 \leqq P \leqq 0.1389$$

가 된다.

정규근사에 의한 구간추정의 방법

앞의 방법은 F분포를 이용해서 구간추정을 실시했는데, 정규분포를 이용하는 방법도 있다. 신뢰수준 $(1-\alpha)\times 100\%$의 신뢰구간은 다음과 같이 구한다.

<신뢰하한 P_L>

$$P_L = p - u(\alpha)\sqrt{\frac{p(1-p)}{n}}$$

<신뢰상한 P_U>

$$P_U = p + u(\alpha)\sqrt{\frac{p(1-p)}{n}}$$

여기에서 n은 데이터 수, p는 표본의 비율, $u(\alpha)$는 표준정규분포에 있어서의 $100\times\alpha$ % 점을 의미한다.

그리고 이 계산식은 무한모집단이거나, 유한모집단이더라도 표본의 크기 n에 비해서 모집단의 크기 N이 충분히 큰 경우를 상정하고 있다. 유한모집단에서 N과 n의 값이 접근하고 있을 때는 다음의 계산식을 이용한다.

<신뢰하한 P_L>

$$P_L = p - u(\alpha)\sqrt{\frac{N-n}{N-1}\cdot\frac{p(1-p)}{n}}$$

<신뢰상한 P_U>

$$P_U = p + u(\alpha)\sqrt{\frac{N-n}{N-1} \cdot \frac{p(1-p)}{n}}$$

데이터 수(sample size)를 얼마로 할 것이냐라고 하는 문제에 직면했을 때, 신뢰한계의 폭인 $u(\alpha)\sqrt{p(1-p)/n}$(무한모집단의 경우)를 요구정밀도로서 결정하고 n에 대해서 풀면 된다.

제 1장에서 설명했던 표본의 크기를 정하기 위한 계산식은 이 신뢰구간의 식이 기초로 되어 있다.

그리고 이 추정은 PASW(SPSS)에는 갖추어져 있지 않다.

본 예제의 계산결과와 결론만 기술하기로 한다.

모집단의 불만율 P의 95% 신뢰구간은,

$$0.019 \leqq P \leqq 0.120$$

가 된다.

2. 비율 차에 의한 검·추정

1) 비율의 차이에 관한 지표

비율의 비교

어떤 교육기관에서는 PC를 이용하는 교육과 이용하지 않는 교육의 2가지 방법으로 강습회를 개최하고 있다고 한다. 2가지 방법에 의해 교육의 내용이 바뀌는 일은 없고, 강사도 완전히 같다고 한다. 또 양쪽의 교육을 받는 사람은 없다.

강습회에 불만을 갖고 있는지 어떤지를 조사하기 위해서 수강자 200명에게 다음과 같은 앙케트를 실시했다.

설문 1 ▸▸▸ 어느 쪽의 방법으로 교육을 받았습니까?

1. PC 없음　　2. PC 있음

설문 2 ▸▸▸ 교육에 불만을 갖고 있습니까?

1. 불만 있음　　2. 불만 없음

앙케트 결과를 집계했더니 다음과 같은 분할표로 정리되었다. PC를 이용하지 않는 교육방법을 A, PC를 이용하는 교육방법을 B로 표시하고 있다.

	불만 있음	불만 없음	합계
A	30	70	100
B	10	90	100
합계	40	160	200

여기에서 A에 불만이 있는 사람의 비율을 p_A, B에 불만이 있는 사람의 비율을 p_B로 나타내기로 한다.

$$p_A = \frac{30}{100} = 0.3,\ p_B = \frac{10}{100} = 0.1$$

이 비율의 차이를 어떻게 평가하면 좋을지 생각해 보자.

차에 의한 평가

비율의 차이를 평가하려면 다음과 같이 비율의 "차"를 보는 것이 일반적이다.

$$p_A - p_B = 0.2$$

불만이 있는 사람의 비율에 착안하지 말고, 불만이 없는 사람의 비율에 착안하면 어떻게 될 것인가? A에 불만이 없는 사람의 비율을 p_A', B에 불만이 없는 사람의 비율을 p_B'로 나타내기로 한다.

$$p_A' = 1 - p_A = 0.7$$

$$p_B' = 1 - p_B = 0.9$$

따라서 불만이 없는 사람의 비율의 차는,

$$p_A' - p_B' = -0.2$$

가 되어 불만이 있는 사람의 비율의 차와 불만이 없는 사람의 비율의 차는 부호가 역으로 되어 있을 뿐, 차 그 자체는 일치한다. 이러한 사실은 비율을 어느 쪽으로 보더라도 괜찮다는 것을 의미하며 중요한 성질이다.

그러면 표의 데이터를 다른 각도에서 바라보도록 하자. 불만이 있는 사람 중에서 A에 의한 교육을 받은 사람의 비율을 p_1이라 하고, 불만이 없는 사람 중에서 A에 의한 교육을 받은 사람의 비율을 p_2라 한다.

$$p_1 = \frac{30}{40} = 0.75$$

$$p_2 = \frac{70}{160} = 0.4375$$

이 두 비율의 차는 다음과 같이 된다.

$$p1 - p2 = 0.3125$$

이 결과는 앞의 비율의 차 0.2와는 일치하지 않는다. 따라서 비율의 차를 볼 때에는 비율 그 자체를 산출할 때에 무엇을 분모로 했는가에 주의할 필요가 있다.

비(比)에 의한 평가

비율의 차이를 차(差)가 아니라 비(比)로 보는 것도 생각할 수 있다.

$$\frac{p_A}{p_B} = \frac{0.3}{0.1} = 3$$

A에 의한 교육을 받은 그룹 쪽이 B에 의한 교육을 받은 그룹 쪽보다도 불만의 비율은 3배가 되어 있다.

여기에서 차를 생각했을 때와 마찬가지로 불만이 있는 사람의 비율에 착안하지 말고, 불만이 없는 사람의 비율에 착안해 보자. 이 때의 비(比)는 다음과 같이 되어, 3분의 1이 되는 것은 아니다.

$$\frac{p_A'}{p_B'} = \frac{0.7}{0.9} = 0.7777$$

차(差)를 평가할 때에는 어느 쪽의 비율에 주목하더라도 문제는 없었지만, 비(比)로 보면 어느 쪽의 비율에 주목했느냐에 따라서 차이의 정도가 바뀌어 버린다는 문제가 있다.

오즈(odds)

어떤 사상이 발생한 비율을 p라고 하면, 발생하지 않은 비율은 $1-p$로 나타낼 수 있다. 여기에서

$$\frac{p}{1-p}$$

라고 하는 지표를 생각한다.

이것은 발생한 비율이 발생하지 않은 비율의 몇 배가 되는가를 계산한 것이며, 오즈(odds)라고 불리는 지표이다.

앞의 예에서 이 오즈가 얼마인가를 계산해 보면, A에 의한 교육을 받은 그룹 쪽은,

$$\frac{p_A}{1-p_A}=\frac{0.3}{0.7}=0.42857$$

B에 의한 교육을 받은 그룹 쪽은,

$$\frac{p_B}{1-p_B}=\frac{0.1}{0.9}=0.11111$$

이다. 즉, 오즈는 불만이 있는 사람의 비율과 불만이 없는 사람의 비율의 양쪽에 착안한 지표라고 할 수 있다.

오즈(odds) 비

비율의 차이를 보는 데에 오즈의 비(比)가 쓰이는 경우가 자주 있다. A에 의한 교육을 받은 그룹의 오즈와 B에 의한 교육을 받은 그룹의 오즈 비 ψ (psai)는

$$\psi=\left(\frac{0.3}{0.7}\right)\left(\frac{0.1}{0.9}\right)=3.857$$

이 되어, 이것은 A에 의한 교육은 B에 의한 교육에 비해서 불만을 갖게 할 위험(risk)이 3.857배 높아진다는 것을 의미하고 있다.

오즈 비가 1이라고 하는 것은, 비교해야 할 2개의 비율에 차이가 없다는 것을 의미한다. 이 지표가 편리한 것은 불만이 있는 사람 중에서 A에 의한 교육을 받은 사람의 비율을 p_1이라고 하고 불만이 없는 사람 중에서 A에 의한 교육을 받은 사람의 비율을 p_2라고 해서, 오즈 비를 계산해도 3.857이 된다는 점이다.

오즈 비는 다음과 같은 공식으로 간단히 구할 수 있다.

	불만 있음	불만 없음	합계
A법	a	b	$n_1=a+b$
B법	c	d	$n_2=c+d$
합계	$m_1=a+c$	$m_2=b+d$	$n=a+b+c+d$

(a, b, c, d는 사람 수)

$$\psi=\frac{ad}{bc}$$

여론조사나 시장조사에서는 비율의 비교에 "차"가 이용되는 경우가 많다.

2) 비율의 차에 관한 검정

예제 9-4

어떤 정책에 대해서 찬성인지 반대인지의 앙케트를 20대의 남성과 여성을 대상으로 실시했다. 남성으로부터 50명, 여성으로부터 60명을 뽑아서 청취를 했더니 남성은 50명 중 18명이 찬성이고, 여성은 60명 중 11명이 찬성이었다. 남성의 찬성률과 여성의 찬성률에는 차가 있다고 할 수 있겠는가?

사고방식

두 모집단의 비율의 차이는 비율의 차로 평가하는 경우가 많다. 발생한 차에 통계적인 의미가 있는지 어떤지의 검토에서는 두 모비율의 차에 관한 검정이 실시된다.

이 검정방법은 이항분포를 정규근사(正規近似)해서 실시한다.

또 다른 검정방법은 분할표의 검정을 실시함으로써 가능하다. 이 검정은 우선 데이터를 다음과 같은 분할표로 정리한다.

	남	여
찬성	18	11
반대	32	49

그리고 이 분할표에 대해서 검정을 실시한다.

검정의 순서

순서 1 ▸▸▸ 가설의 설정

귀무가설 H_0 : $P_A = P_B$
대립가설 H_1 : $P_A \neq P_B$
(또는 $P_A > P_B$)
(또는 $P_A < P_B$)

여기에서 P_A는 그룹 A의, P_B는 그룹 B의 모비율(母比率)을 나타낸다.
이 예제에서는 찬성률에 차가 있는지 어떤지가 관심의 대상이므로,

귀무가설 H_0 : $P_A = P_B$
대립가설 H_1 : $P_A \neq P_B$

가 된다.

순서 2 ▸▸▸ 유의수준 α의 설정

유의수준 $\alpha = 0.05$

순서 3 ▸▸▸ 검정통계량 u 값의 계산

p_A는 그룹 A의, p_B는 그룹 B의 표본의 비율을, n_A는 그룹 A의, n_B는 그룹 B의 표본의 크기(sample size)를, r_A는 그룹 A의, r_B는 그룹 B의 표본 중의 발생수를 나타내는 것으로 한다.

$$u = \frac{p_A - p_B}{\sqrt{\bar{p}(1-\bar{p})\left(\frac{1}{n_A} + \frac{1}{n_B}\right)}}$$

여기에서,

$$\bar{p} = \frac{r_A + r_B}{n_A + n_B}$$

순서 4 ▸▸▸ p 값의 산출

유의수준과 비교할 확률 p값을 계산한다. 양측 p값은 평균 0, 표준편차 1의 정규분포에 있어서 $|u|$ 이상의 값이 될 확률이며, 단측 p값은 그것의 1/2이다.

순서 5 ▸▸▸ 판정

① 대립가설 H_1이 $P_A \neq P_B$인 경우

p값(양측) ≦ 유의수준 α → 귀무가설 H_0를 기각한다.

p값(양측) > 유의수준 α → 귀무가설 H_0를 기각하지 않는다.

② 대립가설 H_1이 $P_A > P_B$인 경우

p값(우측) ≦ 유의수준 α → 귀무가설 H_0를 기각한다.

p값(우측) > 유의수준 α → 귀무가설 H_0를 기각하지 않는다.

③ 대립가설 H_1이 $P_A < P_B$인 경우

p값(좌측) ≦ 유의수준 α → 귀무가설 H_0를 기각한다.

p값(좌측) > 유의수준 α → 귀무가설 H_0를 기각하지 않는다.

본 예제의 계산결과와 결론만 기술하기로 한다.

$$p\text{값(양측)} = 0.0363 < \text{유의수준 } \alpha = 0.05$$

이므로 귀무가설 H_0는 기각된다. 즉, 남성과 여성의 찬성률에는 차이가 있다고 할 수 있다.

3) 비율의 차에 관한 추정

예제 9-5

예제 9－4에서 남성의 찬성률과 여성의 찬성률의 차를 추정하라.

사고방식

두 모비율(母比率)의 차는 검정과 마찬가지로 이항분포를 정규근사해서 실시하는 방법으로 추정할 수 있다.

구간추정

두 모비율의 차 $P_A - P_B$의 신뢰수준 $(1-\alpha)\times100\%$의 신뢰구간은 다음과 같이 구한다.

$$(p_A - p_B) - u\left(\frac{\alpha}{2}\right)\sqrt{\frac{p_A(1-p_A)}{n_A} + \frac{p_B(1-p_B)}{n_B}} \leq P_A - P_B$$

$$\leq (p_A - p_B) + u\left(\frac{\alpha}{2}\right)\sqrt{\frac{p_A(1-p_A)}{n_A} + \frac{p_B(1-p_B)}{n_B}}$$

여기에서 n = 표본의 크기, p = 표본의 비율, u(α) = 표준정규분포에 있어서의 100×α %점을 의미한다. 그리고 이 추정은 PASW(SPSS)에는 갖추어져 있지 않다.

본 예제의 계산결과와 결론만 기술하기로 한다.

남성과 여성의 찬성률에 대한 차의 95% 신뢰구간은 다음과 같이 된다.

$$0.0115 \leqq P_A - P_B \leqq 0.3419$$

4) 독립이 아닌 비율의 차에 관한 검정

예제 9-6

설문 1 ▸▸▸ 귀하는 휴대폰을 갖고 있습니까?

A. 갖고 있다　　　　B. 갖고 있지 않다

라고 하는 질문을 대학생 200명에게 했더니 다음과 같은 결과가 얻어졌다.

	갖고 있다	갖고 있지 않다
사람수	110	90
비율	0.55	0.45

갖고 있는 사람과 갖고 있지 않은 사람의 비율에 차이가 있다고 할 수 있겠는가?

사고방식

갖고 있는 사람의 비율 P_A와 갖고 있지 않은 사람의 비율 P_B를 비교하는 것이므로, 두 비율의 차를 검정하는 문제가 된다. 단, 이 예제는 P_A가 증가하면 P_B는 감소하고 P_A가 감소하면 pB는 증가한다고 하는 관계에 있기 때문에, 두 비율 P_A와 P_B가 독립이 아니라는 데에 주의할 필요가 있다. 이와 같은 관계에 있는 두 비율을 서로 종속적인 관계라고 한다.

서로 종속적인 두 비율의 검정

순서 1 ▸▸▸ 가설의 설정

귀무가설 H_0 : $P_A = P_B$

대립가설 H_1 : $P_A \neq P_B$

(또는 $P_A > P_B$)

(또는 $P_A < P_B$)

여기에서 P_A는 선택지 A의, P_B는 선택지 B의 모비율(母比率)을 나타낸다.

이 예제에서는 모비율에 차가 있는지 어떤지가 관심의 대상이므로,

$$\text{귀무가설 } H_0 : P_A = P_B$$
$$\text{대립가설 } H_1 : P_A \neq P_B$$

가 된다.

순서 2 ▸▸▸ 유의수준 α의 설정

유의수준 α = 0.05

순서 3 ▸▸▸ 검정통계량 u값의 계산

$$u = \frac{p_A - p_B}{\sqrt{\frac{p_A + p_B}{n}}}$$

여기에서 n은 전체의 회답수, p_A는 선택지 A를 선택한 사람의 비율, p_B는 선택지 B를 선택한 사람의 비율을 나타낸다.

그리고 선택지 A의 회답수를 r_A, 선택지 B의 회답수를 r_B라고 하면,

$$p_A = \frac{r_A}{n},\ p_B = \frac{r_B}{n}$$

이 예제에서는,

$$u = 1.4142$$

로 산출된다.

순서 4 ▸▸▸ p 값의 산출

유의수준과 비교할 확률 p값을 계산한다. 양측 p값은 평균 0, 표준편차 1의 정규분포에 있어서 $|u|$ 이상의 값이 될 확률이며, 단측 p값은 그것의 1/2이다.

순서 5 ▸▸▸ 판정

[판정규칙 ①]

p값(양측확률) ≦ 유의수준 α → 귀무가설 H_0를 기각한다.

p값(양측확률) > 유의수준 α → 귀무가설 H_0를 기각하지 않는다.

[판정규칙 ②]

검정통계량 u값 ≧ $u(\alpha)$ → 귀무가설 H_0를 기각한다.

검정통계량 u값 < $u(\alpha)$ → 귀무가설 H_0를 기각하지 않는다.

판정규칙 ①과 ②는 같은 관계에 있다.

이 예제에서는

$$u = 1.4142 \ < \ u(0.05) = 1.96$$

이므로 귀무가설 H_0를 기각하지 않는다. 따라서 휴대폰을 갖고 있는 사람과 갖고 있지 않는 사람의 비율에 차가 있다고는 할 수 없다.

그런데 이 검정은 PASW(SPSS)에는 갖추어져 있지 않다.

5) 적합도의 검정

예제 9-7

어떤 대학의 학생을 대상으로 앙케트를 계획했다. 각 학년의 학생 수는 표 1과 같다.

●●● 표 1 ●●●

1학년	2학년	3학년	4학년	합계
3500	3000	2000	1500	10000

앙케트를 실시해서 회답결과를 집계했더니 각 학년의 회답자 수는 표 2와 같이 되었다.

●●● 표 2 ●●●

1학년	2학년	3학년	4학년	합계
77	59	42	22	200

회답자는 조사대상(모집단)을 대표하고 있다고 할 수 있겠는가?

사고방식

이 대학 1학년생의 구성비율은,

$$\frac{3500}{10000} = 0.35$$

로 구해진다. 같은 방법으로 각 학년의 구성비율을 계산하면, 다음과 같이 된다.

1학년	2학년	3학년	4학년
0.35	0.3	0.2	0.15

따라서 회답자가 모집단을 대표하고 있다고 한다면, 200명을 학년마다 나눈 경우와 같은 구성비율이 되어 다음과 같은 사람 수가 될 것이다.

1학년	2학년	3학년	4학년
70	60	40	30

이 사람수는 원래의 구성비율로부터 계산된 것으로 기대도수라고 부른다. 실제로 얻어진 사람 수는 표 2이며, 이것은 실측도수라고 부른다. 그래서 실측도수와 기대도수의 차가 작으면 모집단을 대표하고 있다고 생각하고, 차가 크면 대표하고 있지 않다고 생각하기로 한다. 실측도수가 기대도수에 가까운지 어떤지를 판정하기 위한 방법으로서 적합도의 검정이 있다.

적합도의 검정

순서 1 ▸▸▸ 가설의 설정

귀무가설 H_0 : 실측도수는 기대도수와 일치하고 있다.

대립가설 H_1 : 실측도수는 기대도수와 일치하고 있지 않다.

순서 2 ▸▸▸ 유의수준 α의 설정

유의수준 α = 0.05

순서 3 ▸▸▸ 검정통계량 x^2(카이 자승)값의 계산

전체가 g개의 그룹으로 나누어져 있다고 하고, 각 그룹의 실측도수를 f_i, 기대도수를 t_i 라고 한다.

$$\chi^2 = \sum_{i=1}^{g} \frac{(t_i - f_i)^2}{t_i}$$

순서 4 ▸▸▸ 자유도 ø의 계산

ø = g − 1

순서 5 ▸▸▸ p 값의 계산

유의수준과 비교할 확률 p를 계산한다. p값은 자유도 ø의 x^2 분포에 대해서 x^2 값 이상의 값이 될 확률이다.

순서 6 ▸▸▸ 판정

p값 ≦ 유의수준 α → 귀무가설 H_0를 기각한다.

p값 > 유의수준 α → 귀무가설 H_0를 기각하지 않는다.

PASW(SPSS)에 의한 해법

순서 1 ▸▸▸ 데이터의 입력(9-7.sav)

순서 2 ▸▸▸ 빈도변수의 설정

메뉴에서 [데이터(D)]-[가중 케이스(W)]를 선택→'가중케이스 지정'을 선택한 후 "사람 수" 변수를 빈도변수란에 지정한다.

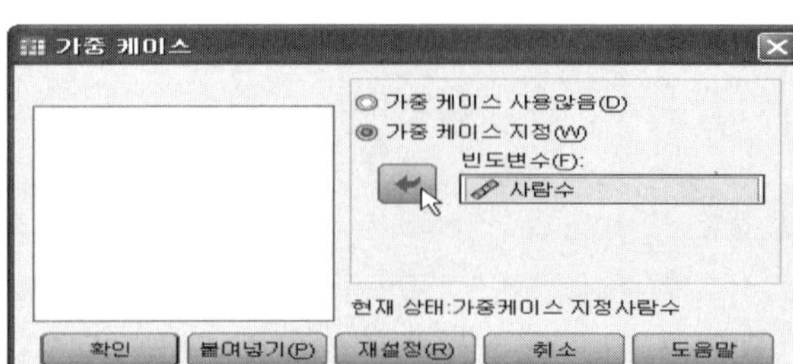

순서 3 ››› 데이터의 정렬

이 검정을 실시하려면 데이터를 오름차순으로 정렬해 놓을 필요가 있다.

메뉴에서 [데이터(D)]−[케이스 정렬(O)]을 선택한다.

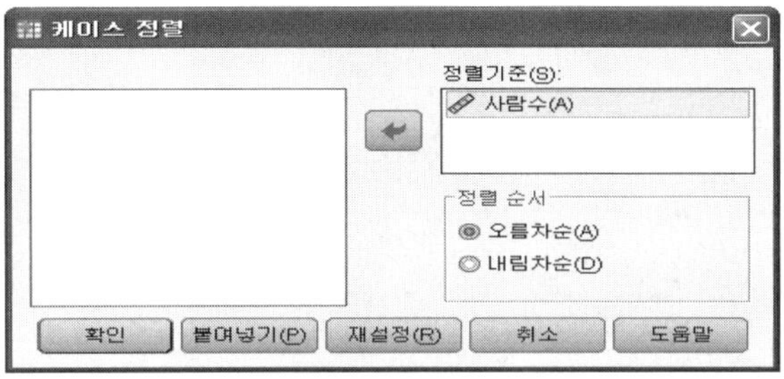

“사람 수” 변수를 선택하고, [정렬순서]로서 [오름차순(A)]을 선택한다.

[확인] 버튼을 클릭하면 데이터가 작은 수부터 큰 수의 오름차순으로 정렬된다.

순서 4 ››› 적합도 검정의 실시

메뉴에서 [분석(A)]−[비모수 검정(N)]−[레거시대화상자]−[카이제곱(C)]을 선택한다.

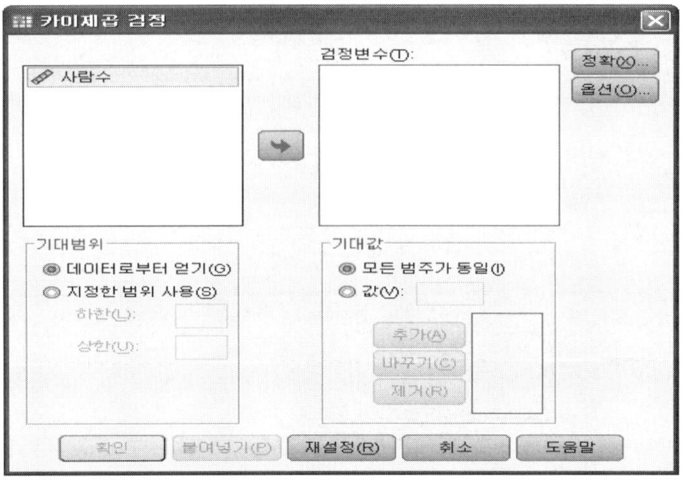

여기에서,

① “사람 수”를 [검정변수(T)]로서 선택한다.

② [기대값]의 [값(V)]을 선택한다.

③ [값]으로서 기대값을 입력한다. 이 때에 입력의 순번에 주의할 필요가 있다. 기

대값의 입력은 정렬한 데이터의 순에 대응하도록 입력하지 않으면 안 된다. 다음과 같은 상태가 되어 [확인] 버튼을 클릭하면 결과가 얻어진다.

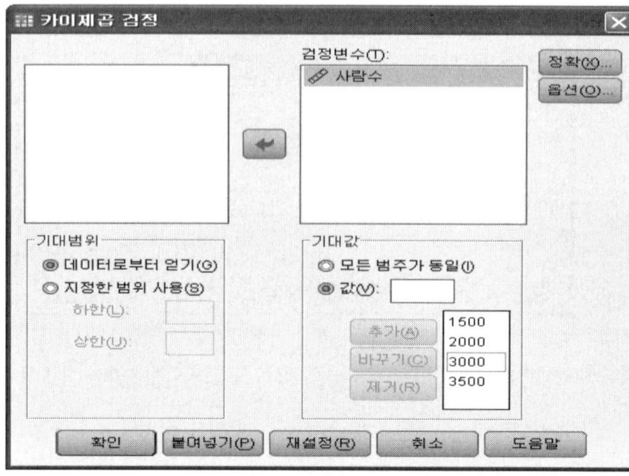

분석결과

●●● 사람수 ●●●

	관측수	기대빈도	잔차
22.00	22	30.0	-8.0
42.00	42	40.0	2.0
59.00	59	60.0	-1.0
77.00	77	70.0	7.0
합계	200		

●●● 검정 통계량 ●●●

	관측수
카이제곱[a]	2.950
자유도	3
근사 유의확률	0.399

a. 0셀 (.0%)은(는) 5보다 작은 기대빈도를 가집니다. 최소셀 기대빈도는 30.0입니다.

결과의 해석방법

$$p\text{값(양측)} = 0.399 > \text{유의수준 } \alpha = 0.05$$

이므로 귀무가설 H_0는 기각되지 않는다. 즉 회답자의 집단은 모집단비율을 대표하고 있다고 할 수 있다.

교차분석 10

1. 2×2 분할표

1) x^2 검정

예제 10-1

어떤 기업이 주부용으로 개발한 상품 W의 인지율(認知率)을 조사하기 위해서 서울 시내에 살고 있는 주부를 대상으로 상품 W의 존재를 알고 있는지 모르는지를 묻는 조사를 실시했다. 아이가 있는 주부(A 그룹)와 아이가 없는 주부(B 그룹) 사이에는 인지율에 차가 있는지 어떤지를 보기 위해서 각 그룹으로부터 500명씩 무작위로 추출하여 앙케트를 실시했다. 그 결과를 정리한 것이 다음의 2×2 분할표이다. A 그룹과 B 그룹의 인지율(알고 있는 비율)에 차가 있는지 검정하라.

	A	B	합계
모른다	457	446	903
알고 있다	43	54	97
합계	500	500	1000

사고방식과 적용수법

2×2 분할표의 검정방법에는 Fisher의 Exact검정과 x^2검정이 있다. 여기에서는 x^2검정을 적용해 본다.

가설의 설정

2×2 분할표의 일반 형태는 다음과 같이 표현된다.

		아이템 B		합계
		B_1	B_2	
아이템 A	A_1	a	c	n_1
	A_2	b	d	n_2
합계		m_1	m_2	N

귀무가설 H_0 : A_1 (A_2)이 발생할 확률은 B_1과 B_2에서 같다.
대립가설 H_1 : A_1 (A_2)이 발생할 확률은 B_1과 B_2에서 차이가 있다.

검정의 순서

순서 1 ▸▸▸ 가설의 설정

귀무가설 H_0 : A그룹와 B그룹의 모인지율은 같다.
대립가설 H_1 : A그룹와 B그룹의 모인지율에는 차이가 있다.

순서 2 ▸▸▸ 유의수준 α의 설정

$$\text{유의수준 } \alpha = 0.05$$

순서 3 ▸▸▸ 검정통계량 χ2 값의 산출

$$\chi^2 = \frac{(ad-bc)^2 \times N}{n_1 \times n_2 \times m_1 \times m_2}$$

일반적으로는 근사정밀도(近似精密度)를 높이기 위해서 보정항(補正項)이 붙은 다음의 식이 자주 이용된다.

$$\chi^2 = \frac{\left(|ad-bc| - \frac{N}{2} \right)^2 \times N}{n_1 \times n_2 \times m_1 \times m_2}$$

여기에서 $-\frac{N}{2}$을 Yates의 보정이라고 부르고 있다.

순서 4 ▸▸▸ p 값의 계산

유의수준과 비교할 확률 p값을 계산한다. p값은 자유도 ϕ인 x^2분포에 있어서 x^2값 이상의 값이 될 확률이다.

순서 5 ▸▸▸ 판정

[판정규칙 ①]

$x^2 \geqq x^2(1, \alpha) \rightarrow$ 귀무가설 H_0를 기각한다.

$x^2 < x^2(1, \alpha) \rightarrow$ 귀무가설 H_0를 기각하지 않는다.

[판정규칙 ②]

p값 $\leqq$ 유의수준 α $\rightarrow$ 귀무가설 H_0를 기각한다.

p값 $>$ 유의수준 α $\rightarrow$ 귀무가설 H_0를 기각하지 않는다.

PASW(SPSS)에 의한 해법

순서 1 ▸▸▸ 데이터의 입력(10-1.sav)

(주1) "그룹"이라는 변수에는 1="A", 2="B"라고 하는 변수값 설명을 해 놓는다.
(주2) "인지"라는 변수에는 1="모른다", 2="알고 있다"라고 하는 변수값 설명을 해 놓는다.
(주3) "사람 수"라는 변수는 빈도변수라고 하는 것을 지정해 놓는다.

순서 2 ▸▸▸ 크로스 집계표의 작성

메뉴에서 [분석(A)]-[기술통계량(E)]-[교차분석(C)]을 선택한다.

[교차분석]이라는 대화상자가 나타난다.

여기에서 [행(O)]에 "인지", [열(C)]에 "그룹"이라는 변수를 선택한다.

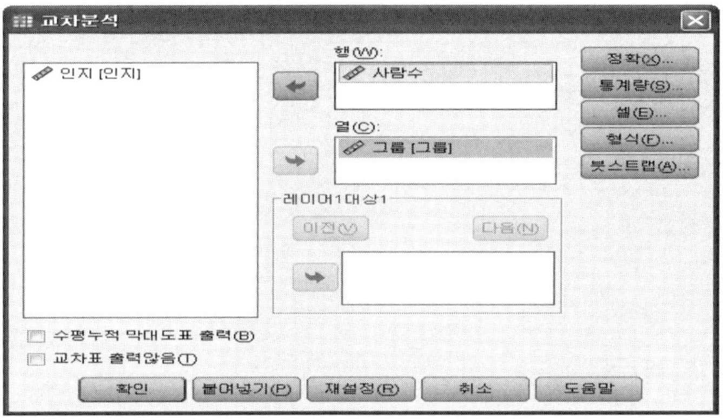

[통계량(S)]을 클릭하면, 다음과 같은 대화상자가 나타난다.

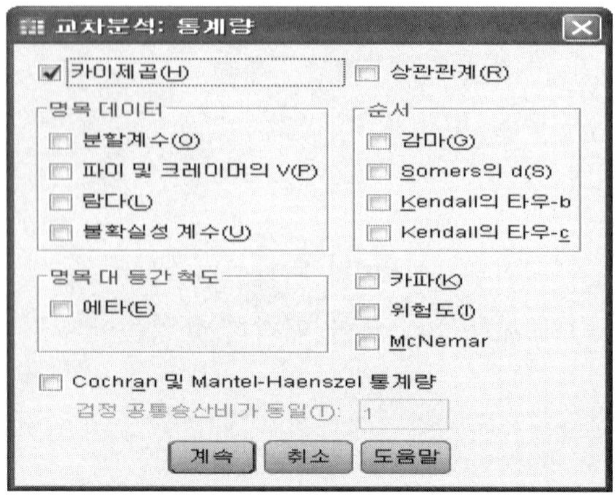

[카이제곱(H)]을 선택하고, [계속]을 클릭하면 앞의 대화상자로 되돌아간다. 여기에서 [확인] 버튼을 클릭하면 분석결과가 얻어진다.

분석결과

●●● 인지 · 그룹 교차표 ●●●

빈도

		그룹		전체
		A	B	
인지	모른다	457	446	903
	알고 있다	43	54	97
전체		500	500	1000

●●● 카이제곱 검정 ●●●

	값	자유도	점근 유의확률 (양쪽검정)	정확한 유의확률(양쪽검정)	정확한 유의확률 (한쪽검정)
Pearson 카이제곱	1.381[b]	1	.240		
연속수정[a]	1.142	1	.285		
우도비	1.384	1	.239		
Fisher의 정확한 검정				.285	.143
선형 대 선형결합	1.380	1	.240		
유효 케이스 수	1000				

a. 2×2 표에 대해서만 계산됨

b. 0셀(.0%)은(는) 5보다 작은 기대 빈도를 가지는 셀입니다. 최소 기대빈도는 48.50입니다.

결과의 해석방법

Yates의 보정을 행했을 때의 p값은 [연속수정] 행의 [점근 유의확률]의 수치를 본다.

$$p\text{값} = 0.285 > \text{유의수준 } \alpha = 0.05$$

이므로 귀무가설 H_0는 기각되지 않는다. 즉, A 그룹과 B 그룹의 모인지율(母認知率)에 차가 있다고는 할 수 없다.

Yates의 보정(Correction)

Yates의 보정은 해도 되고, 안해도 된다. 연속성을 보정하게 되면 일반적으로 통상적인 카이스퀘어 값보다 작아지는 경향이 있어 통계적 유의성이 상실되기 쉽다. 그래서 대다수 연구자들은 이 보정을 적용하기를 꺼린다. 이 방법은 표본의 수가 극히 작을 때 적용되는데, 연속성을 꼭 보정해야 하는가에 대한 의견이 분분한 만큼 절대적인 것은 아니며, 오히려 다음의 직접확률법이 더 효율적인 방법일 수 있다.

2) 직접확률검정

예제 10-2

서울 시내의 대학에 다니는 학생들 중에서 무작위로 남녀 50명씩 추출하여 다음과 같은 설문조사를 실시했다.

설문 1 ▸▸▸ 성별을 답해 주십시오.

A. 남　　　　　　B. 여

설문 2 ▸▸▸ 귀하는 집에서 애완동물을 기르고 있습니까?

A. 기르고 있다　　　　B. 기르고 있지 않다

이 회답결과를 크로스 집계했더니 다음과 같은 2×2 분할표가 얻어졌다.

	남	여
기르고 있다	3	9
기르고 있지 않다	47	41

남학생과 여학생에 있어서 애완동물을 기르고 있는 사람의 비율에 차이가 있다고 할 수 있을까?

사고방식

예제 15−1과 같은 타입의 문제이지만 예제 15−1에서 소개한 x^2검정은 하나의 셀(분할표의 한 격자) 안의 도수가 모두 5 이상일 때에 사용할 수 있는 방법이다. 본 예제와 같이 5 미만의 도수가 있을 때에는 정밀도가 나빠져서 결과를 신용할 수 없다. 이와 같은 경우에는 Fisher의 직접확률검정(Fisher's exact test)을 실시하는 편이 좋다.

Fisher의 직접확률검정

직접확률검정의 계산법은 행의 합계와 열의 합계를 고정해 놓고, 얻어져 있는 현재의 도수보다 더욱 치우친 도수의 편성을 생각해서 각각이 일어날 확률을 모두 계산하는 방법이다.

이 예제의 분할표를 〈표 1〉이라고 하자.

●●● 표 1 ●●●

	남	여
기르고 있다	3	9
기르고 있지 않다	47	41

〈표 1〉보다 더욱 한쪽으로 치우친 결과는 다음과 같은 3가지이다.

●●● 표 2 ●●●

	남	여
기르고 있다	2	10
기르고 있지 않다	48	40

●●● 표 3 ●●●

	남	여
기르고 있다	1	11
기르고 있지 않다	49	39

●●● 표 4 ●●●

	남	여
기르고 있다	0	12
기르고 있지 않다	50	38

〈표 1〉에서 〈표 4〉까지의 각각에 대해서 확률을 계산하고, 그 확률을 합계한다. 그것이 p값(단측)이 된다. 확률의 계산방법은 다음과 같은 분할표를 가지고 설명하기로 한다. 표 중의 a, b, c, d는 도수를 나타내는 것으로 하고 a가 가장 작은 값이라고 한다.

	열 1	열 2	합계
행 1	a	b	n_1
행 2	c	d	n_2
합계	m_1	m_2	n

$$\text{확률 } P_r = \frac{n_1!n_2!m_1!m_2!}{n!}\sum_{i=0}^{a}\frac{1}{i!(n_1-i)!(m_1-i)!(d-a+i)!}$$

이 예제에서는,

$$\text{확률 } P_r = \frac{12!88!50!50!}{100!}\sum_{i=0}^{a}\frac{1}{i!(12-i)!(50-i)!(41-3+i)!}$$

$$=0.0606 = p\text{값(단측)}$$

PASW(SPSS)에 의한 해법

순서 1 ▸▸▸ 데이터의 입력(10-2.sav)

집계결과를 입력하는 방식으로 진행한다. 그러나 집계 전의 원시자료를 입력하는 방식으로도 진행방법은 같다.

(주1) "성별"이라는 변수에는 1="남", 2="여"라고 하는 변수값 설명을 해 놓는다.
(주2) "애완동물"이라는 변수에는 1="기르고 있다", 2="기르고 있지 않다"라고 하는 변수값 설명을 해 놓는다.
(주3) "사람 수"라는 변수는 빈도변수라는 것을 지정해 놓는다.

순서 2 ▸▸▸ 크로스 집계표의 작성

메뉴에서 [분석(A)]-[기술통계량(E)]-[교차분석(C)]을 선택한다.

그 다음은 예제 10-1과 완전히 같은 순서로 해서 분석결과가 얻어진다.

분석결과

●●● 애완동물 · 성별 교차표 ●●●

빈도

		성별		
		남	여	전체
애완동물	기르고 있다	3	9	12
	기르고 있지 않다	47	41	88
전체		50	50	100

●●● 카이제곱 검정 ●●●

	값	자유도	접근 유의확률 (양쪽검정)	정확한 유의확률 (양쪽검정)	정확한 유의확률 (한쪽검정)
Person 카이제곱	3.409b	1	.065		
연속수정[a]	2.367	1	.124		
우도비	3.549b	1	.060		
Fisher의 정확한 검정				.121	.061
선형 대 선형결합	3.375	1	.066		
유효 케이스 수	100				

a. 2×2 표에 대해서만 계산됨.

b. 0셀(.0%)은(는) 5보다 작은 기대 빈도를 가지는 셀입니다. 최소 기대빈도는 6.00입니다.

결과의 해석방법

Fisher의 직접확률검정의 결과는 [Fisher의 정확한 검정] 행의 [정확한 유의확률]에 대한 수치를 본다.

또한 이 예제에서는 양측(양쪽검정)의 수치를 사용한다.

$$p\text{값}=0.121 > \text{유의수준 } \alpha = 0.05$$

이므로 귀무가설 H_0는 기각되지 않는다. 즉, 남학생과 여학생에 있어서 애완동물을 기르고 있는 사람의 비율에는 차이가 있다고 할 수 없다.

예제 10-3

예제 10−2의 분할표에 대한 데이터를 다음과 같이 변경해서 직접확률검정을 실시하라.

	남	여
기르고 있다	3	8
기르고 있지 않다	43	42

분석결과

예제 10－2와 같이 실행하면 다음과 같은 결과가 얻어진다.

●●● 카이제곱 검정 ●●●

	값	자유도	접근 유의확률 (양쪽검정)	정확한 유의확률 (양쪽검정)	정확한 유의확률 (한쪽검정)
Person 카이제곱	2.122b	1	.145		
연속수정[a]	1.290	1	.256		
우도비	2.203	1	.138		
Fisher의 정확한 검정				.203	.128
선형 대 선형결합	2.099	1	.147		
유효 케이스 수	96				

a. 2×2 표에 대해서만 계산됨.
b. 0셀(.0%)은(는) 5보다 작은 기대 빈도를 가지는 셀입니다. 최소 기대빈도는 5.27입니다.

결과의 해석방법

p값을 보면,

$$p\text{값(한쪽검정)} = 0.128$$
$$p\text{값(양쪽검정)} = 0.203$$

으로 되어 있다.

직접확률검정에서는 분할표에 있어서의 첫째 행의 합계와 둘째 행의 합계가 같거나 혹은 첫째 열의 합계와 둘째 열의 합계가 같다고 하는 상황이 아닌 한, 한쪽검정 p값을 2배하더라도 양쪽검정 p값이 되지 않는다는 사실에 주의해야 한다.

3) 맥네마의 검정

예제 10-4

서울 시내의 대학에 다니는 대학생들 중에서 무작위로 200명을 추출하여 다음과 같은 설문조사를 실시했다.

설문 1 ▸▸▸ 귀하는 휴대폰을 갖고 있습니까?

A. 갖고 있다　　　　B. 갖고 있지 않다

설문 2 ▸▸▸ 귀하는 호출기를 갖고 있습니까?

A. 갖고 있다　　　　　B. 갖고 있지 않다

이 회답결과를 다음과 같은 2×2 분할표로 정리했다.

		휴대폰		
		갖고 있다	갖고 있지 않다	합계
호출기	갖고 있다	80	40	120
	갖고 있지 않다	30	50	80
	합계	110	90	200

(숫자는 사람 수를 나타낸다)

휴대폰을 갖고 있는 사람의 비율과 호출기를 갖고 있는 사람의 비율에 차가 있다고 할 수 있을까?

사고방식

(설문 1)과 (설문 2)는 동일 집단에 하고 있기 때문에, 200명 각각이 (설문 1)과 (설문 2)에 답하게 된다. 이 때문에 휴대폰과 호출기의 양쪽을 갖고 있는 사람이 존재한다는 사실에 주의하지 않으면 안 된다. 이와 같은 두 개의 비율은 대응이 있다고 불린다. 대응이 있는 두 개의 비율에 대한 차(差)를 검정하는 방법에 맥네마(McNemar)의 검정이 있다.

맥네마의 검정

휴대폰을 갖고 있는 사람의 모비율을 P_A, 호출기를 갖고 있는 사람의 모비율을 P_B라 하고,

$$\text{귀무가설 } H_0 : P_A = P_B$$
$$\text{대립가설 } H_1 : P_A \neq P_B$$

를 검정하는 방법이 맥네마의 검정이다.

다음과 같은 분할표를 중심으로 해서 계산방법을 설명하기로 한다. 표 중의 a, b, c, d는 도수를 나타내는 것으로 한다.

		휴대폰	
		갖고 있다	갖고 있지 않다
호출기	갖고 있다	a	b
	갖고 있지 않다	c	d

이 때, 검정통계량 x^2는

$$\chi^2 = \frac{(|b-c|-1)^2}{b+c}$$

으로 계산된다.

이 x^2가 귀무가설 H0하에서는 자유도가 1인 x^2분포에 따른다는 것을 이용해서 검정을 실시한다.

PASW(SPSS)에 의한 해법

순서 1 ▸▸▸ 데이터의 입력(10-4.sav)

집계결과를 입력하는 방식으로 진행한다. 그러나 집계 전의 원시자료를 입력하는 방식으로도 진행방법은 같다.

(주1) "휴대폰"이라는 변수에는 1="갖고 있다", 2="갖고 있지 않다"라고 하는 변수값 설명을 해 놓는다.
(주2) "호출기"라는 변수에는 1="갖고 있다", 2="갖고 있지 않다"라고 하는 변수값 설명을 해 놓는다.
(주3) "사람 수"라는 변수는 빈도변수라는 것을 지정해 놓는다.

순서 2 ▸▸▸ 크로스 집계표의 작성

메뉴에서 [분석(A)]-[기술통계량(E)]-[교차분석(C)]을 선택한다.

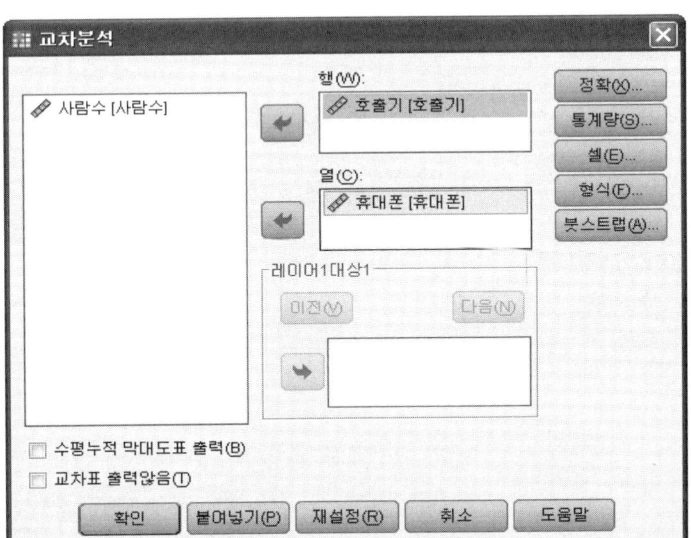

여기에서 [행(O)]에 "호출기", [열(C)]에 "휴대폰"이라는 변수를 선택한다.

그리고 [통계량(S)]를 클릭한다. 다음과 같은 대화상자가 나타난다.

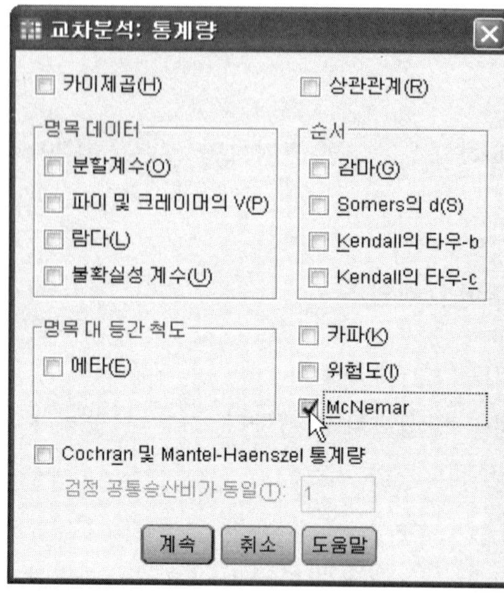

[McNemar(M)]를 선택하고, [계속] 버튼을 클릭하면 앞의 대화상자로 되돌아간다. 여기에서 [확인] 버튼을 클릭하면 분석결과가 얻어진다.

분석결과

●●● 호출기 · 휴대폰 교차표 ●●●

		휴대폰		전체
		갖고 있다	갖고 있지 않다	
호출기	갖고 있다	80	40	120
	갖고 있지 않다	30	50	80
전체		110	90	200

●●● 카이제곱 검정 ●●●

	값	정확한 유의확률(양쪽검정)
McNemar 검정		.282[a]
유효 케이스 수	200	

a. 이항분포를 사용함.

결과의 해석방법

맥네마의 검정을 실시했을 때의 p값은 [McNemar검정] 행의 [정확한 유의확률(양쪽 검정)]에 대한 수치를 본다.

$$p\text{값}=0.282 > \text{유의수준 } \alpha = 0.05$$

이므로, 귀무가설 H_0는 기각되지 않는다. 즉, 휴대폰을 갖고 있는 사람의 비율과 호출기를 갖고 있는 사람의 비율에 차가 있다고는 할 수 없다.

또한 여기에서 얻어진 p값은 이항분포를 이용해서 정확한 확률계산을 실시한 결과이므로, 앞에서 소개한 계산순서에 의한 방법과는 결과가 약간 다르다.

2. m×n 분할표

1) x^2 검정

예 제 10-5

어떤 학교에서 취미조사를 실시했다. 클래스는 A, B, C, D의 4클래스가 있다고 한다. 조사결과를 정리한 것이 다음의 4×4 분할표이다. 각 클래스의 취미 경향은 같다고 말할 수 있을까? 검정을 실시하라.

	A	B	C	D
스포츠	20	6	7	9
독 서	6	33	14	7
음 악	9	7	29	8
영 화	8	8	10	24

사고방식과 적용수법

m행 n열의 $m\times n$ 분할표의 검정에는 다음의 성질을 이용한다. i행 j열째의 실측도수를 f_{ij}, 기대도수를 t_{ij}라고 하면

$$\sum_i \sum_j \frac{(f_{ij}-t_{ij})^2}{t_{ij}}$$

는 자유도 $(m-1)\times(n-1)$의 x^2분포에 따른다.

여기에서 i행 j열째의 기대도수 t_{ij}는 다음과 같이 계산된다.
제 i행째의 합계 $N_{i.}$, 제 j열째의 합계 $N_{.j}$, 총합계 N으로부터

$$t_{ij}=\frac{N_{i\cdot}\times N_{\cdot j}}{N}$$

검정의 순서

순서 1 ▸▸▸ 가설의 설정

귀무가설 H_0 : 각 클래스의 취미 경향은 같다.
대립가설 H_1 : 각 클래스의 취미 경향에는 차이가 있다.

순서 2 ▸▸▸ 유의수준 α의 설정

유의수준 $\alpha\ = 0.05$

순서 3 ▸▸▸ 검정통계량 χ2 값의 산출

$$\chi^2=\sum_i\sum_j\frac{(f_{ij}-t_{ij})^2}{t_{ij}}$$

순서 4 ▸▸▸ 자유도 ø의 산출

$ø = (m-1) \times (n-1)$

순서 5 ▸▸▸ p값의 계산

유의수준과 비교할 확률 p값을 계산한다. p값은 자유도가 ø 인 x^2분포에 있어서 x^2값 이상의 값이 될 확률이다.

순서 6 ▸▸▸ 판정

[판정규칙 ①]

$x^2\ \geqq\ x^2$ (ø, α) → 귀무가설 H_0를 기각한다.
$x^2\ <\ x^2$ (ø, α) → 귀무가설 H_0를 기각하지 않는다.

[판정규칙 ②]

p값 ≦ 유의수준 α →귀무가설 H_0를 기각한다.
p값 > 유의수준 α →귀무가설 H_0를 기각하지 않는다.

PASW(SPSS)에 의한 해법

순서 1 ▸▸▸ 데이터의 입력(10-5.sav)

(주1) "클래스"라는 변수에는 1="A", 2="B", 3="C", 4="D"라고 하는 변수값 설명을 해 놓는다.
(주2) "취미"라는 변수에는 1="스포츠", 2="독서", 3="음악", 4="영화"라고 하는 변수값 설명을 해 놓는다.
(주3) "사람 수"라는 변수는 빈도변수라는 것을 지정해 놓는다.

순서 2 ▸▸▸ 크로스 집계표의 작성

여기서부터의 순서는 예제 10-1과 같다.

분석결과

●●● 취미 · 클래스 교차표 ●●●

		상품의 만족도				
		대단히 불만	불만	약간 불만	약간 만족	전체
취미	스포츠	20	6	7	9	42
	독서	6	33	14	7	60
	음악	9	7	29	8	53
	영화	8	8	10	24	50
전체		43	54	60	48	205

●●● 카이제곱 검정 ●●●

	값	자유도	접근 유의확률 (양쪽검정)
Person 카이제곱	79.457[a]	9	.000
우도비	69.903	9	.000
선형 대 선형결합	18.190	1	.000
유효 케이스 수	205		

a. 0셀(.0%)은(는) 5보다 작은 기대 빈도를 가지는 셀입니다. 최소 기대빈도는 8.81입니다.

결과의 해석방법

x^2검정을 실시했을 때의 p값은 [Pearson카이제곱] 행의 [점근 유의확률(양쪽검정)]에 대한 수치를 본다.

$$p\text{값}=0.000 < \text{유의수준 } \alpha = 0.05$$

이므로, 귀무가설 H_0를 기각한다. 즉, 각 클래스의 취미 경향에는 차이가 있다고 할 수 있다.

2) 잔차의 분석

특징의 파악

예제 10－5에서는, 검정의 결과 각 클래스의 취미 경향에는 차이가 있다고 하는 결론이 얻어졌다. 그렇다면 각 클래스에는 어떠한 특징이 있는 것일까? 특징을 파악하려면 잔차(殘差)를 음미하면 좋다. 분할표에 있어서의 잔차란 실측도수와 기대도수의 차를 말한다. 잔차가 큰 곳이 특징적인 곳이다. 그러나 잔차 그대로는 대소의 절대적인 평가가 불가능하다. 그래서 수정된 잔차를 계산하여 그 값을 음미하게 된다.

여기에서 수정된 잔차의 계산방법을 기술하면 다음과 같다.

먼저 표준화 잔차 e_{ij}를 계산한다.

$$e_{ij}=\frac{f_{ij}-t_{ij}}{\sqrt{t_{ij}}}$$

다음에 e_{ij}의 분산 V_{ij}를 계산한다.

$$V_{ij}=\left(1-\frac{n_{i.}}{N}\right)\times\left(1-\frac{n_{.j}}{N}\right)$$

그리고 수정된 잔차 d_{ij}를 계산한다.

$$d_{ij}=\frac{e_{ij}}{\sqrt{V_{ij}}}$$

수정된 잔차 dij는 평균이 0, 표준편차가 1인 정규분포에 근사적으로 따른다. 이러한 성질로부터 $|d_{ij}|$가 2 이상인 것은 특징적인 곳으로 간주해도 좋다.

PASW(SPSS)에 의한 해법

순서 1 ▸▸▸ 데이터의 입력(10－5.sav)

데이터는 예제 10－5에서 이미 입력되어 있는 것으로 한다.

순서 2 ▸▸▸ 크로스 집계표의 작성

메뉴에서 [분석(A)]－[기술통계량(E)]－[교차분석(C)]을 선택한다.

여기에서 [행(O)]에 "취미", [열(C)]에 "클래스"라고 하는 변수를 선택한다.

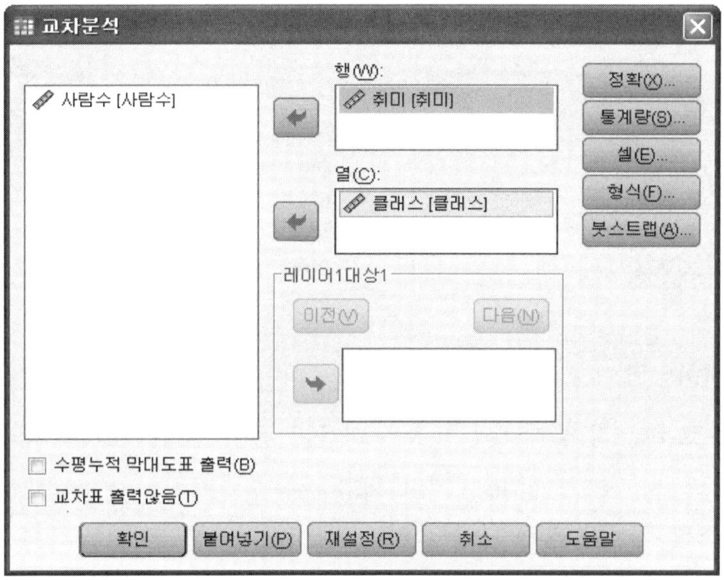

[셀(E)]을 클릭한다. 다음과 같은 대화상자가 나타난다.

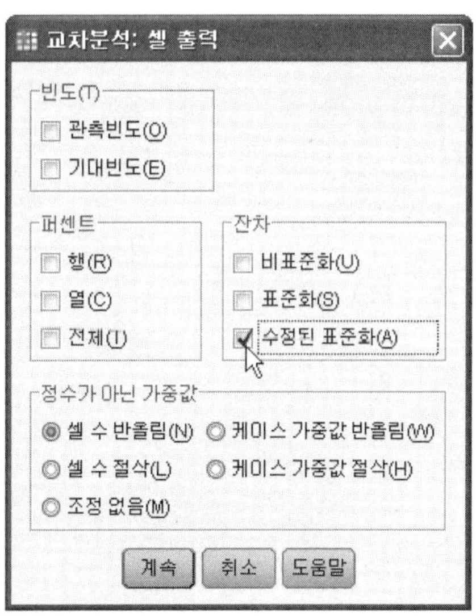

[수정된 표준화(A)]를 선택하고 [계속]을 클릭하면 앞의 대화상자로 되돌아간다. 여기에서 [확인] 버튼을 클릭하면 수정된 잔차가 얻어진다.

분석결과

●●● 취미 · 클래스 교차표 ●●●

수정된 잔차

		클래스			
		A	B	C	D
취미	스포츠	4.8	-2.0	-2.0	-.3
	독서	-2.5	6.0	-1.2	-2.6
	음악	-.8	-2.5	4.7	-1.7
	영화	-1.0	-1.9	-1.7	4.7

결과의 해석방법

d_{ij}의 값으로부터 각 클래스의 특징은 다음과 같이 된다.

- A 클래스는 스포츠가 많고 독서가 적다.
- B 클래스는 독서가 많고 음악이 적다.
- C 클래스는 음악이 많고 스포츠가 적다.
- D 클래스는 영화가 많고 독서가 적다.

순위 데이터 분석 11

1. 비모수 검정

1) 윌콕슨의 순위합검정

예제 11-1

어떤 설문조사에서 다음과 같은 질문을 실시했다.

질문 1 ▸▸▸ 귀하의 성별을 답해 주십시오.

A. 남　　　　　B. 여

질문 1 ▸▸▸ 귀하의 1개월당 책값을 답해 주십시오.　(　　　　　)원

회답자 전체를 (질문 1)의 답에 의거하여 남녀로 나누고 나서, (질문 2)의 답을 일람표로 한 것이 다음의 데이터표이다. 남녀 각각 20명씩 회답하고 있다.

●●● 데이터표 ●●●

남	여	남	여
12,000	9,000	40,000	33,500
19,000	14,000	33,000	30,000
9,500	6,000	50,000	32,500
31,000	28,000	23,000	18,000
12,500	5,500	10,500	4,000
21,000	16,000	22,000	17,000
20,000	15,000	34,000	30,500
18,500	7,000	11,000	8,000

25,000	27,000	32,000	29,000
13,000	10,000	24,000	26,000

남녀에 있어서 책값에 차가 있다고 할 수 있는지 검정하라.

사고방식

데이터의 수가 적고 모집단의 분포를 특정할 수 없는 경우나 이상치(엄청나게 차이가 나는 값)가 존재할 때에는 비모수적(nonparametric) 방법이 유효하다. 비모수적 방법은 데이터에 특정의 분포를 가정하지 않는 분석방법의 총칭이며, 이제부터 소개할 수법은 비모수적 방법 중 하나의 수법이다.

비모수적 방법의 특징은 데이터를 순위치(順位値 ; 데이터를 크기의 순서대로 바꿔 늘어놓았을 때의 순위)로 변환하여, 순위치를 분석의 대상으로 하는 데 있다. 순위치로 변환함으로써 원래의 데이터의 분포를 문제로 하지 않고 분석할 수 있도록 하고 있다.

반면에 순위로 변환하는 것은 원래의 데이터가 갖고 있는 정보의 손실을 초래한다고 하는 결점도 있다.

이 예제는 남녀의 책값에 대한 평균(중심위치)의 차를 검정하는 문제로서 이 경우에는 일반적으로 t검정이 자주 이용된다. 그러나 t검정은 모집단에 정규분포를 가정한 검정방법이므로, 정규분포를 가정할 수 없는 경우에는 부적절하다. 이와 같은 때에 흔히 사용되는 검정방법이 윌콕슨(Wilcoxon)의 순위합검정(順位合檢定)이다.

순위합검정

귀무가설과 대립가설은 다음과 같이 된다.

〈양측검정의 경우〉

귀무가설 H_0 : 두 그룹의 중심위치는 같다.

대립가설 H_1 : 두 그룹의 중심위치는 어긋나 있다.

〈단측검정의 경우〉

귀무가설 H_0 : 두 그룹의 중심위치는 같다.

대립가설 H_1 : 한 그룹의 중심위치는 오른쪽(왼쪽)으로 어긋나 있다.

이 예제에서는 두 개의 그룹(남과 여)에 차가 있는지 어떤지가 관심의 대상이므로 양측검정에 해당된다.

이제 제1그룹의 데이터 수(표본의 크기)를 $n1$, 제2그룹의 데이터 수를 $n2$, 전체의 데이터 수를 $n(=n1+n2)$이라 한다.

순위합검정에서는 먼저 두 그룹의 데이터를 하나로 해서 작은 쪽으로부터 순서대로 1, 2, …, n이라고 순위를 매긴다. 다음에 제1그룹의 순위합(순위의 합계) W_1과 제2그룹의 순위합 W_2를 구한다.

여기에서 데이터 수가 적은 쪽 그룹의 순위합을 W라 하고, 그 데이터 수를 m이라 한다. 검정통계량 U는 다음과 같이 된다.

$$U=\frac{W-\dfrac{m(n+1)}{2}}{\sqrt{\dfrac{n_1n_2(n+1)}{12}}}$$

pp값은 검정통계량 U가 귀무가설하에서 평균 0, 표준편차 1인 표준정규분포에 따른다는 것을 이용해서 산출한다.

PASW(SPSS)에 의한 해법

순서 1 ▸▸▸ 데이터의 입력(11－1.sav)

책값을 남녀로 나누어서 별개의 열에 입력하는 것이 아니라 같은 하나의 열에 입력한다. 그리고 성별을 나타내는 변수를 새로 작성한다.

"성별"이라는 변수에는 1="남", 2="여"라고 하는 변수값 설명을 해 놓는다.

순서 2 ▸▸▸ 비모수 검정의 선택

메뉴에서 [분석(A)]－[비모수 검정(N)]－[레거시대화상자]－[독립 2－표본(2)]을 선택한다.

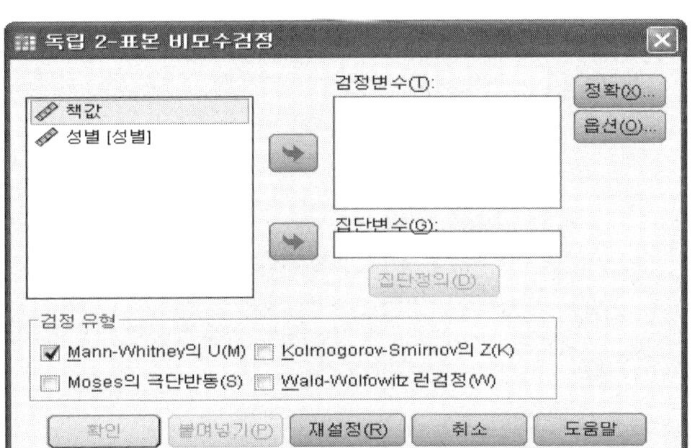

순서 3 ››› 변수의 선택

① [검정변수(T)]에 "책값"을 선택한다.

② [집단변수(G)]에 "성별"을 선택한다.

다음과 같은 상태로 바뀐다.

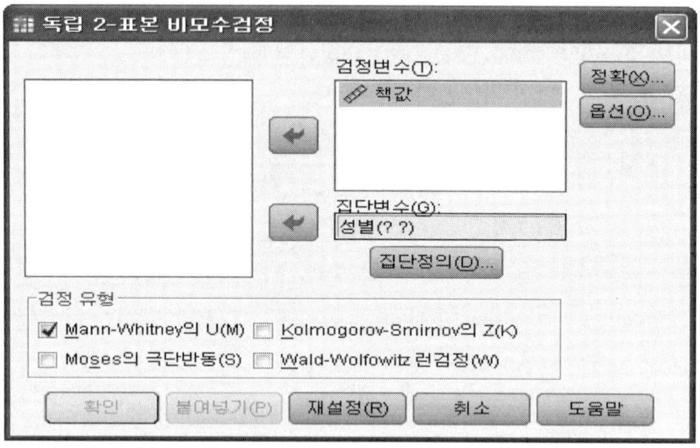

③ [집단정의(D)]를 클릭한다.

다음과 같은 대화상자가 나타난다.

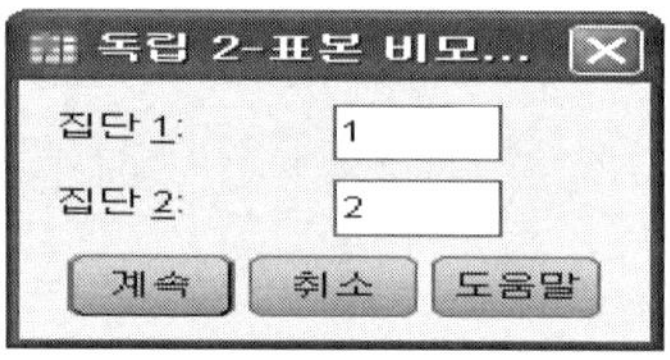

④ [집단 1] 난에 "1", [집단 2] 난에 "2"라고 입력한다.

[계속] 버튼을 클릭하면 앞의 대화상자로 되돌아간다. 여기에서 [확인] 버튼을 클릭하면 분석결과가 얻어진다.

분석결과

●●● 순위 ●●●

	성별	N	평균순위	순위합
책값	남	20	23.10	462.00
	여	20	17.90	358.00
	합계	40		

●●● 검정 통계량b ●●●

	책값
Mann-Whitney의 U	148.000
Wilcoxon의 W	358.000
Z	-1.407
근사 유의확률(양측)	.160
[2*(단측 유의확률)]	.165a

a. 동률에 대해 수정된 사항이 없습니다.
b. 집단변수 : 성별

결과의 해석방법

근사 유의확률(양쪽)

$$p\text{값}=0.160 > \text{유의수준 } \alpha = 0.05$$

이므로 귀무가설 H_0는 기각되지 않는다. 즉 남녀의 책값에 차가 있다고는 할 수 없다.

(주) 정확한 유의확률을 이용하더라도 0.165이므로 결론은 바뀌지 않는다.

상자도표에 의한 그래프 표현

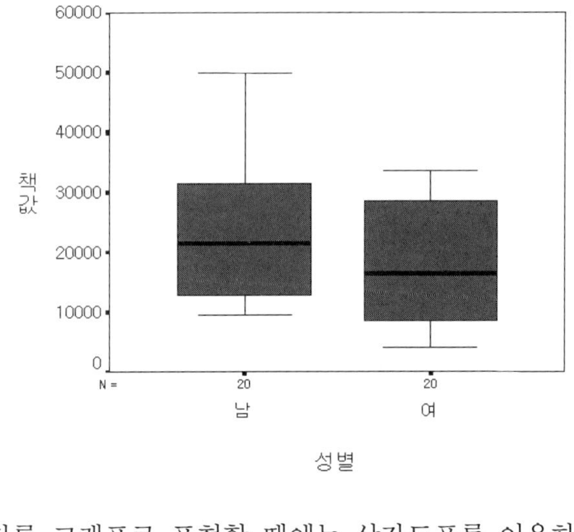

이와 같은 데이터를 그래프로 표현할 때에는 상자도표를 이용하면 좋다.

상자도표를 관찰하려면 5수요약(五數要約)에 대해서 알아 둘 필요가 있다. 5수요약이란 다음의 5가지 지표에 데이터의 집단을 요약하는 것을 말한다.

① 중앙값

② 최대값

③ 최소값

④ 제 3사분위값

⑤ 제 1사분위값

제 3사분위값이란 전 데이터의 75%가 그 값보다도 작아지는 곳이며, 제 1사분위값이란 전 데이터의 25%가 그 값보다도 작아지는 곳이다.

제 3사분위값과 제 1사분위값 사이에는 전 데이터의 50%가 존재하게 된다. 제 3사분위값과 제 1사분위값의 차를 사분위 범위라고 부르며 산포의 크기를 보는 지표로서 이용된다.

상자도표는 5수요약을 그래프로 표현한 것이다. 제 3사분위값과 제 1사분위값으로 이루어지는 "상자"와 최대값·최소값에 이르는 선에 의해서 구성된다.

상자를 옆으로 나누고 있는 선은 중앙값을 나타낸다. 상자의 세로는 사분위 범위이며, 상자에는 데이터의 중앙 50%가 포함된다.

상자에서 나온 선은 상자의 끝에서 데이터의 최소값과 최대값을 향해서 뻗어 있다. 상자의 끝에서 사분위 범위의 1.5배에서 3배 사이에 있는 데이터는 이상치로서 표시되고, 3배보다 더 떨어져 있는 데이터는 극치(極値)로서 표시되도록 되어 있다.

이 예제의 상자도표를 보면 남녀 모두 이상치 극치는 존재하고 있지 않음을 알 수 있다.

상자도표의 작성

순서 1 ▸▸▸ 데이터의 입력(11-1.sav)

순서 2 ▸▸▸ 그래프의 선택

메뉴에서 [그래프(G)]-[레거시대화상자]-[상자도표(X)]를 선택한다.

다음과 같은 대화상자가 나타난다.

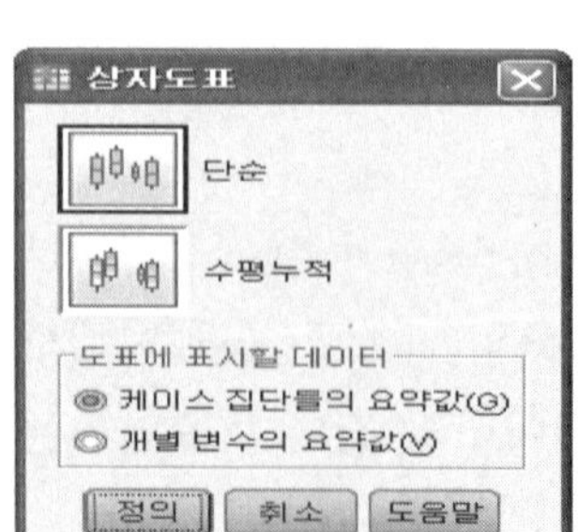

여기에서 [정의]를 클릭하면 다음과 같은 대화상자가 나타난다.

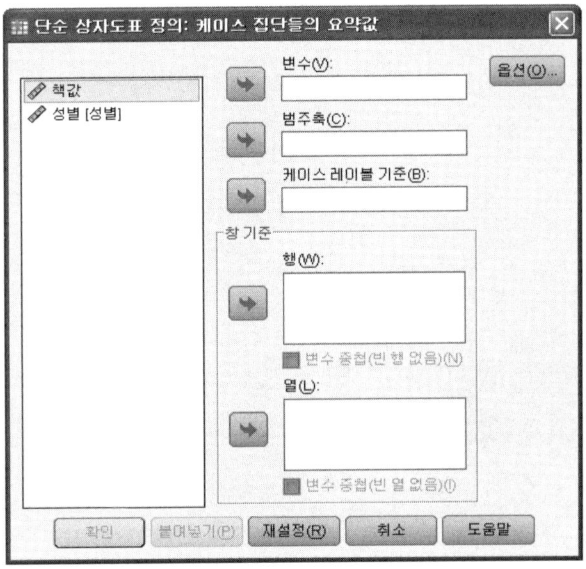

순서 3 ▸▸▸ 변수의 선택

[변수(V)]에는 세로축에 표시하고 싶은 변수 "책값"을 선택한다.

[범주축(C)]에는 가로축에 표시하고 싶은 변수 "성별"을 선택한다.

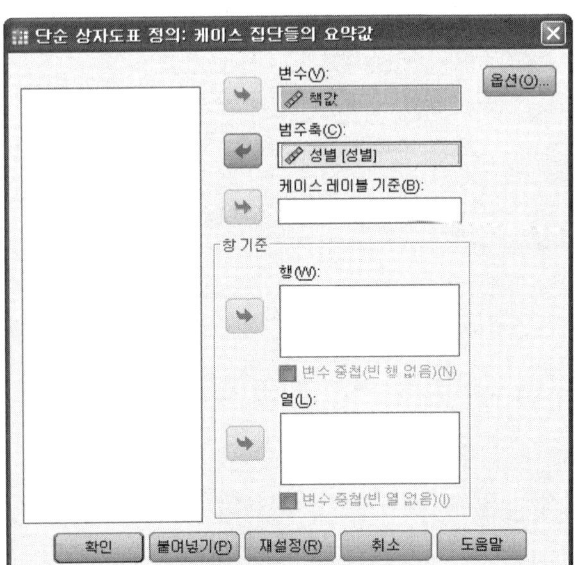

여기에서 [확인] 버튼을 클릭하면, 다음과 같은 케이스 처리 요약과 상자도표가 작성된다.

분석결과

●●● 케이스 처리 요약 ●●●

성별		케이스					
		유효		결측		전체	
		N	퍼센트	N	퍼센트	N	퍼센트
책값	남	20	100.0%	0	.0%	20	100.0%
	여	20	100.0%	0	.0%	20	100.0%

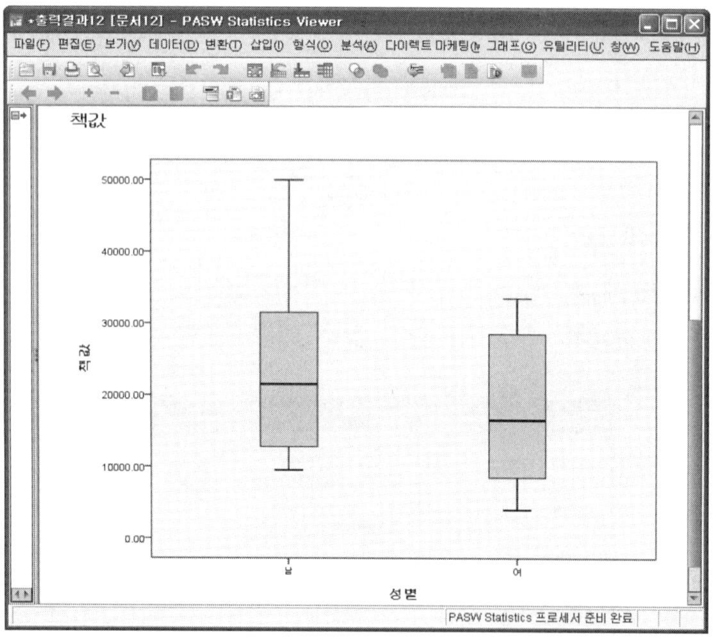

2) 윌콕슨의 부호순위검정

예제 11-2

어떤 설문조사에서 다음과 같은 질문을 작년과 금년 2회, 동일한 사람에게 실시했다.

질문 X ▸▸▸ 귀하의 1개월당 책값을 답해 주십시오.　　(　　　　　)원 그 회답결과를 정리한 것이 다음의 데이터표이다. 20명이 회답하고 있다.

●●● 데이터표 ●●●

회답자	작년	금년	회답자	작년	금년	회답자	작년	금년	회답자	작년	금년
1	12,000	10,000	6	21,000	22,450	11	40,000	52,000	16	22,000	27,000
2	19,000	16,000	7	20,000	22,500	12	33,000	46,000	17	34,000	38,000
3	9,500	8,000	8	18,500	31,000	13	50,000	53,500	18	11,000	15,500
4	31,000	32,400	9	25,000	23,100	14	23,000	32,500	19	32,000	40,500
5	12,500	13,800	10	13,000	3,000	15	10,500	10,000	20	24,000	32,000

작년과 금년에 있어서 책값에 차가 있다고 할 수 있는지 검정하라.

사고방식

윌콕슨의 순위합검정은 2그룹의 데이터가 완전히 별개로, 다시 말하면 독립적으로 수집된 경우에 적용할 수 있는 수법이다.

이것에 비해서, 이 예제의 경우는 2그룹의 데이터가 독립적이 아니라 쌍(pair)이 되어서 얻어져 있다. 이 때에는 데이터에 대응이 있게 되어 윌콕슨의 부호순위검정(符號順位檢定)을 적용한다.

부호순위검정

귀무가설과 대립가설은 다음과 같이 된다.

〈양측검정의 경우〉

귀무가설 H_0 : 두 그룹의 중심위치는 같다.
대립가설 H_1 : 두 그룹의 중심위치는 어긋나 있다.

〈단측검정의 경우〉

귀무가설 H_0 : 두 그룹의 중심위치는 같다.
대립가설 H_1 : 한 그룹의 중심위치는 오른쪽(왼쪽)으로 어긋나 있다.

윌콕슨의 부호순위검정에서는 먼저 쌍의 차(작년과 금년의 차) d를 구한다. 그리고 차의 절대값 $|d|$에 대해서 작은 쪽부터 순서대로 순위를 매긴다. 또한 순위를 매길 때

에 차 d가 0인 것은 무시한다.

다음에 $d > 0$과 $d < 0$의 2군(群)으로 나눈다. 그리고 $d > 0$인 군에 대한 순위합 T_1과 $d < 0$인 군에 대한 순위합 T_2를 구한다.

T_1과 T_2의 작은 쪽을 T라 하고 데이터의 수(쌍의 수)를 n이라 하면, 검정통계량 Z는 다음과 같이 된다.

$$Z = \frac{T - \frac{n(n+1)}{4}}{\sqrt{\frac{n(n+1)(2n+1)}{24}}}$$

p값은 검정통계량 Z가 귀무가설하에서 평균이 0, 표준편차가 1인 표준정규분포에 따른다는 것을 이용하여 산출한다.

PASW(SPSS)에 의한 해법

순서 1 ››› 데이터의 입력(11-2.sav)

첫째 열에 작년의 데이터를 입력한다. 둘째 열에 금년의 데이터를 입력한다.

순서 2 ››› 비모수 검정의 선택

메뉴에서 [분석(A)]-[비모수 검정(N)]-[레거시대화상자]-[대응 2-표본(L)]을 선택한다.

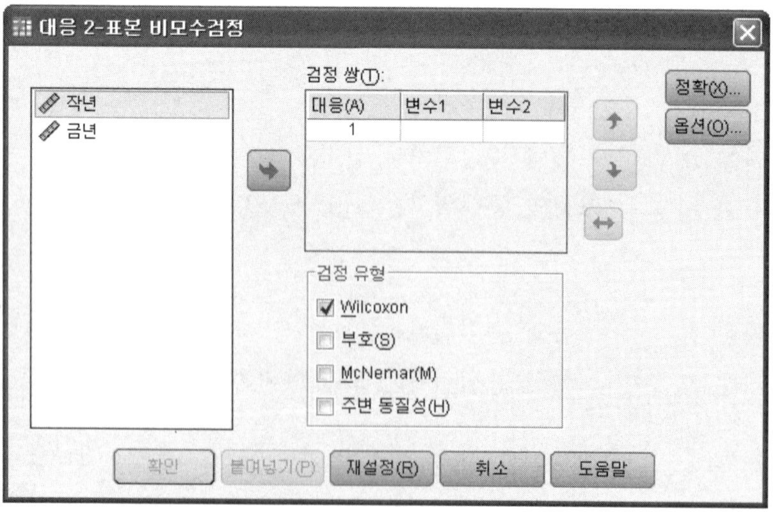

순서 3 ▸▸▸ 변수의 선택

[Ctrl] 키를 누른 채 "작년"과 "금년"을 각각 클릭해 선택한 후 검정 대응변수로 보낸다. 그러면 다음과 같은 상태로 바뀐다.

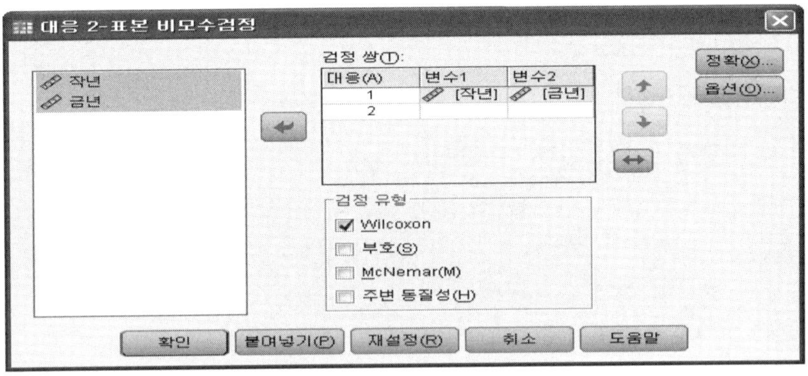

순서 4 ▸▸▸ 검정방법의 선택

[Wilcoxon(W)]을 선택한다. [확인] 버튼을 클릭하면 검정결과가 얻어진다.

분석결과

●●● 순위 ●●●

	N	평균순위	순위합
금년 – 작년 음의 순위	6[a]	7.50	
양의 순위	14[b]	11.79	45.00
동률	0[c]		165.00
합계	20		

●●● 검정 통계량[b] ●●●

	금년 - 작년
Z	-2.240a
근사 유의확률(양쪽)	.025

a. 음의 순위를 기준으로

b. Wilcoxon 부호순위 검정

결과의 해석방법

$$p\text{값}=0.025 < \text{유의수준 } \alpha = 0.05$$

이므로 귀무가설 H_0는 기각된다. 즉, 작년과 금년의 책값에 차가 있다고 할 수 있다.

꺾은선그래프에 의한 그래프 표현

이와 같은 데이터를 그래프로 표현할 때에는 꺾은선그래프를 이용하면 좋다. 예제 16-1과 같이 두 그룹의 데이터가 독립적으로 수집된 경우에는 상자도표가 적용되지만, 이 예제와 같이 두 그룹의 데이터에 대응이 있을 때에는 꺾은선그래프가 좋다.

꺾은선그래프의 작성

순서 1 ▸▸▸ 회답자 번호의 입력(11-2-1.sav)

첫 번째 열에 회답자 번호를 삽입해 넣는다.

순서 2 ▸▸▸ 그래프의 선택

메뉴에서 [그래프(G)]-[레거시대화상자]-[선도표(L)]를 선택한다.

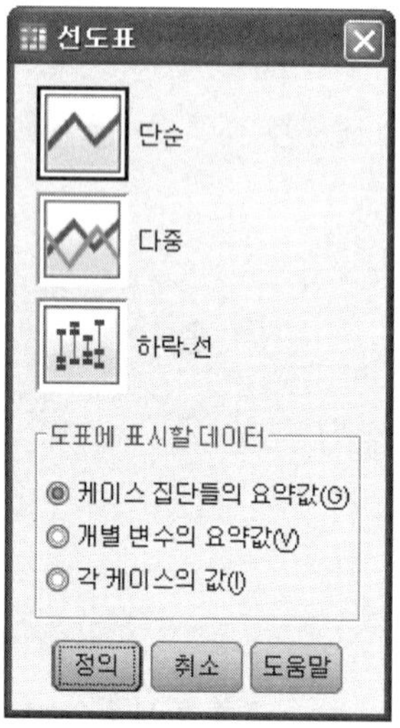

[선도표] 대화상자에서 그래프의 유형은 [다중]을 선택하고, [도표에 표시할 데이터]에서는 [개별 변수의 요약값(V)]을 선택한다. [정의] 버튼을 클릭한다.

- 케이스 집단들의 요약값 : 한 변수에 대한 요약값을 사용해 도표를 작성하며, 집단을 구분하는 변수는 하나 이상이 될 수 있다.
- 개별 변수(들)의 요약값 : 두 개 이상의 변수에 대한 요약값으로 도표를 작성한다.
- 각 케이스의 값 : 요약하지 않고, 실제 개별 변수값을 도표로 작성한다.

순서 3 ▸▸▸ 변수의 선택

[다중 선도표 정의] 대화상자가 나타나면, [선 표시(L)] 목록으로 "작년"과 "금년"을 보내고, [범주축(X)] 목록으로는 "회답자"를 보낸다.

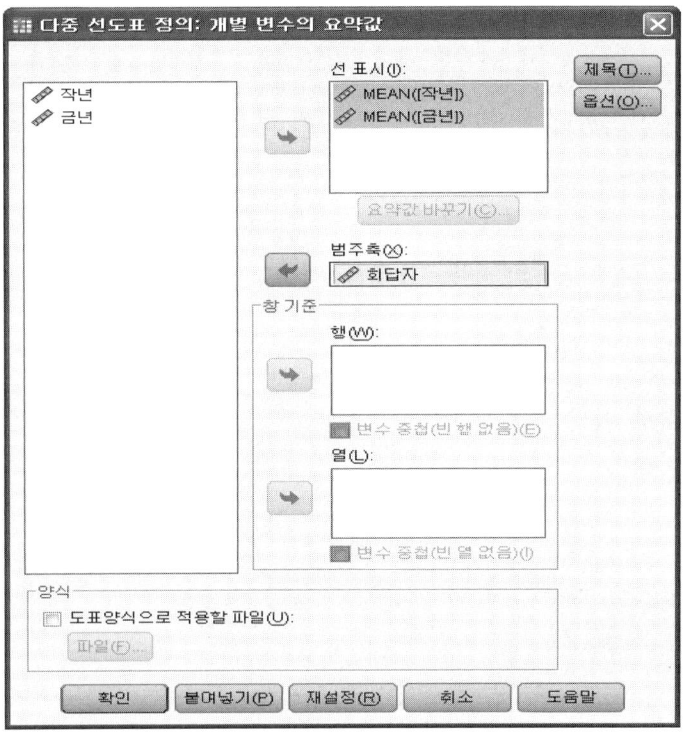

[확인] 버튼을 클릭하면 다음과 같은 꺾은선그래프가 작성된다.

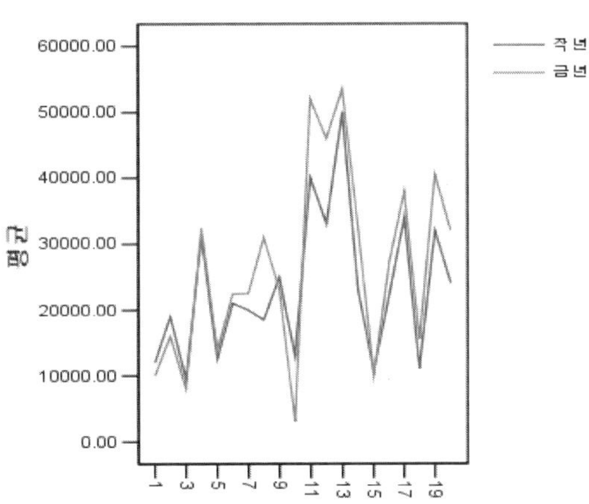

2. 순서데이터의 분할표

1) 2×M 분할표

예제 11-3

어떤 호텔에서 숙박자 중 남성과 여성을 100명씩 무작위로 뽑아 다음과 같은 질문을 했다.

설문 X ▸▸▸ 이 호텔의 종합적인 만족도를 답해 주십시오.

1. 불만
2. 약간 불만
3. 어느 쪽도 아님
4. 약간 만족
5. 만족

이 회답결과를 집계해서 다음의 2×5 분할표로 정리했다.

	불만	약간 불만	어느 쪽도 아님	약간 만족	만족
남	5	15	35	30	15
여	10	25	30	25	10

(표 중의 숫자는 사람 수를 나타낸다)

남녀에 있어서 만족도에 차가 있다고 할 수 있는지 검정하라.

사고방식

이 예제의 2×5 분할표는 열에 배치한 선택지(카테고리) 사이에 오른쪽 열일수록 만족도가 높다고 하는 순서가 있다는 사실에 주의할 필요가 있다. 이와 같은 분할표를 순서 카테고리의 분할표 혹은 카테고리에 순서가 있는 분할표 등이라고 한다.

통상 2×M 분할표의 검정에는 x^2검정이 적용된다. 그러나 이 예제와 같이 순서 카테고리의 분할표인 경우에는 순서 정보를 무시해 버리는 x^2검정은 유효하지 않다. 이와 같은 때에는 윌콕슨의 순위합검정이나 누적 x^2검정, 최대 x^2검정 등이 유효하다.

여기에서는 윌콕슨의 순위합검정에 의한 방법을 소개하기로 한다.

윌콕슨의 순위합검정을 이용한 분할표의 검정

분할표를 다음과 같은 데이터표로 보면, 앞에서 소개한 윌콕슨의 순위합검정이 완전히 똑같이 적용된다.

	남	여	
	1	1	
	1	1	
	1	1	
	1	1	
	1	1	
	2	1	
2가 15개	·	1	
	·	1	
	2	1	
	3	1	
	·	2	
	·	·	2가 25개
	·	·	
	·	2	
3이 35개	·	3	
	·	·	
	·	·	3이 30개
	·	·	
	3	3	
	4	4	
	·	·	
4가 30개	·	·	4가 25개
	·	·	
	4	4	
	5	5	
	·	·	
5가 15개	·	·	5가 10개
	·	·	
	5	5	

다만 같은 순위의 수가 많이 존재하므로 검정통계량을 산출할 때는 수정항을 필요로 한다.

이제 비교할 그룹 수를 2라 하고, 행수가 2, 열수가 M이며 각 열에 순서가 있는 카테고리를 배치한 2×M 분할표가 있다고 하자. 제 i그룹($i=1, 2$), 제 j카테고리($j=1, 2, \cdots, M$)의 도수를 n_{ij}라고 한다. 또 제1그룹의 도수의 합계를 $n1$, 제2그룹의 도수의 합계를 $n2$, 전체의 도수를 N이라고 한다.

	열 1	…	열 j	…	열 M
행 1	n_{11}	…	n_{1j}	…	n_{1M}
행 2	n_{21}	…	n_{2j}	…	n_{2M}

각 카테고리의 도수의 합계를 T_j라고 하면,

$$T_j = n_{1j} + n_{2j}$$

j번째 카테고리의 순위 rj는,

$$r_j = T_1 + T_2 + \cdots + T_{j-1} + (T_j + 1)/2$$

각 그룹의 순위합 $R_i(i=1, 2)$는,

$$R_i = \sum_{j=1}^{M} r_j \times n_{ij}$$

같은 순위의 수 T_j에 수반하는 수정항 C는,

$$C = 1 - \frac{1}{N^3 - N} \sum_{j=1}^{M} (T_j^3 - T_j)$$

가 된다.

검정통계량 U는 $n1$과 $n2$ 중 작은 쪽을 n이라 하고 그 순위합 R_i를 W라고 하면,

$$U = \frac{\left| W - \frac{1}{2} n(N+1) \right| - \frac{1}{2}}{\sqrt{\frac{C \times n_1 \times n_2 \times (N+1)}{12}}}$$

p값은 U가 평균 0, 표준편차 1인 표준정규분포에 따른다는 것을 이용한다.

PASW(SPSS)에 의한 해법

순서 1 ▸▸▸ 데이터의 입력(11-3.sav)

[데이터] 메뉴의 [가중케이스]를 선택한 후 [가중케이스 지정]을 선택하고, '사람수' 변수를 빈도변수 목록으로 보낸 후 [확인] 버튼을 클릭한다.

(주1) "성별"이라는 변수에는 1="남", 2="여"라고 하는 변수값 설명을 해 놓는다.
(주2) "사람 수"라는 변수는 빈도변수라는 것을 지정해 놓는다.

순서 2 ▸▸▸ 비모수 검정의 선택

메뉴에서 [분석(A)]-[비모수 검정(N)]-[독립 2-표본(2)]을 선택한다.

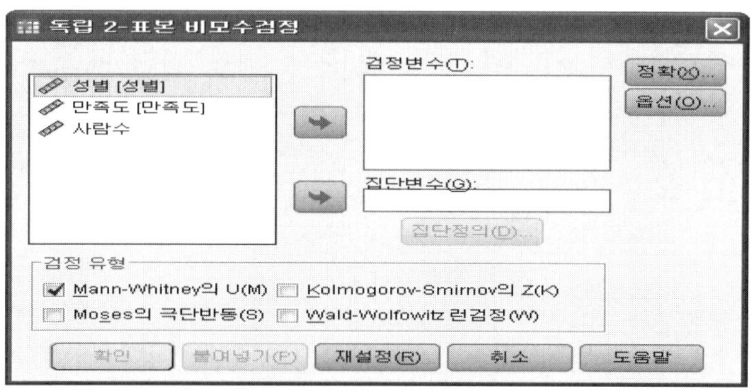

순서 3 ▸▸▸ 변수의 선택

① [검정변수(T)]에 "만족도"를 선택한다.
② [집단변수(G)]에 "성별"을 선택한다.

[집단정의(D)]에서는 [집단 1] 난에 "1", [집단 2] 난에 "2"라고 입력한다.

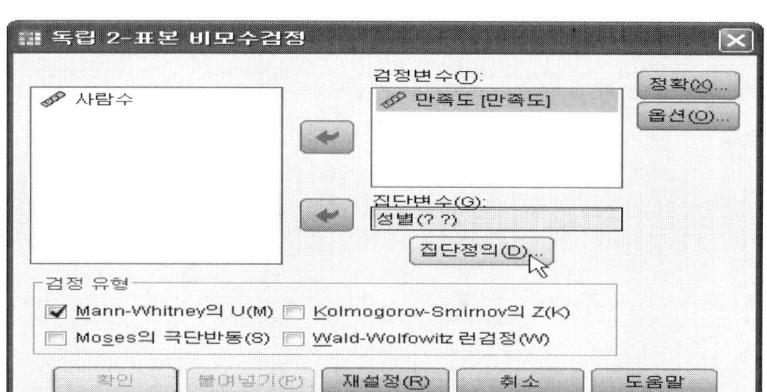

순서 4 ▸▸▸ 검정방법의 선택

[Mann-Whitney의 U(M)]을 선택한다.

[확인] 버튼을 클릭하면 검정결과가 얻어진다.

분석결과

●●● 순위 ●●●

	성별	N	평균순위	순위합
만족도	남	100	109.13	10912.50
	여	100	91.88	9187.50
	합계	200		

●●● 검정 통계량[a] ●●●

	만족도
Mann-Whitney의 U	4137.500
Wilcoxon의 W	9187.500
Z	-2.180
근사 유의확률(양측)	.029

a. 집단변수 : 성별

결과의 해석방법

$$p\text{값}=0.029 < \text{유의수준 } \alpha = 0.05$$

이므로 귀무가설 H_0는 기각된다. 즉, 남녀에 있어서 만족도에 차가 있다고 할 수 있다.

2) L×M 분할표

예제 11-4

어떤 호텔에서 숙박자 중학생, 회사원, 사업가를 50명씩 무작위로 뽑아 다음과 같은 질문을 했다.

설문 X ▸▸▸ 이 호텔의 종합적인 만족도를 답해 주십시오.

1. 불만
2. 약간 불만
3. 어느 쪽도 아님

4. 약간 만족
5. 만족

이 회답결과를 집계해서 다음의 3×5 분할표로 정리했다.

	불만	약간 불만	어느 쪽도 아님	약간 만족	만족
학생	6	11	16	6	11
회사원	7	8	15	14	6
사업가	15	11	13	6	5

(표 중의 숫자는 사람 수를 나타낸다)

학생, 회사원, 사업가 사이에는 만족도에 차가 있다고 할 수 있는지 검정하라.

사고방식

이 예제의 3×5 분할표는 예제 11－3과 마찬가지로 카테고리에 순서가 있는 분할표로서, 오른쪽 열일수록 만족도가 높아지고 있다. 예제 11－3과 다른 점은 만족도를 비교할 그룹의 수(행의 수)가 3이라고 하는 점이다.

비교할 그룹의 수가 2일 때에는 윌콕슨의 순위합검정을 적용했는데, 이 검정방법은 그룹의 수가 3 이상이 되면 적용할 수 없다. 이와 같은 때에는 크러스컬－월리스(Kruskal-Wallis)의 순위합검정이 적용된다.

일반적으로 열의 카테고리에 순서가 있는 $L+M$ 분할표에서는 L이 2일 때에는 윌콕슨의 순위합검정을 적용하고, L이 3 이상일 때에는 크러스컬－월리스의 순위합검정을 적용하면 된다.

크러스컬－월리스의 순위합검정을 이용한 분할표의 검정

이제 비교할 그룹의 수를 L이라 하고, 행수가 L, 열수가 M이며 각 열에 순서가 있는 카테고리를 배치한 $L+M$ 분할표가 있다고 하자.

제 i그룹(i=1, 2, ⋯, L), 제 j카테고리($j=1, 2, \cdots, M$)의 도수를 n_{ij}라고 한다. 또한 제i그룹의 도수의 합계를 n_i, 전체의 도수를 N이라 한다.

각 카테고리의 도수의 합계를 T_j라고 하면,

$$T_j = n_{1j} + n_{2j} + \cdots + n_{Lj}$$

j번째 카테고리의 순위 r_j는,

$$r_{j=T_1} T_2 + \cdots + T_{j-1} + (T_j + 1)/2$$

각 그룹의 순위합 $R_j(i=1,\ 2,\ \cdots,\ L)$는,

$$R_i = \sum_{j=1}^{M} r_j \times n_{ij}$$

같은 순위의 수 T_j에 수반하는 수정항 C는,

$$C = 1 - \frac{1}{N^3 - N} \sum_{j=1}^{M} (T_j^3 - T_j)$$

가 된다.

검정통계량 H는,

$$H = \frac{6}{C} \left\{ \frac{2}{N(N+1)} \sum_{i=1}^{L} \frac{R_i^2}{n_i} - \frac{N+1}{2} \right\}$$

p값은 H가 평균이 0, 표준편차가 1인 표준정규분포에 따른다는 것을 이용한다.

PASW(SPSS)에 의한 해법

순서 1 ▸▸▸ 데이터의 입력(11-4.sav)

[데이터] 메뉴의 [가중케이스]를 선택한 후 [가중케이스 지정]을 선택하고, '사람수' 변수를 빈도변수 목록으로 보낸 후 [확인] 버튼을 클릭한다.

(주1) "직업"이라는 변수에는 1="학생", 2="회사원", 3="사업가"라고 하는 변수값 설명을 해 놓는다.
(주2) "사람 수"라는 변수는 빈도변수라는 것을 지정해 놓는다.

순서 2 ▸▸▸ 비모수 검정의 선택

메뉴에서 [분석(A)]-[비모수 검정(N)]-[독립 K-표본(K)]을 선택한다.

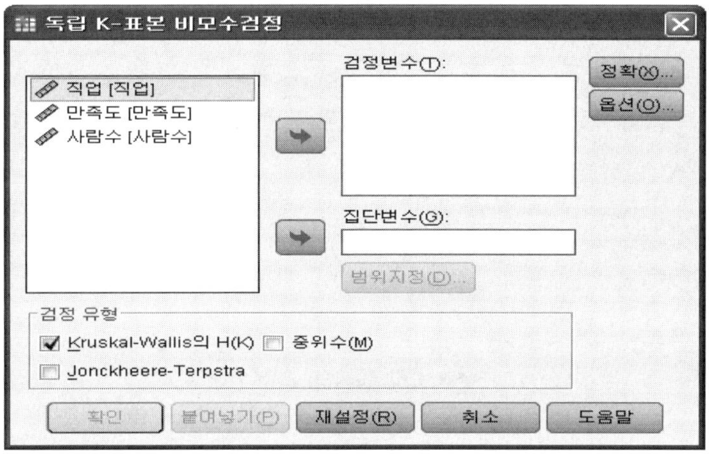

순서 3 ▸▸▸ 변수의 선택

① [검정변수(T)]에 "만족도"를 선택한다.

② [집단변수(G)]에 "직업"을 선택한다.

[범위지정(D)]에서는 3개의 그룹이 있으므로, [최소값] 난에 "1", [최대값] 난에 "3"을 입력한다.

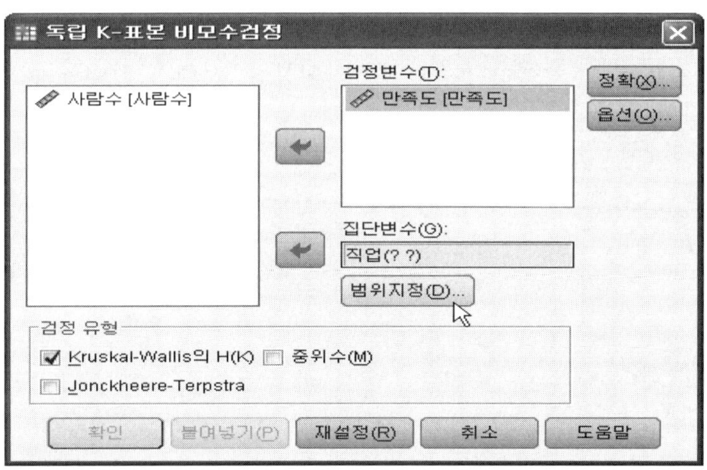

순서 4 ▸▸▸ 검정방법의 선택

[Kruskal-Wallis의 H(K)]를 선택한다.

[확인] 버튼을 클릭하면 검정결과가 얻어진다.

분석결과

●●● 순위 ●●●

	성별	N	평균순위
만족도	학 생	50	81.62
	회사원	50	82.22
	사업가	50	62.66
	합계	150	

●●● 검정 통계량 a, b ●●●

	만족도
카이제곱	6.887
자유도	2
근사 유의확률	.032

a. Kruskal Wallis 검정
b. 집단변수 : 직업

결과의 해석방법

$$p\text{값} = 0.032 < \text{유의수준 } \alpha = 0.05$$

이므로 귀무가설 H_0는 기각된다. 즉, 학생, 회사원, 사업가 사이에는 만족도에 차가 있다고 할 수 있다.

3. 순위상관

1) 순위상관계수

예제 11-5

색이 다른 립스틱을 11개 준비해서 2명의 여성(X양과 Y양)에게 자신이 좋아하는 순서로 순위를 매기도록 했다. 다음의 데이터표가 그 결과이다.

●●● 데이터표 ●●●

대상품	X	Y
1	9	7
2	7	4
3	5	3
4	1	1
5	2	2
6	8	10
7	10	11
8	4	8
9	11	9
10	3	5
11	6	6

X양과 Y양은 순위를 매기는 방식이 비슷하다고 생각해도 좋을까?

사고방식

순위상관계수(順位相關係數)란 2조의 순위 데이터끼리의 상관의 강도를 나타내는 것이다. 데이터가 순위로 수집되어 있지 않은 경우는 2조의 데이터 x와 y를 각각 작은 순서로 바꿔 늘어놓고 순위치(順位値)로 변환한 다음에 순위상관계수를 구한다.

통상의 상관계수는 x와 y의 직선적인 관계의 강도를 나타내는 것이며, 곡선적인 관계의 경우에는 좋은 지표가 아니다. 이것에 비해서 순위상관계수는 x와 y의 관계가 직선적이 아니더라도 단조롭게 증가(혹은 감소)하는 관계라면, 유효한 지표가 된다.

자주 이용되는 순위상관계수는 스피어만(Spearman)의 순위상관계수와 켄달(Kendall)의 순위상관계수이다.

스피어만의 순위상관계수

x의 순위치를 a, y의 순위치를 b라고 한다. 스피어만의 순위상관계수 r_s는 다음의 공식으로 계산된다.

$$r_s = 1 - \frac{6\sum_{i=1}^{n}(a_i - b_i)^2}{n(n^2-1)}$$

n은 표본의 수이다.

순위상관계수 r_s는 $-1 \leqq r_s \leqq 1$이 되며 1에 가까울수록 순위를 매기는 방식이 비슷하고, −1에 가까울수록 순위를 매기는 방식이 반대라고 하는 것을 나타내고 있다. 완전히 순위가 일치하고 있을 때에는 1, 완전히 순위가 반대일 때에는 −1이 된다.

켄달의 순위상관계수

켄달의 순위상관계수 τ (타우)는 다음의 순서로 구해진다.

① 데이터를 순위치로 변환한다.

② x_i의 순위치 a_i에 대해서 작은 순서로 바꿔 늘어놓는다($i=1, 2, \cdots, n$).

③ y_i의 순위치 b_i보다 큰 $b_j(i < j)$의 개수 m을 구한다.

④ 켄달의 순위상관계수 τ (타우)의 산출을 한다.

$$\tau = \frac{4}{n(n-1)} \times m - 1$$

PASW(SPSS)에 의한 해법

순서 1 ▸▸▸ 데이터의 입력(11−5.sav)

순서 2 ▸▸▸ 상관분석의 선택

메뉴에서 [분석(A)]−[상관분석(C)]−[이변량 상관계수(B)]를 선택한다.

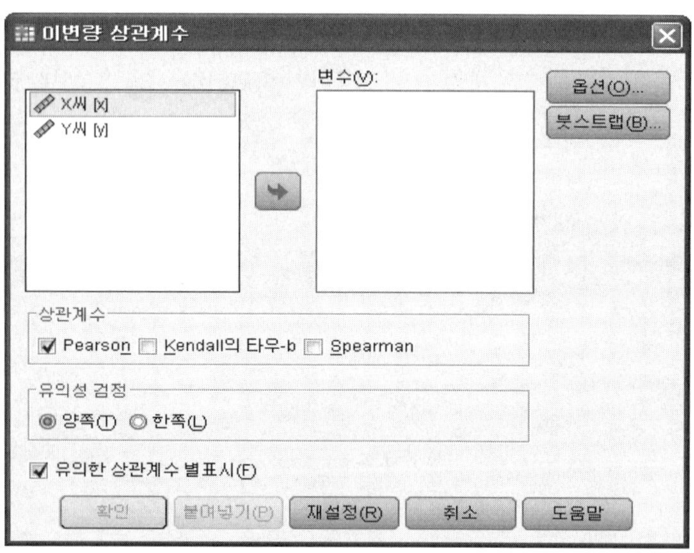

순서 3 ▸▸▸ 변수의 선택

[변수(V)]로서 "x"와 "y"를 선택한다.

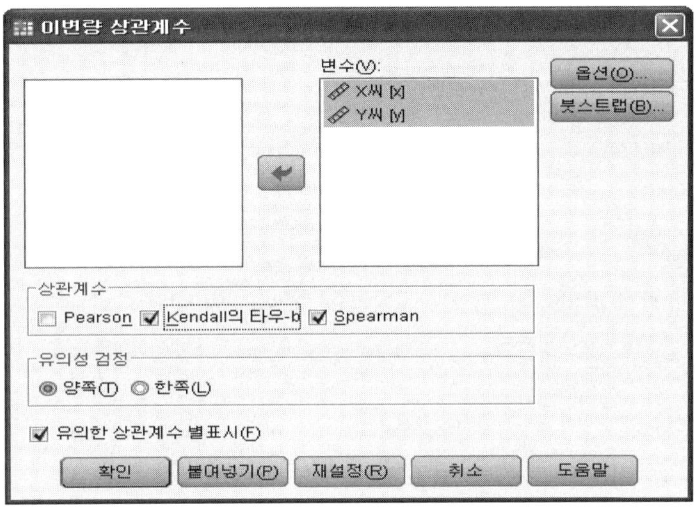

순서 4 ▸▸▸ 상관계수의 선택

[상관계수]로서 [Kendall의 타우−b(K)]와 [Spearman(S)]을 선택한다.

[확인] 버튼을 클릭하면 상관계수가 구해진다.

분석결과

●●● 상관계수 ●●●

			X씨	Y씨
Kendall의 Tau_b	X씨	상관계수	1.000	.636**
		유의확률(양측)	.	.006
		N	11	11
	Y씨	상관계수	.636**	1.000
		유의확률(양측)	.006	.
		N	11	11
Spearman의 rho	X씨	상관계수	1.000	.791**
		유의확률(양측)	.	.004
		N	11	11
	Y씨	상관계수	.791**	1.000
		유의확률(양측)	.004	.
		N	11	11

결과의 해석방법

켄달의 순위상관계수는,

$$\tau = 0.636$$

스피어만의 순위상관계수는,

$$r_s = 0.791$$

로 산출된다.

x와 y 사이에 완전하지는 않지만 순위의 일치성은 인정된다.

예제 11-6

혈압을 재는데 의사들 사이에 변동이 있음이 관측되었다. 실제로 수축(systolic)혈압을 높게 재는 의사는 확장(diastolic)혈압도 높게 재는 경향이 있는지를 알아보기 위해서, 14명의 의사들이 같은 환자들의 혈압을 측정하였다. 아래의 데이터표는 관측된 평균 혈압들이다.

●●● 데이터표 ●●●

의사	1	2	3	4	5	6	7
수축혈압(x)	141.8	140.2	131.8	132.5	135.7	141.2	143.9
확장혈압(y)	89.7	74.4	83.5	77.8	85.8	86.5	89.4
의사	8	9	10	11	12	13	14
수축혈압(x)	140.2	140.8	131.7	130.8	135.6	143.6	133.2
확장혈압(y)	89.3	88.0	82.2	84.6	84.4	86.3	85.9

수축혈압과 확장혈압에 대한 켄달의 순위상관계수와 스피어만의 순위상관계수를 구하라.

PASW(SPSS)에 의한 해법

순서 1 ››› 데이터의 입력(11－6.sav)

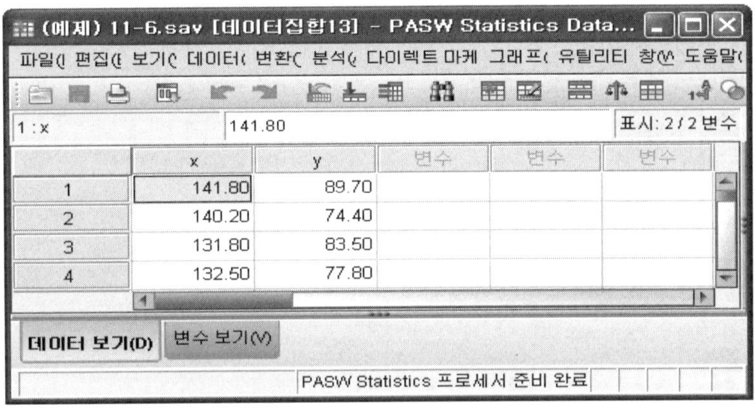

순서 2 ››› 상관분석의 선택

여기에서부터의 순서는 예제 11－5와 같다.

분석결과

●●● 상관계수 ●●●

			X씨	Y씨
Kendall의 Tau_b	X씨	상관계수	1.000	.486**
		유의확률(양측)	.	.016
		N	14	14
	Y씨	상관계수	.486**	1.000
		유의확률(양측)	.016	.
		N	14	14
Spearman의 rho	X씨	상관계수	1.000	.708**
		유의확률(양측)	.	.005
		N	14	14
	Y씨	상관계수	.708**	1.000
		유의확률(양측)	.005	.
		N	14	14

*. 상관 유의수준이 0.05입니다(양측).
**. 상관 유의수준이 0.01입니다(양측).

결과의 해석방법

켄달의 순위상관계수는,

$$\tau = 0.486$$

스피어만의 순위상관계수는,

$$r_s = 0.708$$

로 산출된다.

x와 y 사이에 순위의 일치성은 인정되기 어렵다.

2) 일치계수

예제 11-7

맥주를 6종류 준비하여 4명(A, B, C, D)의 평가자에게 맛있다고 생각되는 순서로 순위를 매기도록 했다. 그 결과가 다음의 데이터표이다.

●●● 데이터표 ●●●

평가대상	평가자			
	A	B	C	D
1	1	1	2	2
2	2	2	1	1
3	4	3	4	4
4	3	5	3	3
5	5	6	5	6
6	6	4	6	5

4명의 평가는 일치하고 있다고 할 수 있을까?

사고방식

켄달의 순위상관계수는 2명의 순위결정방식을 보기 위한 것이었는데, 이 예제에서는 4명의 순위결정방식을 문제로 하고 있다. 3명 이상의 순위결정방식이 일치하고 있는지 어떤지를 보려면 켄달의 일치계수가 적용된다.

켄달의 일치계수

이제 m명의 평가자가 n개의 대상물에 순위를 매겼을 때에 평가자의 순위매김에 일치성이 있는지 어떤지를 보는 지표로서, 켄달의 일치계수 W가 있다. 이것은 평가자 i가 대상물 j에 매긴 순위를 R_{ij}라고 하면, 다음의 식에 의해서 구해진다.

$$W = \frac{12\sum_{j=1}^{m}\left(\sum_{i=1}^{n} R_{ij}\right)^2}{m^2 n(n^2-1)} - \frac{3(n+1)}{n-1}$$

$0 \leqq W \leqq 1$이 성립하며, $W=0$일 때는 순위가 전혀 일치하지 않고 1에 가까울수록 일치의 정도는 좋아져서 $W=1$일 때는 순위가 완전히 일치한다.

일치계수에 관한 검정

켄달의 일치계수 W를 이용해서 다음과 같은 가설을 검정할 수 있다.

귀무가설 H_0 : 평가자의 순위결정방식에 규칙성이 없다.
대립가설 H_1 : 평가자의 순위결정방식은 일치하고 있다.

검정통계량 x^2는 다음과 같은 식으로 구해진다.

$$x^2 = m(n-1)\ W$$

검정을 위한 p값은, x^2값이 귀무가설하에서는 자유도 $n-1$인 x^2분포에 따른다는 것을 이용해서 산출한다.

PASW(SPSS)에 의한 해법

순서 1 ▸▸▸ 데이터의 입력(11−7.sav)

평가할 대상을 열, 평가하는 사람을 행으로 취한다.

순서 2 ▸▸▸ 비모수 검정의 선택

[분석(A)]−[비모수 검정(N)]−[대응 K−표본(S)]을 선택한다.

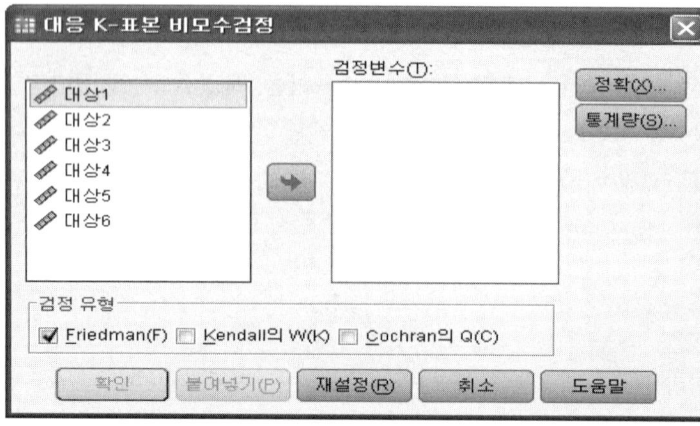

[검정변수(T)]로서 "대상 1"에서 "대상 6"까지를 모두 선택한다.

순서 3 ▸▸▸ 검정방법의 선택

[검정 유형]으로서 [Kendall의 W(K)]를 선택한다.

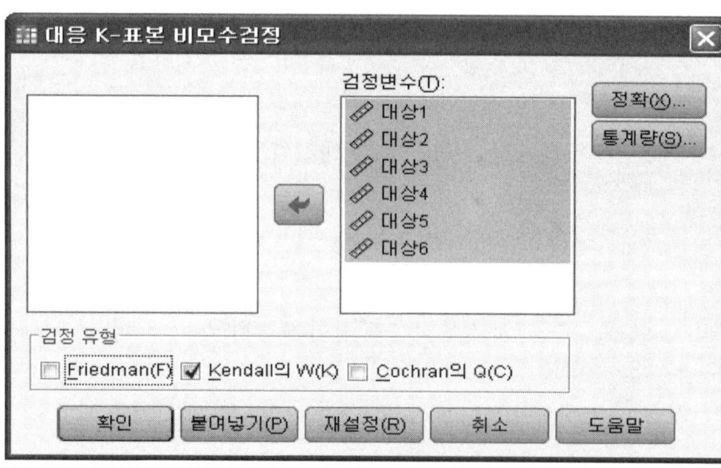

여기에서 [확인] 버튼을 클릭하면 일치계수가 구해진다.

분석결과

●●● 순위 ●●●

	평균순위
대상1	1.50
대상2	1.50
대상3	3.75
대상4	3.50
대상5	5.50
대상6	5.25

●●● 검정 통계량 ●●●

N	4
Kendall의 Wa	.864
카이제곱	17.286
자유도	5
근사 유의확률	.004

a. Kendall의 일치계수

결과의 해석방법

켄달의 일치계수 W와 p값은 다음과 같이 된다.

$$W = 0.864$$
$$p = 0.004 < \text{유의수준 } \alpha = 0.05$$

이므로 귀무가설 H_0는 기각된다. 즉, 평가자의 순위결정방식은 일치하고 있다.

상관 분석 12

1. 상관관계

1) 상관계수와 산포도에 의한 파악

예제 12-1

다음의 데이터는 어떤 제품의 강도(y)와 그 제품 중에 포함된 경화제의 양(x)을 30개 측정한 것이다. 이 데이터를 그래프로 표현하고 경화제의 양 x와 강도 y의 관계를 파악하라.

●●● 데이터표 ●●●

No.	1	2	3	4	5	6	7	8	9	10
경화제의 양(x)	29	32	29	28	25	28	31	31	32	23
강도(y)	50	49	46	51	44	46	52	52	51	42
No.	11	12	13	14	15	16	17	18	19	20
경화제의 양(x)	29	32	27	30	29	29	30	30	32	29
강도(y)	46	52	47	53	51	51	53	53	54	47
No.	21	22	23	24	25	26	27	28	29	30
경화제의 양(x)	29	29	28	28	26	31	26	33	27	32
강도(y)	50	53	49	46	47	53	45	48	47	48

사고방식과 적용수법

2개의 양적인 변수(x와 y)가 있을 때, 이 2개의 변수 관계를 시각에 호소하여 파악하기 위해서는 산포도(散布圖) 혹은 산점도(散點圖)라고 불리는 그래프를 적용한다.

상관관계

2개의 변수 x와 y가 있을 때에 x의 변화에 따라서 y도 변화하는 관계를 상관관계라고 한다. x가 증가하면 y도 증가하는 관계를 양의 상관관계, x가 증가하면 y는 감소하는 관계를 음의 상관관계라고 한다. 어느 쪽의 관계도 보이지 않는 경우를 무상관이라고 한다.

상관관계와 인과관계는 다른 개념이다. 인과관계란 원인과 결과의 관계이며, 이것은 데이터의 통계적 검토만으로는 입증할 수 없다. 데이터에 의거해서 검토할 수 있는 것은 상관관계이며, 인과관계는 데이터의 배후에 있는 이론적 지식이나 기술적 지식에 의해서 설명이 될 필요가 있다. 흔히 수학을 잘하는 사람은 물리도 잘한다고 일컬어지고 있다. 이것은 수학의 성적과 물리의 성적 사이에는 양의 상관관계가 존재한다는 것을 말하고 있는 것으로, 인과관계가 존재하고 있다는 것을 말하고 있는 것은 아니다.

상관계수

2개의 변수 사이에 상관관계가 있는지 어떤지를 수치적으로 판단하는 데는 상관계수라고 불리는 지표를 이용한다.

상관계수는 통상 r이라는 기호로 표기되고, -1에서 1까지의 값을 취한다.

$$-1 \leqq r \leqq 1$$

상관계수의 부호가 양(+)일 때에는 양의 상관관계가 있다는 것을, 음(−)일 때에는 음의 상관관계가 있다는 것을 나타내고 있다. 상관관계의 강도는 상관계수의 절대값 $|r|$ 또는 자승값 r^2으로 평가한다. 어느 쪽도 1에 가까울수록 상관이 강하다는 것을 의미한다. 상관관계가 존재하지 않을 때에는 상관계수의 값은 0에 가까운 값이 된다.

변수 x와 y의 상관계수는 다음과 같은 순서로 산출할 수 있다.

① x의 편차제곱의 합 $S(xx)$를 계산한다.

$$S(xx)=\sum_{i=1}^{n}(x_i-\bar{x})^2=\sum_{i=1}^{n}x_i^2-\left(\sum_{i=1}^{n}x_i\right)^2/n$$

② y의 편차제곱의 합 $S(yy)$를 계산한다.

$$S(yy)=\sum_{i=1}^{n}(y_i-\bar{y})^2=\sum_{i=1}^{n}y_i^2-\left(\sum_{i=1}^{n}y_i\right)^2/n$$

③ x와 y의 편차곱의 합 $S(xy)$를 계산한다.

$$S(xy)=\sum_{i=1}^{n}(x_i-\bar{x})(y_i-\bar{y})=\sum_{i=1}^{n}x_iy_i-\left(\sum_{i=1}^{n}x_i\right)\left(\sum_{i=1}^{n}y_i\right)/n$$

④ 상관계수 r을 계산한다.

$$r=\frac{S(xy)}{\sqrt{S(xx)S(yy)}}$$

상관계수의 해석방법

상관계수로부터 상관관계의 강약을 판단하는 기준은 다음과 같다.

$0.8 \leqq |r|$: 강한 상관 있음
$0.6 \leqq |r| < 0.8$: 상관 있음
$0.4 \leqq |r| < 0.6$: 약한 상관 있음
$|r| < 0.4$: 거의 상관 없음

그러나 이것은 어디까지나 기준인 것이고, 상관계수는 데이터 수와의 관계로 음미할 필요가 있다. 특히 데이터의 수가 적을 때에는, 모상관계수 ρ가 0인지 어떤지의 가설검정을 실시해야 한다.

산포도

산포도(散布圖)는 상관관계의 유무를 시각적으로 확인하기 위한 그래프이다. 2개의 변수 중 한쪽을 가로축으로 하고 다른 한쪽을 세로축으로 하여, 대응하는 데이터를 1점씩 타점(plot)함으로써 작성한다.

2) 상관분석의 실제

PASW(SPSS)에 의한 해법

순서 1 ▸▸▸ 데이터의 입력(12-1.sav)

순서 2 ▸▸▸ 상관분석의 선택

메뉴에서 [분석(A)]−[상관분석(C)]−[이변량 상관계수(B)]를 선택한다.

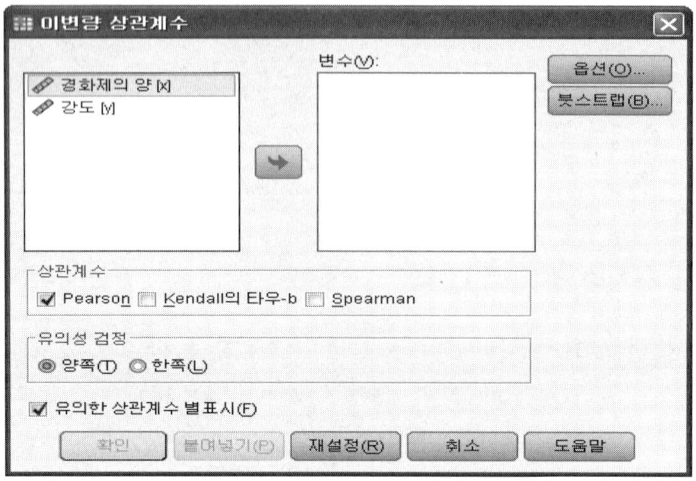

순서 3 ▸▸▸ 변수의 선택

[변수(V)]로서 "x"와 "y"를 선택한다. [상관계수]는 이미 초기지정으로 [Pearson(N)]이 선택되었고, [유의성 검정]도 [양쪽(T)]이 선택되어 있다.

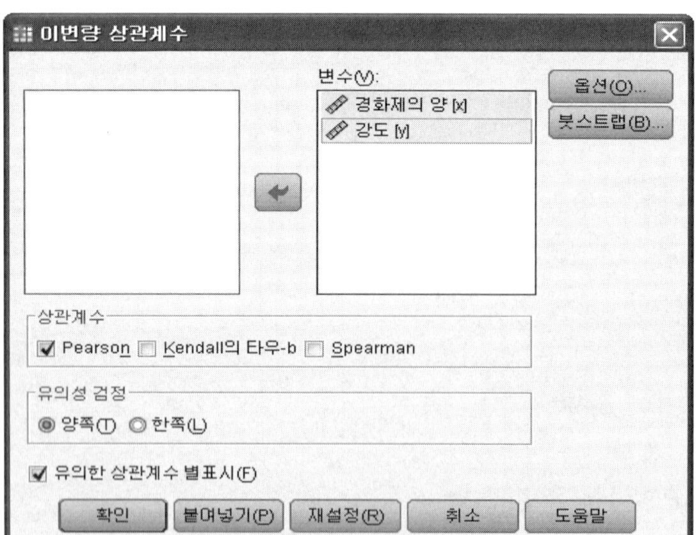

[옵션(O)] 버튼을 클릭하면, [이변량 상관계수 : 옵션] 대화상자가 나타난다.

순서 4 ››› 통계량의 선택

필요한 통계량으로서 [평균과 표준편차(M)]와 [교차곱 편차와 공분산(C)]을 선택한다.

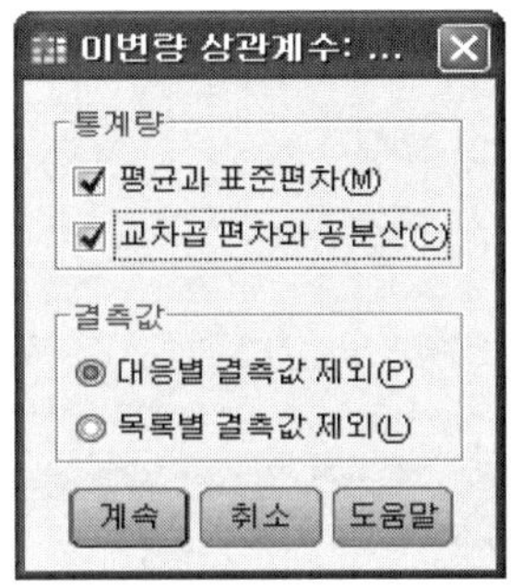

[계속] 버튼을 클릭하면 앞의 화면으로 되돌아간다. 여기에서 [확인] 버튼을 클릭하면 분석결과를 얻을 수 있다.

분석결과

●●● 기술통계량 ●●●

	평균	표준편차	N
경화제의 양	29.1333	2.3302	30
강도	49.2000	3.1775	30

●●● 상관계수 ●●●

		경화제의 양	강도
경화제의 양	Pearson 상관계수	1.000	.681**
	유의확률(양쪽)	.	.000
	제곱합 및 교차곱	157.467	146.200
	공분산	5.430	5.041
	N	30	30
강도	Pearson 상관계수	.681**	1.000
	유의확률(양쪽)	.000	.
	제곱합 및 교차곱	146.200	292.800
	공분산	5.041	10.097
	N	30	30

**. 상관계수는 0.01수준(양쪽)에서 유의합니다.

결과의 해석방법

x(경화제의 양)과 y(강도)는 상당히 강한 양의 상관관계(0.681)를 가지고 있으며, 통계적으로 매우 유의하다(**).

PASW(SPSS)에 산포도의 작성

순서 1 ▸▸▸ 그래프의 선택

메뉴에서 [그래프(G)]–[산점도/점도표]를 선택한다.

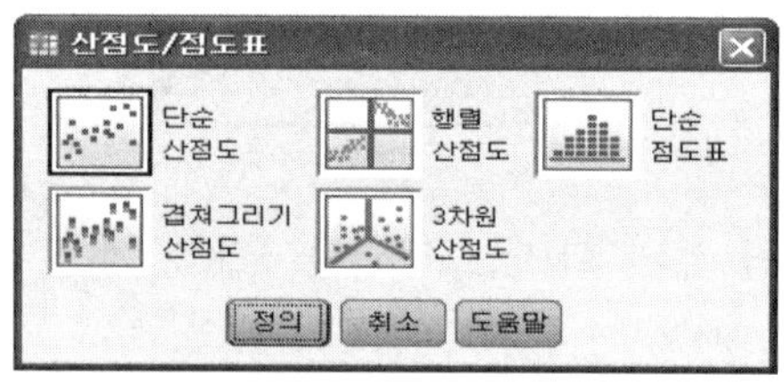

여기에서 초기지정된 상태대로 [단순산점도]를 선택하고, [정의] 버튼을 클릭하면 [단순 산점도] 대화상자가 나타난다.

순서 2 ▸▸▸ 변수의 선택

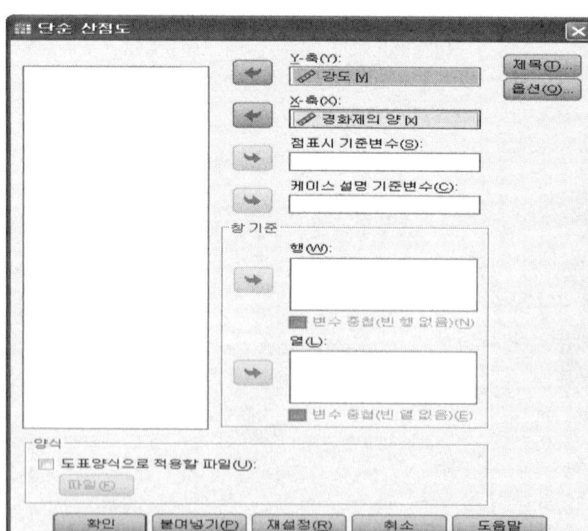

[Y–축(Y)]에는 "강도(y)"를, [X–축(X)]에는 "경화제의 양(x)"를 선택한다. [제목(T)] 버튼을 클릭하면 [제목] 대화상자가 나타난다.

순서 3 ‣‣‣ 제목의 입력

[제목]의 [첫째줄(L)] 난에 "경화제의 양에 따른 강도의 변화"라는 제목을 입력한 후, [계속] 버튼을 클릭하면 앞의 화면으로 되돌아간다.

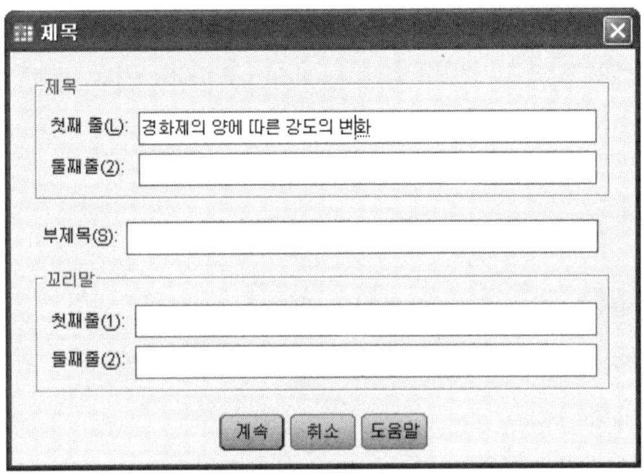

[단순 산점도] 대화상자에서 [확인] 버튼을 클릭하면, 다음과 같은 산포도가 작성된다.

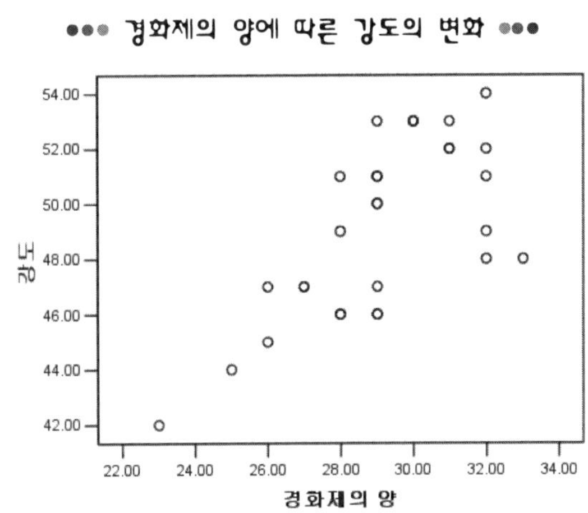

산포도 관찰의 요점

산포도를 관찰할 때의 요점은 다음과 같다.

① 이상치(엄청나게 차이가 나는 값)는 없는가?

② 2개의 변수 x와 y사이에는 어떠한 관계(직선관계, 곡선관계, 무관계)가 있는가?

③ 그룹이 형성되어 있지 않은가?

2. 추가적 상관관계

1) 추정회귀선과 결정계수 구하기

앞에서 작성한 산포도에서 추가적인 정보를 구하기 위해서는 도표의 편집 기능을 활용해야 한다. PASW(SPSS)에서 이것을 실행하는 순서는 다음과 같다.

PASW(SPSS)에 의한 해법

순서 1 ▸▸▸ PASW(SPSS) 도표 편집기의 호출

앞의 산포도상에서 점이 있는 곳에 마우스 포인터를 놓고 더블클릭하면, 다음과 같은 화면이 나타난다.

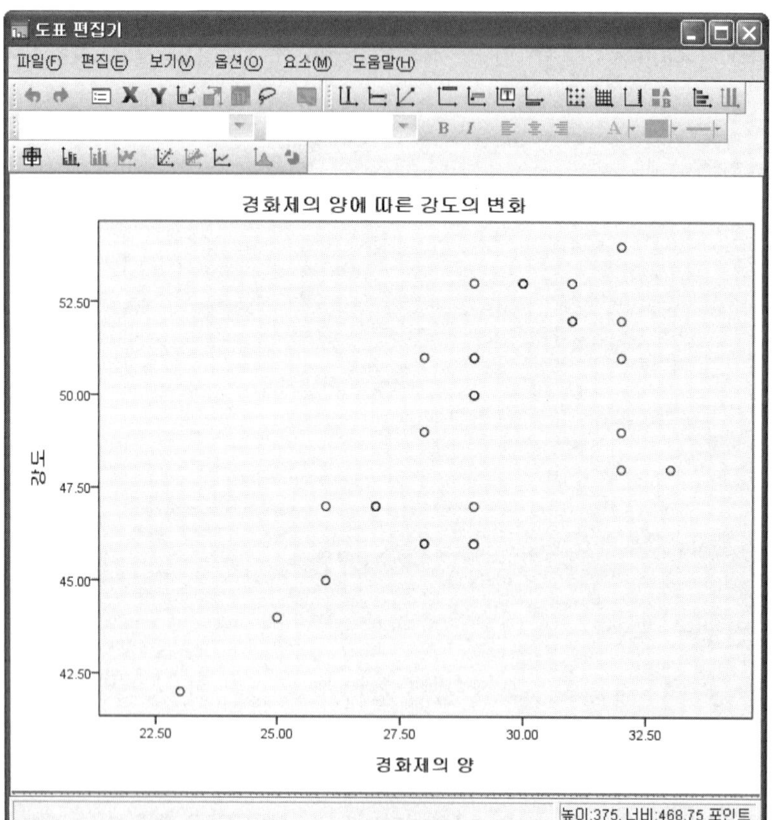

순서 2 ››› 산점도 도표 특성 호출

도표편집기상의 산점도 중 한 점(0)을 클릭하면 모든 점들이 선택된다.

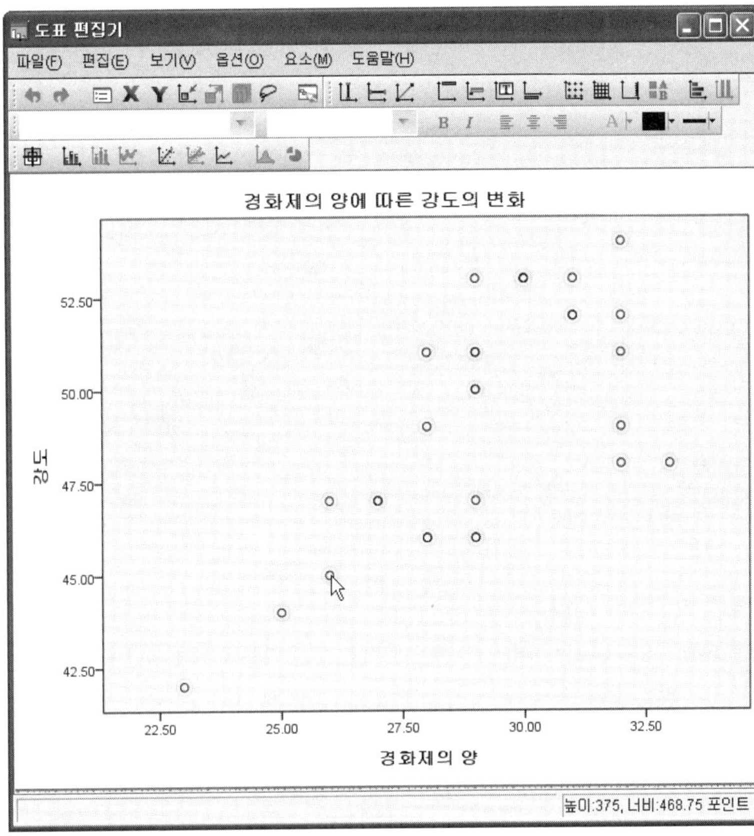

모든 점이 선택되지 않고, 한 점만 선택된다면 도표편집기의 외곽의 흰 부분중 아무곳이나 클릭한 후 선택이 취소되면 다시 임의의 한 점을 클릭한다. 모든 점이 선택되도록 해야 한다.

순서 3 ››› [산점도 옵션 : 회귀선 적합]의 선택

도표편집기창의 [요소] 메뉴의 [전체 적합선]을 선택한다.

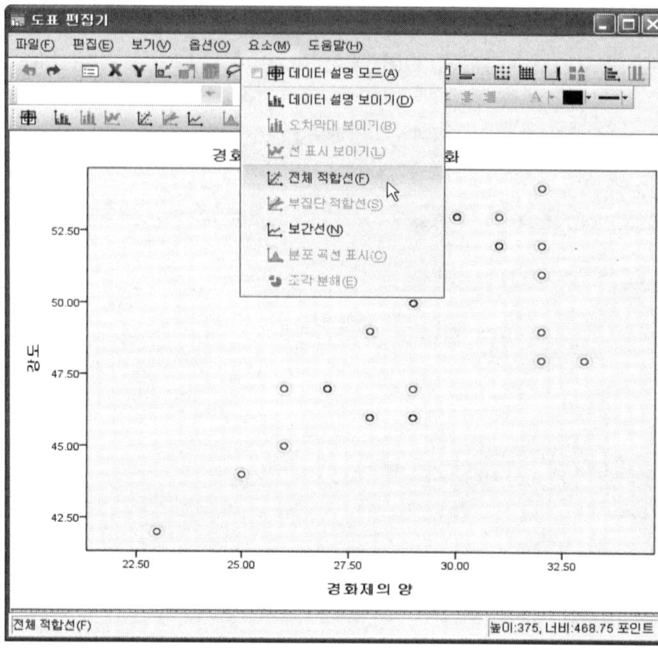

순서 4 ▸▸▸ 회귀옵션의 선택

특성 대화상자가 나타나면 [회귀선 적합]의 적합방법에서 [선형]을 선택하고 [적용] 버튼을 클릭하고 [닫기] 버튼을 클릭하면 회귀선과 결정계수를 표시한다.

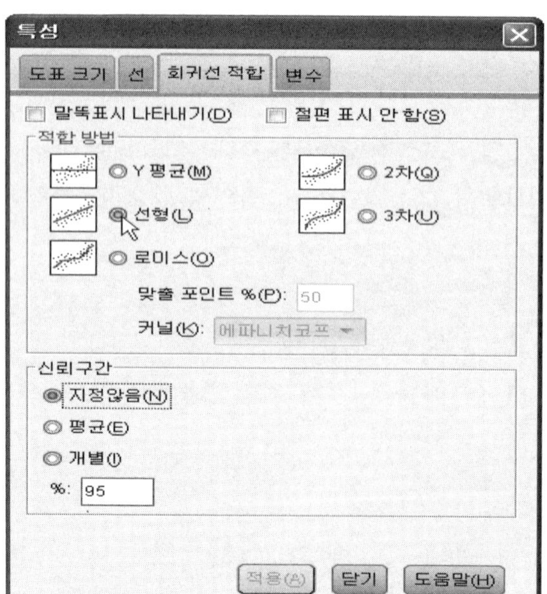

분석결과

●●● 경화제의 양에 따른 강도의 변화 ●●●

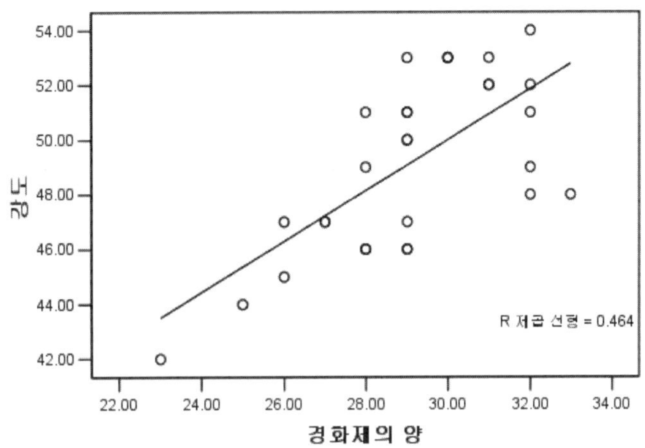

결과의 해석방법

위의 산포도에는 추정회귀선이 직선(선형)으로 나타나 있다. 그리고 회귀선의 설명력을 나타내는 결정계수(기여율)인 R^2 선형값 (Rsq=0.464)이 나타나 있다.

2) 회귀선 적합의 탐색

앞에서 작성한 추정회귀선은 [산점도 옵션 : 회귀선 적합] 대화상자에서 [선형회귀]를 선택함으로써 구해진 것이다. 이 때의 결정계수는 $R^2=0.464$이었다. 그러나 산포도상의 점들을 살펴보면 [선형회귀]의 적합방법이 반드시 설명력이 높다고 할 수는 없다. 따라서 [선형회귀] 이외에 [2차 회귀]나 [3차형 회귀] 또는 [가중 회귀]에 의한 적합방법도 선택하여 그 설명력을 비교해 판단 할 필요가 있을 것이다.

다음은 [특성 : 회귀선 적합] 대화상자에서 선택한 4가지 [적합방법]에 의한 분석결과를 나타내고 있다.

선형 회귀분석결과

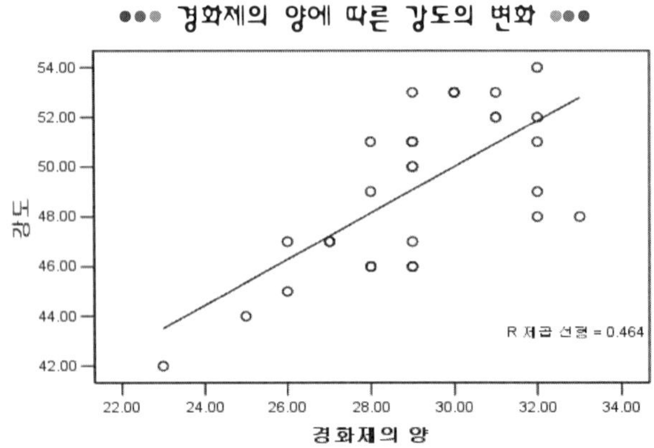

2차 회귀분석결과

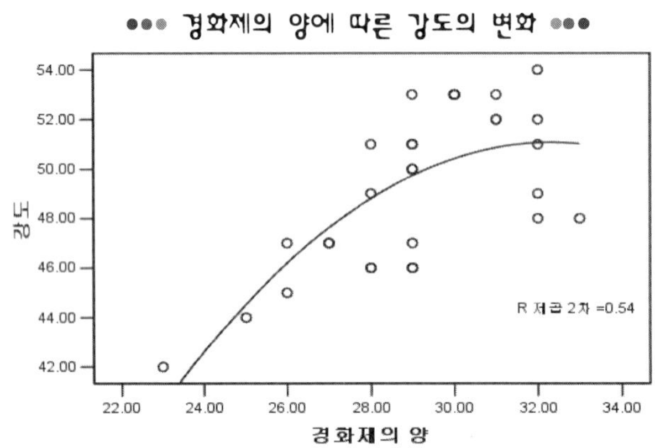

3차형 회귀분석결과

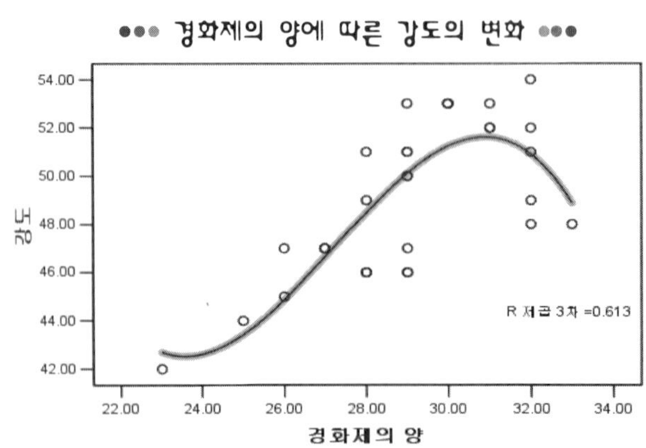

가중 회귀분석결과

(1) 반복가중 최소 제공(적합시킬 점들의 % : 50%)

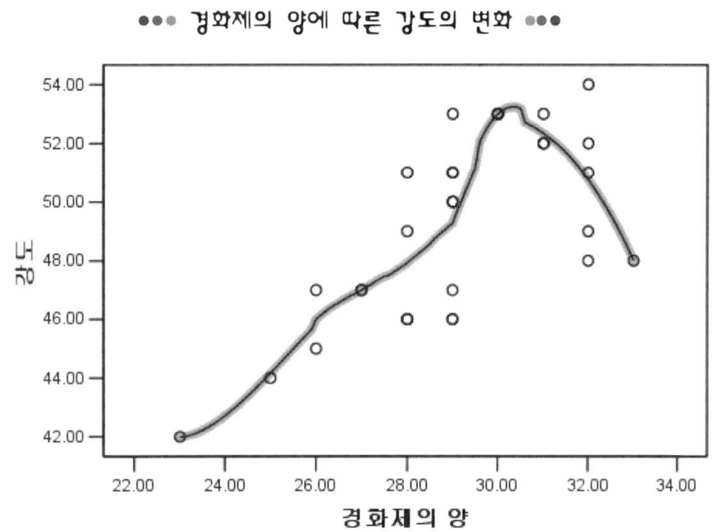

(2) 반복가중 최소 제공(적합시킬 점들의 % : 75%)

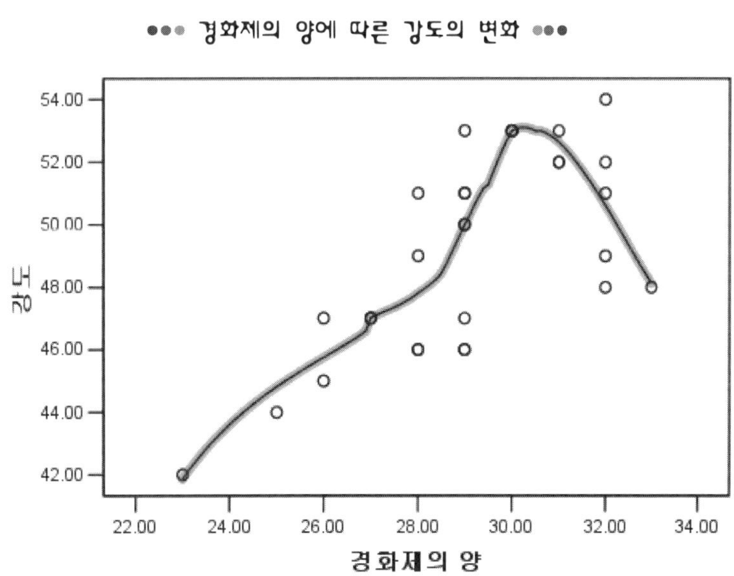

(3) 적합시킬 점들의 % : 95%

●●● 경화제의 양에 따른 강도의 변화 ●●●

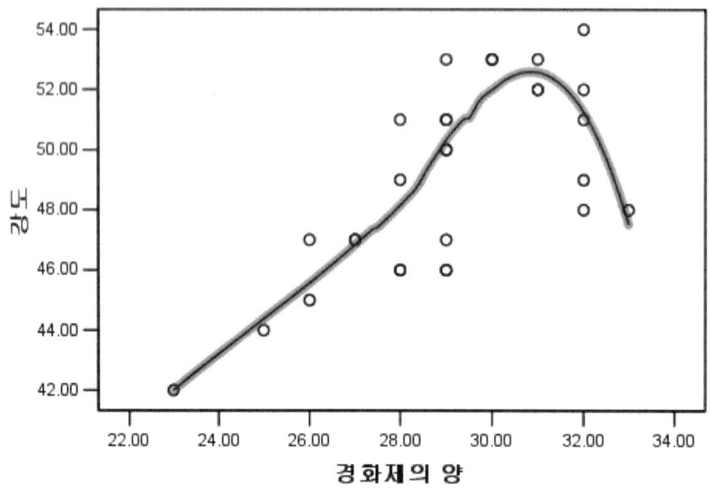

분석결과의 정리

●●● 결정계수의 비교 ●●●

적합방법	결정계수
선형회귀	0.4636
2차 회귀	0.5397
3차형 회귀	0.6134

(주) 회귀 모형의 적합성, 회귀진단 등의 제문제에 대해서는 회귀분석에서 상술한다.

분산 분석 13

1. 일원배치 분산분석

예제 13-1

다이어트 식품으로 알려진 A, B, C, D 네 가지 식품의 콜레스테롤 함유량을 비교하려고 한다. 각 식품별로 세 개의 제품을 추출하여 콜레스테롤 함유량을 측정한 결과가 다음과 같았다.

●●● 데이터 ●●●

(단위 : mg)

A	3.6	4.1	4.0
B	3.1	3.2	3.9
C	3.2	3.5	3.5
D	3.5	3.8	3.8

네 가지 다이어트 식품의 콜레스테롤 함유량이 같다고 할 수 있는지를 5% 유의수준으로 검정하라.

사고방식과 적용수법

제13장에서는 두 모평균의 차에 관한 검정을 실시했다. 그러나 우리의 일상생활 주변에서는 두 개 이상의 모집단의 평균을 동시에 비교해야 하는 경우가 흔히 발생하며, 이를 위해 사용되는 통계적 기법을 분산분석(analysis of variance ; ANOVA)이라고 한다.

예를 들면, 사무직 근로자와 생산직 근로자 그리고 서비스직 근로자간의 평균임금을 비교하는 경우를 들 수 있다. 여기에서 근로자의 유형이 독립변수가 되고 임금이 종속변수가 되어 결국 분산분석이란 독립변수와 종속변수의 관계를 분석하는 기법인 것이다. 또한 독립변수를 인자(factor)라고도 하며 앞의 예에서는 인자의 세 가지 상태, 즉 사무직, 생산직, 서비스직의 인자수준(factor level)이 있다고 할 수 있다.

분산분석에는 단 하나의 인자를 분석대상으로 하는 일원 분산분석(one-way ANOVA)과 두 개의 인자를 분석대상으로 하는 이원 분산분석(two-way ANOVA)이 있다. 두 개 이상의 인자를 분석대상으로 하는 경우를 통틀어 다원 분산분석(multi-way ANOVA)이라고 하기도 한다.

이원 분산분석의 예로서 제품의 진열방법과 제품의 포장방법이 매출액에 어떤 영향을 미치는가를 분석하는 경우를 들 수 있다. 이 때의 독립변수는 제품의 진열방법과 포장방법이 되며 두 개의 독립변수가 함께 매출에 미치는 영향을 분석한다.

분산분석표

분산분석이란「측정치 전체의 분산을 몇 개의 요인효과에 대응하는 분산과, 그 나머지의 오차분산으로 나누어서 검정이나 추정을 실시하는 것」이라고 정의할 수 있다.

측정치는 문제삼은 인자를 어떤 수준으로 선택해서 행해진 실험의 결과이다. 개개의 실험조건을 처리라고 부르고, 그 차이가 측정치에 어떻게 영향을 미치는가를 조사하는 것이 목적이다. 분산분석은 변동요인을 하나의 인자에 의한 효과(주효과)와 복수 인자의 복합효과(교호작용)의 두 종류의 요인효과로 나누어서, 그것들을 선형모델의 모수(母數) 또는 변량이라 생각하고 그 추측을 행하는 것이다. 여기에서 요인효과는 주효과와 교호작용을 총칭해서 일컫고 있다.

측정치에 대한 변동의 크기는 편차제곱의 합(sum of squares)으로 헤아려진다. 전체의 변동을 나타내는 총 편차제곱의 합은 각각의 요인효과에 대한 편차제곱의 합(처리요인에 의한 변동)과 문제삼은 요인으로는 설명할 수 없는 산포도의 크기를 나타내는 오차에 대한 편차제곱의 합(잔차요인에 의한 변동)으로 분해된다. 편차제곱의 합은 그 요인효과의 상대적인 크기를 나타내는 기여율을 계산하는 데도 이용된다. 편차제곱의 합을 그 자유도로 나눈 것은 제곱평균 또는 불편분산이라고 부른다.

어떤 요인효과에 대한 검정은 그 불편분산을 오차분산 등으로 나눈 분산비(F비)에 의해서 실시된다. 분산분석의 주요한 계산결과는 분산분석표(ANOVA table)로 정리된다.

••• 분산분석표(일원 분산분석) •••

변동의 요인	편차제곱의 합 (S)	자유도 (ø)	분 산 (V)	분산비 (F)	분산의 기대치 [E(V)]
처 리	S_A	$a-1$	V_A	V_A/V_e	$\sigma_e^2+n\sigma_A^2$
잔 차	S_e	$a(n-1)$	V_e		σ_e^2
계	S_T	$an-1$			

검정의 순서

순서 1 ››› 가설의 설정

귀무가설 H_0 : $\mu_A=\mu_B=\mu_C=\mu_D$

(네 가지 식품의 콜레스테롤 평균함유량이 모두 같다.)

대립가설 H_1 : μ_A, μ_B, μ_C, μ_D 중 적어도 하나는 다르다.

순서 2 ››› 유의수준 α의 설정

유의수준 α $=0.05$

순서 3 ››› 검정통계량 F 값의 계산

$$F=\frac{V_A}{V_e}$$

여기에서

$$V_A=\frac{S_A}{a-1}$$

$$V_e=\frac{S_e}{a(n-1)}$$

순서 4 ››› p값의 산출

유의수준과 비교할 확률 p를 계산한다. p값은 F분포에 있어서 F 이상의 값이 발생할 확률이다.

순서 5 ››› 판정

〈p값에 의한 판정〉

p값 $\leqq$ 유의수준 α → 귀무가설 H_0를 기각한다.

p값 $>$ 유의수준 α → 귀무가설 H_0를 기각하지 않는다.

〈기각치에 의한 판정〉

F비 $\geq F(\phi_A, \phi_e ; \alpha) \rightarrow$ 귀무가설 H_0를 기각한다.

F비 $< F(\phi_A, \phi_e ; \alpha) \rightarrow$ 귀무가설 H_0를 기각하지 않는다.

PASW(SPSS)에 의한 해법

순서 1 ▸▸▸ 데이터의 입력(13-1.sav)

순서 2 ▸▸▸ 일원배치 분산분석의 선택

메뉴에서 [분석(A)]-[평균 비교(M)]-[일원배치 분산분석(O)]을 선택한다.

순서 3 ▸▸▸ 변수의 선택

[종속변수(E)]로서 "x_1"(콜레스테롤 함유량)을 선택하고, [요인(F)]으로서 "x_2"(식품)을 선택한다.

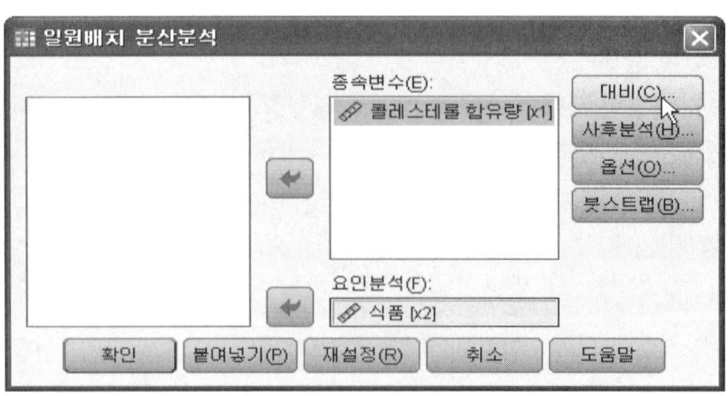

순서 4 ››› [대비(C)] 버튼의 선택

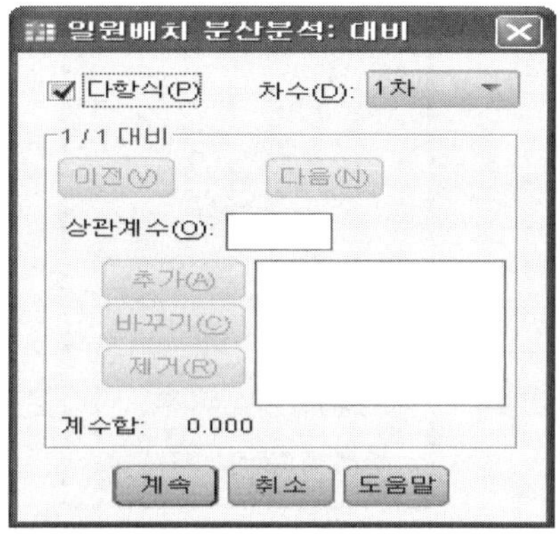

[일원배치 분산분석 : 대비] 대화상자는 대비(contrast)를 이용하여, 두 집단의 평균 차이를 비교하는 것이다. 이것은 일종의 사후검정(Post hoc test)과 유사한 방법이나 대비는 전체분석을 행하면서 특정 평균치들에 대하여 사전에 계획한 비교를 실행한다는 점에서 다르다. 여기에서 [다항식(P)]과 [차수(D)]는 "1차"를 선택한다.

[계속] 버튼을 클릭하면 앞의 대화상자로 되돌아간다. 여기에서 [사후분석(H)] 버튼을 클릭한다.

순서 5 ››› [사후분석(H)] 버튼의 선택

[일원배치 분산분석 : 사후분석–다중비교] 대화상자에서 [Scheffe(C)]를 선택하고, [계속] 버튼을 클릭하면 앞의 대화상자로 되돌아간다. 여기에서 [옵션(O)] 버튼을 클릭한다.

순서 6 ▸▸▸ [옵션(O)] 버튼의 선택

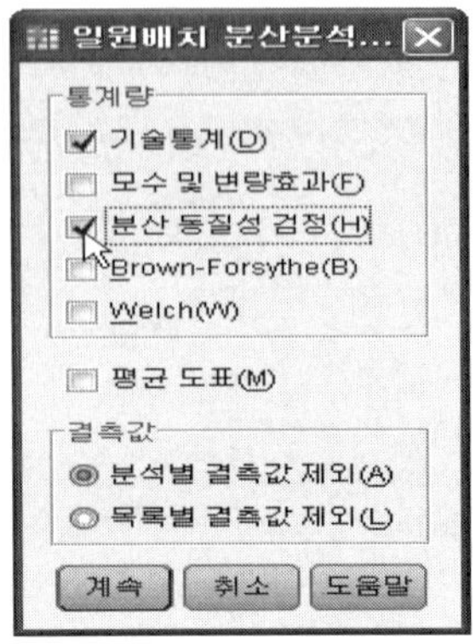

[일원배치 분산분석 : 옵션] 대화상자에서 [통계량]으로서는 [기술통계(D)]와 [분산의 동질성(H)]을 선택한다. [계속] 버튼을 클릭하면 앞의 대화상자로 되돌아간다. 여기에서 [확인] 버튼을 클릭하면 다음과 같은 분석결과를 얻을 수 있다.

분석결과

●●● 기술통계 ●●●

	N	평균	표준편차	표준오차	평균에 대한 95% 신뢰 구간		최소값	최대값
					하한값	상한값		
A	3	3.9000	.2646	.1528	3.2428	4.5572	3.60	4.10
B	3	3.4000	.4359	.2517	2.3172	4.4828	3.10	3.90
C	3	3.4000	.1732	1.000E-01	2.9697	3.8303	3.20	3.50
D	3	3.7000	.1732	1.000E-01	3.2697	4.1303	3.50	3.80
합계	12	3.6000	.3275	9.455E-02	3.3919	3.8081	3.10	4.10

●●● 분산의 동질성에 대한 검정 ●●●

콜레스테롤 함유량

Levene 통계량	자유도1	자유도2	유의확률
2.667	3	8	.119

●●● 분산분석 ●●●

콜레스테롤 함유량

			제곱합	자유도	평균제곱	F	유의확률
집단-간	(조합됨)		.540	3	.180	2.250	.160
	선형항	대비	5.400E-02	1	5.400E-02	.675	.435
		편차	.486	2	.243	3.037	.104
집단-내			.640	8	8.000E-02		
합계			1.180	11			

사후검정

●●● 다중비교 ●●●

종속변수 : 콜레스테롤 함유량
Scheffe

(I) 식품	(J) 식품	평균차(I-J)	표준오차	유의확률	95% 신뢰구간	
					하한값	상한값
A	B	.5000	.2309	.272	-.3066	1.3066
	C	.5000	.2309	.272	-.3066	1.3066
	D	.2000	.2309	.859	-.6066	1.0066
B	A	-.5000	.2309	.272	-1.3066	.3066
	C	4.441E-16	.2309	1.000	-.8066	.8066
	D	-.3000	.2309	.655	-1.1066	.5066
C	A	-.5000	.2309	.272	-1.3066	.3066
	B	-4.4009E-16	.2309	1.000	-.8066	.8066
	D	-.3000	.2309	.655	-1.1066	.5066
D	A	-.2000	.2309	.859	-1.0066	.6066
	B	.3000	.2309	.655	-.5066	1.1066
	C	.3000	.2309	.655	-.5066	1.1066

동일 집단군

●●● 콜레스테롤 함유량 ●●●

Scheffe[a]

식품	N	유의수준 =.05dp 대한 부집단
		1
C	3	3.4000
B	3	3.4000
D	3	3.7000
A	3	3.9000
유의확률		.272

동일 집단군에 있는 집단에 대한 평균이 표시됩니다.
a. 조화평균 표본 크기 = 3.000을(를) 사용

결과의 해석방법

먼저 기술통계의 결과치는 각 식품의 사례수, 평균, 표준편차, 표준오차, 95% 신뢰구간, 최소값, 최대값 등을 나타내고 있다.

다음에 분산분석이 유용하기 위해서는 표본이 무작위로 추출되었으며 모집단은 동일한 분산을 가지고 있다는 가정을 충족시켜야 한다. 현재 분석하고 있는 자료가 이러한 가정을 충족시키고 있는지를 알아보기 위해 Levene 통계량을 사용한다. Levene 통계량값이 2.667로서 충분히 크며 p값=0.119 > 유의수준 α = 0.05이므로 모집단의 분산이 동일하다는 귀무가설이 채택된다. 따라서 다음의 계속적인 분석이 가능하다.

신뢰수준 95%하의 분산분석의 결과에서

$$\text{유의확률 } p\text{값} = 0.160 > \text{유의수준 } \alpha = 0.05$$

이므로 귀무가설을 기각할 수 없다. 즉, 다이어트 식품별 콜레스테롤 함유량이 다르다고 할 수 없다. 우리는 1단계 분석에서 식품별로 콜레스테롤 함유량에 유의한 차이가 없음을 알았다. 이것은 사후분석을 통해 재확인할 수 있다.

Scheffe 통계량으로 계산된 사후검정을 보면 유의수준 0.05하에서 각 식품간 콜레스테롤 함유량의 평균 차이가 유의하지 않음을 알 수 있다. 따라서 식품별 콜레스테롤 함유량에는 차이가 없다는 결론을 내릴 수 있다.

마지막으로 동일집단군 분류에서 Subset에서는 통계적으로 평균 차이가 없는 동일한 집단을 나타내고 있다.

2. 이원배치 분산분석

1) 반복 없는 이원 분산분석

예제 13-2

예제 13-1에서 각 다이어트 식품별로 측정된 세 개의 관측치가 세 곳의 상이한 실험실에서 측정된 결과라고 하자.

●●● 데이터 ●●●

(단위 : mg)

식품 \ 실험실	1	2	3
A	3.6	4.1	4.0
B	3.1	3.2	3.9
C	3.2	3.5	3.5
D	3.5	3.8	3.8

다이어트 식품과 실험실에 따라서 콜레스테롤 함유량에 차이가 있는가를 5% 유의 수준으로 검정하라.

사고방식과 적용수법

본 예제에서 만일 세 곳의 실험실로 하여금 네 가지 식품에 대하여 모두 콜레스테롤 함유량을 측정하게 한다면, 실험실들의 측정기술 수준의 차이에 기인한 함유량이 각 식품에 모두 반영된다. 따라서 각 식품의 평균 콜레스테롤 함유량의 차이여부를 보다 효율적으로 판단할 수 있게 된다. 이와 같이 표본을 각 처리방법에 임의로 할당하기 전에 각 집단이나 블록 내에서 상대적으로 적은 변동을 갖도록 어떤 특성을 사용하여 표본을 배치하는 방법을 난괴법(randomized block design)이라 하며, 이를 분석하는 수법을 반복 없는 이원 분산분석이라고 한다.

분산분석표

본 예제에서는 다음 두 가지의 질문이 있을 수 있다.
첫째, 식품에 따라 콜레스테롤 함유량의 차이가 발생하는가?
둘째, 실험실에 따라 콜레스테롤 함유량의 차이가 발생하는가?

위의 두 가지 내용을 이원 분산분석에서의 주효과(main effect)에 대한 검정이라고도 한다. 여기에 관련된 검정을 보다 간편하게 하기 위해서는 이원 분산분석표(two-way ANOVA table)가 필요하다.

●●● 이원 분산분석표(반복 없는 이원 분산분석) ●●●

변동의 요인	편차제곱의 합	자유도	분산	F비	분산의기대치
인자 A(행)	S_A	$a-1$	V_A	V_A/V_e	$\sigma_e^2+b\sigma_A^2$
인자 B(행)	S_B	$b-1$	V_B	V_B/V_e	$\sigma_e^2+a\sigma_B^2$
잔 차	S_e	$(a-1)(b-1)$	V_e		σ_e^2
계	S_T	$ab-1$			

검정의 순서

반복 없는 이원 분산분석에서는 두 가지의 인자를 다루고 있으므로 두 가지 인자에 대한 가설검정을 별도로 해야 한다. 검정방법 및 순서는 일원 분산분석의 경우와 같다.

PASW(SPSS)에 의한 해법

순서 1 ▸▸▸ 데이터의 입력(13-2.sav)

순서 2 ▸▸▸ 일반선형모형-일변량(U)의 선택

메뉴에서 [분석(A)]-[일반선형모형(G)]-[일변량(U)]을 선택한다.

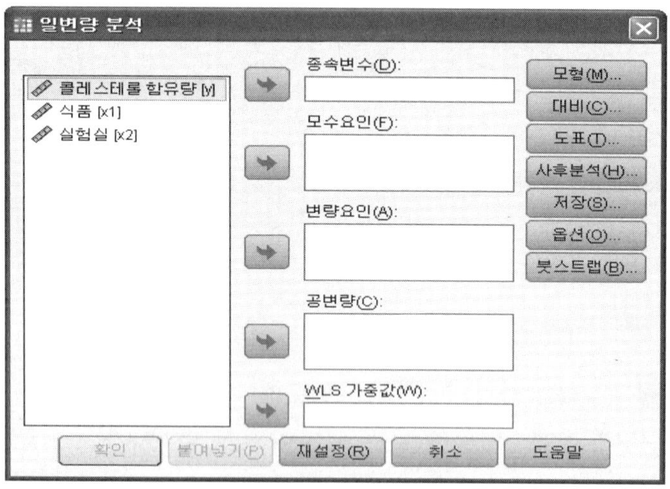

순서 3 ▸▸▸ 변수의 선택

[종속변수(D)]로서 "y"(콜레스테롤 함유량)을 선택하고, [모수요인(F)]으로서 "x_1"(식품)과 "x_2"(실험실)를 선택한다.

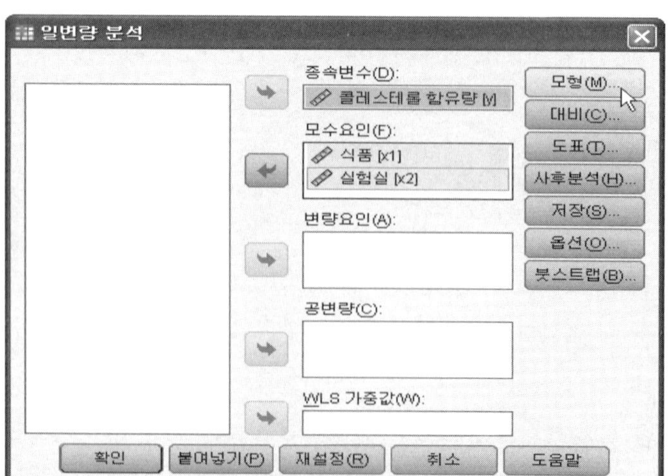

순서 4 ▸▸▸ 모형의 설정

[모형(M)] 버튼을 클릭하면 [일변량 : 모형] 대화상자가 나타난다. [사용자 정의(C)] 버튼을 클릭하면 화면이 반전된다. [항 설정]에서 "주효과"를 선택하고 [모형(M)] 난에 "x_1"과 "x_2"를 지정한다. [계속] 버튼을 클릭하면 앞의 대화상자로 되돌아간다.

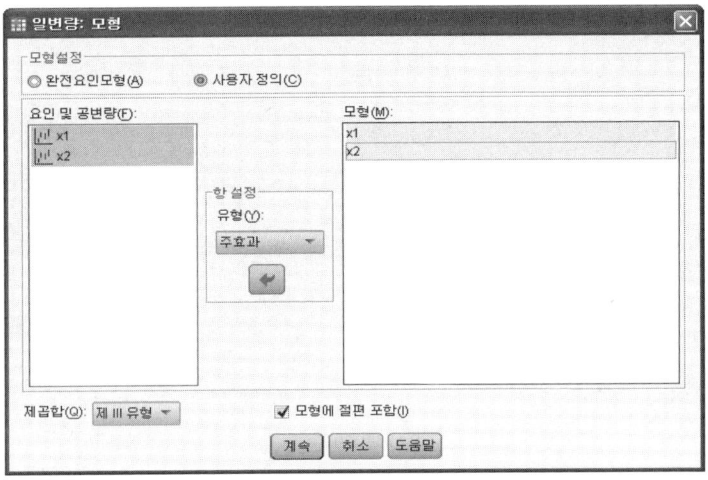

순서 5 ▸▸▸ 옵션의 선택

[옵션(O)] 버튼을 클릭하여 [일변량 : 옵션] 대화상자가 나타나면 출력으로서 [기술통계량(S)]을 선택하고 [계속] 버튼을 클릭한다. 앞의 화면에서 [확인]을 클릭하면 분석결과를 얻을 수 있다.

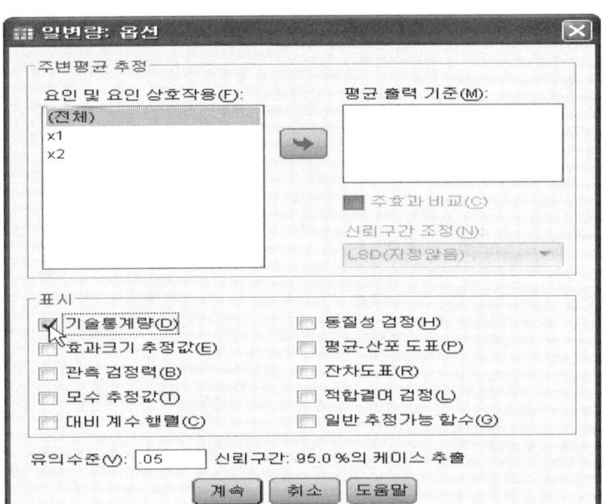

분석결과

●●● **일변량 분산분석** ●●●

개체-간 요인

		변수값 설명	N
식품	1	A	3
	2	B	3
	3	C	3
	4	D	3
실험실	1	실험실 1	4
	2	실험실 2	4
	3	실험실 3	4

개체-간 효과 검정

종속변수 : 콜레스테롤 함유량

소스					
수정 모형	.960a	5	.192	5.236	.034
절편	155.520	1	155.520	4241.455	.000
X1	.540	3	.180	4.909	.047
X2	.420	2	.210	5.727	.041
오차	.220	6	3.667E-02		
합계	156.700	12			
수정 합계	1.180	11			

결과의 해석방법

기술통계량에서는 식품별, 실험실별 평균 콜레스테롤 함유량과 총평균 3.60을 보여주고 있다. 그리고 식품별 표준편차와 실험실별 표준편차도 출력되어 있다.

분산분석표에서 식품별 콜레스테롤 평균함유량에 대한 검정에서는,

$$\text{유의확률 } p\text{값}=0.047 < \text{유의수준 } \alpha \ = 0.05$$

이므로 귀무가설 H_0를 기각한다. 즉, 다이어트 식품별로 콜레스테롤 평균함유량이 모두 같다고는 할 수 없다.

그리고 실험실별 콜레스테롤 평균함유량에 대한 검정에서는,

$$\text{유의확률 } p\text{값}=0.041 < \text{유의수준 } \alpha \ = 0.05$$

이므로 귀무가설 H_0를 기각한다. 즉, 실험실별로 콜레스테롤 평균함유량이 모두 같다고는 할 수 없다.

예제 13-3

4개 회사에서 생산되는 소형차를 6명의 운전자에게 운전하게 하여 휘발유 리터당 주행거리를 측정한 결과가 다음과 같다.

●●● 차종별 운전자별 리터당 주행거리 ●●●

(단위 : km/L)

차종 \ 운전자	1	2	3	4	5	6
가	15	10	13	14	17	9
나	17	12	18	13	15	12
다	17	7	9	13	8	12
라	10	12	8	7	9	11

차종에 따라 리터당 주행거리의 차이가 발생하는가? 그리고 운전자에 따라 리터당 주행거리의 차이가 발생하는가? 5% 유의수준으로 각각 검정하라.

PASW(SPSS)에 의한 해법

순서 1 ▸▸▸ 데이터의 입력(13-3.sav)

순서 2 ▸▸▸ 일반선형모형-일변량(U)의 선택

메뉴에서 [분석(A)]-[일반선형모형(G)]-[일변량(U)]을 선택한다.

여기에서부터의 순서는 예제 18-2와 같다.

분석결과

●●● 개체-간 효과 검정 ●●●

종속변수 : 리터당 주행거리

소스	제Ⅲ유형 제곱합	자유도	평균제곱	F	유의확률
수정 모형	134.000a	8	16.750	2.094	.103
절편	3456.000	1	3456.000	430.000	.000
X1	87.000	3	29.000	3.625	.038
X2	47.000	5	9.400	1.175	.367
오차	120.000	15	8.000		
합계	3710.000	24			
수정 합계	254.000	23			

a. R제곱 = .528(수정된 R 제곱 = .276)

결과의 해석방법

분산분석표에서 차종별 리터당 주행거리에 대한 검정에서는,

$$\text{유의확률 } p\text{값} = 0.038 < \text{유의수준 } \alpha = 0.05$$

이므로 귀무가설 H_0를 기각한다. 즉, 차종별로 리터당 주행거리가 모두 같다고는 할 수 없다.

그리고 운전자별 리터당 주행거리에 대한 검정에서는,

$$\text{유의확률 } p\text{값} = 0.367 > \text{유의수준 } \alpha = 0.05$$

이므로 귀무가설 H_0를 기각할 수 없다. 즉, 운전자별로 리터당 주행거리가 적어도 하나는 다르다고 할 수 없다.

2) 반복 있는 이원 분산분석

예제 13-4

점포의 크기와 지역에 따라 생활 필수품의 가격에 차이가 있는가를 알아보기 위하여 이원 분산분석을 하려고 한다. 점포의 크기를 인자 A로 하고 지역을 인자 B로 할 때 인자수준은 a=2(대, 소), b=3(서울, 중부, 남부)으로 한다. 따라서 전체 처리는 2×3=6개가 된다. 각 처리에서 2개의 표본을 추출한 결과 다음과 같은 데이터를 얻었다고 한다.

●●● 데이터 ●●●

(단위 : 천 원)

점포크기 \ 지역	B1(서울)	B2(중부)	B3(남부)
A1(소)	74	78	68
	78	74	72
A2(대)	70	68	60
	74	72	64

사고방식과 적용수법

전술한 바와 같이 일원 분산분석은 모집단의 평균이 같은지에 대한 가설검정이며, 반복 없는 이원 분산분석은 블록화를 이용하여 비처리(non-treatment) 변동을 고려한 평균이 같은지에 대한 검정이다. 본 예제는 두 개의 처리효과를 검정하는 데 사용하

는 반복 있는 이원 분산분석에 의해서 해결해야 한다.

이 검정은 반복을 완전 무작위화법으로 하는 경우에 해당된다.

분산분석표

반복 있는 이원 분산분석표는 다음과 같다.

●●● 이원 분산분석표(반복 있는 이원 분산분석) ●●●

변동의 요인	편차제곱의 합	자유도	분산	F비	분산의 기대치
인자 A(행)	S_A	$a-1$	V_A	V_A / V_e	$\sigma_e^2 + br\sigma_A^2$
인자 B(열)	S_B	$b-1$	V_B	V_B / V_e	$\sigma_e^2 + ar\sigma_B^2$
A×B(교호작용)	$S_{A\times B}$	$(a-1)(b-1)$	$V_{A\times B}$	$V_{A\times B} / V_e$	$\sigma_e^2 + r\sigma_{A\times B}^2$
잔 차	S_e	$ab(r-1)$	V_e		σ_e^2
계	S_T	$abr-1$			

검정의 순서

반복 있는 이원 분산분석에서의 가설검정은 세 가지로 나누어진다. 먼저 인자간의 교호작용(interaction)이 있는지의 여부를 검정해야 한다. 만약 교호작용이 존재한다면 인자 A와 인자 B의 효과를 따로 검정하는 것은 의미가 없게 되며 처리의 수가 ab인 일원 분산분석으로 간주하여 ab개의 처리간 평균의 동일성을 검정하거나 차이를 추정하면 된다.

만약 교호작용이 존재하지 않는다면 인자 A의 효과와 인자 B의 효과에 대하여 별도로 검정한다.

이원 분산분석의 모형은 다음과 같다.

$$Y_{ijk} = \mu.. + \alpha_i + \beta j + (\alpha\beta)_{ij} + \epsilon_{ijk}$$

여기에서

Y_{ijk} : 인자 A의 수준이 i이고 인자 B의 수준이 j인 처리에서 추출한 k번째의 관찰값

$\mu..$: 총평균

α_i : 인자 A의 효과

β_j : 인자 B의 효과

$(\alpha\beta)_{ij}$: 교호작용 효과

ϵ_{ijk} : 오차

교호작용이 존재하는지를 검정하기 위한 가설은 다음과 같이 설정된다.

H_0 : 모든 $(\alpha\beta)_{ij} = 0$

H_1 : $(\alpha\beta)_{ij}$중 적어도 하나는 0이 아니다.

귀무가설처럼 모든 $(\alpha\beta)_{ij} = 0$이면 두 인자간에 교호작용이 존재하지 않음을 의미하며, 대립가설은 교호작용이 존재함을 의미한다.

판정방법은 다음과 같다.

〈p값에 의한 판정〉

p값 ≦ 유의수준 α →귀무가설 H_0를 기각한다.

p값 > 유의수준 α →귀무가설 H_0를 기각하지 않는다.

〈기각치에 의한 판정〉

F비 ≧ $F((a-1)(b-1),\ ab(r-1)\ ;\ \alpha)$ → 귀무가설 H_0를 기각한다.

F비 < $F((a-1)(b-1),\ ab(r-1)\ ;\ \alpha)$ → 귀무가설 H_0를 기각하지 않는다.

PASW(SPSS)에 의한 해법

순서 1 ▸▸▸ 데이터의 입력(13-4.sav)

순서 2 ▸▸▸ 일반선형모형-일변량(U)의 선택

메뉴에서 [분석(A)]-[일반선형모형(G)]-[일변량(U)]을 선택한다.

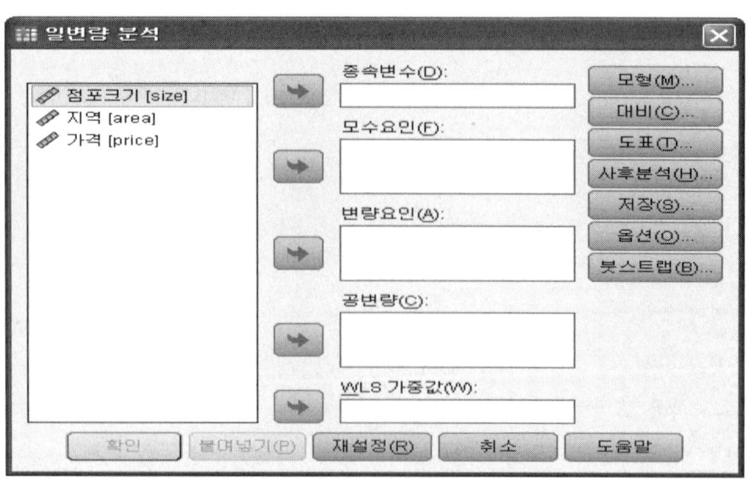

순서 3 ▸▸▸ 변수의 선택

[종속변수(D)]로서 "price"(가격)를 선택하고, [모수요인(F)]으로서 "area"(지역)와 "size"(점포크기)를 선택한다.

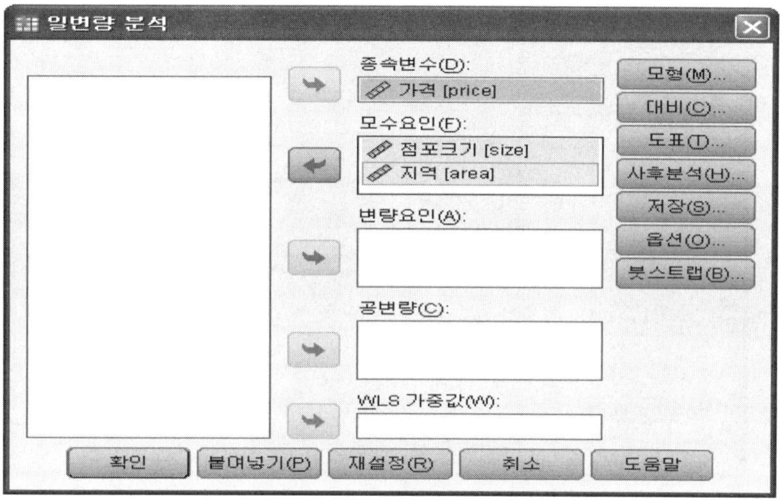

순서 4 ▸▸▸ 모형의 설정

[모형(M)] 버튼을 클릭하면 [일변량 : 모형] 대화상자가 나타난다.

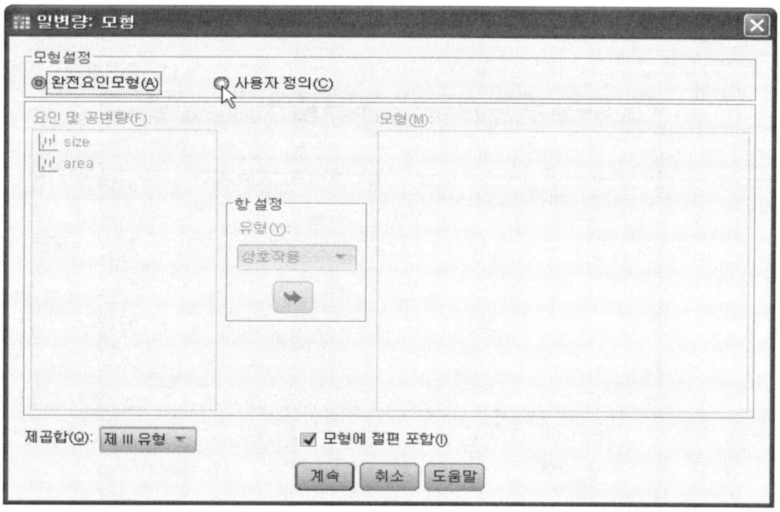

[사용자 정의(C)] 버튼을 클릭하면 화면이 반전된다. [항 설정]에서 "상호작용"을 선택하고 [모형(M)] 난에 "area"와 "size"를 각각 오른쪽의 '모형(M)'으로 보내고

Ctrl 키를 누른 채 "area"와 "size"를 클릭한 후 '모형(M)'으로 보내면 "area*size"가 만들어진다. [계속] 버튼을 클릭하면 앞의 대화상자로 되돌아간다.

순서 5 ››› 옵션의 선택

[옵션(O)] 버튼을 클릭하여 [일변량 : 옵션] 대화상자가 나타나면 출력으로서 [기술통계량(S)]을 선택하고 [계속] 버튼을 클릭한다. 앞의 화면에서 [확인]을 클릭하면 분석결과를 얻을 수 있다.

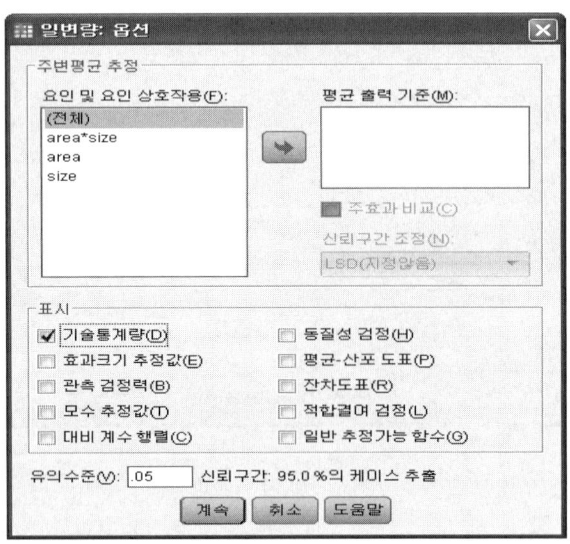

분석결과

●●● 개체-간 효과 검정 ●●●

소스	제Ⅲ유형 제곱합	자유도	평균제곱	F	유의확률
수정 모형	268.000a	5	53.600	6.700	.019
절편	60492.000	1	60492.000	7561.500	.000
AREA*SIZE	8.000	2	4.000	.500	.630
AREA	152.000	1	76.000	9.500	.014
SIZE	108.000	2	108.000	13.500	.010
오차	48.000	6	8.000		
합계	60808.000	12			
수정 합계	316.000	11			

a. R 제곱 = .848(수정된 R 제곱 = .722)

결과의 해석방법

① 교호작용의 검정

$$\text{유의확률 } p\text{값} = 0.630 > \text{유의수준 } \alpha = 0.05$$

이므로 귀무가설 H_0를 기각하지 않는다. 즉, 점포의 크기와 지역간에 교호작용은 존재하지 않는다.

② 점포크기의 효과에 대한 검정

$$\text{유의확률 } p\text{값} = 0.010 < \text{유의수준 } \alpha = 0.05$$
$$\text{F 비} = 13.5 > \text{F}(1,\ 6\ ;\ 0.05) = 5.987$$

이므로 귀무가설 H_0를 기각한다. 즉, 점포의 크기에 따라 가격에 차이가 있다.

③ 지역의 효과에 대한 검정

$$\text{유의확률 } p\text{값} = 0.014 < \text{유의수준 } \alpha = 0.05$$
$$F\text{ 비} = 9.5 > F(2,\ 6\ ;\ 0.05) = 5.143$$

이므로 귀무가설 H_0를 기각한다. 즉, 지역적 위치가 생활 필수품의 가격에 영향을 미친다.

교호작용도의 작성

교호작용도(interaction plot) 혹은 상호작용도는 눈으로 교호작용을 확인할 수 있는 유용한 도구다. 평균의 교호작용도를 그리는 순서는 다음과 같다.

순서 1 ▸▸▸ 데이터의 입력

첫 번째 열에 지역 번호를 입력하고, 두 번째 열과 세 번째 열에 각각 점포크기별 평균가격을 입력한다.

[변수보기]에서 "지역"이라는 변수에 1="서울", 2="중부", 3="남부"라고 하는 변수값 설명을 입력한다.

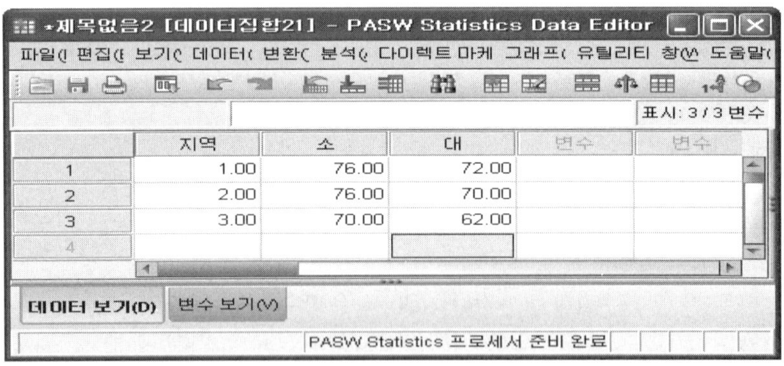

순서 2 ▸▸▸ 그래프의 선택

메뉴에서 [그래프(G)]−[레거시 대화상자]-[선도표(L)]를 선택한다.

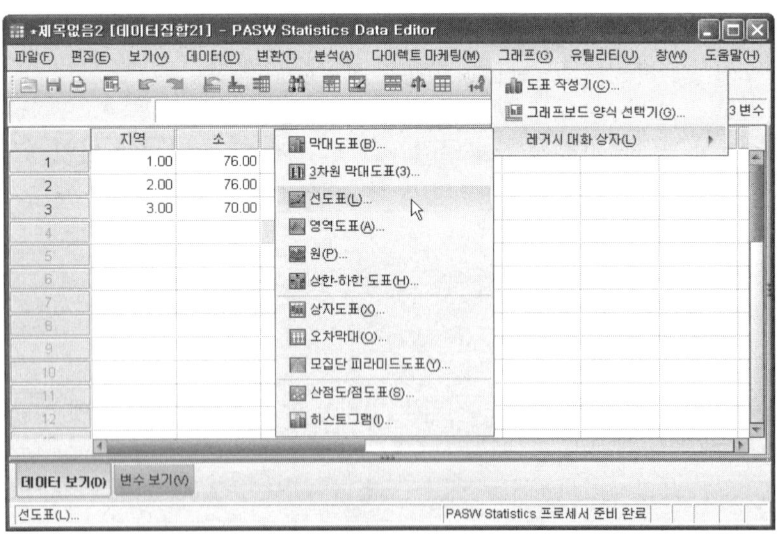

↓ (대화상자가 나타난다)

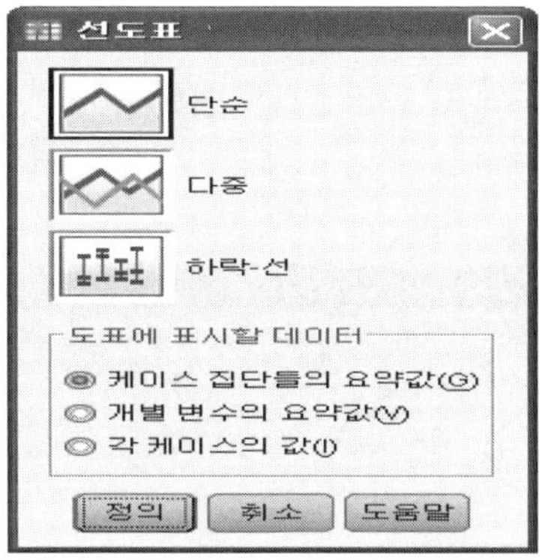

[선도표] 대화상자에서 그래프의 유형은 [다중]을 선택하고, [도표의 데이터]에서는 [개별 변수의 요약값(V)]을 선택한다. [정의] 버튼을 클릭한다.

순서 3 ▸▸▸ 변수의 선택

[다중 선도표 정의] 대화상자가 나타나면, [선 표시(L)] 난에 "소"와 "대"를 선택한다. [범주축(X)] 난에는 "지역"을 선택한다.

순서 4 ››› 제목의 입력

[제목(T)] 버튼을 클릭하면 다음과 같은 대화상자가 나타난다. [제목]의 [첫째줄(L)]에 "교호작용도"라고 입력한다.

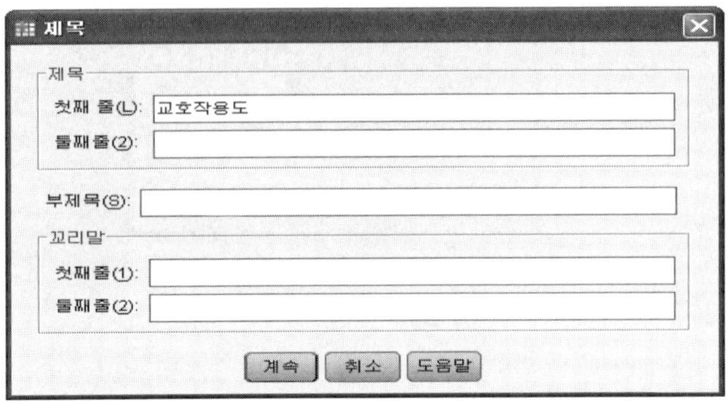

[계속] 버튼을 클릭하면 앞의 화면으로 되돌아간다. 여기에서 [확인] 버튼을 클릭하면 다음과 같은 교호작용도가 작성된다.

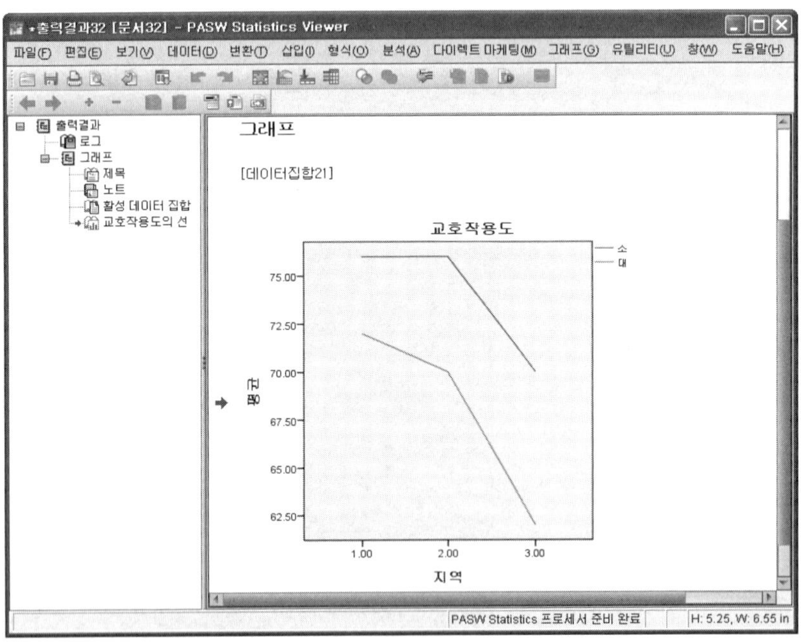

이 교호작용도에서 두 선이 교차되고 있지 않기 때문에 점포의 크기와 지역간의 두 인자간에 교호작용이 없음을 알 수 있다. 만약 교호작용이 있다면 두 선은 서로 교차하게 된다.

예제 13-5

빵의 맛에 영향을 주는 두 인자로 굽는 시간과 온도의 효과를 조사하고자 실험을 실시했다. 전문가가 빵의 맛에 대한 등급을 측정했으며 굽는 시간은 '짧다', '중간', '길다' 등으로 3개의 수준을 가진다. 굽는 온도 역시 '낮다', '중간', '높다' 등으로 3개의 수준을 가진다.

3명의 전문가가 각 경우마다 빵을 0에서 6까지의 등급으로 평가한 데이터가 다음과 같다.

●●● 데이터 ●●●

굽는 시간 \ 온도	낮다	중간	높다
짧다	0 0 3	0 2 4	4 5 6
중간	2 3 4	3 6 6	1 2 3
길다	4 5 6	1 3 5	0 1 2

시간과 온도에 따라서 빵의 맛에 영향을 주는지 5% 유의수준으로 검정하라.

PASW(SPSS)에 의한 해법(13－5.sav)

순서 1 ▸▸▸ 데이터의 입력

(주1) "시간"이라는 변수에는 1＝"짧다", 2＝"중간", 3＝"길다"고 하는 변수값 설명을 해 놓는다.
(주2) "온도"라는 변수에는 1＝"낮다", 2＝"중간", 3＝"높다"고 하는 변수값 설명을 해 놓는다.

순서 2 ▸▸▸ 일반선형모형－일변량(U)의 선택

메뉴의 [분석(A)]－[일반선형모형(G)]－[일변량(U)]을 선택한다. 이하 순서는 예제 13－4와 같다.

분석결과

●●● 개체-간 효과 검정 ●●●

소스	제Ⅲ유형 제곱합	자유도	평균제곱	F	유의확률
수정 모형	66.000a	8	8.250	3.908	.008
절편	243.000	1	243.000	115.105	.000
시간	2.000	2	1.000	.474	.630
온도	2.000	2	1.000	.474	.630
시간*온도	62.000	4	15.500	7.342	.001
오차	38.000	18	2.111		
합계	347.000	27			
수정 합계	104.000	26			

a. R 제곱 = .634(수정된 R 제곱 = .472)

결과의 해석방법

① 교호작용의 검정

$$\text{유의확률 } p\text{값}=0.001 < \text{유의수준 } \alpha = 0.05$$

이므로 귀무가설 H_0를 기각한다. 즉, 굽는 시간과 온도간에 교호작용은 존재한다.

② 시간의 효과에 대한 검정

$$\text{유의확률 } p\text{값}=0.630 > \text{유의수준 } \alpha = 0.05$$

이므로 귀무가설 H_0를 기각하지 않는다. 즉, 굽는 시간에 따라 빵의 맛에 영향을 미치지 않는다.

③ 온도의 효과에 대한 검정

$$\text{유의확률 } p\text{값}=0.630 > \text{유의수준 } \alpha = 0.05$$

이므로 귀무가설 H_0를 기각하지 않는다. 즉, 온도에 따라 빵의 맛에 영향을 미치지 않는다.

교호작용도 작성

순서 1 ▸▸▸ 데이터의 입력

첫 번째 열에 온도수준 번호를 입력하고 두 번째 열, 세 번째 열, 네 번째 열에 각각 굽는 시간별 평균 맛의 등급을 입력한다.
[변수보기]에서 “온도” 변수에 1=“낮다”, 2=“중간”, 3=“높다”고 하는 변수값 설명을 입력한다.

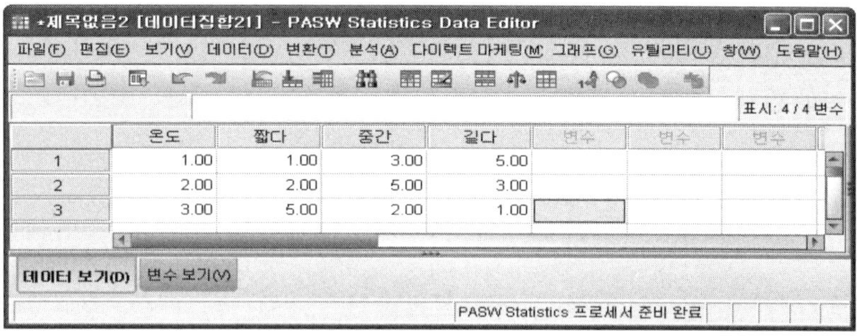

순서 2 ››› 그래프의 선택

메뉴에서 [그래프(G)]−[레거시대화상자]-[선도표(L)]를 선택한다. 여기에서부터의 순서는 교호작용도 작성시 예제의 순서와 같다.
이 교호작용도에서 각 선이 서로 교차되기 때문에 굽는 시간과 온도의 두 인자간에 교호작용이 있음을 알 수 있다.

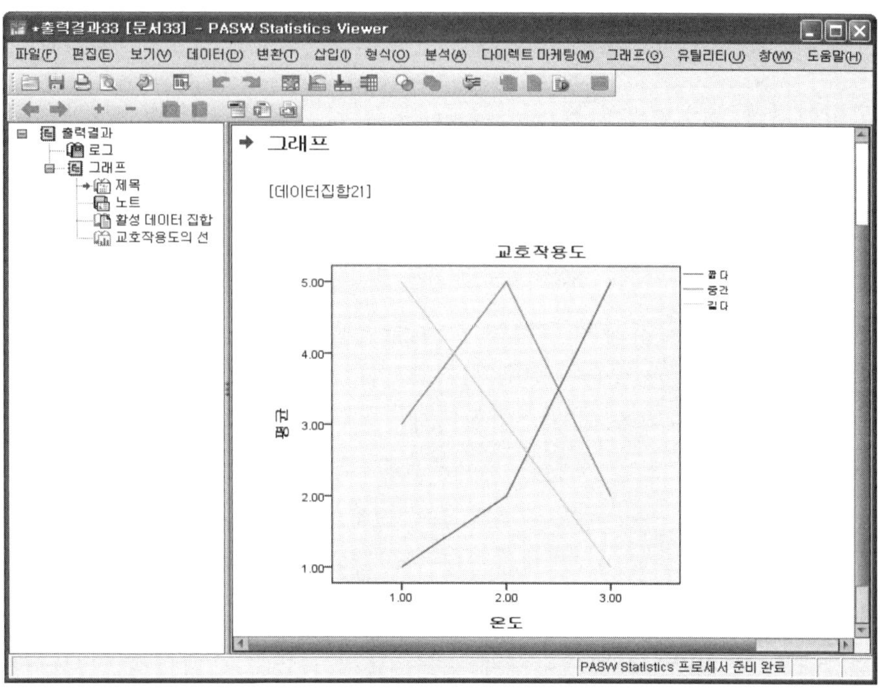

3. 다변량 분산분석

예제 13-6

K기업의 마케팅 담당자는 신제품의 전국적인 판매촉진활동을 계획하고 있다. 그는 가격(price)과 판매점(place)에 따른 신제품 판매량의 차이를 측정하고자 한다. 판매점마다 가격을 서로 다르게 하여 2주일 동안 판매량을 조사한 결과 다음과 같은 데이터를 수집했다. 유의수준 5%로 검정하라.

●●● 데이터 ●●●

구분		판매점			
		1	2	3	4
가격	1(상)	(30, 34) (34, 31)	(40, 40) (40, 45)	(27, 26) (26, 28)	(25, 27) (23, 25)
	2(중)	(36, 37) (34, 34)	(46, 44) (48, 47)	(27, 26) (26, 29)	(29, 27) (26, 26)
	3(하)	(39, 36) (39, 40)	(46, 48) (47, 53)	(32, 34) (32, 31)	(30, 31) (33, 31)

(주) 괄호 안의 첫 번째 숫자는 판매촉진 1주일 전의 판매량이고, 두 번째 숫자는 판매촉진 1주일 후의 판매량을 가리킨다.

사고방식과 적용수법

다변량 분산분석(multivariate analysis of variance ; MANOVA)은 이미 앞에서 단일변량 분산분석에서 설명한 바와 달리 종속변수의 수가 두 개 이상인 경우에 여러 모집단의 평균 벡터를 동시에 비교하는 분석기법이다. 예를 들면, 어떤 동물의 암컷과 수컷에서 몸무게, 길이, 가슴너비를 각각 측정한 후에 두 모집단의 크기에 차이가 있는지를 검토한다거나 세 종류의 산업에 속한 여러 회사들의 경영실태를 분석하기 위하여 유동성비율, 부채비율, 자본수익률 등을 자료로 하여 비교할 때 다변량 분산분석을 이용할 수 있다. 또한 다변량 분산분석에서는 종속변수의 조합에 대한 효과의 동시검정을 중요시한다. 그 이유는 대부분의 경우에 종속변수들은 서로 독립적이 아니고, 또한 이 변수들은 동일한 개체에서 채택되어서 상관관계가 있기 때문이다.

ANOVA와 MANOVA의 차이점은 실험개체를 대상으로 놓고 변수가 단수인가 혹은 복수인가에 달려 있다. MANOVA 설계의 특징은 종속변수가 벡터 변수라는 데에 있다. 이 종속변수는 각 모집단에 대하여 같은 공분산행렬을 가지며 다변량 정규분포를 이루고 있다고 가정한다. 공분산행렬이 같다는 것은 ANOVA에서 분산이 같다는 가정을 MANOVA로 연장시킨 것이다. MANOVA에 대한 연구의 초점은 모집단의 중심, 즉 평균 벡터 사이에 차이가 있는지의 여부에 대한 것이다. 즉, 모집단들의 종속변수(벡터)에 의해 구성된 공간에서 중심(평균)이 같은지의 여부를 조사하고자 한다.

다변량 분산분석은 요인의 수에 따라 단일변량의 경우와 마찬가지로 일원 다변량 분산분석(one-way MANOVA), 이원 다변량 분산분석(two-way MANOVA) 등으로 나누고 있다.

분석절차

다변량 분산분석에서의 귀무가설은 여러 모집단의 평균 벡터가 같다는 것을 기술한다. 이것의 분석절차는 일반적으로 다음과 같다.

(1) 먼저 종속변수 사이에서 상관관계가 있는지의 여부를 조사한다. 만일에 상관관계가 없다면 변수들을 개별적으로 ANOVA검정을 실시한다. 반대로 상관관계가 있으면 MANOVA검정을 하게 된다.
(2) 변수들의 기본 가정인 다변량 정규분포성과 등공분산성 등을 조사한다.
(3) 모든 요인수준의 평균 벡터들이 같은지를 검정한다.
(4) 만일에 모든 평균 벡터들이 같다는 귀무가설이 채택되면 검정은 거기서 끝난다. 그러나 귀무가설이 기각되어 모든 평균 벡터들이 반드시 같지 않다면, 변수들을 개별적으로 조사하여 어떤 변수가 얼마나 다른가를 조사하며 그리고 그 차이가 의미하는 것은 무엇인가를 규명한다.

PASW(SPSS)에 의한 해법

순서 1 ▸▸▸ 데이터의 입력(13-6.sav)

(주1) "판매점"이라는 변수에는 1="판매점 1", 2="판매점 2", 3="판매점 3", 4="판매점 4"라고 하는 변수값 설명을 해 놓는다.
(주2) "가격"이라는 변수에는 1="상", 2="중", 3="하"라고 하는 변수값 설명을 해 놓는다.

순서 2 ▸▸▸ 일반선형모형-다변량(M)의 선택

메뉴에서 [분석(A)]-[일반선형모형(G)]-[다변량(M)]을 선택한다.

순서 3 ▸▸▸ 변수의 선택

[다변량] 대화상자가 나타나면, [종속변수(D)]로서 "판매량 1"과 "판매량 2"를 선택한다. [모수요인(F)]으로서 "판매점"과 "가격"을 선택한다.

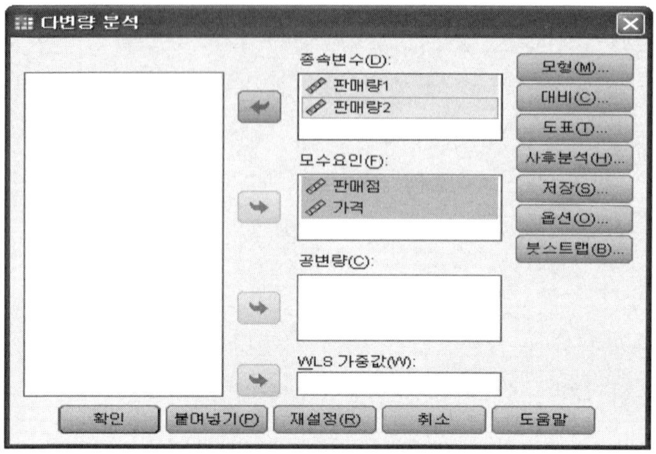

[다변량] 대화상자에서 [공변량(C)] 난은 통제변수를 선택하는 곳이다. [WLS 가중값(W)] 난은 가중된 최소제곱분석에 대한 가중값이 있는 숫자변수를 나열한다. 여기에서 가중값이 0, 음수, 결측값이 있을 때는 분석에서 사례가 제외된다.

순서 4 ▸▸▸ 옵션(O)의 선택

[옵션(O)] 버튼을 클릭하면 [GLM－다변량 : 옵션] 대화상자가 나타난다.

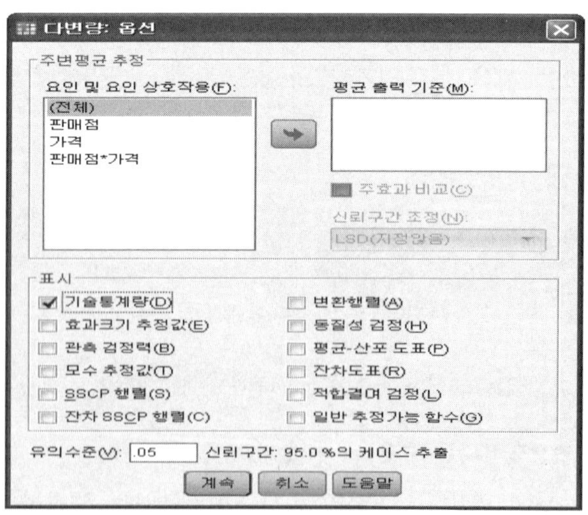

여기에서 원하는 출력으로서 [기술통계량(S)]과 [관측 검정력(B)]을 선택하고 [계속] 버튼을 클릭한다. 그 전의 화면으로 되돌아가면 [확인] 버튼을 클릭한다.

다음과 같은 분석결과를 얻게 된다.

분석결과

분석결과로서는 (1) 개체－간 요인, (2) 기술통계량, (3) 다변량 검정, (4) 개체－간 효과검정 등이 출력된다.

●●● 기술통계량 ●●●

	판매점	가격	평균	표준편차	N
판매량 1	판매점1	상	32.00	2.83	2
		중	35.00	1.41	2
		하	39.00	.00	2
		합계	35.33	3.44	6
	판매점2	상	40.00	.00	2
		중	47.00	1.41	2
		하	46.50	.71	2
		합계	44.50	3.56	6
	판매점3	상	26.50	.71	2
		중	26.50	.71	2
		하	32.00	.00	2
		합계	28.33	2.88	6
	판매점4	상	24.00	1.41	2
		중	27.50	2.12	2
		하	31.50	2.12	2
		합계	27.67	3.67	6
	합계	상	30.63	6.67	8
		중	34.00	8.83	8
		하	37.25	6.58	8
		합계	33.96	7.62	24
판매량 2	판매점1	상	32.50	2.12	2
		중	35.50	2.12	2
		하	38.00	2.83	2
		합계	35.33	3.08	6
	판매점2	상	42.50	3.54	2
		중	45.50	2.12	2
		하	50.50	3.54	2
		합계	46.17	4.36	6

	판매점	가격	평균	표준편차	N
판매량 2	판매점3	상	27.00	1.41	2
		중	27.50	2.12	2
		하	32.50	2.12	2
		합계	29.00	3.10	6
	판매점4	상	26.00	1.41	2
		중	26.50	.71	2
		하	31.00	.00	2
		합계	27.83	2.56	6
	합계	상	32.00	7.21	8
		중	33.75	8.28	8
		하	38.00	8.42	8
		합계	34.58	8.05	24

●●● 다변량 검정 ●●●

효과		값	F	가설 자유도	오차 자유도	유의 확률	비중심 모수	관측 검정력[a]
Intercept	Pillai의 트레이스	.999	8174.133[b]	2.000	11.000	.000	6348.265	1.000
	Wilks의 람다	.001	8174.133[b]	2.000	11.000	.000	6348.265	1.000
	Hotelling의 트레이스	1486.206	8174.133[b]	2.000	11.000	.000	6348.265	1.000
	Roy의 최대근	1486.206	8174.133[b]	2.000	11.000	.000	6348.265	1.000
판매점	Pillai의 트레이스	1.040	4.336	6.000	24.000	.004	26.015	.942
	Wilks의 람다	.015	26.076[b]	6.000	22.000	.000	156.456	1.000
	Hotelling의 트레이스	61.149	101.914	6.000	20.000	.000	611.486	1.000
	Roy의 최대근	61.089	244.355[c]	3.000	12.000	.000	733.066	1.000
가격	Pillai의 트레이스	1.009	6.105	4.000	24.000	.002	24.420	.964
	Wilks의 람다	.090	12.842[b]	4.000	22.000	.000	51.370	1.000
	Hotelling의 트레이스	9.026	22.564	4.000	20.000	.000	90.256	1.000
	Roy의 최대근	8.902	53.415[c]	2.000	12.000	.000	106.829	1.000
판매점* 가격	Pillai의 트레이스	.709	1.099	12.000	24.000	.404	13.193	.457
	Wilks의 람다	.373	1.167[b]	12.000	22.000	.363	14.001	.471
	Hotelling의 트레이스	1.456	1.213	12.000	20.000	.339	14.560	.473
	Roy의 최대근	1.283	2.566[c]	6.000	12.000	.078	15.396	.620

a. 유의수준 = .05을(를) 사용하여 계산
b. 정확한 통계량
c. 해당 유의수준에서 하한값을 발생하는 통계량은 F에서 상한값입니다.
d. 계획 : Intercept + 판매점 + 가격 + 판매점 * 가격

●●● 개체-간 효과 검정 ●●●

소스	종속 변수	제Ⅲ유형 제곱합	자유도	평균제곱	F	유의 확률	비중심모수	관측 검정력[a]
수정 모형	판매량1	1312.458[b]	11	119.314	58.440	.000	642.837	1.000
	판매량2	1431.833[c]	11	130.167	26.033	.000	286.367	1.000
Intercept	판매량1	27676.042	1	27676.042	13555.612	.000	13555.612	1.000
	판매량2	28704.167	1	28704.167	5740.833	.000	5740.833	1.000
판매점	판매량1	1105.458	3	368.486	180.483	.000	541.449	1.000
	판매량2	1268.833	3	422.944	84.589	.000	253.767	1.000
가격	판매량1	175.583	2	87.792	43.000	.000	86.000	1.000
	판매량2	152.333	2	76.167	15.233	.001	30.467	.994
판매점* 가격	판매량1	31.417	6	5.236	2.565	.078	15.388	.620
	판매량2	10.667	6	1.778	.356	.893	2.133	.112
오차	판매량1	24.500	12	2.042				
	판매량2	60.000	12	5.000				
합계	판매량1	29013.000	24					
	판매량2	30196.000	24					
수정 합계	판매량1	1335.958	23					
	판매량2	1491.833	23					

결과의 해석방법

(1) 개체-간 요인

판매점과 가격에서 신제품 판매량의 차이를 측정한 케이스가 나타나 있다.

(2) 기술통계량

판매점 및 기격에 따른 판내촉신 1수일 전의 판매량과 판매촉진 1주일 후의 판매량이 나타나 있다.

(3) 다변량 검정

다변량 분산분석에서는 연구목적에 따라서 Pillai의 트레이스, Wilks의 람다, Hotelling의 트레이스, Roy의 최대근 등을 사용한다. 여기에서 Intercept는 상수를 의미하며, 종속변수를 독립변수에 의한 함수관계로 나타낼 때 필요하다. 여기에서는 Wilks 통계량값을 사용한다.

Wilks의 람다는 다음과 같이 계산된다.

$$\Lambda = \frac{\text{그룹 내 분산}}{\text{총분산}}$$

만일 람다값이 작으면 귀무가설을 기각시킨다. 위의 결과에서 판매점의 람다값은 0.015이며, 이것을 F값으로 환산하면 26.076이 된다. 이 때 유의확률은 0.000이므로 평균 벡터가 같다는 귀무가설을 기각시킨다. 그러므로 판매점에 따라 신제품 판매량은 차이가 있으며($p=0.000 < 0.05$), 또한 가격에 따라서도 차이가 있음을 알 수 있다($p=0.000 < 0.05$). 교호작용 효과를 검정하기 위하여 Wilks 람다값의 F확률을 살펴보면, Sig. of $F=0.363 > 0.005$이므로 판매점 및 가격의 교호작용(상호작용) 효과는 없다고 볼 수 있다.

(4) 개체-간 효과검정

개체-간 효과검정에서 수정모형은 판매점, 가격에 답변한 케이스가 적은 경우 이를 수정하게 되는 것을 말한다. 판매촉진 1주일 전의 판매량과 1주일 후의 판매량 각각에 대해서 일원배치 분산분석을 실시하고 있다.

다변량검정에서의 통계량 계산

다변량검정에서는 다음 네 가지의 통계량이 언제나 등장한다.

Pillai의 트레이스, Wilks의 람다, Hotelling의 트레이스, Roy의 최대근

이 네 가지의 통계량은

$H=$ 가설평방합적합행렬(假說平方合積合行列),

$E=$ 오차평방합적합행렬(誤差平方合積合行列)

이라고 했을 때, $E^{-1}H$의 고유치(eigenvalue)

$$\lambda_1 \geq \lambda_2 \geq \cdots \geq \lambda_s$$

를 다음 식에 대입하면 구해진다.

Pillai's trace $\cdots V = \sum_{i=1}^{s} \frac{\lambda_i}{1+\lambda_i}$

Wilk's lambda $\cdots \Lambda = \prod_{i=1}^{s} \frac{1}{1+\lambda_i}$

Hotelling's trace $\cdots U = \sum_{i=0}^{s} \lambda_i$

Roy's largest root $\cdots \Theta = \lambda_{\max}$

그러나 그러기 위해서는 고유치를 계산하지 않으면 안 되는데, 도저히 전자식 탁상 계산기로는 구해지지 않는다. 그래서 PASW(SPSS) Syntax 명령문을 이용한다.

단순회귀분석 14

1. 회귀분석

1) 회귀분석의 개요

회귀분석이란

회귀분석은 어떤 하나의 변수값을, 다른 변수의 값을 사용해서

① 예측하고 싶다
② 제어하고 싶다

라고 하는 두 가지 경우에 주로 이용되는 수법이다.

예측하고 싶은 변수를 목적변수라 부르고, 예측에 사용하는 변수를 설명변수라고 부른다. 제어의 문제에 적용할 경우에는 목적변수가 결과로서 제어되는 변수이고 설명변수가 직접 제어하는 변수이다.

회귀분석에는 단순회귀분석(simple regression analysis)과 다중회귀분석(multiple regression analysis)이 있다. 설명변수가 하나인 경우가 단순회귀분석이고 두 개 이상인 경우가 다중회귀분석이다.

회귀분석을 적용할 수 있는 데이터의 타입은 목적변수가 양적 변수일 때이다. 설명변수쪽은 양적 변수이거나 질적 변수이거나 상관 없다. 다만 질적 변수를 쓸 경우에는 데이터 값이 0이나 1밖에 취하지 않는 더미변수라고 불리는 변수를 도입하여, 질적인 데이터를 변환하지 않으면 안 된다. 설명변수가 모두 질적인 경우에 이용되는

해석수법에 수량화이론 I류라고 불리는 수법이 있는데, 이것은 설명변수를 모두 더미변수로 해서 다중회귀분석을 실시하는 것과 동등하다.

회귀분석의 목표

단순회귀분석은 목적변수 y를 1개의 설명변수 x의 1차식으로 나타내는 것, 즉

$$y = b_0 + b_{1x}$$

라고 하는 y와 x간의 관계식을 구하는 수법이다.

다중회귀분석이란 목적변수 y를 p개의 설명변수 x_1, x_2, $\cdots$, x_p의 1차식으로 나타내는 것, 즉

$$y = b_0 + b_{1x2} + b_{2x2} + \cdots + b + pxp$$

라고 하는 y와 x_1, x_2, $\cdots$, x_p 사이의 관계식을 구하는 수법이다.

회귀분석에서는 b_0를 절편 혹은 상수항이라 부르고, b_1, b_2, $\cdots$, b_p를 (편)회귀계수라고 부른다.

회귀분석의 이론적 배경

단순회귀분석을 통해서 회귀분석의 이론적 배경을 설명한다.

지금 체중과 신장의 두 변수에 대해서 n명분의 데이터가 얻어졌다고 한다. 체중은 y, 신장은 x라고 한다. x로부터 y를 예측하는 식을 만들고 싶다.

여기에서 n명의 데이터 x_i, $y_i(i=1,\ 2,\ \cdots,\ n)$에

$$y_i = b_0 + b_{1x\,i}$$

라고 하는 직선을 적용하는 것을 생각한다. 구하고 싶은 것은 b0와 b1이다.

이 식을 써서 x로부터 y를 예측했다고 하면, 제 i번째 y의 예측치 Y_i는

$$Y_i = b_0 + b_{1x_i}$$

가 된다. 따라서 (실제의 y값)과 (y의 예측치 Y)의 차 e는

$$e_i = y_i - (b_0 + b_1 x_i)$$

로 나타낼 수 있다.

실제의 y의 값이 예측치보다도 클 때에는 e는 양(+)이 되고, 작을 때에는 e는 음(−)이 된다. e를 잔차(residual)라고 한다.

데이터에 가장 잘 들어맞는 직선이란 "잔차 e의 합계가 최소가 되는 직선"이라고 생각할 수도 있지만, 이와 같은 직선은 y의 평균을 말하는 것으로 이것은 x와 무관하고 의미가 없다.

그래서 잔차 e를 거리처럼 생각해서 +, −의 부호가 사라지도록 e를 자승해서 평가하여, "e의 자승의 합계가 최소가 되는 직선"이 데이터에 가장 잘 들어맞는 직선이라고 생각하기로 한다. 이와 같은 방법을 최소자승법(least squares method)이라 부르고 이 사고방식이 회귀분석의 이론적인 배경으로 되어 있다.

2) 회귀분석과 PASW(SPSS)

회귀분석에 대한 예비적 해석

회귀분석을 실시하기 전에 그래프를 활용한 1변수마다, 2변수마다의 기본적인 해석을 행하여 데이터의 음미를 충분히 실시해 놓을 필요가 있다. 이와 같은 해석의 단계를 예비적 해석이라고 부른다.

예비적 해석에서는 하나의 변수마다의 분포, 두 변수간의 관계, 이상치(이상적으로 차이가 나는 값)의 존재 등을 시각에 호소해서 검토하게 된다.

회귀분석 등의 다변량분석의 수법은 이상치의 영향을 받기 쉽고 또 두 변수간의 관계에는 직선관계를 상정하고 있는 경우가 많다. 따라서 예비적 해석에 의해 이상치의 유무를 검토한다거나 두 변수간의 관계를 검토하는 것은 극히 중요한 과정이 된다.

1변수마다의 해석

예비적 해석의 제1단계는 1변수마다의 데이터 해석이다. 다변량 데이터를 구성하는 각 변수마다의 데이터 특징을 파악하기 위해서 1변수마다 기본통계량(평균이나 표준편차)의 산출과 그래프 표현을 실시한다.

평균과 표준편차의 값을 알면, 개개의 데이터가 이상치인지 어떤지를 판단할 수 있다.

$$\text{평균} \pm 2.5 \times \text{표준편차}$$

의 범위를 넘어서고 있는 데이터는 이상치라고 생각한다.

데이터의 분석이나 이상치의 존재는 데이터를 그래프로 표현하여 시각적으로 음미하는 것도 필요하다. 이때에 이용하는 그래프로서는 히스토그램이나 도트 플롯이 유효하다.

두 변수마다의 해석

두 개의 양적 변수가 있어서 한쪽 변수의 데이터가 변화했을 때에 다른 한쪽 변수의 데이터도 그것에 따라서 변화하는 경우, 이들 두 변수간에는 상관관계가 있다고 한다. 예를 들면, 신장이 큰 사람은 체중이 무겁고, 신장이 작은 사람은 체중이 가볍다고 하는 경향이 있다면 신장과 체중 사이에는 상관관계가 있다고 한다. 상관관계 중에서도 한쪽 변수의 값이 커지면 다른 한쪽 변수의 값도 커진다고 하는 관계를 양(+)의 상관관계라 하고, 이것과는 역으로 한쪽 변수의 값이 커지면 다른 한쪽 변수의 값은 작아진다고 하는 관계를 음(−)의 상관관계라고 한다.

상관관계의 정도를 재는 지표가 상관계수(correlation coefficient)이다. 상관계수는 보통 r이라고 하는 기호로 표기된다. 상관계수는 −1에서 +1까지의 값을 취하며, 상관계수의 절대치 혹은 상관계수의 자승 값이 1에 가까울수록 상관관계가 강하다고 판단한다.

상관계수의 값이 플러스일 때에는 양(+)의 상관관계가 있다는 것을 시사하고, 상관계수의 값이 마이너스일 때에는 음(−)의 상관관계가 있다는 것을 시사하고 있다. 상관계수가 0에 가까울 때에는 그 두 변수간에는 상관관계가 없게 된다.

두 양적 변수의 관계도 1변수마다의 해석을 실시할 때와 마찬가지로 그래프로 표현하여 시각적으로 음미하는 것이 필요하다. 이를 위한 그래프로서 산포도(scatter diagram)가 있다.

산포도를 관찰할 때의 요점은 다음의 세 가지이다.

① 변수 사이에는 어떠한 관계가 있는가(직선적인가, 곡선적인가, 무관계인가).
② 이상치(이상적으로 차이가 나는 값)는 없는가.
③ 몇 개의 크러스터(그룹)가 형성되어 있지 않은가.

PASW(SPSS)에서는 그래프 기능을 사용해서 산포도를 간단히 작성할 수 있다.

2. 단순회귀분석

1) 단순회귀분석의 실례(實例)

예제 14-1

다음의 데이터는 어떤 회사에 근무하는 20명의 판매원에 대한 판매활동의 적성을 보는 시험의 득점(x)과 일정기간에 있어서의 판매실적(y)을 나타낸 것이다.

●●● 데이터표 ●●●

No.	1	2	3	4	5	6	7	8	9	10
x	41	35	34	40	33	42	37	42	30	43
y	32	20	35	24	27	28	31	33	26	41

No.	11	12	13	14	15	16	17	18	19	20
x	38	38	46	36	32	43	42	30	41	45
y	29	33	36	23	22	38	26	20	30	30

이 데이터로부터 적성시험의 득점(x)으로 판매실적(y)을 예측하는 다음과 같은 1차식을 구하라.

$$y = b_0 + b_{1x}$$

회귀식

PASW(SPSS)에 의해서 구한 회귀식은 다음과 같이 된다.

$$y = 1.016 + 0.734x$$

회귀식의 유의성

회귀식이 얻어지면 그 식이 통계적으로 의미가 있는 것인지 검토할 필요가 있다. 먼저 통계적인 의미가 있다, 없다고 하는 것은 어떠한 것인가를 설명한다.

n개의 표본 데이터에 의거해서 얻어진 회귀식을

$$y = b_0 + b_{1x}$$

라고 한다.

(주) 이 예제에서는 $n=20$이다.

한편 대량(무한개)의 표본을 사용했을 때에 얻어질 회귀식을

$$y=\beta_0+\beta_{1x}$$

라고 한다. 이 회귀식을 모회귀식이라고 한다.

우리들이 입수할 수 있는 것은 n개(유한개)의 표본이며, 무한개의 표본을 모으는 것은 불가능하다. 그래서 n개의 표본 데이터에 의거해서 얻어진 회귀식은 무한개의 표본을 사용했을 때에 얻어질 회귀식과 그다지 크게 다르지 않을 것이라고 생각한다. 즉, b_0는 β_0의, b_1은 β_1의 추정치로 생각한다.

얻어진 회귀식에 통계적인 의미가 없다고 하는 것은,

"b_1이 0이 아닌 것은 우연의 오차에 의한 것으로, β_1은 0이라고 생각해야 한다"

는 것이다.

역으로, 통계적으로 의미가 있다고 하는 것은,

"b_1이 0이 아닌 것은 본질적인 것으로, β_1은 0이 아니라고 생각해야 한다"

는 것이다.

이와 같이 통계적인 의미의 있고 없음을 판단하기 위한 방법이 통계적 가설검정이다. 회귀식의 통계적 유의성을 검정하려면 분산분석표가 필요하게 된다. 분산분석표를 사용해서 검정함으로써 통계적 유의성을 판정한다. 여기에서 검정될 가설은, 회귀식은 의미가 없다고 하는 가설로 정식으로는 다음과 같은 내용이다.

귀무가설 H_0 : $\beta_1=0$ (회귀식에는 의미가 없다.)

대립가설 H_1 : $\beta_1\neq 0$ (회귀식에는 의미가 있다.)

이 예제에서는 다음과 같은 분산분석표가 얻어진다.

모형		제곱합	자유도	평균제곱	F	유의확률
1	선형회귀분석	241.766	1	241.766	10.629	.004[a]
	잔차	409.434	18	22.746		
	합계	651.200	19			

a. 예측값 : (상수), X

b. 종속변수 :Y

이 분산분석표 중의 "유의확률"의 수치에 주목하여 다음과 같이 판정한다.

유의확률의 수치 ≦ 유의수준 α → H_0를 기각한다(회귀식에는 의미가 있다.)
유의확률의 수치 > 유의수준 α → H_0를 기각하지 않는다(회귀식에는 의미가 없다.)

유의수준 α 는 일반적으로 0.05로 설정된다($\alpha = 0.05$).
"유의확률"이라고 하는 명칭은 PASW(SPSS) 특유의 표현으로, p값이라고 부르는 것이 일반적이다.
이 예에서는

$$유의확률의\ 수치 = 0.004 < 유의수준\ \alpha = 0.05$$

이므로 H_0를 기각한다. 즉, 회귀식에는 의미가 있다고 말할 수 있다.

회귀식의 유효성

회귀식의 유효성(실제로 도움이 되는지 어떤지)을 평가하려면, 기여율(=결정계수)을 계산해 보면 된다. 기여율은 목적변수 y의 변동 중에서 x를 사용한 회귀식에 의해서 설명이 되는 변동의 비율을 나타내는 지표로,

$$기여율 = \frac{회귀의\ 변동}{합계의\ 변동}$$

으로 구해진다. 예를 들면, 기여율이 0.55이다라고 하는 것은 목적변수 y가 갖는 정보 중 55%는 x의 변동으로 설명할 수 있다는 것을 나타내고 있다. 따라서 기여율이 1에 가까울수록 회귀식이 잘 들어맞게 되는 셈이 된다. 기여율은 R^2이라고 하는 기호로 표기된다. 기여율 R^2의 제곱근 R을 중상관계수(multiple correlation coefficient)라고 한다.
이 예에서는 $R^2 = 0.371$이 된다.

산포도

산포도(혹은 산점도) 작성은 회귀분석의 첫 단계라고 할 수 있다. 산포도를 관찰함으로써 회귀모형을 직선으로 나타낼 것인지 아니면 곡선으로 나타낼 것인지를 결정한다. 여기에서 설명변수 x가 목적변수 y에 미치는 영향을 살펴보기 위하여 산포도를 작성하면 다음과 같다.

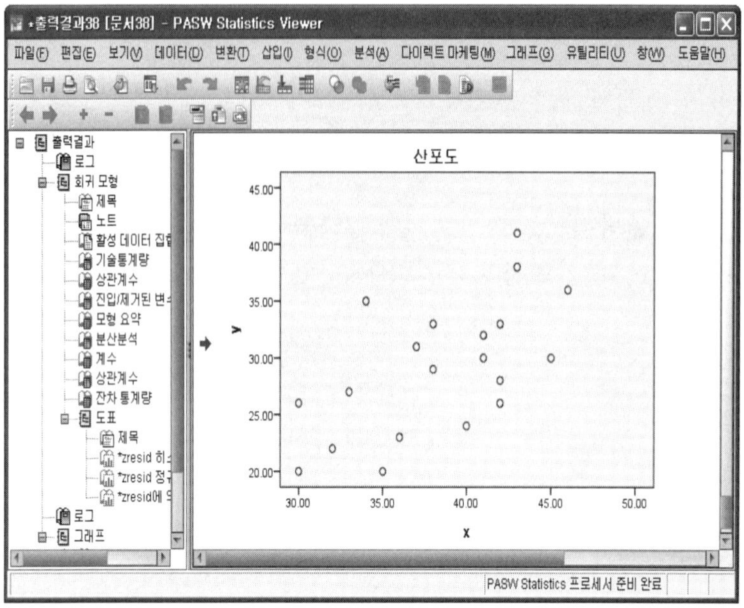

2) PASW(SPSS)의 활용

순서 1 ▸▸▸ 데이터의 입력(14-1.sav)

순서 2 ▸▸▸ 회귀분석의 선택

메뉴의 [분석(A)]-[회귀분석(R)]-[선형(L)]을 선택한다.

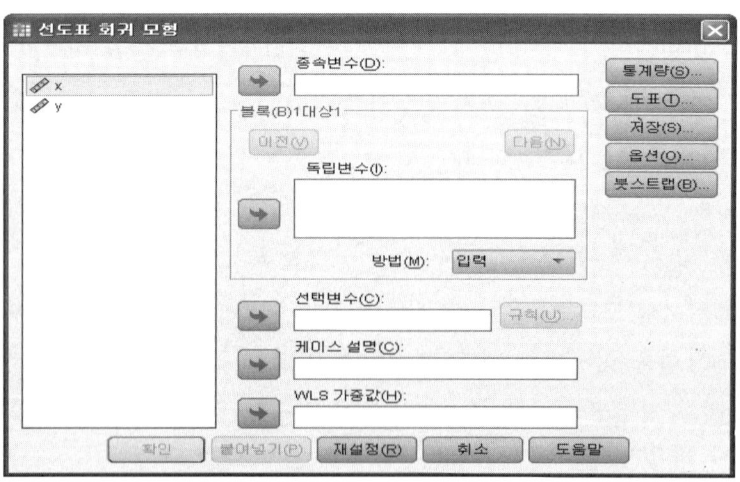

순서 3 ▸▸▸ 변수의 선택

[종속변수(D)]로서 목적변수가 될 "y"를 선택한다. [독립변수(I)]로서 설명변수가 될 "x"를 선택한다.

(주) 회귀분석에 있어서 종속변수와 목적변수, 독립변수와 설명변수는 같은 의미로 쓰인다.

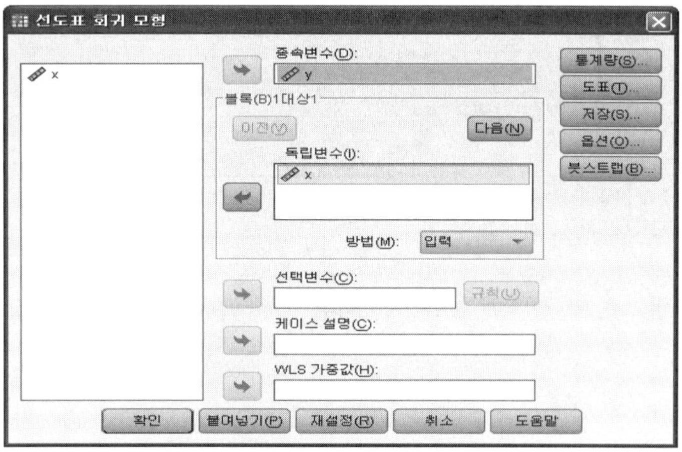

순서 4 ▸▸▸ 방법의 선택

[통계량(S)] 버튼을 클릭하면 [선형 회귀분석 : 통계량] 대화상자가 나타난다.

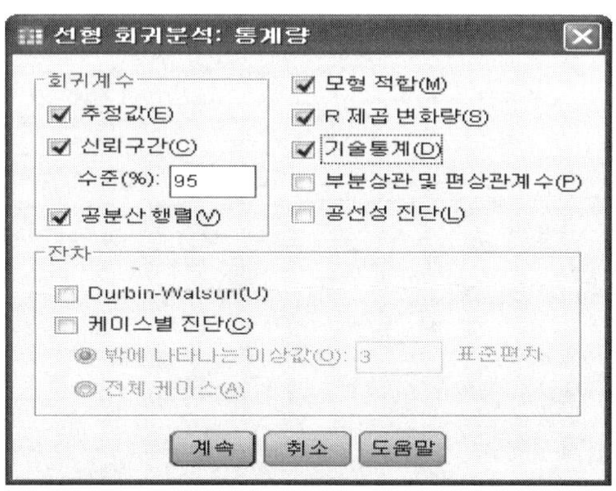

(주1) 추정값(E) : 회귀계수의 추정치를 표시한다.
(주2) 신뢰구간(N) : 각각의 비표준화 회귀계수에 대한 95% 신뢰구간을 표시한다.
(주3) 공분산행렬(V) : 비표준화 회귀계수에 대한 분산-공분산행렬
(주4) R제곱 변화량(S) : R제곱 변화량의 변경사항, F변화량 및 유의수준 등을 표시해 준다.

위와 같은 항목들을 선택하고 [계속] 버튼을 클릭한다. 앞의 화면으로 되돌아간다.

순서 5 ▸▸▸ 도표의 선택

[선형 회귀분석] 대화상자에서 [도표(L)] 버튼을 클릭한다.

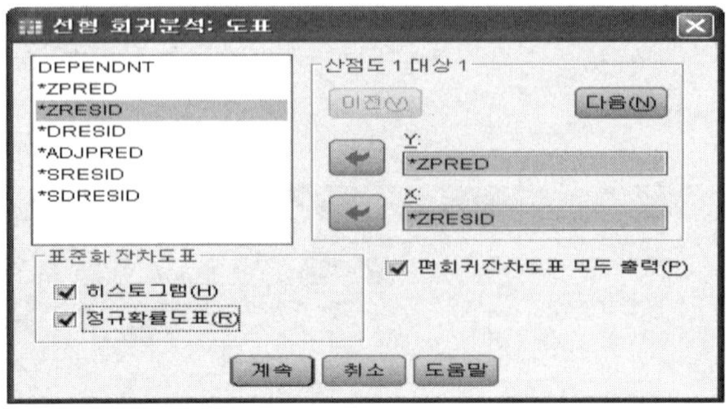

(주1) ZPRED : 표준예측치(원
(주2) ZRESID : 표준잔차

위와 같은 항목들을 선택하고 [계속] 버튼을 클릭한다. 앞의 화면으로 되돌아간다.

순서 6 ▸▸▸ 저장의 선택

[선형 회귀분석] 대화상자에서 [저장(A)] 버튼을 클릭하면 [선형 회귀분석 : 저장] 대화상자가 나타난다.

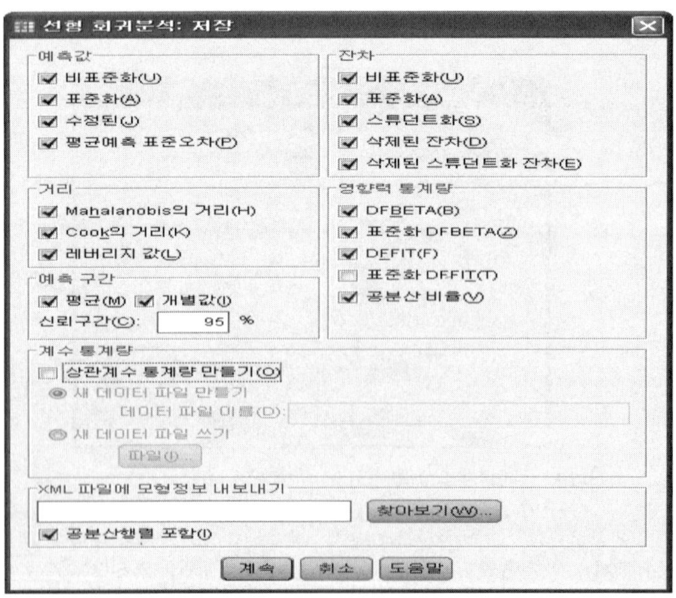

위와 같은 항목들을 선택하고 [계속] 버튼을 클릭한다. 앞의 화면으로 되돌아간다.

여기에서 [확인] 버튼을 클릭하면 회귀분석이 실시된다. 분석결과는 다음과 같다.

분석결과 및 결과의 해석방법

(1) 변수별 평균과 표준편차

●●● 기술통계량 ●●●

	평균	표준편차	N
Y	29.2000	5.8544	20
X	38.4000	4.8601	20

y(판매실적)의 평균이 29.2, 표준편차는 5.8544이고 x(시험득점)의 평균은 38.4, 표준편차는 4.8601을 나타내고 있다. N은 변수별 사례수가 각각 20임을 나타내고 있다.

(2) 두 변수간의 상관계수

●●● 상관계수 ●●●

		Y	X
Pearson 상관	Y	1.000	.609
	X	.609	1.000
유의확률 (한쪽)	Y	.	.002
	X	.002	.
N	Y	20	20
	X	20	20

y(판매실적)과 x(시험득점)간의 상관계수는 0.609이고, 두 변수의 상관관계는 유의하다($p=0.002$).

(3) 회귀식의 유효성

●●● 모형요약[b] ●●●

모형	R	R제곱	수정된 R제곱	추정값의 표준오차	통계량 변화량				
					R제곱 변화량	F변화량	자유도 1	자유도 2	유의확률 F변화량
1	.609a	.371	.336	4.7693	.371	10.629	1	18	.004

a. 예측값 : (상수), X
b. 종속변수 : Y

회귀식의 유효성(실제로 도움이 되느냐 안 되느냐)을 평가하기 위한 지표로서 기여율(결정계수)이 있다. 기여율은 목적변수 y의 변동 중 회귀식에 의해서 설명되는 변동의 비율을 나타내는 지표로서 기여율이 1에 가까울수록 회귀식은 잘 들어맞고 있다고 하는 셈이 된다. 기여율은 R^2이라고 하는 기호로 표기된다. 기여율 R^2의 제곱근 R을 상관계수라고 한다.

이 예제에서는,

$$\text{상관계수 } R = 0.609$$

$$\text{기여율 } R^2 = 0.371$$

이다. 기여율이 0.371이라고 하는 것은 목적변수 y가 가지고 있는 정보 중 37.1%는 설명변수 x의 변동으로 설명할 수 있다는 것을 의미한다.

회귀식이 단계적으로 전개될 때 자유도를 고려하여 수정된 R^2(보통 R^{*2}으로 표기한다)을 사용하는데, 일반적으로 모집단의 결정계수를 추정할 때 쓰인다. 표본의 수가 충분히 클 경우에는 위의 R^2값과 동일하다.

$$R^{*2} = 1 - \frac{n-1}{n-p-1}(1-R^2)$$

(n을 표본의 크기, p를 설명변수의 수로 한다.)

이 예제에서는,

$$\text{수정된 } R^2 = 0.336$$

으로 계산된다.

회귀식의 유효성을 평가하기 위한 또 하나의 지표가 잔차의 표준편차(추정값의 표준오차)이다. 잔차란 실제의 y값과 회귀식에 의한 y의 예측치와의 차로서 이 잔차가 전체적으로 작은 회귀식일수록 유효한 회귀식이라고 볼 수 있다. 잔차가 작은지 어떤지를 보기 위한 지표가 잔차의 표준편차이다.

(주) 잔차의 합계와 평균은 반드시 0이 되어 평가지표가 될 수 없다.

[추정값의 표준오차]의 밑에 있는 수치가 잔차의 표준편차 값을 나타내고 있다.

이 예제에서는,

$$\text{잔차의 표준편차} = 4.7693$$

으로 되어 있다.

잔차를 관찰하는 요점은 다음과 같다.

① 정규분포에 따르고 있다고 생각되는가.
② 잔차의 +, −기호의 수는 거의 같은가.
③ 잔차의 중앙값은 0에 가까운가(평균은 반드시 0이 된다).
④ 잔차와 목적변수 y 사이에 무언가의 관계가 있는가.
⑤ 잔차와 설명변수 x 사이에 무언가의 관계가 있는가.

잔차를 검토할 때에는 잔차 그 자체보다도 잔차를 그 표준편차로 나눈 표준잔차를 검토하는 쪽이 원래 데이터의 단위나 수치의 대소를 고려하지 않아도 되므로 편리하다. 표준잔차의 값이 ±2.5를 넘어서고 있는 표본은 이상치일 가능성이 있다.

잔차를 검토하는 과정에서 이상치의 존재나 모델의 타당성을 확인할 수 있다. 모델의 타당성이란 직선관계를 상정해도 좋은지 어떤지를 말한다. 다만 단순회귀분석의 경우는 y와 x의 산포도를 관찰함으로써 이상치의 유무나 직선관계인지 곡선관계인지 등을 발견할 수 있다.

잔차와 설명변수 x 사이에는 어떠한 경향도 보이지 않는 것이 바람직하다. 무언가의 경향이 있을 때에는 모델의 부적합이나 이상치의 존재를 의심할 필요가 있다.

(4) 단순회귀분석의 분산분석표

모형		제곱합	자유도	평균제곱	F	유의확률
1	선형회귀분석	241.766	1	241.766	10.629	.004[a]
	잔차	409.434	18	22.746		
	합계	651.200	19			

위의 분산분석 결과는 회귀식의 유의성(통계적으로 의미가 있느냐 없느냐)을 검토하기 위해서 필요하다.

$$F\text{의 유의확률} = 0.004 < \text{유의수준} = 0.05$$

이므로 회귀식에는 의미가 있다고 하는 결론이 된다.

(5) 단순회귀모형의 계수

●●● 계수[a] ●●●

모형	비표준화 계수		표준화 계수	t	유의확률	B에 대한 95% 신뢰구간	
	B	표준오차	베타			하한값	상한값
1 (상수)	1.016	8.710		.117	.908	-17.284	19.316
X	.734	.225	.609	3.260	.004	.261	1.207

a. 종속변수 : Y

회귀식의 상수값은 1.016이며 x의 회귀계수는 0.734이다. 회귀계수의 유의성을 검정하는 t값 3.260의 확률적 표시인 유의확률이 0.004이므로, $\alpha = 0.05$에서 이 회귀계수는 통계적으로 매우 유의하다고 볼 수 있다.

위의 결과로부터 산출된 회귀식은 다음과 같다.

$$y = 1.016 + 0.734x$$

회귀계수 B에 대한 95% 신뢰구간에 대해서 살펴보기로 한다. 시험득점을 1단위 늘리면 95%의 신뢰수준에서 판매실적은 0.261단위에서 1.207단위 사이로 증가한다. 회귀계수의 통계적 유의성을 신뢰구간으로 검정해 보면 이 신뢰구간이 0을 포함하고 있지 않으므로, 회귀계수가 0이라는 귀무가설을 기각한다.

잔차통계량의 분석결과는 잔차 통계량에 대한 내용을 보여 주고 있다. 이는 종속변수인 판매실적의 예측치를 기준으로 하고 있는 기술통계량들이다. 예측치를 기준으로 할 때의 최소값, 최대값, 평균, 표준편차, 사례수 등에 관한 내용이 나타나 있다. 예측값(*PRED)은 종속변수의 예측치에 대한 각 통계량을 의미하며 최소값은 23.0348, 최대값은 34.7781, 평균은 29.2000 그리고 표준편차는 3.5671이다.

(8) 잔차의 정규분포 히스토그램

잔차가 정규분포를 해야 한다는 가정을 검정하기 위하여 잔차와 정규분포도를 비교한 그래프를 제시한다. 현재의 히스토그램을 살펴본 결과 정규분포를 나타내고 있는지의 여부는 알기 어렵다. 따라서 다음의 그래프를 검토하는 것이 더 좋을 것이다.

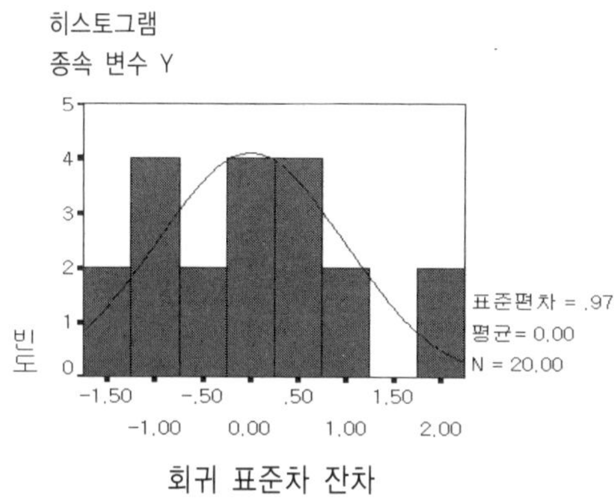

(9) 잔차의 정규분포 산포도

잔차의 정규분포 가정을 검증하기 위하여 관측 누적확률과 기대 누적확률 사이의 산포도를 작성한 것이다. 만일 두 개의 누적확률분포가 동일하다면 직선이 될 것이다. 위의 분석결과 표준화된 잔차들이 정규분포선상에 가까이 분포되어 있다고 볼 수 있으며 예측의 정도도 높다고 판단된다.

(10) 잔차의 예측 산포도

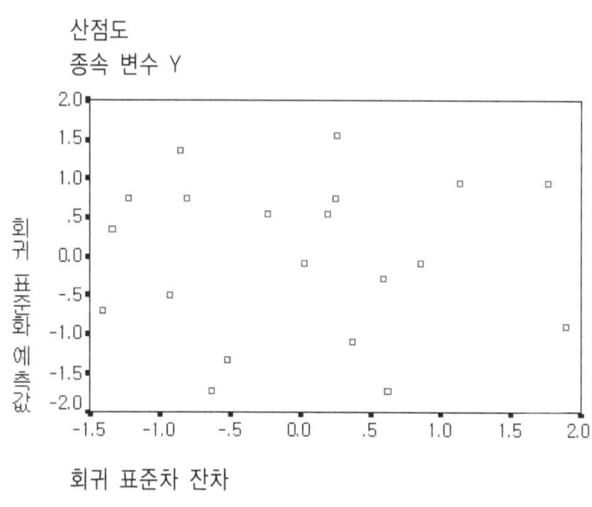

종속변수 오차항의 분산이 모든 독립변수의 값에 대하여 동일해야 한다는 가정을 검정하기 위하여 표준화된 잔차를 가로축으로, 표준화된 예측값을 세로축으로 산포도를 작성한다. 잔차의 모양이 가로축과 세로축의 0을 중심으로 무작위하게, 즉 예측값의 증감과 관계없이 특정한 추세를 보이고 있지 않으므로 위의 가정에 위배된다고 볼 수 없다.

다중회귀분석 15

1. 다중회귀분석

1) 다중회귀분석의 실례(實例)

예제 15-1

다음의 데이터는 어떤 중학교 2학년 학생 15명의 공던지기, 악력(握力), 신장, 체중의 측정치를 나타낸 것이다. 공던지기(y)가 기초적인 체력을 나타내는 악력(x_1), 신장(x_2), 체중(x_3)과 같은 세 개의 변수로 어느 정도 설명되는지, 다중회귀분석을 실시해 보라.

●●● 데이터표 ●●●

No.	악력(kg) (x_1)	신장(cm) (x_2)	체중(kg) (x_3)	공던지기(m) (y)
1	28	146	34	22
2	46	169	57	36
3	39	160	48	24
4	25	156	38	22
5	34	161	47	27
6	29	168	50	29
7	38	154	54	26
8	23	153	40	23
9	42	160	62	31
10	27	152	39	24
11	35	155	46	23
12	39	154	54	27

No.	악력(kg) (x_1)	신장(cm) (x_2)	체중(kg) (x_3)	공던지기(m) (y)
13	38	157	57	31
14	32	162	53	25
15	25	142	32	23

다중회귀분석

다중회귀분석은 2개 이상의 설명변수(독립변수)가 목적변수(종속변수)에 미치는 영향을 분석한다. 예를 들면, 본 예제와 같이 공던지기라는 목적변수를 악력, 신장, 체중 등의 설명변수로 어느 정도 설명할 수 있는지 분석할 수 있다.

산포도

다중회귀분석을 실시하기 전에 각 설명변수와 목적변수 사이의 산포도를 작성하여 이상치(어긋난 값)의 유무나 상관관계를 시각적으로 음미하는 것이 중요하다.

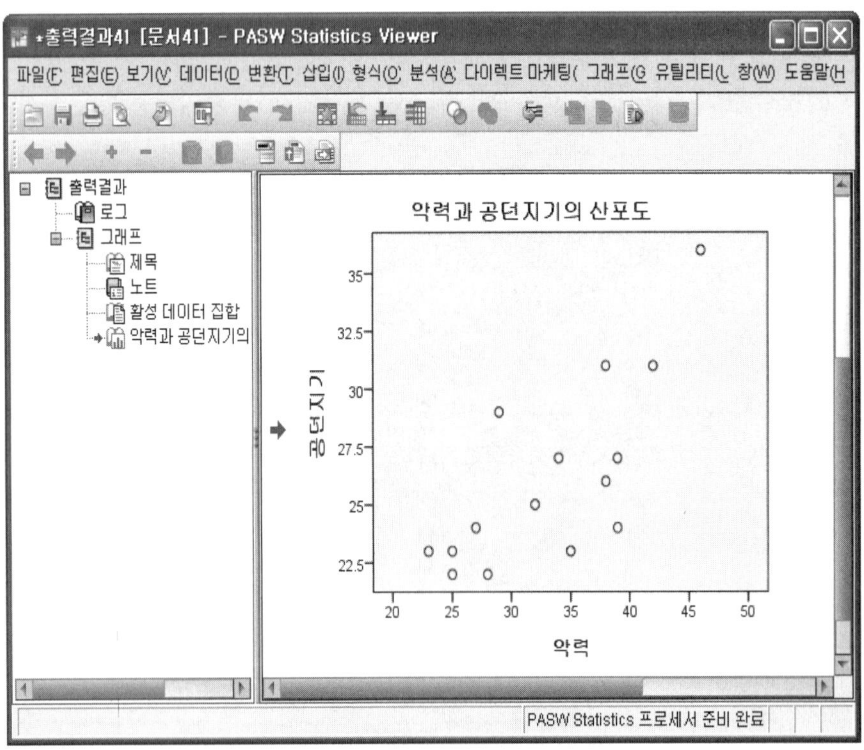

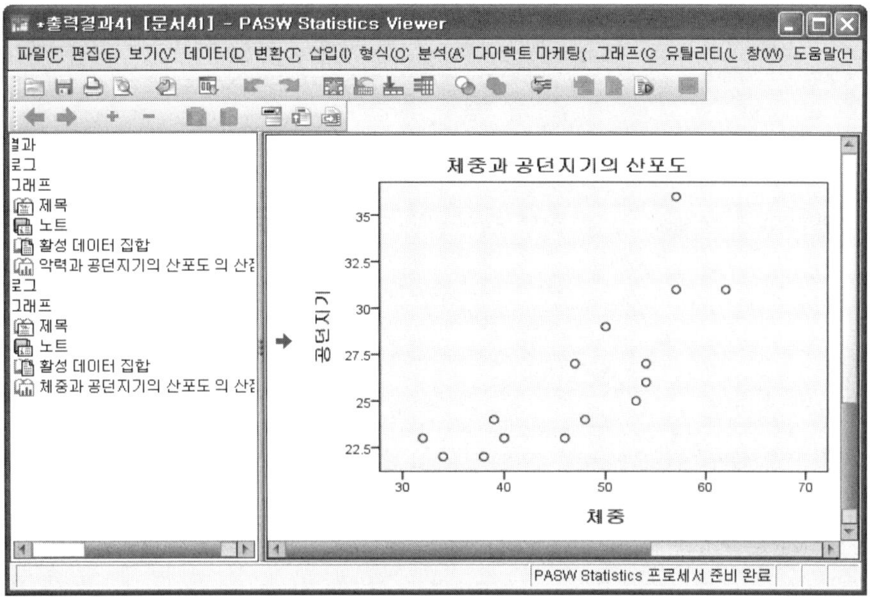

상관행렬

이 예제에서는 한 개의 목적변수와 세 개의 설명변수, 합해서 네 개의 변수가 등장한다. 이 경우에 두 변수의 조합은 여섯 가지이다. 따라서 여섯 개의 상관계수를 음미하게 된다. 이것을 보기 쉬운 행렬의 형태로 정리한 것이 상관행렬이다.

●●● 상관계수 ●●●

		경화제의 양	강도	경화제의 양	강도
약력	Pearson 상관계수	1.000	.530*	.846**	.748**
	유의확률(양쪽)	.	.042	.000	.001
	N	15	15	15	15
신장	Pearson 상관계수	.530*	1.000	.694**	.685**
	유의확률(양쪽)	.042	.	.004	.005
	N	15	15	15	15
체중	Pearson 상관계수	.846**	.694**	1.000	.788**
	유의확률(양쪽)	.000	.004	.	.000
	N	15	15	15	15
공던지기	Pearson 상관계수	.748**	.685**	.788**	1.000
	유의확률(양쪽)	.001	.005	.000	.
	N	15	15	15	15

*. 상관계수는 0.05 수준(양쪽)에서 유의합니다.
**. 상관계수는 0.01수준(양쪽)에서 유의합니다.

상관행렬은 메뉴의 [분석(A)]-[상관분석(C)]-[이변량 상관계수(B)]를 선택하여 계산한다.

회귀식

PASW(SPSS)에 의해서 구한 회귀식은 다음과 같이 된다.

$$y = -13.217 + 0.201x_1 + 0.171x_2 + 0.125x_3$$

회귀식의 유의성

회귀식의 유의성을 검토하기 위한 분산분석표는 다음과 같다.

●●● 분산분석[b] ●●●

모형		제곱합	자유도	평균제곱	F	유의확률
1	선형회귀분석	157.904	3	52.635	8.213	.004[a]
	전차	70.496	11	6.409		
	합계	228.400	14			

a. 예측값 : (상수), 체중, 신장, 악력
b. 종속변수 공던지기

$$\text{유의확률값} = 0.004 < \text{유의수준} = 0.05$$

이므로 회귀식에는 의미가 있다고 할 수 있다.

그리고 이 검정에 있어서의 가설은 다음과 같이 표기된다.

귀무가설 H_0 : $\beta_1 = \beta_2 = \beta_3 = 0$ (회귀식에는 의미가 없다.)

대립가설 H_1 : 적어도 하나의 j에 대해서 $\beta_j \neq 0$ (회귀식에는 의미가 있다.)

회귀식의 유효성

회귀식의 유효성을 보는 지표에 기여율(결정계수)이 있다는 것은 단순회귀분석의 경우에서 설명했다.

다중회귀분석의 경우도 마찬가지로 중요한 지표이지만, 기여율은 다음과 같은 문제점을 안고 있다. 그것은 기여율은 설명변수의 수를 늘릴수록 그 변수가 유용한 것이든 아니든 높은 값이 되어 간다고 하는 성질을 갖고 있다는 사실이다.

그래서 무의미한 변수를 설명변수로서 사용했을 때에는 수치가 내려가도록 자유도(degree of freedom)로 조정한 기여율이 사용된다. 이것을 자유도조정필(自由度調整畢) 기여율(수정된 R 제곱)이라고 한다. 자유도조정필 기여율을 R^{*2}으로 표기하면, 기여율 R^2과의 사이에는 다음과 같은 관계가 성립한다.

$$R^{*2}=1-\frac{n-1}{n-p-1}(1-R^2)$$

(n을 표본의 크기, p를 설명변수의 수로 한다. 이 예제에서는 $n=15$, $p=3$)

자유도를 다시 한번 조정한 기여율을 자유도이중조정필(自由度二重調整畢) 기여율(R^{**2}라고 표기한다)이라 하고, 이 지표도 자주 쓰인다.

$$R^{**2}=1-\frac{n+p+1}{n+1}\times\frac{n-1}{n-p-1}(1-R^2)$$

이 예제에서는,

기여율	$R^2=0.691$
자유도조정필 기여율	$R^{*2}=0.607$
자유도이중조정필 기여율	$R^{**2}=0.534$

으로 계산된다.

편회귀계수의 t값과 p값

각 설명변수의 목적변수 y에 대한 영향력의 대소는 편회귀계수 값의 대소로 판단해서는 안 된다. 예를 들면,

$$y=2x_1+10x_2$$

라고 하는 회귀식이 얻어졌을 때에, x_2쪽이 x_1보다 y에 대한 영향력이 강하다고 생각해서는 안 된다. 왜냐하면 편회귀계수의 값은 x_1, x_2의 단위를 취하는 방법에 따라서 변화해 버리기 때문이다. 가령 x_2가 m(미터) 단위일 때에 이것을 cm(센티미터) 단위로 고치면 편회귀계수의 10은 0.1이 된다. 또 x_1과 x_2의 단위가 다른 경우 등은 비교할 수도 없다.

그래서 편회귀계수의 유의성을 판단하기 위한 t값과 p값이 얻어진다.

●●● 계수[a] ●●●

모형		비표준화 계수		표준화계수		
		B	표준오차	베타	t	유의확률
1	(상수)	-13.217	17.604		-.751	.469
	악력	.201	.184	.348	1.093	.298
	신장	.171	.132	.306	1.300	.220
	체중	.125	.167	.281	.750	.469

a. 종속변수 : 공던지기

t값이 높은 변수일수록 목적변수 y를 예측(설명)하는 데에 공헌도가 높다고 생각한다.

$$t\text{값} = \frac{\text{편회귀계수의 값}}{\text{계수의 표준오차}}$$

p값에 의해서 편회귀계수의 유의성을 판정할 수도 있다. 유의하지 않은 변수는 목적변수 y를 예측하는 데에 불필요한 변수이다라고 결론짓는다. 모든 변수가 필요한지, 불필요한 변수는 없는지를 검토하는 것은 다중회귀분석에 있어서 변수선택의 문제로 뒤에서 상세히 설명한다.

또한 t값 대신에 F값을 이용하는 경우도 있다.

$$F\text{값} = (t\text{값})2$$

편회귀계수의 부호는 데이터의 배후에 있는 기술적·이론적 지식에 비추어서 검토한다. 편회귀계수의 부호가 상식과 어긋날 때는 그 원인의 하나로 설명변수끼리의 상관이 높은 것을 생각할 수 있다. 설명변수끼리의 상관이 높은 것을 다중공선성이 존재한다고 한다.

2) PASW(SPSS)에 의한 다중회귀분석

순서 1 ▸▸▸ 데이터의 입력(15-1.sav)

순서 2 ▸▸▸ 회귀분석의 선택

메뉴에서 [분석(A)]-[회귀분석(R)]-[선형(L)]을 선택한다.

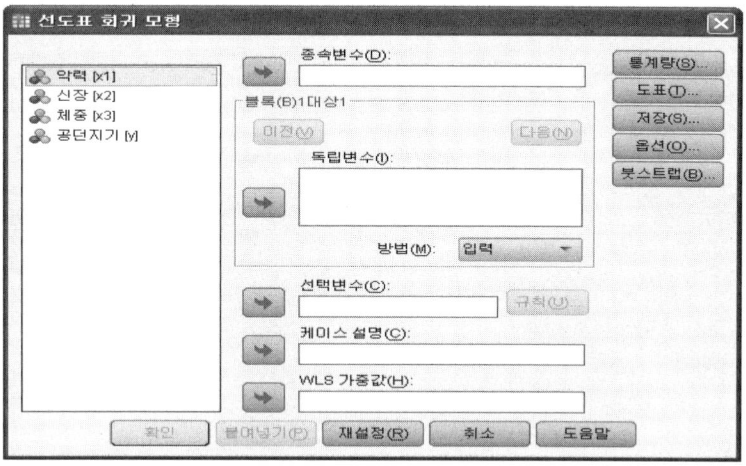

순서 3 ▸▸▸ 변수의 선택

[종속변수(D)]로서 목적변수가 될 y를 선택한다. [독립변수(I)]로서 설명변수가 될 x_1, x_2, x_3를 선택한다.

(주) 다중회귀분석에 있어서 종속변수와 목적변수, 독립변수와 설명변수는 같은 의미로 쓰인다.

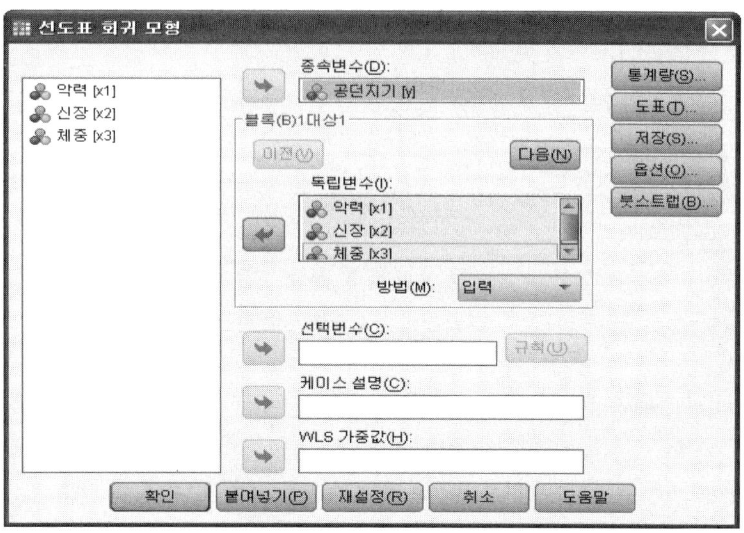

이 때에 독립변수의 진입방식에 대한 옵션 기능으로서는 [방법(M)] 난의 "입력"(초기 지정값)을 선택한다. 여기에서 [확인] 버튼을 클릭하면 다중회귀분석이 실시되어 다음과 같은 분석결과를 얻게 된다.

분석결과 및 결과의 해석방법

(1) 입력된 변수 또는 제거된 변수

●●● 진입/제거된 변수[b] ●●●

모형	진입된 변수	제거된 변수	방법
1	체중 신장 약력 a	.	입력

a. 요청된 모든 변수가 입력되었습니다.
b. 종속변수 : 공던지기

(2) 기여율 R^2

●●● 모형 요약 ●●●

모형	R	R 제곱	수정된 R 제곱	추정값의 표준오차
1	.831[a]	.691	.607	2.532

a. 예측값 : (상수), 체중, 신장, 약력

회귀식의 유효성(실제로 도움이 되느냐 안 되느냐)을 평가하기 위한 지표로서 기여율(결정계수)이 있다. 기여율은 목적변수 y의 변동 중 회귀식에 의해서 설명되는 변동의 비율을 나타내는 지표로서 기여율이 1에 가까울수록 회귀식은 잘 들어맞고 있다고 볼 수 있다. 기여율은 R^2라고 하는 기호로 표기된다. 기여율 R^2의 제곱근 R을 중상관계수라고 한다.

이 예제에서는,

$$\text{중상관계수 } R = 0.831$$
$$\text{기여율 } R^2 = 0.691$$

이다. 기여율이 0.691이라고 하는 것은 목적변수 y가 가지고 있는 정보 중 69.1%는 설명변수의 변동으로 설명할 수 있다는 것을 의미한다.

그런데 기여율은 설명변수의 수를 늘릴수록 그 변수가 유용한 것이든 아니든 높은 값이 되어 간다고 하는 문제점을 안고 있다. 그래서 무의미한 변수를 설명변수로서 사용했을 때에는 그 수치가 내려가도록 자유도로 조정한 자유도조정필 기여율(수정된 R제곱) R^{*2}을 사용한다.

$$R^{*2} = 1 - \frac{n-1}{n-p-1}(1-R^2)$$

이 예제에서는,

$$\text{수정된 } R^2 = 0.607$$

로 계산된다.

(3) 잔차의 표준편차

회귀식의 유효성을 평가하기 위한 또 하나의 지표가 잔차의 표준편차(추정값의 표준오차)이다. 잔차란 실제의 y값과 회귀식에 의한 y의 예측치와의 차로서 이 잔차가 전체적으로 작은 회귀식일수록 유효한 회귀식이라고 볼 수 있다. 잔차가 작은지 어떤지를 보기 위한 지표가 잔차의 표준편차이다.

(주) 잔차의 합계와 평균은 반드시 0이 되어 평가지표가 될 수 없다.

모형요약에서 [추정값의 표준오차]의 밑에 있는 수치가 잔차의 표준편차 값을 나타내고 있다.

이 예제에서는,

$$\text{잔차의 표준편차} = 2.53$$

으로 되어 있다.

(4) 분산분석표

●●● 분산분석[b] ●●●

모형		제곱합	자유도	평균제곱	F	유의확률
1	선형회귀분석	157.904	3	52.635	8.213	.004[a]
	잔차	70.496	11	6.409		
	합계	228.400	14			

a. 예측값 : (상수), 체중, 신장, 악력
b. 종속변수 공던지기

위의 분산분석 결과는 회귀식의 유의성(통계적으로 의미가 있느냐 없느냐)을 검토하기 위해서 필요하다.

$$F\text{의 유의확률}=0.004 < \text{유의수준}=0.05$$

이므로 회귀식에는 의미가 있다고 하는 결론이 된다.

(5) 편회귀계수의 t값과 p값

••• 계수[a] •••

모형		비표준화 계수		표준화계수	t	유의확률
		B	표준오차	베타		
1	(상수)	-13.217	17.604		-.751	.469
	악력	.201	.184	.348	1.093	.298
	신장	.171	.132	.306	1.300	.220
	체중	.125	.167	.281	.750	.469

a. 종숙변수 : 공던지기

편회귀계수의 유의성을 판단하기 위하여 t값과 p값(유의확률)이 필요하다. t값이 큰 변수일수록 목적변수 y를 예측(설명)하는 데 있어서의 공헌도가 높다고 생각한다.

또한 p값에 의해서 편회귀계수의 유의성을 판정할 수 있다. 유의하지 않은 변수는 목적변수 y를 예측하는 데에 불필요한 변수라고 결론을 짓는다. 모든 변수가 필요한지, 불필요한 변수는 없는지를 검토하는 것은 변수선택의 문제로서 다중회귀분석에 있어서 매우 중요하다.

위의 표에서 [t] 아래의 수치가 각 변수의 t값을 나타내고, [유의확률] 아래의 수치가 각 변수의 p값을 나타내고 있다.

t값 대신에 F값을 이용하는 경우도 있다.

$$F\text{값}=(t\text{값})2$$

경험적으로는 F값이 2 이상이면 유효한 변수, 2 미만이면 불필요한 변수로서 선택할 것을 권하고 있지만 이 기준은 어디까지나 경험적인 것이다. 유효한 변수를 간과할 위험성을 적게 하고 싶다면 F값이 1 이상의 것은 선택하더라도 무방할 것이다.

이 예제에서는 설명변수 x_1(악력)과 x_2(신장)의 F 값은 1 이상 2 미만으로 유효한 변수로 판정할 수 있지만, x_3(체중)의 F값은 1 미만으로 일단은 유효하지 않은 변수로 볼 수 있다.

2. 더미변수에 의한 분석

1) 더미변수

예제 15-2

예제 20−1의 데이터는 학생 15명이 여학생 7명과 남학생 8명으로 구성되어 있다는 것을 새롭게 알았다. 남녀 성별을 나타내는 데이터(x_4)를 추가한 것이 다음의 데이터표 1이다.

성별의 정보를 새로 설명변수로서 추가하여 다중회귀분석을 실시하라.

●●● 데이터표 1 ●●●

No.	악력(kg) (x_1)	신장(cm) (x_2)	체중(kg) (x_3)	성별 (x_4)	공던지기(m) (y)
1	28	146	34	남	22
2	46	169	57	여	36
3	39	160	48	여	24
4	25	156	38	남	22
5	34	161	47	남	27
6	29	168	50	남	29
7	38	154	54	여	26
8	23	153	40	남	23
9	42	160	62	여	31
10	27	152	39	남	24
11	35	155	46	어	23
12	39	154	54	여	27
13	38	157	57	여	31
14	32	162	53	남	25
15	25	142	32	남	23

더미변수의 도입

이와 같은 데이터를 다중회귀분석하려면, x_4와 같은 질적 변수를 수치로 변환하지 않으면 안 된다. 이 때에 사용하는 것이 더미변수(dummy variable)라고 불리는 것이다.

더미변수는 0이나 1의 어느 한쪽 값밖에 취하지 않는 인공변수이다. x_4도 두 종류(남, 여)이기 때문에 다음과 같이 수치화해서 다중회귀분석을 실시하도록 한다.

$$\text{여자라면 } x_4 = 0$$
$$\text{남자라면 } x_4 = 1$$

이렇게 하면 앞의 데이터표 1은 다음의 데이터표 2와 같이 바꾸어 쓸 수 있다. 이것을 데이터로 해서 다중회귀분석을 실시하면 된다.

그런데 혈액형과 같이 네 종류(A, B, O, AB)가 있을 때에는 어떻게 될 것인가? 두 종류일 때의 방법을 연장해서,

$$\text{A형이라면 } x_1 = 0$$
$$\text{B형이라면 } x_1 = 1$$
$$\text{O형이라면 } x_1 = 2$$
$$\text{AB형이라면 } x_1 = 3$$

으로 해서는 안 된다.

이와 같은 때에는 세 개의 더미변수를 사용해서,

	x_1	x_2	x_3
A형	1	0	0
B형	0	1	0
O형	0	0	1
AB형	0	0	0

으로 한다. 어느 것인가 기준이 되는 혈액형(위의 예에서는 AB형)을 정하여 그것을 (0, 0, 0)으로 하고, 다른 혈액형은 어딘가 하나의 변수 값을 1, 다른 변수의 값을 0으로 한다. 기준은 분석자가 임의로 정하면 된다.

일반적으로 K종류의 카테고리가 있을 때에는 K−1개의 더미변수를 이용해서 질적 데이터를 수치로 바꾸어 놓는다.

더미변수와 양적 변수가 설명변수 중에 섞여 있는 다중회귀분석을 더미변수를 포함한 다중회귀분석이라고 부른다.

●●● 데이터표 2 ●●●

No.	악력(kg) (x_1)	신장(cm) (x_2)	체중(kg) (x_3)	성별 (x_4)	공던지기(m) (y)
1	28	146	34	1	22
2	46	169	57	0	36
3	39	160	48	0	24
4	25	156	38	1	22
5	34	161	47	1	27
6	29	168	50	1	29
7	38	154	54	0	26
8	23	153	40	1	23
9	42	160	62	0	31
10	27	152	39	1	24
11	35	155	46	0	23
12	39	154	54	0	27
13	38	157	57	0	31
14	32	162	53	1	25
15	25	142	32	1	23

다중회귀분석의 결과

이 예제에서는 다음과 같은 회귀식이 얻어진다.

$$y = -10.379 + 0.413x_1 + 0.0845x_2 + 0.165x_3 + 3.255x_4$$

(기여율 0.722)

(자유도조정필 기여율 0.611)

이 회귀식은

$$y = -10.379 \qquad +0.413x_1 + 0.0845x_2 + 0.165x_3 \text{(여학생일 때)}$$
$$y = -10.379 + 3.255 + 0.413x_1 + 0.0845x_2 + 0.165x_3 \text{(남학생일 때)}$$

라고 하는 두 개의 회귀식으로 나누어서 나타낼 수 있다.

더미변수를 사용함으로써 여학생의 경우와 남학생의 경우에 대한 두 개의 다중회귀식을 하나의 식으로 나타내고 있다.

분석의 전략

이 예제와 같이 질적 데이터와 양적 데이터가 설명변수 중에 섞여 있는 경우의 분석 전략으로서는,

① 질적 데이터를 무시하고, 양적 데이터만으로 다중회귀분석을 실시한다.
② 질적 데이터를 더미변수를 도입하여 다중회귀분석을 실시한다.
③ 질적 데이터의 정보에 의거하여 층별하고 나서 다중회귀분석을 실시한다.
④ 상기 ①에서 ③까지의 결과를 비교 검토한다.

라고 하는 스텝을 생각할 수 있다.

이 예제에서 말하자면 다음과 같이 된다.

① 성별의 차이를 무시하고, 다중회귀분석을 실시한다.
② 성별의 차이를 더미변수로서 나타내어 다중회귀분석을 실시한다.
③ 성별로 다중회귀분석을 실시한다.
④ 상기 ①에서 ③까지의 결과를 비교 검토한다.

예제 20−1은 ①을 실시한 것이 되고, 본 예제(예제 20−2)는 ②를 실시한 것이 된다. ③과 ④는 독자 스스로 시도해 보기 바란다.

2) PASW(SPSS)의 활용

PASW(SPSS)에 의한 더미변수를 포함한 다중회귀분석

순서 1 ››› 데이터의 입력(15−2.sav)

예제 15−1의 데이터에 변수 x_4(성별)를 추가하여 여자이면 "0", 남자이면 "1"을 입력한다.

순서 2 ››› 회귀분석의 선택

메뉴에서 [분석(A)]−[회귀분석(R)]−[선형(L)]을 선택한다.

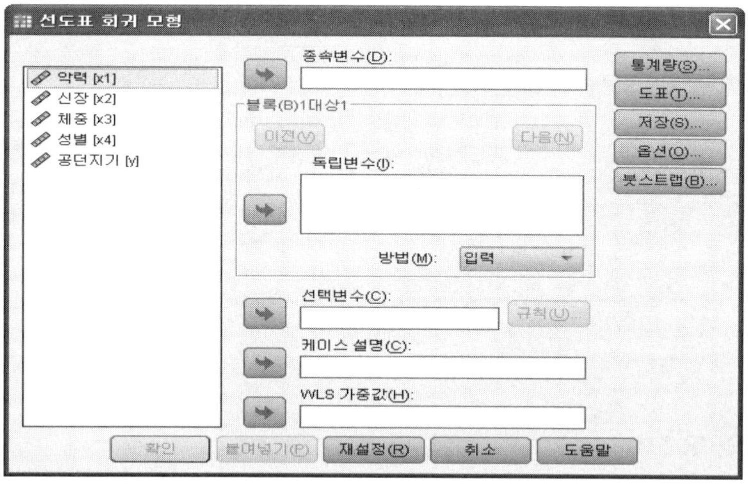

순서 3 ››› 변수의 선택

[종속변수(D)]로서 목적변수가 될 y를 선택한다. [독립변수(I)]로서 설명변수가 될 x_1, x_2, x_3, x_4를 선택한다.

(주) 다중회귀분석에 있어서 종속변수와 목적변수, 독립변수와 설명변수는 같은 의미로 쓰인다.

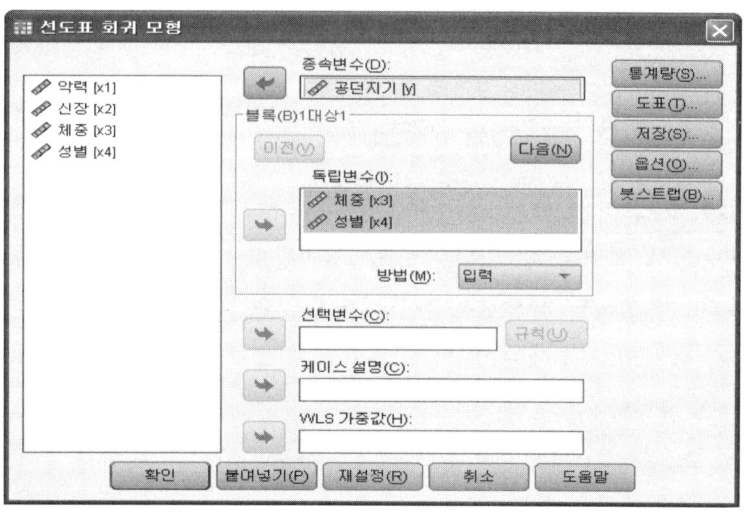

이 때에 독립변수의 진입방식에 대한 옵션 기능으로서는 [방법(M)] 난의 "입력"(초기 지정값)을 선택한다. 여기에서 [확인] 버튼을 클릭하면 다중회귀분석이 실시되어 다음과 같은 분석결과를 얻게 된다.

분석결과 및 결과의 해석방법

(1) 입력된 변수 또는 제거된 변수

●●● 진입/제거된 변수[b] ●●●

모형	진입된 변수	제거된 변수	방법
1	성별, 신장 체중, 악력 a	.	입력

a. 요청된 모든 변수가 입력되었습니다.
b. 종속변수 : 공던지기

(2) 기여율 R 2

●●● 모형 요약 ●●●

모형	R	R제곱	수정된 R 제곱	추정값의 표준오차
1	.850[a]	.722	.611	2.520

a. 예측값 : (상수), 성별, 신장, 체중, 악력

이 예제에서는,

중상관계수 $R=0.850$
기여율 $R^2=0.722$
자유도조정필 기여율
(수정된 R제곱) $R^{*2}=0.611$

이다. 기여율이 0.722라고 하는 것은 목적변수 y가 가지고 있는 정보 중 72.2%는 설명변수의 변동으로 설명할 수 있다는 것을 의미한다.

예제 20－1의 경우에는 자유도조정필 기여율(수정된 R제곱) R^{*2}의 값이 0.607인데 비하여, 이 예제의 경우에는 0.611로 증가한 것으로 보아 새로운 변수 x_4(성별)는 유효한 변수로 판정할 수 있다.

(3) 잔차의 표준편차

회귀식의 유효성을 평가하기 위한 또 하나의 지표가 잔차의 표준편차(추정값의 표준오차)이다. 잔차란 실제의 y값과 회귀식에 의한 y의 예측치와의 차로서 이 잔차가 전체적으로 작은 회귀식일수록 유효한 회귀식이라고 볼 수 있다. 잔차가 작은지 어떤지를 보기 위한 지표가 잔차의 표준편차이다.

이 예제에서는,

$$잔차의\ 표준편차 = 2.52$$

로 되어 있다.

(4) 분산분석표

분산분석[b]

모형		제곱합	자유도	평균제곱	F	유의확률
1	선형회귀분석	164.919	3	41.230	6.495	.008[a]
	전차	63.481	10	6.348		
	합계	228.400	14			

a. 예측값 : (상수), 성별, 신장, 체중, 악력
b. 종속변수 공던지기

위의 분산분석 결과는 회귀식의 유의성(통계적으로 의미가 있느냐 없느냐)을 검토하기 위해서 필요하다.

$$F의\ 유의확률 = 0.008 < 유의수준\ \alpha = 0.05$$

이므로 회귀식에는 의미가 있다고 하는 결론이 된다.

(5) 편회귀계수의 t값과 p값

계수[a]

모형		비표준화 계수		표준화계수	t	유의확률
		B	표준오차	베타		
1	(상수)	-10.379	17.727		-.585	.571
	악력	.413	.272	.713	1.517	.160
	신장	.085	.155	.151	.547	.597
	체중	.165	.170	.372	.971	.354
	성별	3.255	3.097	.416	1.051	.318

a. 종숙변수 : 공던지기

편회귀계수의 유의성을 판단하기 위하여 t값과 p값(유의확률)이 필요하다. t값이 큰 변수일수록 목적변수 y를 예측(설명)하는 데 있어서의 공헌도가 높다고 생각한다.

또한 p값에 의해서 편회귀계수의 유의성을 판정할 수 있다. 유의하지 않은 변수는 목적변수 y를 예측하는 데에 불필요한 변수라고 결론을 짓는다.

t값 대신에 F값을 이용하는 경우도 있다.

$$F\text{값} = (t\text{값})2$$

경험적으로는 F값이 2 이상이면 유효한 변수, 2 미만이면 불필요한 변수로서 선택할 것을 권하고 있지만 이 기준은 어디까지나 경험적인 것이다. 유효한 변수를 간과할 위험성을 적게 하고 싶다면 F 값이 1 이상의 것은 선택하더라도 무방할 것이다.

이 예제에서는 설명변수 x_1(악력)과 x_4(성별)의 F값은 1 이상 2 미만으로 유효한 변수로 판정할 수 있지만, x_2(신장), x_3(체중)의 F값은 1 미만으로 일단은 유효하지 않은 변수로 볼 수 있다.

요인분석 16

1. 요인분석

1) 요인분석의 개요

요인분석이란

두 개의 변수간에 상관이 있는 경우, 그들 변수는 무엇인가 공통적인 것을 측정하고 있다고 생각할 수 있다. 예를 들면, 대학생에 대해서 컴퓨터를 다루는 것을 좋아하는 정도와 수학을 좋아하는 정도 사이에는 어느 정도 양의 상관관계가 있을 것인데, 그것은 컴퓨터를 좋아하게 되는 것과 수학을 좋아하게 되는 것에 무엇인가 공통점이 있기 때문일 것이다. 그 공통점은 가령 논리적인 문제해결을 좋아하는 것 등을 들 수 있다. 물론 완전한 상관이 아닌 한, 그러한 공통적인 것 이외에 각각의 변수에 고유한 부분도 있을 것이다. 위의 예에서 컴퓨터를 좋아하는 것에 대해서는 일반적으로 기계조작이나 장난감 놀이를 좋아하는지 어떤지 하는 것 등이 수학을 좋아하는 것과는 관계가 없는 독자적인 요인이라고 할 수 있다.

많은 변수가 서로 복잡하게 상관하고 있는 경우에도 그들의 상관관계를 설명할 수 있는 몇 가지의 공통적인 성분을 생각하여, 개개의 변수를 그러한 공통적인 성분을 반영하는 부분과 각각의 변수에 독자적인 부분으로 나누어서 생각할 수 있다. 요인분석(factor analysis)에서는 공통적인 성분을 공통요인(common factor) 또는 단지 요인(factor)이라 부르고, 독자적인 성분을 독자요인(unique factor)이라고 부른다.

요인분석의 목적은 변수간의 상관행렬로부터 공통요인을 끄집어내어 그 공통요인을 이용해서 변수간의 상관관계를 설명하고, 공통요인과의 관계에 의해서 각 변수의 성질을 간결한 형태로 기술하는 것이다. 또 요인분석의 결과를 변수나 관측대상의 분류를 위해서 이용하는 경우도 많다.

공통요인에 의한 상관의 설명

요인분석의 기본적인 개념을 설명하기 위해서 변수가 5개만 있는 인공적인 데이터를 예로서 들기로 한다.

●●● 상관행렬 ●●●

	X_1	X_2	X_3	X_4	X_5
X_1 : 문장이해	1.00	0.60	0.50	0.44	0.24
X_2 : 대화	0.60	1.00	0.44	0.40	0.23
X_3 : 작문	0.50	0.44	1.00	0.30	0.14
X_4 : 수학의 응용문제	0.44	0.40	0.30	1.00	0.52
X_5 : 수학의 계산문제	0.24	0.23	0.14	0.52	1.00

위의 표에는 다섯 가지 테스트 득점간의 상관계수가 표시되어 있다. 이 표를 보면 문장이해의 득점 X_1과 대화의 득점 X_2 사이의 상관계수가 0.60으로 가장 높고, 작문의 득점 X_3도 이들 두 가지 테스트의 득점과 0.50, 0.44라고 하는 비교적 높은 상관계수를 갖고 있다. 한편 수학의 응용문제 득점 X_4는 이들 세 가지 테스트의 득점과도 어느 정도의 상관이 있지만 그보다도 수학의 계산문제 득점 X_5와의 상관쪽이 0.52로 더 높게 되어 있다.

이들의 상관관계에 의거해서 다섯 가지의 변수를 대략적으로 분류한다면 〈그림 1〉과 같이 중복이 있는 두 개의 군(群)이 만들어진다.

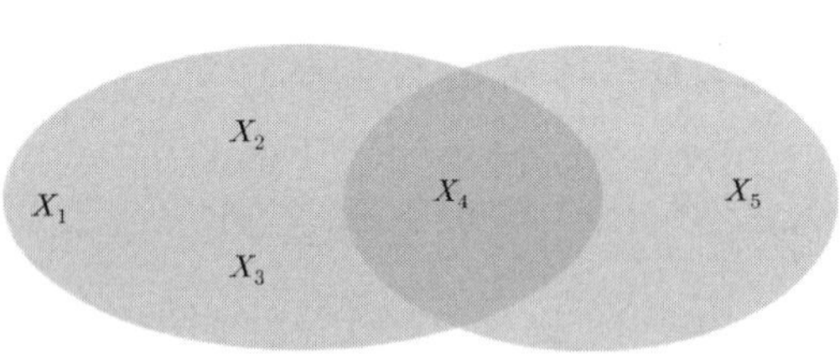

●●● 다섯 가지 변수의 분류 ●●●

또 앞에서 말한 바와 같이 상관의 설명으로서 공통요인이라고 하는 것을 생각하면, 이와 같은 관계는 〈그림 2〉와 같이 나타낼 수도 있다. 다시 말하면 X1, X2, X3가 공통적으로 갖고 있고 또한 X4에도 약간 반영되어 있는 요인 1과, X4와 X5의 상관을 만들어 내고 있는 요인 2라고 하는 두 가지의 공통요인을 생각하면 〈표 1〉의 상관관계에 대한 설명이 가능하다.

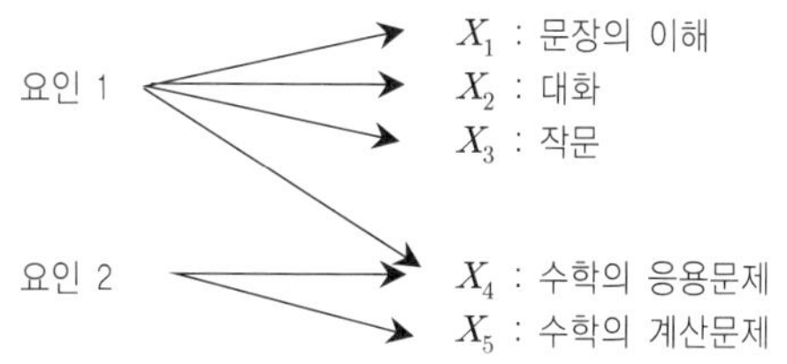

●●● 공통요인에 의한 상관관계의 설명 ●●●

그렇다면 〈그림 2〉에 나타내 보인 두 가지의 요인은 어떠한 변수인가를 생각해 보기로 한다. 요인 1은 문장이해, 대화, 작문이라고 하는 테스트에 공통적으로 포함되고 수학의 응용문제 득점과도 어느 정도 관계가 있는 변수이기 때문에 언어적인 능력을 나타내는 것이라고 일단 생각할 수 있다. 한편 요인 2는 두 가지의 수학 테스트에 공통적으로 포함되어 있으므로 수학적인 능력을 나타내는 요인이라고 간주해도 좋을 것이다.

이와 같이 요인이 구체적으로 어떤 변수인가 하는 것은 그 요인을 반영하고 있는 변수에 공통적으로 존재하는 특징으로부터 추측되게 된다. 이러한 것을 요인의 해석이라고 한다.

요인분석의 용도

요인분석이 회귀분석이나 판별분석 등의 다른 다변량분석법과 다른 점은 설명변수와 목적변수가 지정되지 않고 변수들간의 상호작용을 분석하는 데 있다. 요인분석은 주로 다음과 같은 경우에 사용된다.

(1) 데이터의 양을 줄여 정보를 요약하는 경우
(2) 변수들 내부에 존재하는 구조를 발견하고자 하는 경우
(3) 요인으로 묶이지 않는 중요도가 낮은 변수를 제거하고자 하는 경우
(4) 같은 개념을 측정하는 변수들이 동일한 요인으로 묶이는지를 확인(측정도구의 타당성 검정)하고자 하는 경우
(5) 요인분석을 통하여 얻어진 요인들을 회귀분석이나 판별분석에서 설명변수로 활용하고자 하는 경우

요인분석의 절차

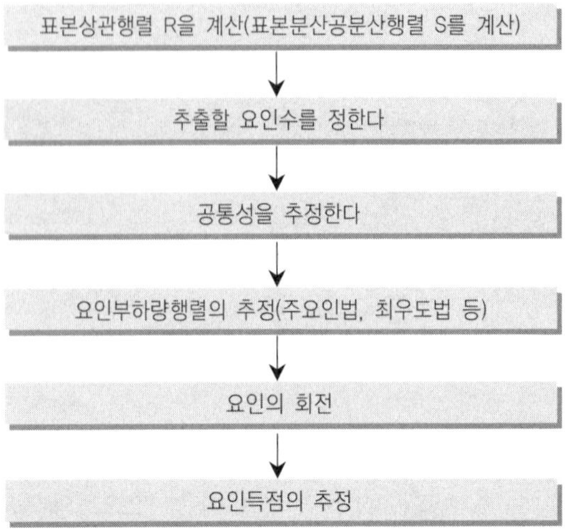

요인수의 결정

실제의 분석에 있어서는 특정의 요인수 m이 문제가 되는 경우는 적고, 데이터에 적합하다고 간주할 수 있는 최소의 요인수를 정하는 것이 필요하다. 적합도검정을 축차적(逐次的)으로 행함으로써 이 목적을 달성할 수 있다. 즉, 먼저 $m=0$ 혹은 $m=1$ 등의 작은 요인수로 적합도의 검정을 실시하는 것으로부터 출발하여 만일 그것이 기각되었다면 $m=m+1$에서 적합도의 검정을 실시한다. 이 절차를 자유도가 플러스인 범위의 m에 대해서 귀무가설이 기각되지 않을 때까지 반복한다. 만일 자유도가 플러스인 범위의 m에 있어서 귀무가설이 받아들여지지 않은 경우에는 주어진 데이터에 적합한 요인분석 모형은 존재하지 않는다고 판단한다.

요인의 회전

요인분석의 목적은 특정변수간의 상호관련을 통해서 잠재적인 구조를 탐색하는 데 있다. 이 목적을 위해서 요인부하량행렬이나 요인구조행렬의 추정치 등으로부터 요인의 해석이 실시된다. 그런데 직교해(orthogonal solution)에 한해서 보더라도 요인부하량행렬은 일의적으로는 정해지지 않는다.

변수들이 여러 요인에 대하여 비슷한 요인부하량을 나타낼 경우에 변수들이 어느 요인에 속하는지를 분류하기가 어렵다. 따라서 변수들의 요인부하량이 어느 한 요인에 높게 나타나도록 하기 위해서 요인축을 회전시킨다. 회전방식은 몇 가지가 있는데 크게 직각회전(orthogonal rotation)과 사각회전(oblique rotation)으로 나누어진다.

(1) 직각회전방식

회전축이 직각을 유지하며 회전하므로 요인들간의 상관계수가 0이 된다. 따라서 요인들간의 관계가 상호 독립적이어야 한다거나 상호 독립적이라고 간주할 수 있는 경우에 사용된다. 또는 요인점수를 이용하여 회귀분석이나 판별분석을 추가적으로 실시하고자 할 때 다중공선성(多重共線性)을 피하기 위한 경우 등에 유용하게 사용된다. 그러나 사회과학 분야에 있어서는 서로 다른 두 개의 요인(개념)이 완전히 독립적인 경우는 극히 드물기 때문에 사각회전방식(斜角回轉方式)이 이용된다. 직각회전방식에는 Varimax, Quartimax, Equimax 등이 있는데 이 중에서 Varimax 방식이 가장 널리 이용된다. Varimax 방식은 요인분석의 목적이 각 변수들의 분산구조보다 각 요인의 특성을 알고자 하는 데 더 유용하다.

(2) 사각회전방식

대부분의 사회과학 분야에서는 요인들간에 독립적인 경우는 매우 드물고 어느 정도의 상관관계는 항상 존재하기 마련이다. 사각회전방식은 요인을 회전시킬 때 요인들이 서로 직각을 유지하지 않으므로 직각회전방식에 비해서 높은 요인부하량은 더 높아지고, 낮은 요인부하량은 더 낮아지도록 요인을 회전시키는 방법이다. 비직각회전방식에는 Oblimin(=Oblique), Covarmin, Quartimin, Biquartimin 등이 있는데 이 중에서 주로 Oblimin 방식이 많이 이용되고 있다.

요인분석과 주성분분석의 차이

요인분석은 모든 변수가 "동일한 보조"로 나타나는 경우에 적합한 변수지향형 기법이라고 하는 점에서 주성분분석과 다소 비슷한 목적을 가지고 있다. 이러한 사고방식은 잘 하면 데이터의 보다 좋은 이해를 돕는 "요인"이라고 불리는 새로운 변수를 이끌어내고자 하는 것이다. 그러나 주성분분석이 기초가 되는 모형에 의존하지 않는 변수의 직교변환을 찾아내기 위한 기법인 데 반해서, 요인분석은 완전한 통계적 모형에 의거해서 변수의 분산에 대한 설명보다도 그것들의 공분산구조의 설명을 주제로 하고 있다. 공통요인으로는 설명되지 않는 분산은 잔차항으로 설명할 수 있다.

요인분석 모형을 구성하려면 다수의 가정을 두지 않으면 안 된다. 이들 가정은 응용상 반드시 현실적인 것은 아니다. 요인분석 모형에서는 요인의 존재라고 하는 중요한 가정을 두고 있다. 한 조(組)의 배후에 있는 "관측불능"의 변수라고 하는 개념은 특히 심리학적 연구와 같은 몇 가지 연구분야에서는 타당하지만 그 이외의 많은 연구영역에서는 현실감이 부족하다. 또한 요인분석 모형에서는 요인의 수 m을 알고 있는 것으로 가정하고 있다. 실제로는 m이 미지인 경우가 많지만 m=1을 출발점으로 해서 축차적으로 다른 값이 검토된다. 그러나 m의 정확한 값을 고르는 것은 용이하지 않다. 검정의 수단이 없는 것은 아니지만 그 검정은 상당히 복잡하고 모형의 가정에 구속되므로, 외적 조건을 생각해서 m의 값을 고르는 경우가 많다. 요인의 형태가 m의 변화에 의해서 완전히 변해 버린다고 하는 점은 상당히 불안하다. 대조적으로 주성분분석에 의해서 이끌어내지는 성분은 일의적(一意的)이어서 고려할 가치가 있다고 생각되는 성분수가 바뀌어도 그것들의 성분은 불변이다.

일반적으로 주성분분석에 비해서 요인분석에 의한 사후검토분석(follow-up analysis)은 보다 어려운 것으로 되어 있다. 따라서 많은 학자들은 주성분분석이 요인분석보다 더 선호되고 있다고 결론짓고 있다.

2) 요인분석의 실제

예제 16-1

다음은 K대학교 학생회에서 학교 구내식당에 대한 학생들의 반응을 조사하기 위해서 작성한 설문내용이다.

설문 1 ▸▸▸ 귀하는 구내식당을 이용할 때 다음의 항목들을 어느 정도 중요하게 생각하십니까?

	중요도						
	1	2	3	4	5	6	7
1. 청결상태(X1)	: ______ :	______ :	______ :	______ :	______ :	______ :	
2. 음식량(X2)	: ______ :	______ :	______ :	______ :	______ :	______ :	
3. 대기시간(X3)	: ______ :	______ :	______ :	______ :	______ :	______ :	
4. 음식맛(X4)	: ______ :	______ :	______ :	______ :	______ :	______ :	
5. 친절(X5)	: ______ :	______ :	______ :	______ :	______ :	______ :	

설문 1 ▸▸▸ 귀하는 구내식당을 평균적으로 일주일에 몇 번 정도 이용하십니까? (이용횟수) (X6)

설문 1 ▸▸▸ 귀하의 성별(남, 여) (X7)

다음의 데이터표는 학생 25명에 대한 설문결과를 정리한 것이다. 이 데이터에 대해 요인분석을 실시하라.

●●● 데이터표 ●●●

No.	X1	X2	X3	X4	X5	X6	X7	No.	X1	X2	X3	X4	X5	X6	X7
1	6	4	7	6	5	4	1	14	6	3	5	5	7	3	2
2	5	7	5	6	6	6	1	15	3	4	4	3	2	2	2
3	5	3	4	5	6	4	1	16	2	7	5	5	4	4	2
4	3	3	2	3	4	3	1	17	3	5	2	7	2	5	2
5	4	3	3	3	2	2	1	18	6	4	5	5	7	4	2
6	2	6	2	4	3	3	1	19	7	4	6	3	5	2	2
7	1	3	3	3	2	1	1	20	5	6	6	3	4	3	2
8	3	5	3	4	2	2	1	21	2	3	3	4	3	2	2
9	7	3	6	5	5	4	1	22	3	4	2	3	4	3	2
10	6	4	3	4	4	5	1	23	3	6	3	5	3	5	2
11	6	6	2	6	4	6	1	24	6	5	7	5	5	5	2
12	3	2	2	4	2	3	1	25	7	6	5	4	6	5	2
13	5	7	6	5	2	6	2								

PASW(SPSS)에 의한 해법

순서 1 ▸▸▸ 데이터의 입력(16−1.sav)

(주1) X1, X2, X3, X4, X5의 변수에는 1="중요도 1", 2="중요도 2", 3="중요도 3", 4="중요도 4", 5="중요도 5", 6="중요도 6", 7="중요도 7"이라고 하는 변수값 설명을 해 놓는다.

(주2) X7의 변수에는 1="남", 2="여"라고 하는 변수값 설명을 해 놓는다.

순서 2 ▸▸▸ 요인분석의 선택

메뉴에서 [분석(A)]−[차원 감소]−[요인분석(F)]을 선택한다.

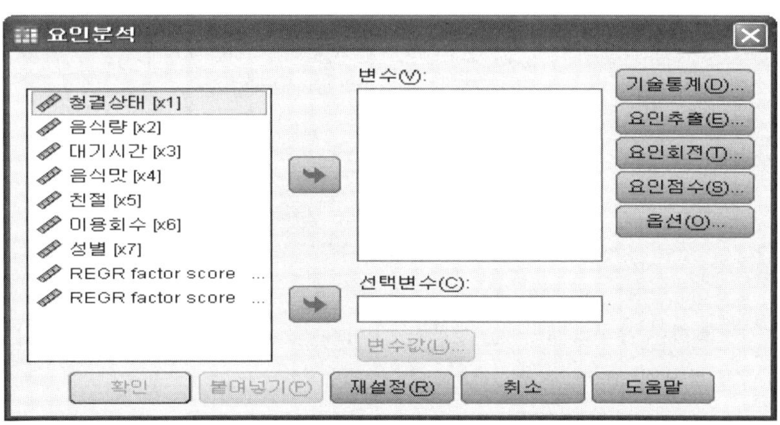

순서 3 ››› 변수의 선택

[변수(V)]로서 설문1에 해당하는 "x_1", "x_2", "x_3", "x_4", "x_5"를 선택한다.

→ 설문1의 5개 항목이 몇 개의 요인으로 분류되는지 확인하고자 한다.

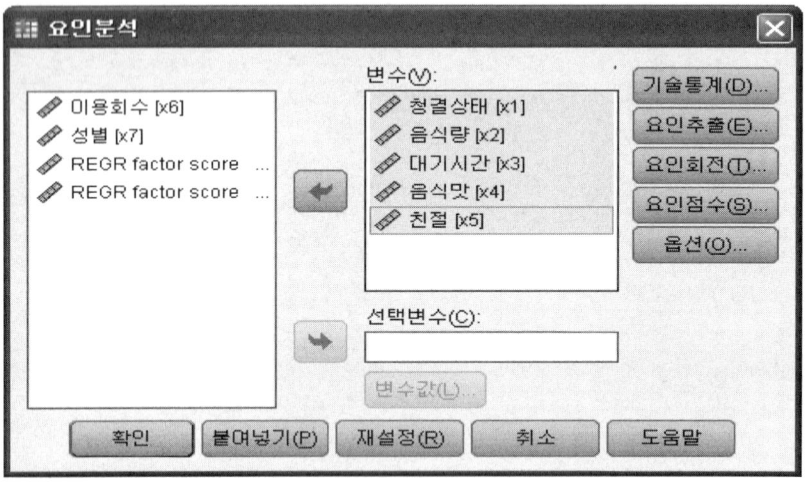

순서 4 ››› 기술통계의 선택

[요인분석] 대화상자에서 [기술통계(D)] 버튼을 클릭하면 다음과 같은 [요인분석 : 기술통계] 대화상자가 나타난다.

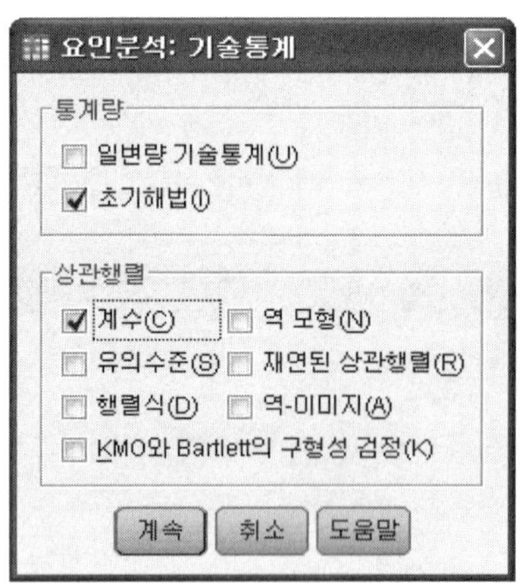

위와 같이 '초기해법'과 '계수'를 선택하고 [계속] 버튼을 클릭하면 앞의 [요인분석] 대화상자로 복귀한다.

순서 5 ▸▸▸ 요인추출의 선택

[요인분석] 대화상자에서 [요인추출(E)] 버튼을 클릭하면 다음과 같은 [요인분석 : 요인추출] 대화상자가 나타난다.

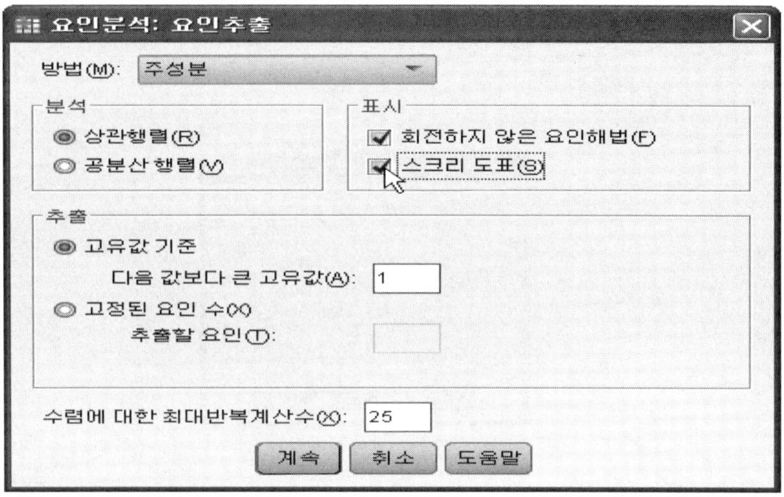

위의 대화상자에서 초기지정 상태에 [스크리 도표(S)]를 추가로 지정하고, [계속] 버튼을 클릭하면 앞의 [요인분석] 대화상자로 복귀한다.

순서 6 ▸▸▸ 요인회전의 선택

[요인분석] 대화상자에서 [요인회전(T)] 버튼을 클릭하면 다음과 같은 [요인분석 : 요인회전] 대화상자가 나타난다.

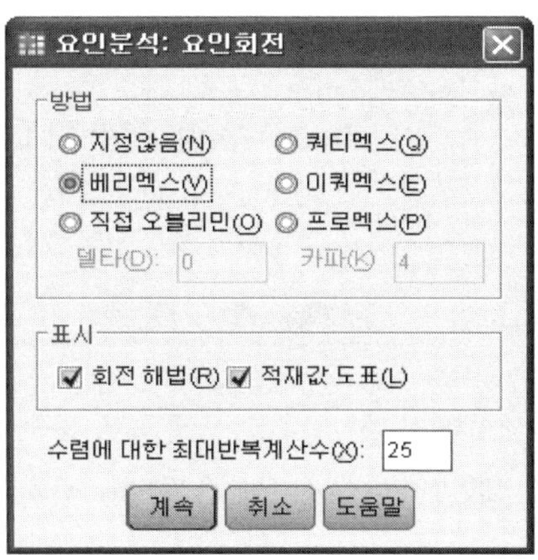

[요인분석 : 요인회전] 대화상자에서 위와 같은 항목을 지정하고, [계속] 버튼을 클릭하면 앞의 [요인분석] 대화상자로 복귀한다.

순서 7 ▸▸▸ 요인점수의 선택

[요인분석] 대화상자에서 [요인점수(S)] 버튼을 클릭하면 다음과 같은 [요인분석 : 요인점수] 대화상자가 나타난다.

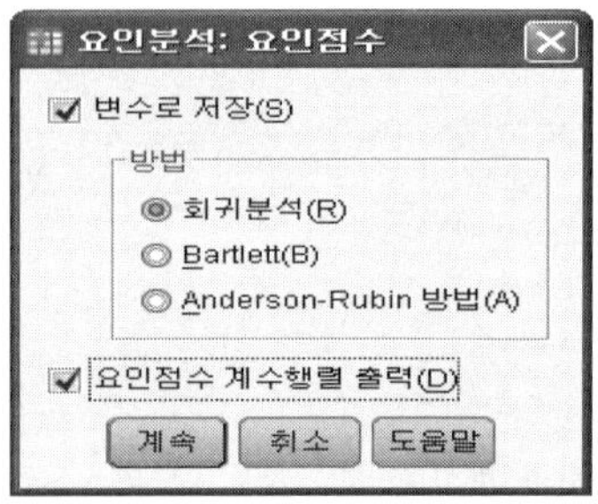

위와 같은 항목을 지정하고, [계속] 버튼을 클릭하면 앞의 [요인분석] 대화상자로 복귀한다.

순서 8 ▸▸▸ 옵션의 선택

[요인분석] 대화상자에서 [옵션(O)] 버튼을 클릭하면 다음과 같은 [요인분석 : 옵션] 대화상자가 나타난다.

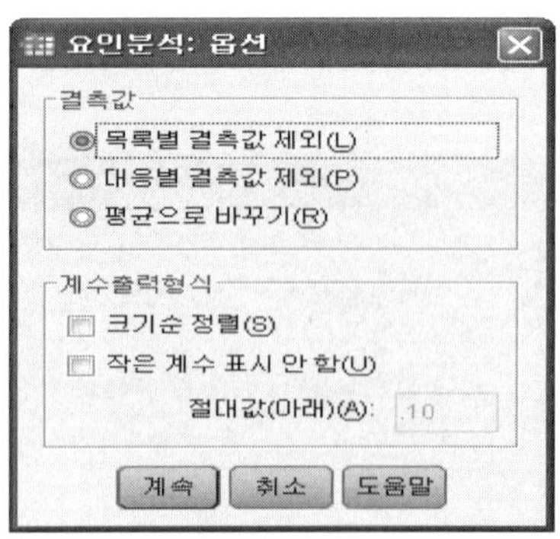

[요인분석 : 옵션] 대화상자에서 초기지정 상태대로 하고, [계속] 버튼을 클릭하면 앞의 [요인분석] 대화상자로 복귀한다. 여기에서 [확인] 버튼을 클릭하면 요인분석 결과를 얻을 수 있다.

분석결과 및 결과의 해석방법

(1) 상관행렬

●●● 상관행렬 ●●●

		청결상태	음식량	대기시간	음식맛	친절
상관계수	청결상태	1.000	.050	.629	.265	.686
	음식량	.050	1.000	.220	.355	.009
	대기시간	.629	.220	1.000	.183	.509
	음식맛	.265	.355	.183	1.000	.272
	친절	.686	.009	.509	.272	1.000

위의 상관행렬에서 보면 X1(청결상태) 변수와 X5(친절) 변수의 상관계수(0.686)가 가장 높고, X1(청결상태) 변수와 X3(대기시간) 변수의 상관계수(0.629)가 두 번째로 높게 나타나 있다. X3(대기시간) 변수와 X5(친절) 변수의 상관계수(0.509)를 제외하면 다른 변수들간의 상관계수는 비교적 낮은 편이다.

(2) 공통성의 추출

●●● 공통성 ●●●

	초기	추출
청결상태	1.000	.823
음식량	1.000	.772
대기시간	1.000	.649
음식맛	1.000	.615
친절	1.000	.750

추출 방법 : 주성분 분석

공통성(communality)은 변수에 포함된 요인들에 의해서 설명되는 비율이라고 할 수 있다. 각 변수의 초기값과 주성분분석법에 의한 각 변수에 대해 추출된 요인에 의해 설명되는 비율이 나타나 있다. 좀더 자세한 설명은 다음의 "회전 전의 성분행렬"을 참조하기 바란다.

(3) 변수들의 공분산 및 고유치(〈순서 5〉에서 고유값 기준 "1"이 선택되었음)

●●● 설명된 총분산 ●●●

성분	초기 고유값			추출 제곱합 적재값			회전 제곱합 적재값		
	전체	%분산	%누적	전체	%분산	%누적	전체	%분산	%누적
1	2.396	47.929	47.929	2.396	47.929	47.929	2.236	44.719	44.719
2	1.213	24.255	72.184	1.213	24.255	72.184	1.373	27.465	72.184
3	.714	14.287	86.471						
4	.395	7.897	94.368						
5	.282	5.632	100.000						

추출 방법 : 주성분 분석

요인분석의 목적은 데이터의 축소, 즉 변수의 수를 줄이는 데 있으므로 위에 나타난 요인(성분) 5개를 모두 사용하는 것은 비합리적이다. 추출된 두 요인의 고유치(eigenvalue)는 각각 2.396, 1.213으로서 이것은 요인추출 기준으로 지정한 고유치 1 이상인 요인만 추출된 것을 의미하고 있다. 고유치(고유값)는 그 요인이 설명하는 분산의 양을 나타내므로 이 값이 큰 요인이 중요한 요인이 된다.

이 두 요인은 구내식당에 대한 학생들의 반응을 요인 1은 47.929%, 요인 2는 24.255%를 설명함으로써 전체(누적) 72.184%를 설명하고 있다. 물론 요인 1이 더 높은 설명력을 갖고 있다. 요인을 더 많이 추출하였다면 그 설명력은 72.184%보다 높아질 것이지만 요인의 수가 많아진다는 단점이 있다. 따라서 요인은 가능한 한 적으면서 설명력을 높이는 것이 요인분석의 중요한 과제가 된다.

고유치는 각 요인의 설명력을 나타내는 것으로 모든 요인(성분)의 고유치 합계는 요인분석에 사용된 변수의 수와 같다. 그러므로 여기에서는 5이다. 따라서 요인 1의 설명력은 2.396 / 5 = 0.47929(47.929%)로 계산된다. 그리고 요인의 고유치는 요인에 속한 각 변수들의 적재값을 제곱하여 더한 것과 같다. 예를 들어, 요인 1의 고유치는 회전 전의 성분행렬에 나타나 있는 요인 1에 속한 각 변수들의 적재값을 제곱하여 더한 것과 같다. 즉, $(0.867)^2 + (0.291)^2 + (0.800)^2 + (0.503)^2 + (0.817)^2 = 2.396$으로 계산된다.

(4) 고유치 스크리 도표(〈순서 5〉에서 스크리 도표가 선택되었음)

●●● 스크리 도표 ●●●

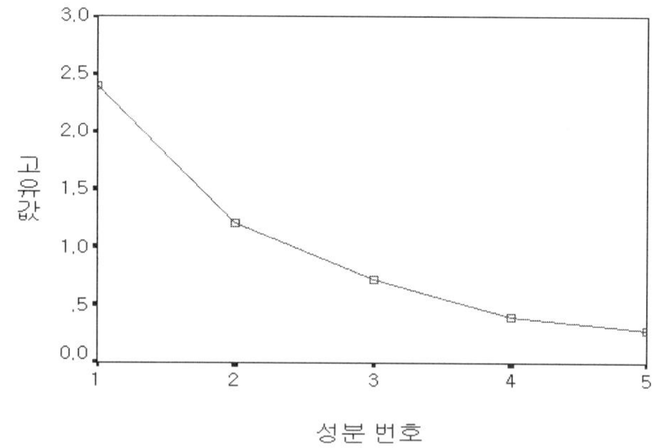

스크리 도표는 고유치의 변화를 보여 주고 있다. 가로축은 요인의 번호, 세로축은 고유치를 나타내고 있다. 요인 3부터는 고유치가 급격히 작아지고 있음을 알 수 있다. 이와 같이 고유치가 급격히 작아지는 점에서 요인의 개수를 결정할 수도 있다. 따라서 이 방식에 의해서도 요인의 개수는 두 개가 적당하다고 할 수 있다.

(5) 회전 전의 성분행렬

지정한 요인추출 방법으로 두 요인이 추출되었다. 분석결과에 의하면 X1(청결상태)의 적재값은 요인 1, 2의 각각에 대하여 0.867, −0.266만큼 영향을 미친다는 것이다. 성분행렬의 각 수치는 회전시키기 전의 요인부하량(factor loading)을 나타내고 있다. 요인(성분) 1에 대해서는 X1(청결상태), X3(대기시간), X5(친절)의 부하량이 하나의 공통적인 특성을 가지고 있고, 요인 2에 대해서는 X2(음식량), X4(음식맛)의 부하량이 하나의 공통적인 특성을 가지고 있는 것으로 보인다.

성분행렬[a]

	성분	
	1	2
청결상태	.867	-.266
음 식 량	.291	.829
대기시간	.800	-.097
음 식 맛	.50	.602
친 절	.817	-.287

요인추출 방법 : 주성분 분석
a. 추출된 2성분

여기에서 각 변수의 공통성(communality)은 요인(성분) 1과 요인 2에 대한 적재량의 제곱합에 의해 구해진다. 즉, X1(청결상태)의 공통성은 다음과 같이 계산된다(전술한 공통성의 추출결과 참조).

$$(0.867)2+(-0.266)2=0.823$$

(6) 회전된 성분행렬(〈순서 6〉에서 베리멕스 회전을 선택하였음)

베리멕스법에 의한 세 차례의 반복계산 후에 얻어진 회전결과가 제시되어 있다. 요인을 회전하는 이유는 변수의 설명축인 요인들을 회전시킴으로써 요인의 해석을 돕고자 하는 데 있다. 여기에서는 베리멕스 직각회전방식을 사용하였다. 일반적으로 직각회전방식은 요인점수를 이용하여 회귀분석이나 판별분석 등을 수행할 경우, 요인간에 독립성이 있는 것이 요인들의 다중공선성에 의한 문제점을 발생시키지 않기 때문이다. 이 결과를 가지고 연구자는 변수의 공통점을 발견하여 각 요인의 의미를 부여하게 된다. 본 예제에서는 요인 1을 "환경요인"이라고 부를 수 있으며, 요인 2를 "음식요인"이라고 부를 수 있다. X1(청결상태), X3(대기시간), X5(친절)는 요인 1인 "환경요인"이며, X2(음식량), X4(음식맛)는 요인 2인 "음식요인"이라고 말할 수 있다.

→ 보고서나 논문 등에서 분석결과를 표기할 때는 회전된 성분행렬을 사용한다.

회전된 성분행렬[a]

	성분	
	1	2
청결상태	.904	.072
음 식 량	-.035	.878
대기시간	.779	.204
음 식 맛	.246	.745
친 절	.865	.034

요인추출 방법 : 주성분 분석
회전방법 : Kaiser 정규화가 있는 베리멕스
a. 3반복계산에서 요인회전이 수렴되었습니다.

(7) 성분 변환행렬

성분 변환행렬(factor transformation matrix)은 요인회전시 사용한 변환행렬값을 의미한다.

성분 변환행렬

성분	1	2
1	.930	.368
2	-.368	.930

요인추출 방법 : 주성분 분석
회전방법 : Kaiser 정규화가 있는 베리멕스

(8) 회전공간의 성분도표

두 개의 요인에 의해 구성된 2차원 공간에 5개의 변수들이 위치하고 있다. 여기에서 X1(청결상태), X3(대기시간), X5(친절)의 요인 1과 X2(음식량), X4(음식맛)의 요인 2는 서로 다른 위치에 있음을 볼 수 있다.

●●● 회전 공간의 성분 도표 ●●●

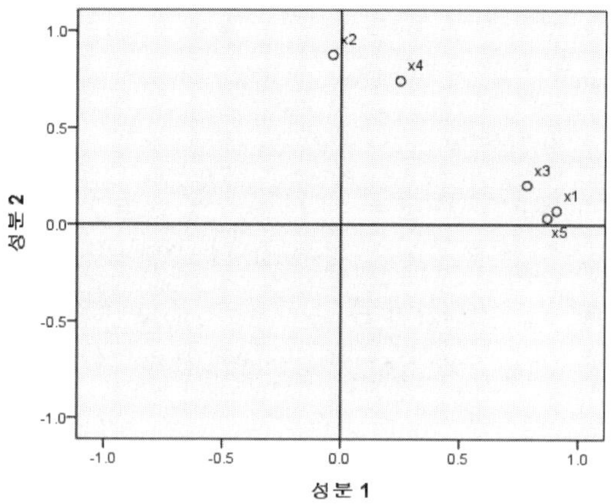

(9) 성분점수 계수행렬

요인점수(factor scores)는 각 관측대상의 변수별 회답을 요인들의 선형결합으로 표현한 값이다. 각 개체들의 요인점수는 다음과 같다.

$$F_{jk} = \sum_{i=1}^{p} W_{ji} Z_{ik}$$

성분점수 계수행렬

	성분	
	1	2
청결상태	.417	-.071
음 식 량	-.139	.680
대기시간	.340	.048
음 식 맛	.012	.539
친 절	.404	-.095

요인추출 방법 : 주성분 분석
회전방법 : Kaiser 정규화가 있는 베리멕스
요인점수

여기에서 p는 변수의 개수, Z_{ik}는 표준화된 변수, W_{ji}는 각 변수에 주어지는 가중치, F_{jk}는 개별 관측대상의 요인점수이다. 요인점수는 관측대상이 각 변수에 대해 회답한 결과를 요인별 가중치를 이용하여 요인 공간상의 점수로 변환시켜 연구자가 각 관측대상의 요인 공간상 위치를 파악할 수 있게 해준다. 요인점수를 계산해 보면 다음과 같다.

요인 1의 점수 = (0.417)×1 + (−0.139)×2 + (0.340)×3 + (0.012)×4 + (0.404)×5

요인 2의 점수 = (−0.071)×1 + (0.680)×2 + (0.048)×3 + (0.539)×4 + (−0.095)×5

여기에서 각 변수들의 관측치를 대입하면, 관측대상별로 요인점수를 구할 수 있다.

성분점수 공분산행렬

성분	1	2
1	1.000	.000
2	.000	1.000

요인추출 방법 : 주성분 분석
회전방법 : Kaiser 정규화가 있는 베리멕스
요인점수

2. 요인분석과 회귀분석

예제 16-2

예제 16－1의 요인분석 결과 추출된 두 개의 요인을 새로운 독립변수(설명변수)로 해서 구내식당에 대한 주당 평균 이용횟수(X6)에 미치는 영향을 분석하라.

예제 16－1의 5개 변수들(X1~X5)이 주당 평균 이용횟수(X6)에 미치는 영향을 분석하고 싶다면, 그 변수들을 직접 이용하여 다중회귀분석을 실시할 수도 있다. 그러나 많은 변수들을 몇 개의 요인으로 묶어서 다중회귀분석을 실시하면 보다 차원 높고 의미 있는 분석결과를 얻을 수 있다. 특히 다중회귀분석에 있어서 설명변수들이 질적 데이터나 혹은 카테고리 데이터로 이루어져 있는 경우에는 이와 같이 설명변수들을 일단 요인분석에 의해서 몇 개의 요인으로 묶은 다음 다중회귀분석을 실시하는 것이 바람직하다.

그러나 다중회귀분석을 실시하기 전에 각 요인에 대하여 신뢰성분석을 실시하는 것이 합당한 분석절차이다. 이에 대해서는 제 25장을 참조하기 바란다.

PASW(SPSS)에 의한 해법

순서 1 ▸▸▸ 데이터의 입력

요인분석이 끝나면 PASW(SPSS) 데이터 편집기에 fac1_1, fac2_1 두 개의 변수가 추가되어 나타난다. 이 두 개의 요인을 새로운 설명변수로서 다중회귀분석을 실시하고자 한다.

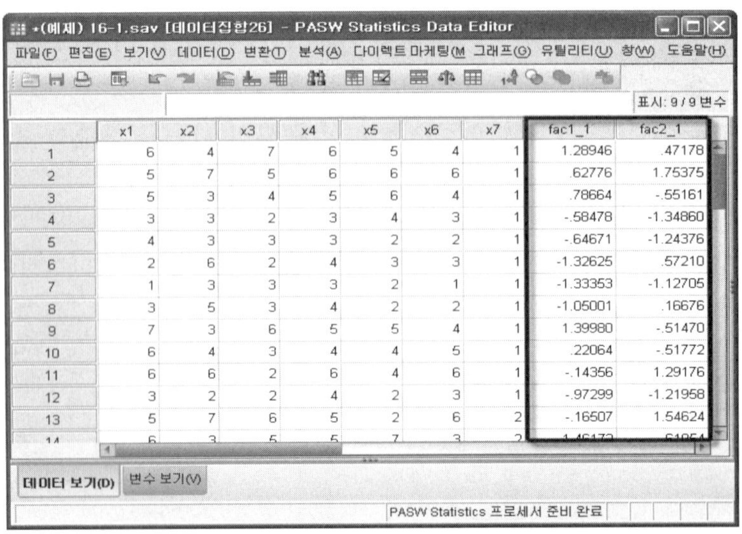

	x1	x2	x3	x4	x5	x6	x7	fac1_1	fac2_1
1	6	4	7	6	5	4	1	1.28946	.47178
2	5	7	5	6	6	6	1	.62776	1.75375
3	5	3	4	5	6	4	1	.78664	-.55161
4	3	3	2	3	4	3	1	-.58478	-1.34860
5	4	3	3	3	2	2	1	-.64671	-1.24376
6	2	6	2	4	3	3	1	-1.32625	.57210
7	1	3	3	3	2	1	1	-1.33353	-1.12705
8	3	5	3	4	2	2	1	-1.05001	.16676
9	7	3	6	5	5	4	1	1.39980	-.51470
10	6	4	3	4	4	5	1	.22064	-.51772
11	6	6	2	6	4	6	1	-.14356	1.29176
12	3	2	2	4	2	3	1	-.97299	-1.21958
13	5	7	6	5	2	6	2	-.16507	1.54624
14	6	3	5	5	7	3	2	[illegible]	[illegible]

순서 2 ▸▸▸ 회귀분석의 선택

메뉴에서 [분석(A)]－[회귀분석(R)]－[선형(L)]을 선택한다.

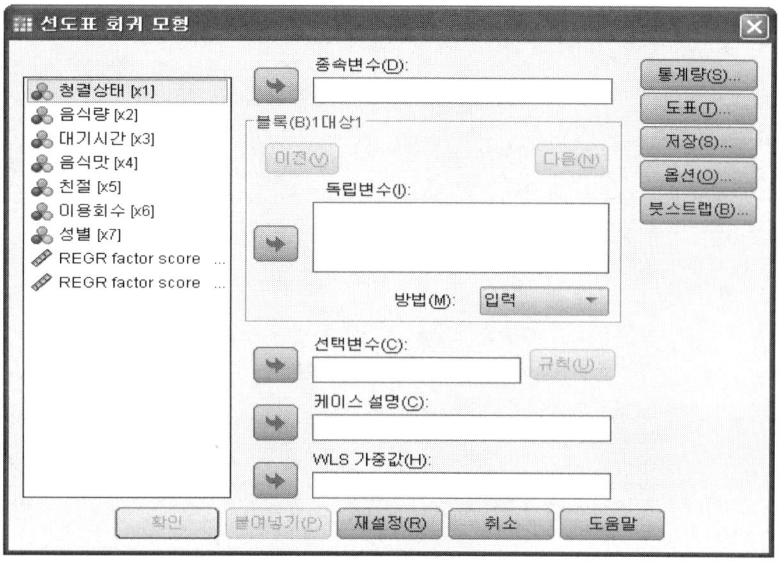

순서 3 ▸▸▸ 변수의 선택

[종속변수(D)]로서 "x_6"를 선택하고, [독립변수(I)]로서 "fac1_1"과 "fac2_1"를 선택한다.

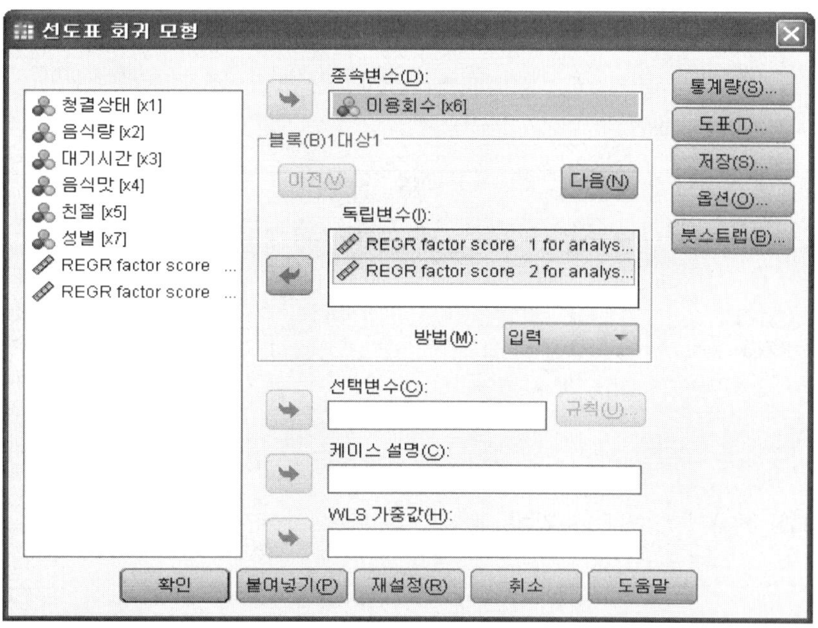

여기에서 [확인] 버튼을 클릭하면, 다중회귀분석이 실시되어 다음과 같은 분석결과를 얻게 된다.

분석결과 및 결과의 해석방법

●●● 진입/제거된 변수[b] ●●●

모형	집인된 변수	제거된 변수	방법
1	REGR factor score 2 for analysis 1 REGR factor score 1 for analysis 1 a	.	입력

a. 요청된 모든 변수가 입력되었습니다.
b. 종속변수 : 이용회수

●●● 모형 요약 ●●●

모형	R	R 제곱	수정된 R 제곱	추정값의 표준오차
1	.816[a]	.666	.636	.866

a. 예측값 : (상수), REGR factor score 2 for analysis
1. REGR factor score 1 for analysis 1

●●● 분산분석[b] ●●●

모형		제곱합	자유도	평균제곱	F	유의확률
1	선형회귀분석	32.929	2	16.465	21.938	.000a
	잔차	16.511	22	.750		
	합계	49.440	24			

a. 예측값 : (상수), REGR factor score 2 for analysis 1, REGR factor score 1 for analysis 1
b. 종속변수 : 이용회수

●●● 계수[a] ●●●

모형		비표준화 계수		표준화 계수	t	유의확률
		B	표준오차	베타		
1.	(상수)	3.680	.173		21.239	.000
	REGR factor score 1 for analysis 1	.452	.177	.315	2.557	.018
	REGR factor score 2 for analysis 1	1.081	.177	.753	6.110	.000

a. 종속변수 : 이용회수

분석결과 회귀식은 다음과 같다.

$$\hat{Y} = 3.380 + 0.452F1 + 1.081F2$$

여기에서,

$$\hat{Y} = X_6(\text{주당 평균 구내식당 이용횟수})$$
$$F_1 = \text{요인 1(환경요인)}$$
$$F_2 = \text{요인 2(음식요인)}$$

이 회귀식은 분산분석 결과 통계적으로 유의하며(유의확률=0.000 < 0.05), 결정계수 R^2=0.666으로서 두 개의 요인이 총변동의 66.6%를 설명하고 있다. 요인 1(환경요인)의 회귀계수는 통계적으로 유의하며(유의확률=0.018 < 0.05), 요인 2(음식요인)의 회귀계수 역시 통계적으로 유의함을 알 수 있다(유의확률=0.000 < 0.05).

결론적으로 구내식당은 식당의 청결상태 등 환경요인과 음식량 등의 음식요인 모두를 중요시해야 함을 알 수 있다. 그리고 음식요인의 t값(6.110)이 환경요인의 t값(2.557)보다 더 크므로 음식요인이 목적변수(주당 평균 구내식당 이용횟수)에 미치는 영향이 더 크다고 볼 수 있다. 따라서 구내식당은 음식량과 음식맛 등 음식요인의 향상에 더 주의를 기울여야 할 것이다.

신뢰성 분석 17

1. 신뢰성과 타당성

연구자가 어떤 측정방법을 선택·사용하든지 간에 모든 측정치가 갖추어야 할 두 가지의 매우 중요한 특성이 있는데, 신뢰성(reliability)과 타당성(validity)이 그것이다.

신뢰성이란 측정결과에 오차가 들어 있지 않은 정도, 즉 분산에 대한 체계적 정보를 반영하고 있는 정도를 나타내는 것이다. 이에 비해 타당성이란 측정치가 의도한 것을 실제로 측정하고 있는 정도를 나타내는 것이다.

연구결과를 기초로 올바른 의사결정을 하려면, 데이터 수집단계에서 신뢰성과 타당성을 갖춘 측정방법을 사용하는 것이 불가결한 일이다. 신뢰성은 타당성을 보장하는 필요조건이지만 충분조건은 아니기 때문에 이들 두 가지 개념을 설명함에 있어서 신뢰성부터 먼저 시작하기로 한다.

1) 신뢰성

신뢰성의 개요

신뢰성을 검토하는 하나의 방법은 어떤 속성의 측정치가 어느 정도의 오차를 포함하는가 하는 입장에서이다. 측정치의 점수(score)에 오차가 포함되어 있는 정도가 적으면 적을수록 그 측정치는 신뢰할 수 있게 된다. 신뢰성의 동의어로는 의존성(dependability), 안정성(stability), 일관성(consistency), 예측가능성(predictability), 정확성(accuracy) 등이 있다.

측정치의 신뢰성을 실증적으로 평가하기 위하여 여러 가지 방법이 사용되고 있다. 이러한 방법에는 평행검증법(the parallel form method), 검증-재검증법(test-retest), 내부일치법(internal consistency method), 크론바하 알파(Chronbach's alpha) 등이 있다.

평행검증법 혹은 택일법에 의한 신뢰성평가는 3단계에 걸쳐 시행된다. 첫째로, 어떤 구성개념의 측정을 위하여 2개의(혹은 그 이상의) 측정방법을 개발한다. 그리고 이들 각기 다른 측정방법에 의한 측정결과는 동일한 스코어 평균과 동일한 분산 등을 나타내 보여야 한다. 둘째로, 2개의 측정방법은 동일한 측정대상에 적용되어야 한다. 2개 측정간의 시간간격은 연구에 따라 달라지게 된다. 셋째로, 마지막 단계로서 2개의 측정 스코어 사이의 상관의 정도를 판단한다. 이 결과로 얻어진 상관이 평행검증법에 의한 신뢰성의 추정치이다.

검증-재검증법은 측정방법이 하나밖에 없는 경우에 신뢰성을 검증하고 또 검증함으로써 신뢰성을 평가할 수 있는 방법이다. 어느 특정한 측정대상에 대하여 일정한 기간을 두고 2회에 걸쳐 측정을 행한 뒤, 그 결과로 얻어진 두 스코어의 상관을 검토한다. 그리하여 상관계수가 높으면 신뢰성이 높고, 상관계수가 낮으면 신뢰도가 낮다는 것을 알 수 있게 된다.

측정방법이 하나밖에 없을 때, 측정치의 신뢰성을 평가하는 또 하나의 방법은 그 내부일치성을 측정하는 것이다. 검사나 설문지 등은 그것들을 구성하고 있는 하위 항목들 사이의 간상관(intercorrelation)의 정도가 높은 만큼 내부일치성도 그만큼 높아지게 된다. 측정치의 내부일치성을 평가하는 데는 몇 가지의 계산방법이 있다. 가장 대표적인 방법은 반분법(split-half technique)이다. 이 같은 방법을 사용하려면 우선 연구자가 어떤 속성을 '다항목으로 구성된 측정도구'에 의해 측정해야 한다. 그렇게 측정하고 나서는 검사항목을 2개 부분의 하위 항목으로 반분한다. 그리하여 2개 부분의 총점수를 각 부분별로 산출하여 두 부분간의 상관을 검토한다. 그 결과 2개 부분의 하위 항목의 총점수 사이에 상관이 높으면, 그 측정치의 내부일치성이 높은 것으로 판단한다.

연구자가 측정항목들의 동질성에 대한 정도를 평가하려고 할 때는 언제나 이와 같은 '내부일치성의 추정'을 활용해야 한다. 그래서 내부일치법에 의한 신뢰성분석의 대상으로 적절한 것은 단일 차원의 측정을 의도하는 다항목 측정의 경우이다. 직무만족, 직무전념도(job involvement), 역할갈등(role conflict)과 같이 주로 연필과 종이에 의한 측정은 대개의 경우, 내부일치 신뢰성의 평가에 의해 그 신뢰도가 측정되어야 할 대상들이다.

하나의 개념에 대하여 여러 개의 항목으로 구성된 척도를 이용할 경우에, 해당문항에 대하여 가능한 모든 반분신뢰도(split-half reliability)를 구하고 이들의 평균을 산출한 것이 바로 크론바하 알파(Chronbach's alpha) 계수이다. 이 방법을 이용하여 해당 척도를 구성하고 있는 각 항목들의 신뢰성까지 평가할 수 있다. 크론바하 알파 계수를 구하는 공식은 다음과 같다.

$$\alpha = \frac{N}{N-1}\left(1 - \sum \frac{\sigma_i^2}{\sigma_t^2}\right)$$

여기에서,

N = 문항 수
σ_t^2 = 총분산
σ_i^2 = 각 문항의 분산

문항 전체 수준의 경우 크론바하 알파 계수가 0.5 이상, 개별 문항 수준인 경우 0.9 이상 정도면 신뢰도가 높다고 할 수 있다.

신뢰도를 측정하는 방법에는 재측정 신뢰도, 거트만의 반분법(측정도구를 임의로 반으로 나누어 각각 독립된 두 개의 척도로 사용하여 결과 비교)에 의한 신뢰도, 내적 일관성(크론바하 알파 계수)에 의한 신뢰도, 문항분석 등 여러 가지 기법들이 있다.

(1) 재측정 신뢰도 계수

재측정신뢰도는 동일한 개념을 한 시점과 또 다른 시점에서 각각 측정하여 이들간에 어느정도로 높은 상관이 있는 가를 보고 신뢰도를 평가하는 방법이다.

(2) 반분법에 의한 신뢰도 계수

전체의 문항을 임의로 반으로 나누어 각각 독립된 두 개의 척도로 사용하여 상관계수를 보고 신뢰도를 평가하는 방법이다. 전체 문항을 어떻게 반으로 나누느냐에 따라 신뢰도 계수는 달라진다.

(3) 내적 일관성에 의한 신뢰도 계수

내적 일관성은 문항 상호간에 어느 정도 일관성을 가지고 있는가를 측정하는 것으로 크론바하 알파 계수에 의해 측정한다.

신뢰성의 증대

만일 신뢰도가 기준보다 낮은 경우에는 측정항목 수를 늘리기도 하고 혹은 내부일치성을 향상시킴으로써 측정의 신뢰도를 높일 수 있다. 신뢰도의 수준이 이미 알려진 측정에 대하여 그 항목의 수를 일정한 양만큼 늘렸을 경우 그 늘어난 측정항목의 신뢰도는 쉽게 추정할 수 있다. 원래 측정의 신뢰도를 rXX이라 하고 측정항목의 길이를 k배로 늘렸을 때 늘어난 측정의 신뢰도 rXX*는 다음과 같이 나타낼 수 있다.

$$r_{XX}^{\ *} = \frac{kr_{XX}}{1+(k-1)r_{XX}}$$

예를 들어, 10개 항목으로 구성된 신뢰도가 0.6이라고 할 때, 그 측정항목 수를 2배로 확대할 경우 20개 항목으로 늘어난 측정의 신뢰도는 0.75가 된다. 이 경우에 추가된 항목은 원래의 측정항목과 동일한 내용영역(the same content domain)의 것이고 동시에 추가 항목간 간상관의 평균(average intercorrelation of the added items)과 원래의 항목간 간상관(間相關)의 평균은 동일하지 않다는 것을 가정하고 있는 것이다.

측정의 신뢰도를 높이기 위한 또 하나의 방법은 내부일치성을 향상시키는 것이다. 어떤 측정항목이 구성항목간 상관이 다른 비교적 많은 수의 항목들로 구성되어 있다면, 측정항목간의 상관이 비교적 낮은 항목들을 제거함으로써 내부일치성을 향상시킬 수 있다. 이러한 항목을 제거함에 따라 소위 '순수화된' 측정항목이 생겨난다. 그러나 측정의 순수화는 한편으로 신뢰도를 증가시키지만, 다른 한편으로 타당성에는 정반대의 영향을 미친다는 사실에 유의해야 한다. 즉 측정의 내부일치성을 증대시킴으로써 다른 측정 스코어에 대한 예측능력을 감소시키는 경우이다.

2) 타당성

타당성의 개요

전술한 신뢰성은 모든 측정치가 갖추어지지 않으면 안 되는 특성이다. 그러나 이에 덧붙여 모든 측정치는 또 하나의 중요한 특성인 타당성(validity)을 구비하고 있어야 한다.

측정치의 타당성 평가에서는 그것이 당초에 측정하려고 의도하였던 것을 어느 정도로 측정하고 있는가를 명확하게 밝히는 데 관심이 있는 것이다. 이와 같은 타당성 평가를 위해서 측정방법의 개발자나 혹은 사용자는 다음과 같은 몇 개의 구체적인 유형의 타당성을 고찰해야 한다. 이들 구체적인 유형의 타당성에는 (a) 내용적 타당성(content validity), (b) 구성개념 타당성(construct validity), (c) 기준관련 타당성(criterion-related validity), (d) 표면적 타당성(face validity), (e) 증가적 타당성(incremental validity), (f) 수렴적 변별적 타당성(convergent and discriminant validity), (g) 종합적 타당성(synthetic validity) 등이 있다.

측정치를 구성하고 있는 항목이 측정하려고 하는 변수와 관련된 항목들의 정의역(定義域)을 대표하는 표본일 때, 그 측정치는 내용적 타당성을 갖추고 있다고 말할 수 있다. 그 측정치가 측정하려고 하는 변수의 정의역 밖의 어떤 항목을 포함하고 있으면 내용적 타당성은 손상을 입게 된다. 예를 들면, 설문지법으로 직무만족을 측정하려고 할 경우 그 설문지 속에 종교적 신념의 강도, 사회적 소외의 정도 등을 측정하기 위한 항목들이 포함되어 있으면 그것은 내용적 타당성이 결여되어 있는 것이다. 어떤 측정이 내용적 타당성을 갖추도록 하기 위해서는 대상항목의 범위를 규정하고 그 측정항목이 대상범위를 대표하는 표본으로 구성되도록 추출되어야 한다.

측정치의 구성개념 타당성은 측정하려고 하는 구성개념의 조작적 정의가 적절한가의 여부를 나타내 보임으로써 그 타당성이 입증되는 것이다. 이와 같은 일은 실증적 연구를 필요로 하는 좀 시간이 걸리는 작업이다. 우선 첫째로 연구자는 연구하려고 하는 구성개념의 조작적 정의(측정방법)를 개발해야 한다. 그리고 나서 그 측정의 스코어가 직접 관찰 가능한 변수와 어떻게 관련되는가에 대한 가설을 설정해야 한다. 연구자는 또 연구대상이 되고 있는 그 구성개념이 다른 구성개념과 어떻게 관련되고 있는가에 대해서도 명확한 언급이 있어야 한다. 이와 같이 변수들 상호간에 어떤 관계가 있는가에 관한 일련의 가설은 '법칙론적 네트워크'로 이해되고 있다. 이와 같은 법칙론적 네트워크가 구체화되고 나면 연구자는 하나 혹은 그 이상의 실증적 연구를 통해서 검증대상이 되고 있는 구성개념의 조작적 정의가 네트워크 내의 다른 변수들과 가설이 시사하는 방법대로 관련되고 있는가의 여부를 나타내 보이지 않으면 안 된다. 그리하여 관련되고 있는 정도에 따라 측정치의 구성개념 타당성(즉, 구성개념의 조작적 정의)은 입증되게 된다.

다음에 어떤 측정치의 스코어, 즉 '예측변수'를 이용하여 다른 변수, 즉 '기준변수'를 추측하려고 할 경우 기준관련 타당성의 문제가 등장하게 된다. 기준관련 타당성에는 예측변수와 기준변수를 어느 시점에서 측정할 것인가에 대한 관점에 따라 세 가지의 접근방법이 있다. 하나의 방법은 예측변수를 일정 시점에서 측정하고 그 뒤에 기준변수를 측정하는 방법이다. 예를 들면, 미국 대학의 대학원 입학자격시험(GRE) 혹은 경영대학원 입학자격시험(GMAT)의 점수(스코어)는 그 학생의 대학원에서의 성적을 예측하는 데 자주 이용되고 있다. 우리는 이와 같은 경우를 예측 타당성(predictive validity)이라고 한다. 둘째 방법은 예측변수와 기준변수를 같은 시점에서 측정하는 경우이다. 조직성원들이 현재 받고 있는 급여수준이 그들의 '급여에 대한 만족도'를 예측하는 데 사용되는 경우이다. 이와 같은 경우를 공시적 타당성(concurrent validity)이라고 한다. 셋째 방법은 기준측정, 즉 기준변수가 일정 시점에서 먼저 측정되고 예측변수는 나중에 측정되는 경우이다. 예를 들어, 시체의 해부에서 얻어진 증거에 의해서 사망의 원인이 추정되는 경우이다. 이와 같은 경우가 소위 사후적 타당성(post-dictive validity)인 것이다.

한편 '측정치가 측정하려고 의도한 것을 측정하고 있는 것처럼 보이는 경우' 그 측정치는 표면적 타당성을 갖추게 되는 것이다. 어떤 측정치가 외견상 어떤 변수의 타당성 지표인 것처럼 보일지라도 구성개념 타당성과 기준관련 타당성이 결여되고 있는 경우가 있다는 사실에 유의해야 한다. 또 이와는 반대로 표면적 타당성은 결여되어 있지만 그 측정치가 뛰어난 예측변수일 경우가 있다. 표면적 타당성이 중요하다고 하는 기본적인 이유의 하나는, 측정방법을 실제의 측정상황에서 효과적으로 이용하기 위해서는 그 측정방법의 이용자와 측정의 대상자 쌍방이 수용할 수 있는 것이어야 하기 때문이다.

측정방법을 실제의 상황에 적용하기 전에 측정치의 증가적 타당성에 관한 증거가 제시되어야 한다고 주장되고 있다. 어떤 측정치가 쉽고 값싸게 활용할 수 있는 다른 정보에 비하여 예측효율이 뛰어난 경우, 즉 예측효율에 어떤 증진을 가져왔을 경우, 그 측정치는 증가적 타당성을 갖추고 있다고 말할 수 있다. 사회과학의 영역에서는 다양한 측정방법이 급속히 개발되고 있기 때문에, 이 증진적 타당성의 개념에 마땅히 받아야 할 만큼의 충분한 주의가 기울여지지 않고 있다.

변수의 측정방법을 개발하는 과정에서 연구자는 측정치의 수렴적 타당성에 관한 입증자료를 제시하게 된다. 수렴적 타당성은 변수에 대한 어떤 측정방법에 의한 스코어가 다른 독립적인 측정방법에 의한 스코어와 상관되고 있는 정도를 나타낸다. 측정방법의 수렴적 타당성과 동시에 연구자는 변별적 타당성에 대해서도 주의를 기울여야 한다. 변별적 타당성은 어떤 특정한 측정치와 관계가 없는 다른 측정치와의 사이에 강한 상관관계가 존재하지 않는 정도를 나타낸다.

공석이 된 직위를 위해 종업원을 채용할 때, 조직에서는 몇 개의 '채용을 위한 사전검사'를 한다. 이와 같은 검사들의 기준관련 타당성은 일반적으로 공시적 타당성 전략에 의해 확정될 수 있다. 이와 같은 방법에 의해 검사의 타당성을 검증하는 경우에는 비교적 많은 사람들을 대상으로 한 검사 점수(test score)와 기준변수 측정치가 요구되는 것이다. 일반적으로 공시적 타당성은 자주 0.4를 넘지 않고 있으며, 적어도 25개 이상의 표본에 근거한 것이 아니면 타당성 계수 0.4는 통계적으로 신뢰할 수 없기 때문이다. 그러나 조직에 있어서 실제로 25명 이상의 직무담당자를 필요로 하는 단일 직무는 거의 없다. 직무담당자가 비교적 소수인 경우, 선발검사의 타당성은 다른 방법에 의하지 않으면 안 된다. 직무담당자가 소수인 직무를 대상으로 한 검사의 타당성을 검증하는 데 사용될 수 있는 방법이 종합적 타당성이다. 종합적 타당성은 직무의 구성요소를 논리적으로 분석하고, 각 요소에 대한 측정의 타당성을 검증하여 각 요소의 타당성을 하나의 전체에 결합하는 경우에 있어서의 타당성을 추론하는 것이다.

예측－기준관계성 : 범위제약의 영향

상관계수는 어떤 측정치의 기준관련 타당성의 정도를 나타내는 데 사용된다. 그리고 예측변수와 기준변수의 예정치 신뢰도가 낮으면, '관찰된 예측－기준 상관'은 영(zero)에 가까워진다. 그래서 우리가 연구를 수행하는 과정에서 '낮은 예측－기준 상관'을 관찰하게 될 경우, 사용하고 있는 측정치의 신뢰도가 최적수준 이하가 될 가능성을 항상 검토해 보아야 한다. 그러나 예측－기준 상관이 낮은 것은 '범위의 제약'(restriction of range)이라고 하는 문제로부터 기인된 것이다. 이와 같은 상태는 '표본상관계수'를 구할 때에 그 기초가 된 변수의 변동범위(variability)가 모집단의 그것보다 작은 표본만을 사용할 때 생기는 현상이다.

기준관련 타당성을 입증한다는 관점에서 보면 모집단을 구성하는 모든 사람들을 검사하고 동시에 그 사람들을 모두 채용한다는 것은 이상적이라고 할 수 있다. '예측변수'와 '기준변수'에 대한 분산이 매우 크게 나타난 것이고 또 이것은 매우 중요한 것이 된다. 왜냐하면, 다른 모든 조건이 변함이 없다면 두 변수의 변동범위가 크면 클수록 두 변수간의 상관도 그만큼 커지기 때문이다.

실제로 범위의 제약이 '예측기준 타당성'에 미치는 영향이나 그 밖에 다른 상관에 미치는 영향은 자주 주목의 대상이 되고 있다. 예를 들어, 어떤 연구에 의하면 '제약을 받지 않는 표본'(unrestricted sample)의 경우, 혼합적성검사(composite aptitude test)의 점수와 기준변수 측정치와의 사이에 0.64의 상관을 나타내 보이지만 범위의 제약을 받은 표본의 경우 '예측－기준 상관'은 0.18밖에 되지 않는다고 보고하고 있다. 이와 같은 연구결과는 범위의 제약이 상관계수에 미치는 영향에 대한 명백한 증거를 제시해 주고 있는 것이다.

2. 신뢰도분석의 실제

PASW(SPSS)에 의한 해법

순서 1 ‣‣‣ 데이터의 입력 (17-1.SAV)

다음은 K대학교 학생회에서 학교 구내식당에 대한 학생들의 반응을 조사하기 위해서 작성한 설문내용이다

설문 1 ‣‣‣ 귀하는 구내식당을 이용할 때 다음의 항목들을 어느 정도 중요하게 생각하십니까?

	중요도						
	1	2	3	4	5	6	7
1. 청결상태(X1)	: ______	: ______	: ______	: ______	: ______	: ______	:
2. 음식량(X2)	: ______	: ______	: ______	: ______	: ______	: ______	:
3. 대기시간(X3)	: ______	: ______	: ______	: ______	: ______	: ______	:
4. 음식맛(X4)	: ______	: ______	: ______	: ______	: ______	: ______	:
5. 친절(X5)	: ______	: ______	: ______	: ______	: ______	: ______	:

데이터표

No.	X1	X2	X3	X4	X5	No.	X1	X2	X3	X4	X5
1	6	4	7	6	5	14	6	3	5	5	7
2	5	7	5	6	6	15	3	4	4	3	2
3	5	3	4	5	6	16	2	7	5	5	4
4	4	3	2	3	4	17	3	5	2	7	2
5	5	3	3	3	2	18	6	4	5	5	7
6	2	6	2	4	3	19	7	4	6	3	5
7	1	3	3	3	2	20	5	6	6	3	4
8	3	5	3	4	2	21	2	3	3	4	3
9	7	3	6	5	5	22	3	4	2	3	4
10	6	4	3	4	4	23	3	6	3	5	3
11	6	6	2	6	4	24	6	5	7	5	5
12	3	2	2	4	2	25	7	6	5	4	6
13	5	7	6	5	2						

순서 2 ‣‣‣ 신뢰도분석의 선택

메뉴에서 [분석(A)]-[척도]-[신뢰도분석(R)]을 선택한다.

순서 3 ››› 문항 및 모형의 선택

[신뢰도분석] 대화상자가 나타나면 질문 1에서 질문 5까지를 [항목(I)] 난에 이동시킨다.

크론바하 알파 계수를 구하기 위하여 [모형(M)] 난에 '알파'를 선택한다. 신뢰도분석을 실시하기 위해서는 기본적으로 측정 문항(변수)이 2개 이상이어야 한다. 즉, 하나의 항목(변수)를 대상으로는 신뢰도 측정을 할 수 없다.

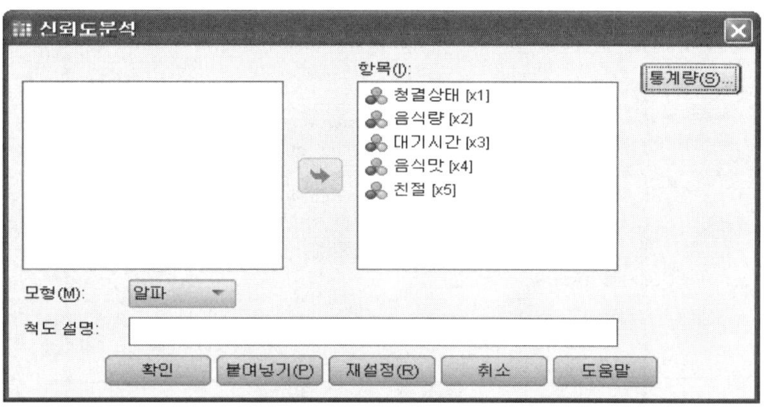

모형 : 신뢰도 모형을 선택한다.

- 알파 : 내적일치(internal consistency) 모형으로 평균 항목간 상관관계를 기준 신뢰도 계수를 구한다.
- 반분계수 : 해당 척도를 두 부분으로 분리하고 부분간 상관관계를 검사하여 신뢰도 계수를 구한다.
- Guttman : 실제 신뢰도에 대한 Guttman의 하한값을 계산한다.
- 동형 : 모든 항목에는 등분산과 동일한 오차 분산이 있는 것으로 가정한다.
- 절대 동형 : 동형 모형을 가정하며 여러 항목에서 평균은 동일한 것으로 가정한다.

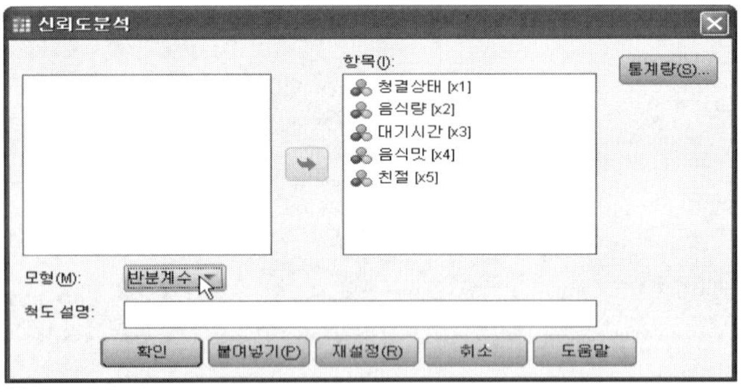

모형을 선택한 다음에 [통계량(S)]을 클릭한다.

순서 4 ››› 통계량 선택

[신뢰도분석 : 통계량] 대화상자가 나타나면 다음과 같은 기술통계량을 선택하고 [계속] 버튼을 클릭한다.

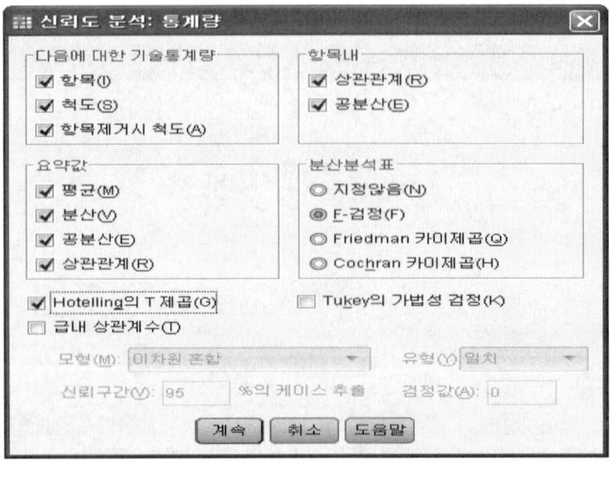

항목제거시 척도 : 이 항목을 선택하면 항목총계통계량 결과표에 "항목이 삭제된 경우 Cronbach 알파"값을 출력한다. 신뢰도를 낮추는 변수를 제거하여 신뢰도를 높이고자 할 경우에 사용한다.

순서 5 ››› 신뢰도분석의 실행

[신뢰도분석] 대화상자로 되돌아오면 [확인] 버튼을 클릭한다.

분석결과 및 결과의 해석방법

(1) 신뢰성분석의 기술통계량 및 신뢰도 통계량

케이스 처리 요약

		N	%
케이스	유효	25	100.0
	제외됨[a]	0	.0
	합계	25	100.0

a. 목록별 삭제는 프로시저의 모든 변수를 기준으로 합니다.

신뢰도 통계량

Cronbach의 알파	항목 수
.709	5

항목 통계량

	평균	표준편차	N
청결상태	4.36	1.823	25
음식량	4.52	1.503	25
대기시간	4.04	1.695	25
음식맛	4.40	1.155	25
친절	3.96	1.645	25

각 개별항목들에 대한 처리 결과가 요약되어 출력된 후 신뢰도 통계량이 표시된다. 크론바하 알파값은 0.709, 표준화된 알파값은 0.700이다. 이어 각 개별항목들에 대한 기술통계량이 제시되어 있다. 분석대상이 되는 5변수들의 이름과 각 변수의 평균, 표준편차, 사례(케이스) 수가 나타나 있다. X1 변수의 표준편차가 1.823으로서 5변수 중 가장 크다는 것을 알 수 있다.

(A) Cronbach의 알파(Alpha)=0.7090 : 크론바하 알파 모형에 의해서 5개의 변수를 하나의 스케일로 신뢰성 검사를 실시한 결과 크론바하 알파 계수는 0.7090이 나왔다. 일반적으로 신뢰도의 척도인 크론바하 알파 계수가 0.6 이상이면 신뢰성이 있다고 보며, 전체 변수(항목)를 하나의 척도로 종합하여 분석할 수 있다는 것이다. 어떤 연구결과에 의하면, 탐색적인 연구 분야에서는 크론바하 알파 계수가 0.6 이상이면 충분하고, 기초연구 분야에서는 0.8 그리고 중요한 결정이 요구되는 응용연구 분야에서는 0.9 이상이어야 한다고 주장하고 있다. 조직 단위의 분석 수준에서 일반적으로 크론바하 알파 계수가 0.6 이상이면 측정도구의 신뢰도에는 별 문제가 없는 것으로 알려져 있다.

전술한 스케일과 각 변수의 관계에서 X2(음식량)를 제외하고 나머지 변수들로만 스케일을 구성하면 크론바하 알파 계수가 원래의 알파값 0.7090에서 0.7632로 커진다. 만일 이 변수들을 하나의 요인으로 나타내고자 할 경우에는 X2를 제외한 나머지 4개의 변수로 구성해야 할 것이다.

(B) Cronbach's Alpha Based On Standardized items=0.700 : 표준화된 각 변수들로 신뢰성분석을 했을 경우에는 크론바하 알파 계수가 0.700이 된다. 만일 각 변수들의 척도가 큰 분산을 가지고 있다면, 두 가지 종류의 알파 계수간에 차이가 크기 때문에 이 방법을 이용해야 한다.

(2) 상관 및 공분산행렬

항목간 상관행렬

	청결상태	음식량	대기시간	음식맛	친절
청결상태	1.000	.050	.629	.265	.686
음식량	.050	1.000	.220	.355	.009
대기시간	.629	.220	1.000	.183	.509
음식맛	.265	.355	.183	1.000	.272
친절	.686	.009	.509	.272	1.000

항목간 공분산 행렬

	청결상태	음식량	대기시간	음식맛	친절
청결상태	3.323	.138	1.943	.558	2.057
음식량	.138	2.260	.562	.617	.022
대기시간	1.943	.562	2.873	.358	1.418
음식맛	.558	.617	.358	1.333	.517
친절	2.057	.022	1.418	.517	2.707

5개 변수들간의 공분산행렬 및 상관행렬이 제시되어 있다. X1(청결상태), X3(대기시간), X5(친절)간에 상관관계가 높고, X2(음식량), X4(음식맛)간에 상관관계가 비교적 높은 값(0.3552)을 보이고 있다. 이것은 제 22장 요인분석을 통하여 두 개의 요인으로 분류되었던 사실을 확인시켜 주는 결과이다.

(3) 스케일(scale)에 관한 통계량

요약 항목 통계량

	평균	최소값	최대값	범위	최대값 / 최소값	분산	항목 수
항목 평균	4.256	3.960	4.520	.560	1.141	.059	5
항목 분산	2.499	1.333	3.323	1.990	2.493	.570	5
항목간 공분산	.819	.022	2.057	2.035	94.923	.498	5
항목간 상관관계	.318	.009	.686	.677	78.278	.049	5

(A) 항목 평균 : 각 변수들의 평균의 평균, 평균값 중 최소값·최대값, 평균의 범위, 최대평균과 최소평균의 비율, 평균의 분산 등을 나타낸다.

(B) 항목 분산 : 각 변수들의 분산의 평균, 분산값 중 최소값·최대값, 분산의 범위, 최대분산과 최소분산의 비율, 분산의 분산 등을 나타낸다.

(C) 항목간 공분산 : 각 변수들간의 공분산의 평균, 공분산 중 최소값·최대값, 공분산의 범위, 최대공분산과 최소공분산의 비율, 공분산의 분산 등을 나타낸다.

(D) 항목간 상관관계 : 각 변수들간의 상관계수의 평균, 상관계수 중 최소값·최대값, 상관계수의 범위, 최대상관계수와 최소상관계수의 비율, 상관계수의 분산 등을 나타낸다.

(4) 스케일과 각 변수의 관계

항목 총계 통계량

	항목이 삭제된 경우 척도 평균	항목이 삭제된 경우 척도 분산	수정된 항목-전체 상관관계	항목이 삭제된 경우 Cronbach 알파
청결상태	16.92	16.160	.641	.576
음식량	16.76	23.940	.182	.763
대기시간	17.24	17.440	.605	.598
음식맛	16.88	23.443	.367	.698
친절	17.32	18.143	.573	.614

(A) 항목이 삭제된 경우 척도 평균(Scale Mean if Item Deleted) : 해당하는 하나의 변수를 분석대상에서 제외했을 경우에 그 변수 이외의 변수들로 구성되는 스케일의 평균을 의미한다. 예를 들면, X1(청결상태)을 제외하고 신뢰성을 분석하면 스케일의 평균 21.2800이 16.9200으로 바뀐다는 것을 의미한다. 이 값은 스케일의 평균에서 X1의 평균을 뺀 값과 같다(21.2800－4.3600＝16.9200).

(B) 항목이 삭제된 경우 척도 분산(Scale Variance if Item Deleted) : 해당하는 하나의 변수를 분석대상에서 제외했을 경우에 그 변수 이외의 변수들로 구성되는 스케일의 분산을 의미한다. 예를 들면, X2(음식량)를 제외한 스케일의 분산은 23.9400으로서 가장 크다.

(C) 수정된 항목－전체 상관관계(Corrected Item-Total Correlation) : 각 개별 변수와 그 변수를 제외한 나머지 변수로 구성된 스케일과의 상관계수를 의미한다. 예를 들면, X1(청결상태)과 X2(음식량), X3(대기시간), X4(음식맛), X5(친절)로 구성된 스케일과의 상관계수는 0.6409로서 가장 크다.

(D) 제곱 다중 상관관계(Squared Multiple Correlation) : 각 개별 변수를 제외하고 구성된 스케일이 전체 분산 중에서 얼마나 설명하는가를 나타낸다. 예를 들면, X1을 목적변수로 하고 X2, X3, X4, X5를 설명변수로 하는 회귀식이 가지는 설명력(R2)을 의미한다.

(E) 항목이 삭제된 경우 크론바 알파값(Alpha if Item Deleted) : 각 개별 변수를 제외했을 때의 크론바하 알파 계수이다. 신뢰성분석에서는 신뢰도 모형을 초기 지정값으로 크론바하 알파 모형으로 실행하도록 되어 있다. 예를 들면, X1(청결상태)을 제외하면 크론바하 알파 계수는 원래의 알파값 0.709(마지막 출력결과 참조)에서 0.576으로 크게 작아지고, X2(음식량)를 제외하면 크론바하 알파 계수는 원래의 알파값에서 0.763으로 커진다. 신뢰도의 척도인 알파값은 클수록 좋은 것이므로, 그 변수를 제외함으로써 알파값이 작아지는 경우에는 그 변수를 제외하지 않도록 해야 한다.

(5) 분산분석표

분산분석

		제곱합	자유도	평균 제곱	거짓	유의확률
사람 간		138.608	24	5.775		
사람 내	항목 간	5.888	4	1.472	.876	.481
	잔차	161.312	96	1.680		
	합계	167.200	100	1.672		
합계		305.808	124	2.466		

총 평균 = 4.26

Hotelling T 제곱 검정

Hotelling의 T 제곱.	거짓	df1	df2	유의확률
4.281	.936	4	21	.462

(A) 사람 간(Between People) : X1, X2, X3, X4, X5 등 5개 변수간의 차이 여부를 검정하기 위한 것으로 표본의 자유도는 24(=표본의 수-1=25-1)이다.

(B) 사람 내 항목 간(Between Measures) : 변수간의 자유도는 4(=변수의 수-1=5-1)이며, F값은 0.8760이고 유의확률=0.4814 〉 0.05이므로 유의하지 않다. 즉, 변수간에 차이가 없다는 귀무가설이 채택된다.

(C) Hotelling의 T제곱(Hotelling's T-Squared)=4.281 F=0.936 Prob.=0.462 : 변수간 평균의 동일 여부를 검정하기 위한 것으로 F=0.936이며 유의확률 Prob.=0.462 〉 0.05이므로 통계적으로 유의하지 않다. 즉, 변수간의 평균이 같다는 귀무가설이 채택된다.

3. 요약

크론바하 알파 계수는 1에 가까울수록 테스트의 신뢰도가 높다고 판단하며, 60%(0.6)이상이면 어느정도 신뢰도는 확보했다고 판단한다. 예제에서의 α=0.709이므로 앙케트 조사결과의 신뢰도는 높다고 판단할 수 있다. 항목총계 통계량의 "항목이 삭제된 경우 Cronbach 알파"값이 신뢰도 통계량의 Cronbach 알파값인 0.709 보다 크다면 해당 변수를 삭제하여 신뢰도를 높이는 것도 고려할 필요가 있다.

예를 들어 음식량 항목을 삭제하면 알파값이 0.709에서 0.763으로 증가되므로 이 경우 "음식량" 변수를 삭제하면 신뢰도 값이 높아지게 된다. 그러나 신뢰도 증가폭이 매우 크지 않고, 증가자체가 신뢰도 자체에 큰 영향을 미치지 않는다면 결과를 그대로 사용하는 것이 좋다.

신뢰도 통계량

Cronbach의 알파	항목 수
.709	5

항목 총계 통계량

	항목이 삭제된 경우 척도 평균	항목이 삭제된 경우 척도 분산	수정된 항목-전체 상관관계	항목이 삭제된 경우 Cronbach 알파
청결상태	16.92	16.160	.641	.576
음식량	16.76	23.940	.182	.763
대기시간	17.24	17.440	.605	.598
음식맛	16.88	23.443	.367	.698
친절	17.32	18.143	.573	.614

이외에도 신뢰도를 높이는 방법으로는 다음과 같은 방법들이 있다.

1) 측정 항목(변수) 수를 늘린다.
2) 측정 도구의 모호성을 제거한다.
3) 내부 일치성을 향상시킨다.
4) 측정방법에 일관성을 유지시킨다.
5) 조사대상자에게 적절한 내용의 항목으로 측정한다.
6) 이전의 조사에서 신뢰성이 확보된 측정도구를 이용한다.

타당성과 신뢰성의 관계는 다음과 같다.

1) 타당성이 있는 측정은 항상 신뢰성이 있다.
2) 타당성이 없는 측정은 신뢰성이 있을 수도 있고 없을 수도 있다.
   다시 말해 타당성이 낮다고 해서 반드시 신뢰성이 낮다는 것은 아니다.
3) 신뢰성이 있는 측정은 타당성이 있을 수도 있고 없을 수도 있다.
   다시 말해서 신뢰성이 높다고 해서 반드시 타당성이 높은 것은 아니다.
4) 신뢰성이 없는 측정은 항상 타당성이 없다.
   즉, 신뢰성은 타당성을 위한 기본적인 전제조건이다.

도 표 18

1. 도표작성기

PASW(SPSS)의 도표 작성기는 처음 사용자를 위해 미리 정의된 갤러리 도표 또는 개별 부분(축, 막대 등) 요소들의 설정을 통해 도표를 작성할 수 있다. 갤러리 도표나 기본 요소를 미리보기화면(캔버스)에 마우스 끌기(드래그앤드롭)로 도표를 작성할 수 있다. 캔버스는 도표 작성기 대화상자에서 변수 목록 오른쪽에 있는 미리보기 화면 영역이다.

도표를 작성하는 과정에서 도표의 미리보기 화면이 표시되며, 미리보기는 무작위로 생성된 데이터를 사용하여 도표가 어떤 모양으로 작성되는지만 간략히 보여준다. 정의된 변수 설명과 측정 수준을 사용하지만 실제 데이터를 표시해서 미리보기 화면을 제공하지는 않는다. 실제 변수 값을 적용한 모양은 도표 만들기를 해야만 알 수 있다.

1) 도표작성

PASW(SPSS)에 의한 해법

순서 1 ▸▸▸ 데이터의 입력 (18-1.SAV)

메뉴에서 [그래프]-[도표작성기]를 선택한다.

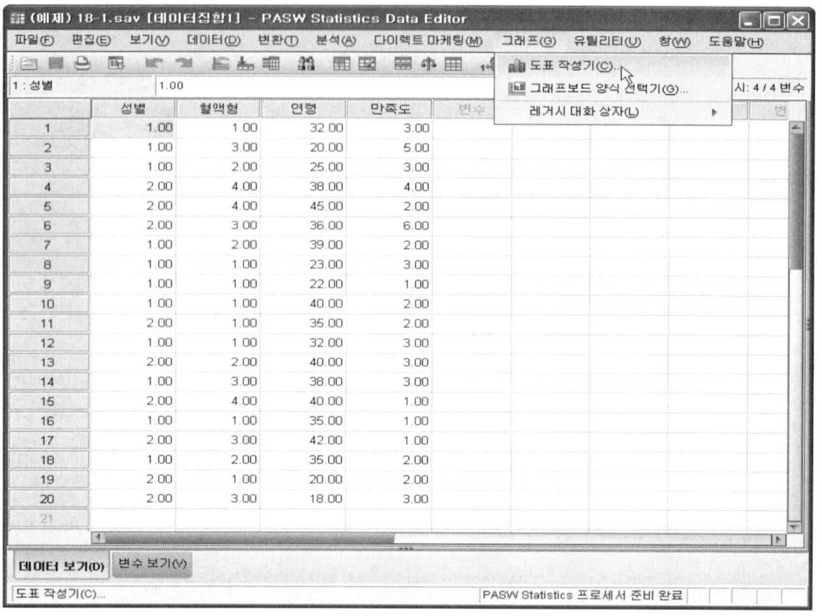

순서 2 ▸▸▸ 변수의 측정 수준 확인

도표작성기를 사용하기 위해서는 각 변수들의 측정수준(측도)가 제대로 설정되어 있어야 한다. 만약 설정이 제대로 되어 있지 않다면 [변수 특성 정의]를 눌러서 변수 특성을 정의한 후에 도표 작성기를 진행한다.

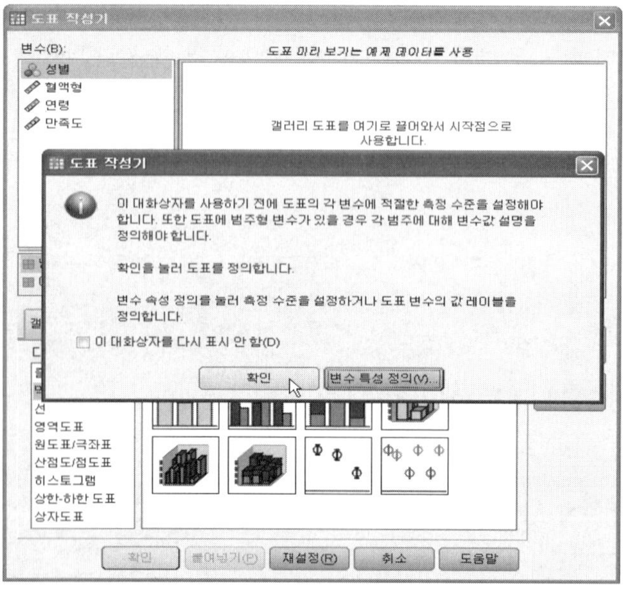

순서 3 ▸▸▸ 도표작성기 화면

[확인] 버튼을 클릭하면 도표작성기 화면상태가 된다.

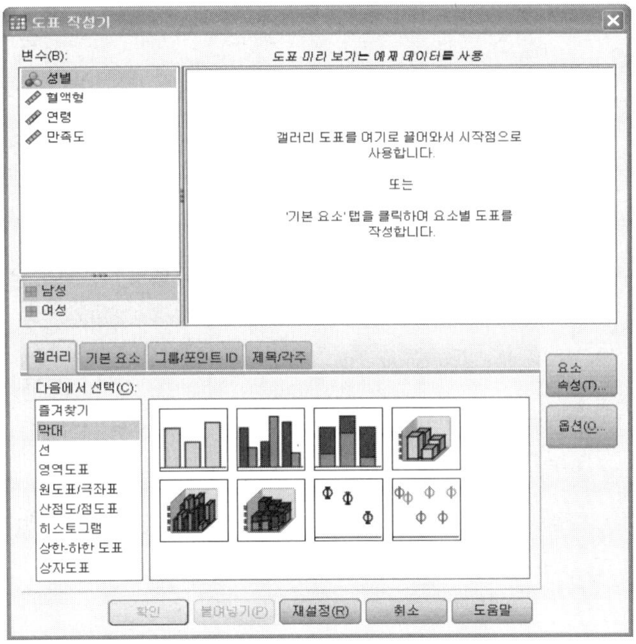

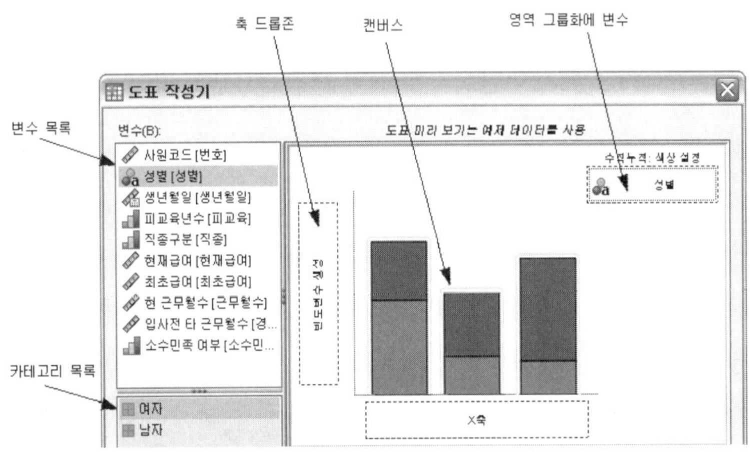

캔버스

캔버스는 도표를 작성하는 데 사용되는 도표 작성기 대화상자 영역으로 도표 모양이 미리보여지는 화면 영역이다.

축 드롭존

축 드롭존은 왼쪽의 변수 목록에서 도표의 축으로 사용하고자 하는 변수를 끌어다 놓는 영역이다. 막대그래프처럼 하나의 변수가 사용되는 경우에는 변수를 X축에다 끌어다 놓는다.

그래프 요소

그래프 요소는 도표에서 데이터를 나타내는 항목으로 막대, 점, 선 등 도표 유형에 따라 다르다. 현재의 화면은 그래프 요소로 막대가 사용된 화면이다.

변수 목록

변수 목록은 사용 가능한 변수를 표시한다. 이 목록에서 선택한 변수가 범주형일 경우 범주 목록에서 변수에 대해 정의된 범주가 표시된다. 변수 목록에서 변수 이름을 마우스 오른쪽 단추로 누르고 측도 수준 중 하나를 선택하여 변수의 측도 수준을 임시로 변경할 수도 있다.

드롭존 영역

놓기 영역은 변수 목록에서 변수를 끌어다 놓을 수 있는 캔버스 영역으로 기본 놓기 영역은 축 드롭존(놓기) 영역이다. 특정 갤러리 도표(예를 들어 수평누적 또는 수직누적 막대도표)일 경우에는 집단 놓기 영역이 포함되어 있다. 또한 집단/점 ID 탭에서 이러한 놓기 영역, 판널 놓기 영역 및 점 설명 놓기 영역을 추가할 수도 있다. 그림에서는 성별이 집단변수로 포함된 집단 영역을 표시한다. 이 변수의 범주는 집단 영역 위의 텍스트에 나와 있는 대로 수직누적 세그먼트의 색상을 제어한다.

순서 4 ▸▸▸ 갤러리 도표 선택

[갤러리]에서 [막대]를 선택하고 오른쪽 막대그래프 유형에서 [단순막대그래프]를 마우스 왼쪽 버튼으로 누른 채 "도표 미리보기는 예제 데이터를 사용"란으로 가져가서 손을 놓는다.

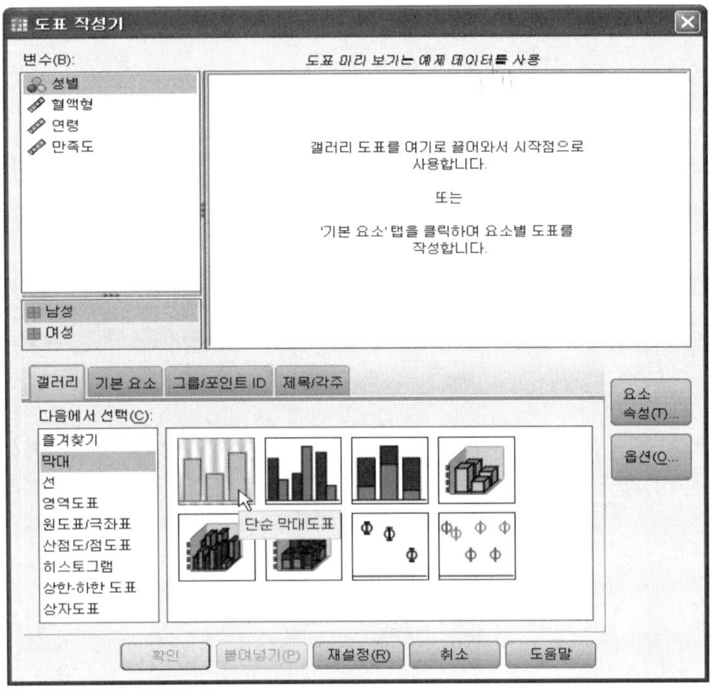

다음과 같이 막대그래프가 미리보기 창에 나타난다.

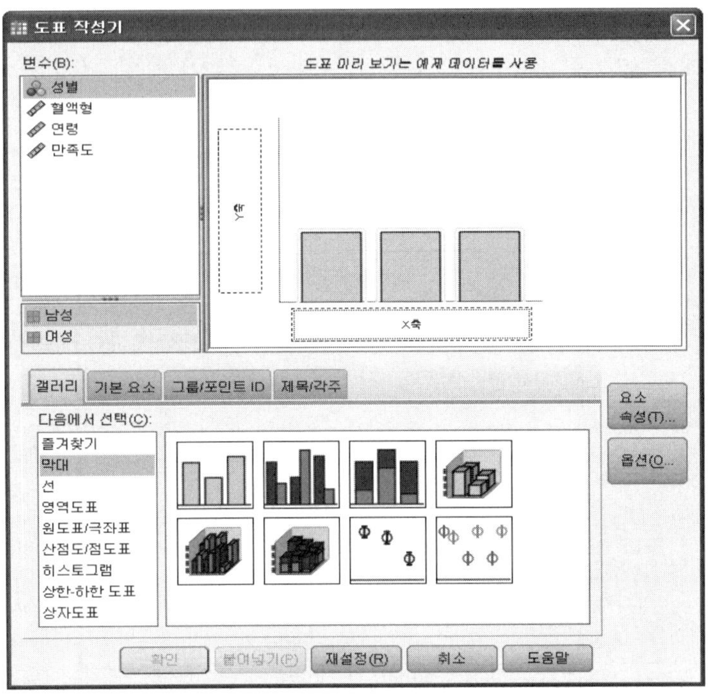

순서 5 ››› 변수 선택

[변수]목록에서 “성별”변수를 오른쪽 X축으로 마우스로 끌고 간다.

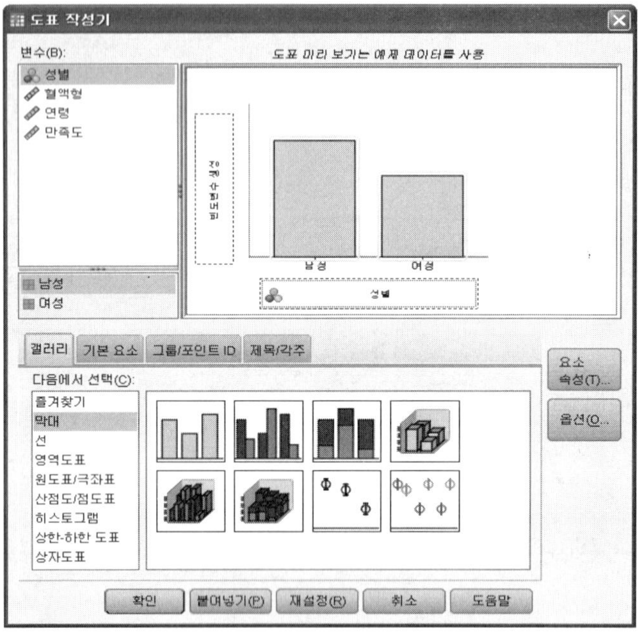

순서 6 ››› 요소 특성 설정

요소특성은 다음과 같이 설정한다.

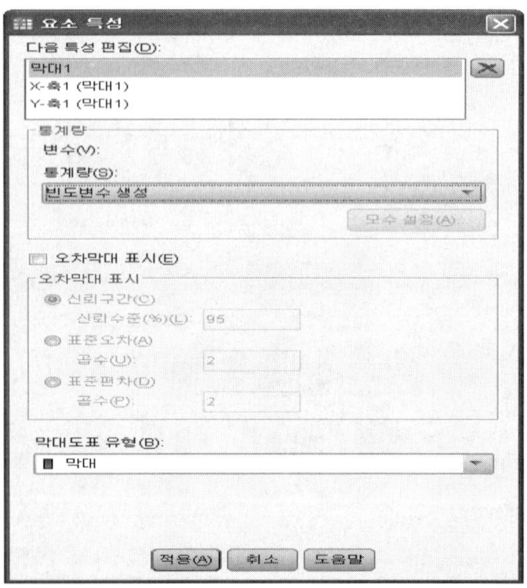

순서 7 ››› 그래프 완성

다음과 같이 막대그래프가 작성된다.

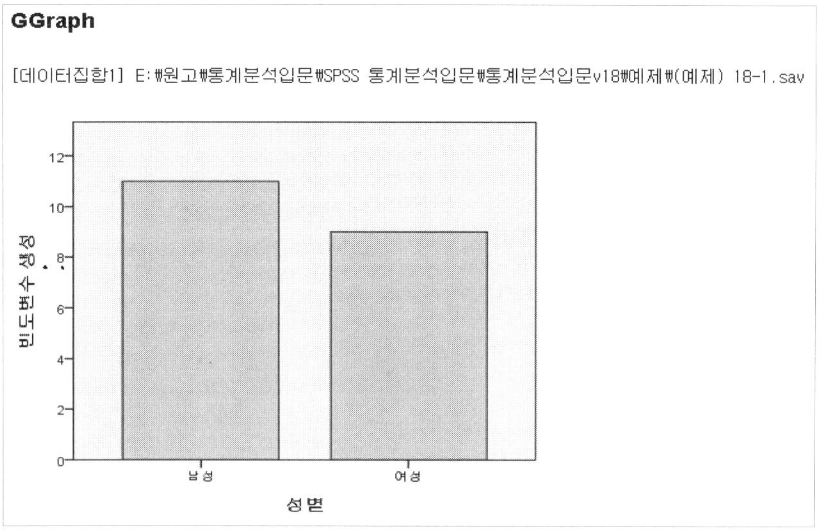

2) 도표 유형 변경

순서 1 ››› 유형 변경

막대도표유형을 클릭한 후 [I형 도표]를 선택한다.

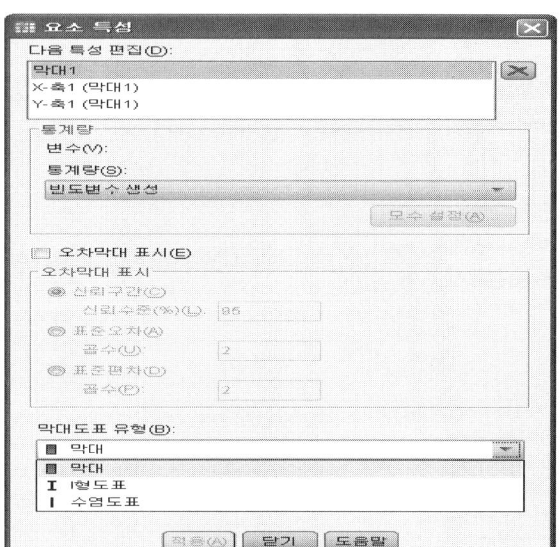

순서 2 ▸▸▸ 도표변경

[적용] 버튼을 클릭하면 도표 유형이 막대에서 I형도표로 변경된다.

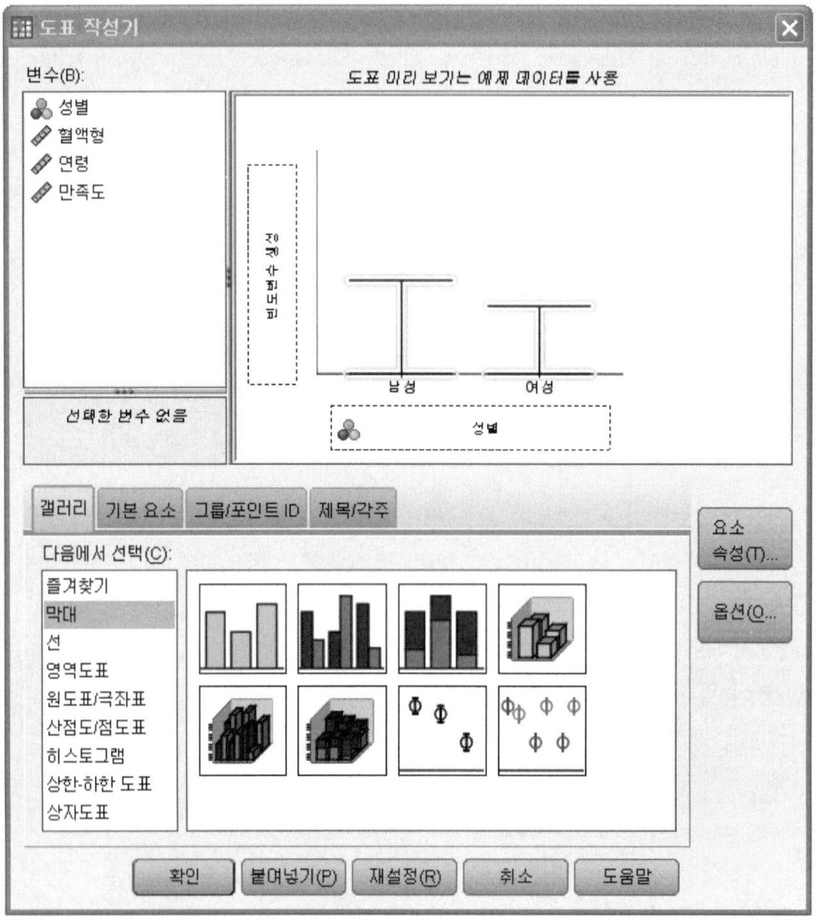

순서 3 ▸▸▸ 축설정

[다음특성편집]에서 "X-축1(막대1)"을 클릭하면 다음과 같이 축설정 화면이 나타난다.

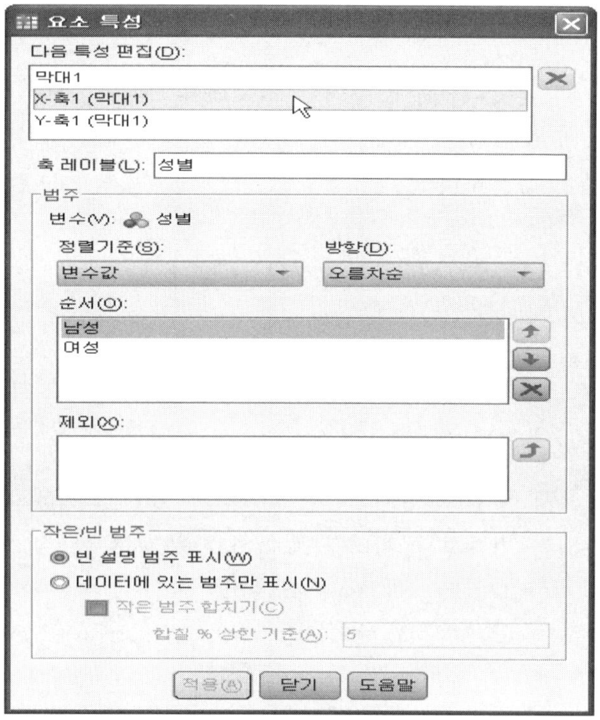

2. 도표유형

PASW에서는 다음과 같은 도표 유형을 작성할 수 있다.

막대도표

단순, 수직누적, 수평누적, 3차원 및 오차 막대가 있으며, 막대도표는 범주형(명목척도, 순서척도) 변수 요약 시 유용하다. 예를 들어 막대도표를 사용하여 설문 조사에 참여한 남성 및 여성 인원 수를 표시하여 비교하거나 남성의 평균 급여 및 여성의 평균 급여를 표시하여 비교하는데 유용하다.

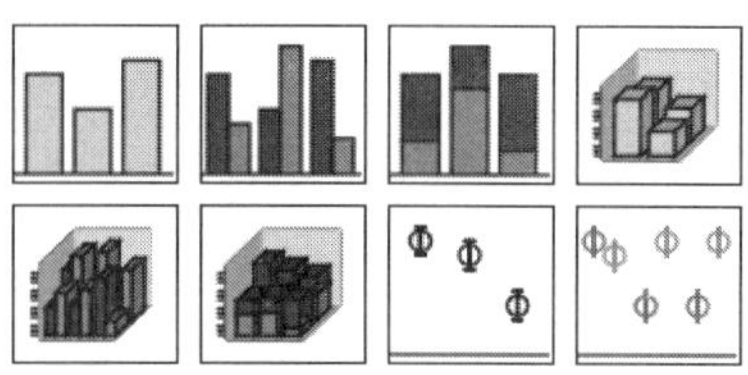

선도표

단순 및 집단(다중선) 선도표가 있으며, 선도표는 막대도표와 마찬가지로 범주형 변수를 요약 하는데 유용하다. 특히 주가지수와 같은 시계열 데이터를 표시하는데 있어서 선도표는 매우 유용하다.

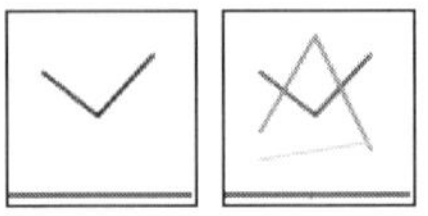

영역도표

단순 및 수직누적이 있으며, 영역도표는 막대도표 및 선도표와 기능을 합쳐놓은 모양이다. 막대도표처럼 범주형 데이터를 요약하는 데 사용할 수 있으며, 선도표처럼 시계열 데이터를 요약하는 데도 사용할 수 있다.

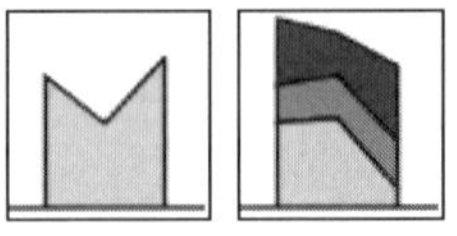

원도표/극좌표

단순 요소 하나만 있으며, 원도표는 비율을 비교하는 데 유용하다. 예를 들어 원도표를 사용하여 특정 클래스에 등록된 높은 비율의 여성 수를 설명할 때 유용하다.

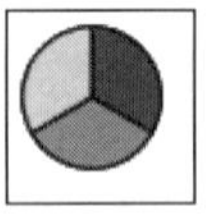

산점도/점도표

1차원, 단순, 집단, 겹쳐그리기 및 3차원 산점도, 1차원 점도표 및 하락-선도표가 있다. 포인트 그래프 요소로 작성된 여러 광범위한 범주의 도표가 있습니다.

- 산점도는 다변량 데이터를 도표로 작성하거나 척도변수 간에 잠재적 관계를 결정하는 데 유용하다. 단순 산점도는 2차원 좌표계를 사용하여 두 개의 변수를 도표로 작성하며, 3차원 산점도는 3차원 좌표계를 사용하여 세 개의 변수를 도표로 작성한다. 추가 변수를 도표로 작성해야 하는 경우 겹쳐그리기 산점도 및

산점도 행렬(SPLOM)을 시도할 수 있다. 겹쳐그리기 산점도는 각 대응 변수를 색상 또는 모양별로 구분하여 x-y 변수의 겹쳐진 대응 변수를 표시한다. SPLOM은 각 변수를 SPLOM의 다른 각 변수에 대해 도표로 작성한 2차원 산점도 행렬을 작성한다.

- 점도표는 히스토그램처럼, 단일 척도변수의 분포를 표시하는 데 유용하다. 데이터가 그룹화되지만 빈도처럼 각 그룹에 대해 하나의 값 대신 각 그룹의 모든 포인트가 표시되고 수직누적된다. 흔히 밀도함수도표라고도 한다.
- 요약 포인트 도표는 포인트가 막대 맨 위에 표시되는 것을 제외하고 막대도표와 거의 비슷하다.
- 하락-선도표는 특별한 유형의 요약 포인트 도표이다. 포인트는 집단화되고 선은 각 범주 내 포인트를 통해 작성된다. 하락-선도표는 범주형 변수에 대한 통계량 비교시 유용하다.

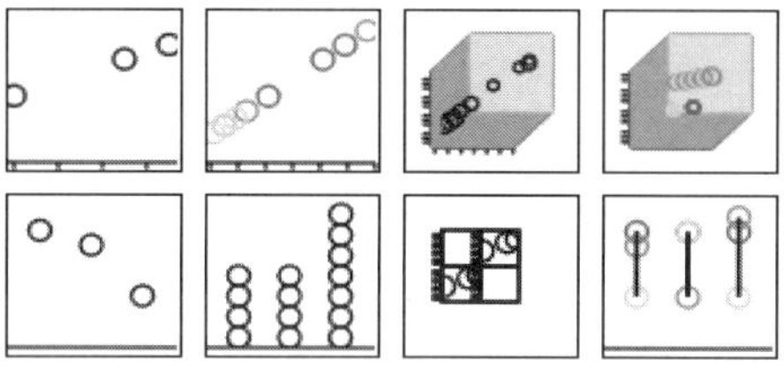

히스토그램

단순, 수직누적, 빈도 다각형 및 모집단 피라미드가 있다. 히스토그램은 단일 척도변수의 분포를 표시하는 데 유용하며, 데이터는 빈도 또는 퍼센트 통계량을 사용하여 그룹화되고 요약된다. 빈도 다각형은 히스토그램의 변동이며 막대 그래프 요소 대신 영역 그래프 요소가 사용되는 것을 제외하고 일반적인 히스토그램과 같다.

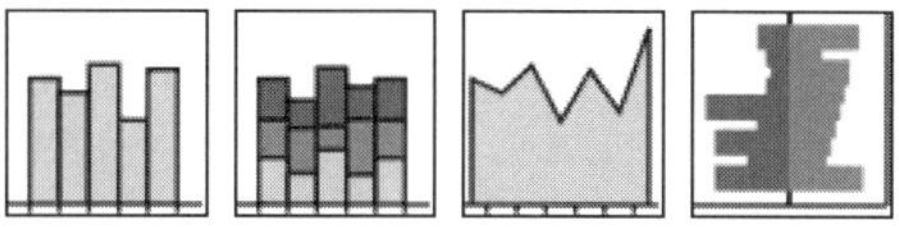

상한-하한 도표

상한-하한-종료, 범위막대, 수평누적 범위막대 및 구분영역이 있다. 상한-하한 도표의 범주에는 두 개의 값 사이에 표시되는 일정 범위의 데이터에 대한 모든 도표가 포함된다.

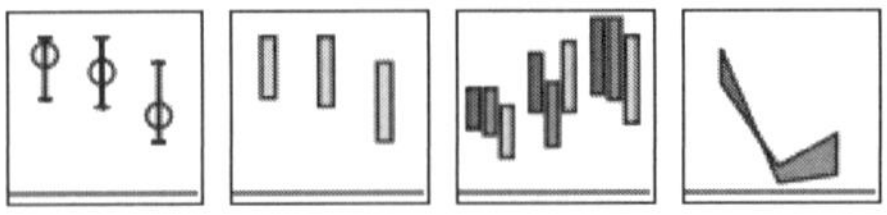

상자도표

단순 및 수평누적요소가 있다. 상자도표는 5개의 통계량(최소값, 첫 번째 사분위수, 중위수, 세 번째 사분위수 및 최대값)을 표시한다. 척도변수의 분포를 표시하고 이상값을 정확히 표시하는데 유용하다. 범주형 변수에서 각 범주에 대해 요약된 2차원 상자도표를 작성하거나 데이터에서 모든 케이스에 대해 요약된 1차원 상자도표를 작성할 수 있다.

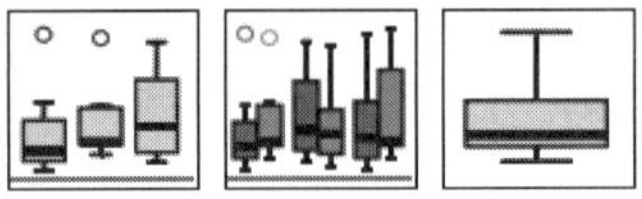

3. 도표 편집

도표편집기는 작성된 도표를 더블클릭하면 나타나며, 작성된 도표를 다양하게 편집하기 위한 기능을 제공한다.

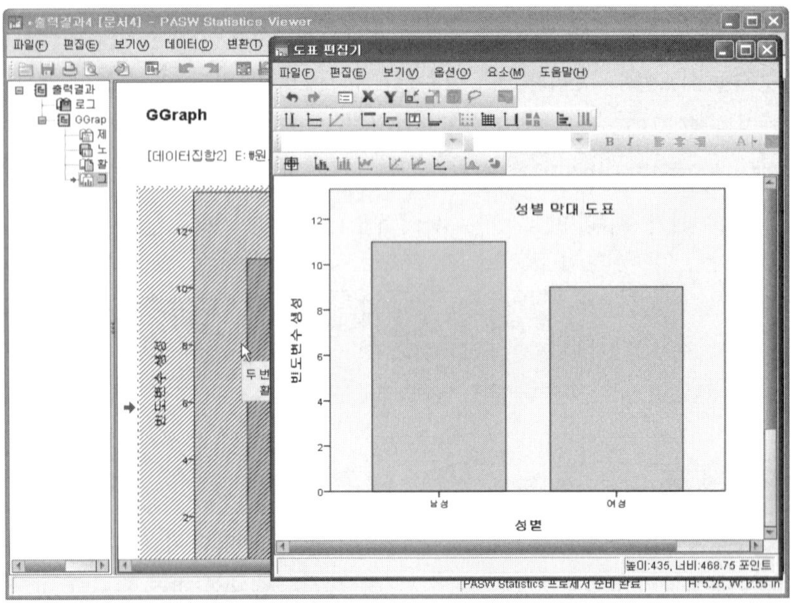

순서 1 ▸▸▸ 데이터의 입력(18-1.sav)

막대도표, 선도표 및 영역도표 등 도표의 특성(옵션)을 변경하려면 막대, 선, 영역 또는 산점 등을 더블클릭한다.

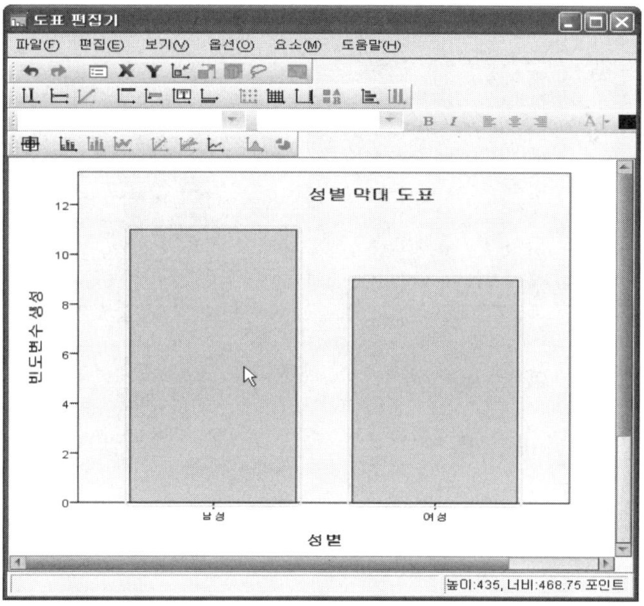

순서 2 ▸▸▸ 도표 모양 특성창

각 도표별로 편집 가능한 도표 모양 특성(옵션)창이 나타난다. 본 저서에서는 막대도표를 대상으로 설명하도록 한다.

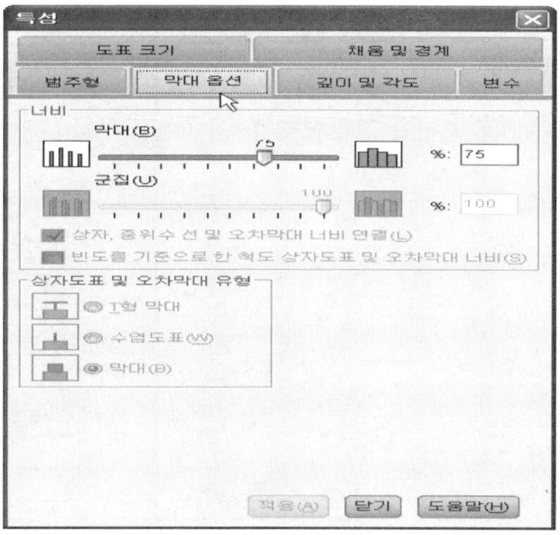

상자도표의 막대 특성 – 너비

막대의 너비를 넓히거나 좁힐 수 있다. 흔히 히스토그램 도표 작성시 사용한다. 다음은 너비를 10%(왼쪽 도표)와 100%(오른쪽 도표)로 했을 경우이다.

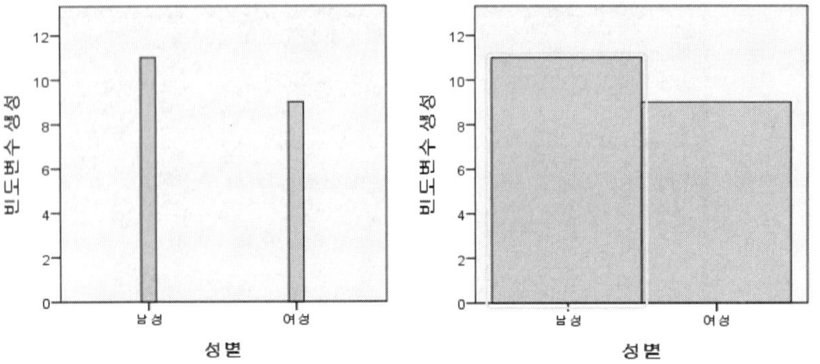

상자도표 및 오차막대 유형

상자도표의 막대 유형을 선택한다.

상자도표의 깊이 및 각도 특성

도표에 그림자 효과를 주거나 3차원 효과를 주고자 할 때 사용한다. 3차원 효과를 지정한 후에는 [3차원 회전]을 선택한 후에 화면표시, 외곽틀 표시, 거리를 조정할 수 있다.

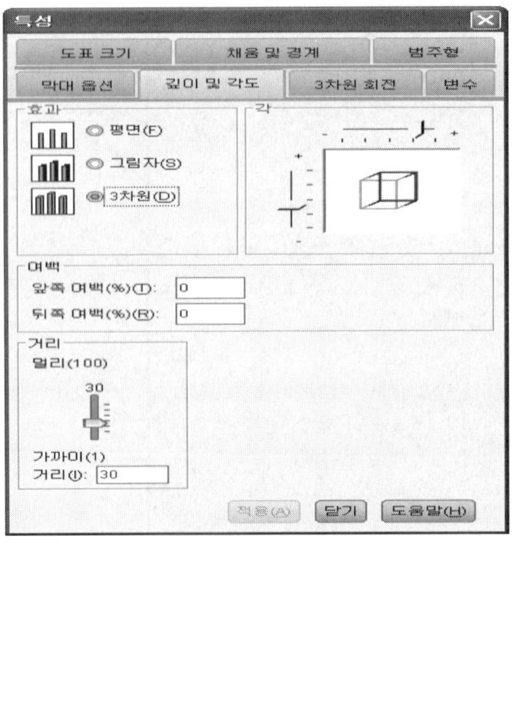

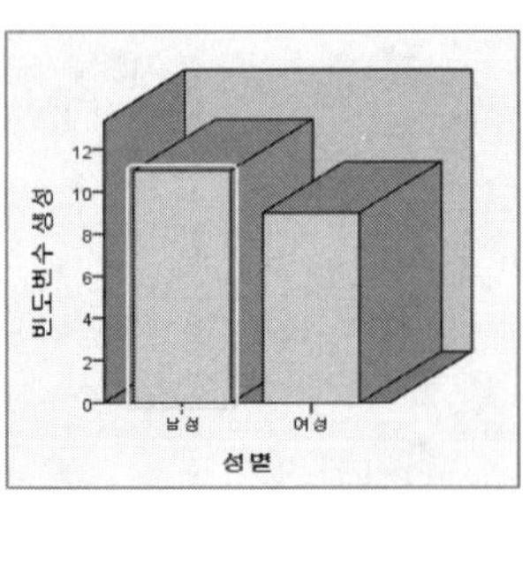

상자도표의 채움 및 경계

외부틀, 데이터틀, 범례틀, 입력란 및 막대에 대해 색상을 바꾸거나, 패턴을 적용하거나, 선 굵기 또는 경계선 유형을 바꿀 수 있다.

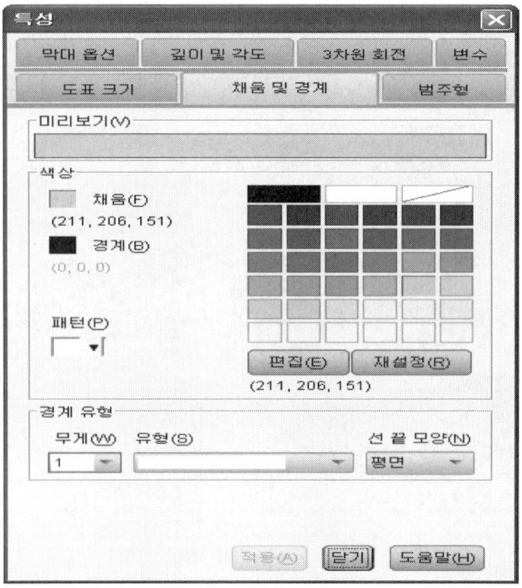

순서 3 ▸▸▸ 기타 특성창

① 축 특성창

도표편집기 메뉴의 [편집]-[X축 선택] 또는 [Y축 선택]을 선택한다.

② 범례 보이기/감추기

도표편집기 메뉴의 [옵션]-[범례보이기] 또는 [범례감추기]를 선택한다.

③ 데이터 설명 보이기

각 도표 모양(막대, 원 등)을 마우스 오른쪽 버튼으로 클릭한 후 "데이터설명 보이기"를 선택하면 변수값의 설명문을 나타내고, 이 설명에 더블클릭을 하면 특성 대화상자가 나타난다. 이때 표시안함의 퍼센트를 표시 영역으로 올려보내면 변수값의 설명문이 수치 하단에 표시된다.

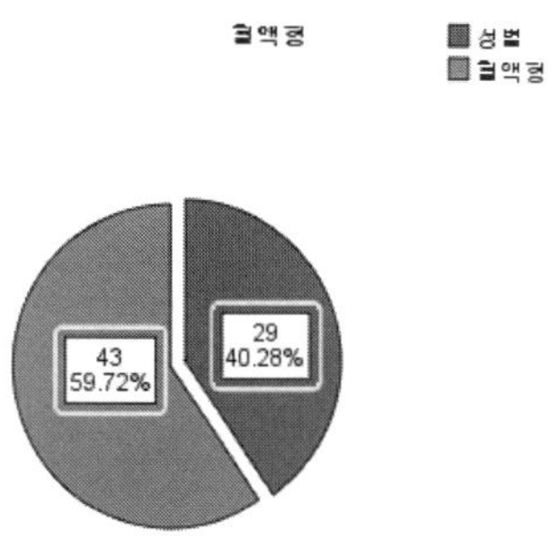

④ 원 도표 조각분해

원 도표의 원조각에서 마우스 오른쪽 버튼을 클릭하면 팝업 메뉴가 나타난다. 이때 “조각분해”를 선택한다. 그러면 원 조각이 서로 떨어져 분리되어 표시된다. 원 조각을 더블클릭하면 특성 대화상자가 나타나며 이들 탭에서 특성을 변경함으로써 조각에 다양한 효과를 낼 수 있다. 다시 분리된 조각을 합치려면 분리된 조각에서 마우스 오른쪽 버튼을 클릭한 후 “조각반환”을 선택하면 된다.

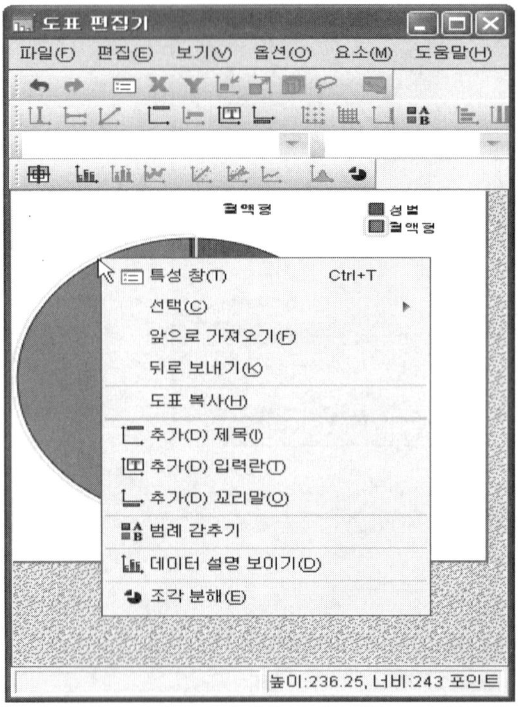

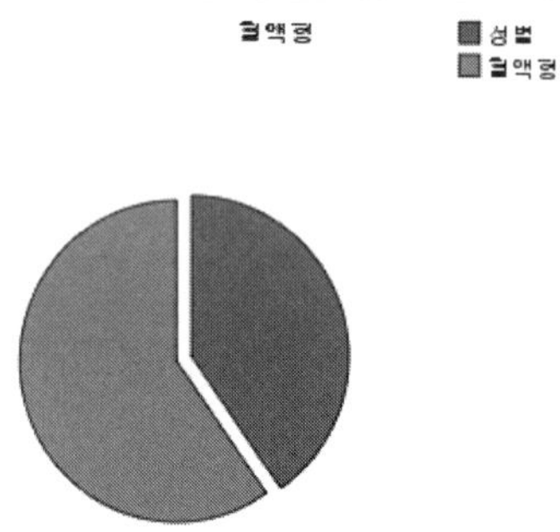

⑤ 산점도의 적합선 표시

산점도에서 적합선을 표시하려면 산점도의 점 표시에 마우스를 두고 오른쪽 버튼을 클릭한 후 나타나는 팝업 메뉴에서 “추가 전체 적합선”을 선택하면 특성 대화상자의 “적합선”탭이 나타난다. 여기에서 적합 방법을 선택하면 적합된 추세선을 표시할 수 있다.

만일 산점 표시가 집단별로 분리하여 나타난 경우, 예를 들어 성별에 따라 점표시가 다르게 작성된 경우 다르게 적합선을 적합할 경우에는 “추가 부집단 적합선”을 선택하면 성별에 따라 두 개의 적합된 추세선을 나타내 주고 결정계수를 표시해준다.

PASW(SPSS)에 의한 해법

순서 1 ▸▸▸ PASW(SPSS) 도표 편집기의 호출

앞의 산포도상에서 점이 있는 곳에 마우스 포인터를 놓고 더블클릭하면, 다음과 같은 화면이 나타난다.

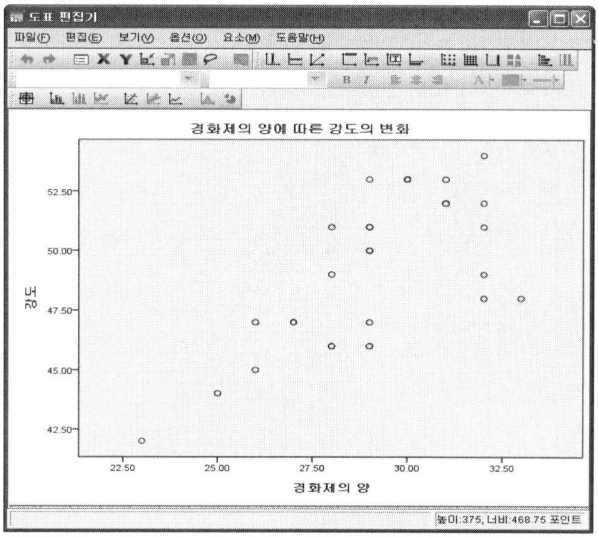

순서 2 ▸▸▸ 산점도 도표 특성 호출

도표편집기상의 산점도 중 한 점(0)을 클릭하면 모든 점들이 선택된다.

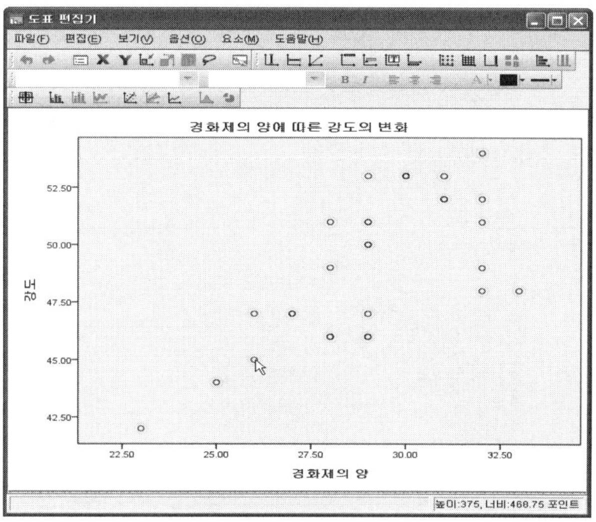

모든 점이 선택되지 않고, 한 점만 선택된다면 도표편집기의 외곽의 흰 부분중 아무곳이나 클릭한 후 선택이 취소되면 다시 임의의 한 점을 클릭한다. 모든 점이 선택되도록 해야 한다.

순서 3 ››› [산점도 옵션 : 회귀선 적합]의 선택

도표편집기창의 [요소] 메뉴의 [전체 적합선]을 선택한다.

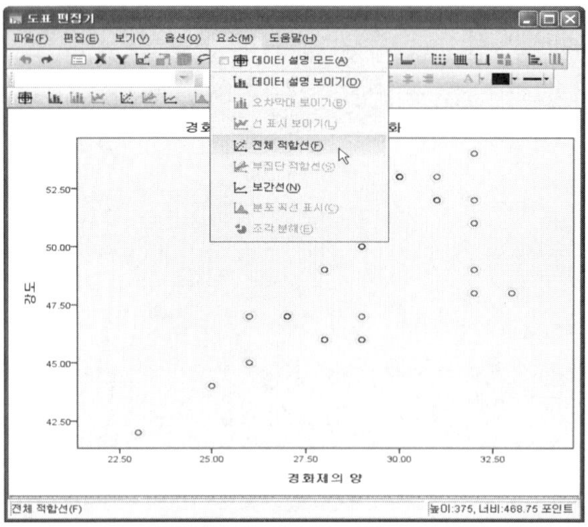

순서 4 ››› 회귀옵션의 선택

특성 대화상자가 나타나면 [회귀선 적합]의 적합방법에서 [선형]을 선택하고 [적용] 버튼을 클릭하고 [닫기] 버튼을 클릭하면 회귀선과 결정계수를 표시한다.

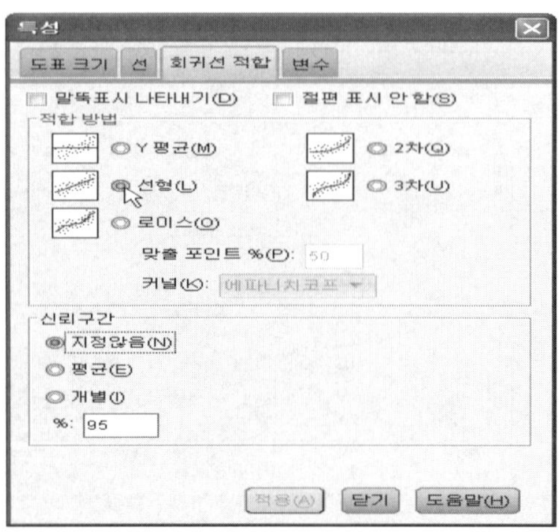

분석결과

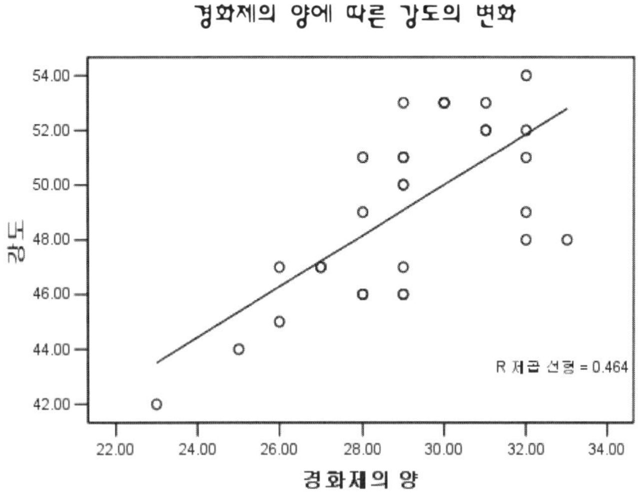

선 유형 바꾸기

선 유형을 변경하려면 도표편집기의 도표 상의 선을 더블클릭하면 선 특성 대화상자가 나타난다. 이때 선의 굵기, 색상, 유형, 선 끝의 모양 등을 변경할 수 있으며, 원하는 모양을 선택하고 [적용] 버튼을 클릭하면 설정된 상태로 선 모양이 변경된다.

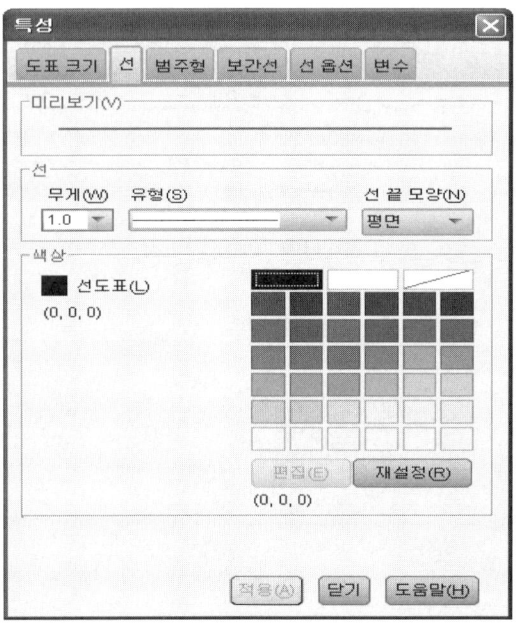

점표시 바꾸기

산점도나 선도표에서 점표시를 변경하려면 도표편집기의 도표 상의 점을 선택하거나 더블클릭하면 "점 표시" 대화상자가 열린다. 도표에서 점표시를 바꾸고자 하는 부분을 선택한 후 "점 표시" 탭에서 원하는 모양을 선택하고 [적용] 버튼을 클릭하면 도표의 점표시가 변경된다. 선도표일 경우 점을 표시하려면 선을 마우스 오른쪽 버튼으로 클릭한 후 "선표시 보이기"를 선택하면 점이 표시된다.

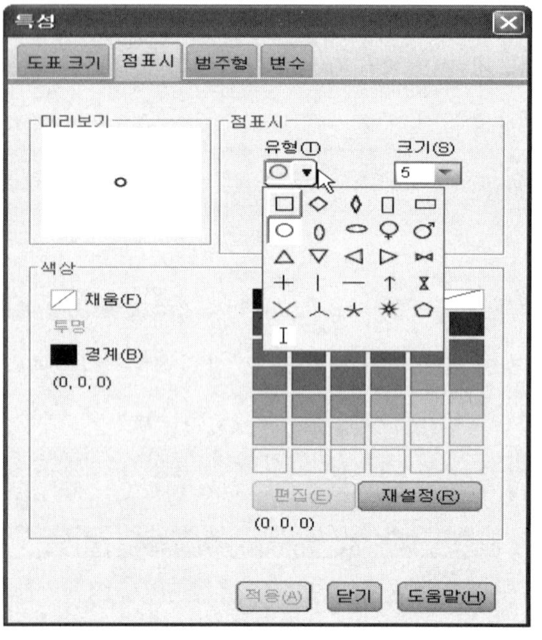

시스템 환경 설정 및 텍스트 데이터 파일 열기

19

1. 시스템 환경 설정

PASW 작업을 보다 용이하게 하기 위해서는 PASW 시스템의 환경을 사용자 환경에 맞게 설정하는 것이 좋다.

시스템 환경을 설정하려면 [편집] 메뉴의 [옵션]을 선택한다.

일반적인 옵션은 프로그램을 종료한 후 다시 시작해야 변경된 값이 적용되며, 그렇지 않은 옵션도 있다. 그러나 가장 안정적인 방법은 옵션을 변경하면 프로그램을 종료한 후 다시 시작하는 것이 바람직하다.

일반

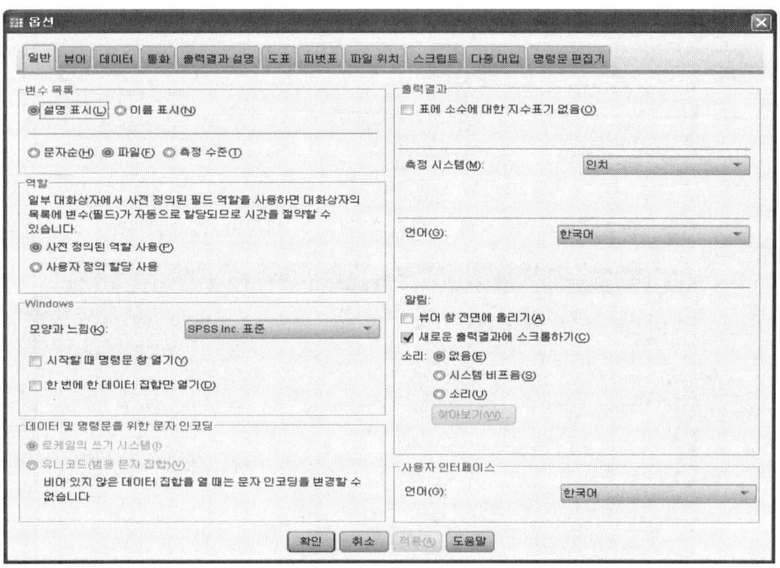

변수 목록

[분석] 메뉴에서 선택한 분석 도구의 변수 목록상자에 변수를 설명으로 표시할 것인지, 또한 목록에 나열되는 순서를 문자의 가나다순으로 할 것인지, 변수 입력 순서로 할 것인지를 선택한다. 데이터를 새로 열어야 적용된다.

- 변수 [설명표시] : 변수 보기 편집 창의 변수 '설명'란에 입력한 내용이 표시됨. 보통 설명은 그 내용이 길기 때문에 분석창에서 변수 구분이 어려운 경우가 있다.
- 변수 [이름표시] : 변수 보기 편집 창의 '이름'란에 입력한 내용이 표시됨.
- 파일 : 변수 보기 편집 창의 변수이름을 입력한 순서 즉, 첫 번째줄인 1행에 성별, 두 번째줄에 나이, 세 번째 줄에 학력을 입력했다면 성별→나이→학력의 순으로 표시됨.
- 문자순(H) : 변수 입력순서에 상관없이 각 변수의 첫 번째 문자열의 가나다, ABC 순서에 의해 표시됨. 즉, 나이→성별→학력의 순으로 표시됨.

변수[설명표시(L)], [파일(F)]순 표시가 적용된 예

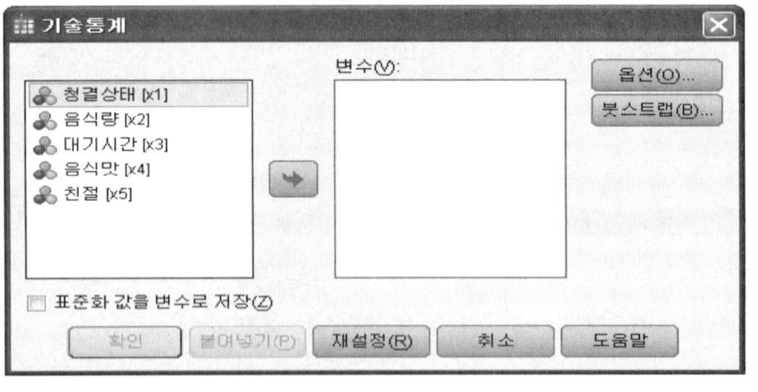

변수[이름표시(N)], [문자순(H)]순 표시가 적용된 예

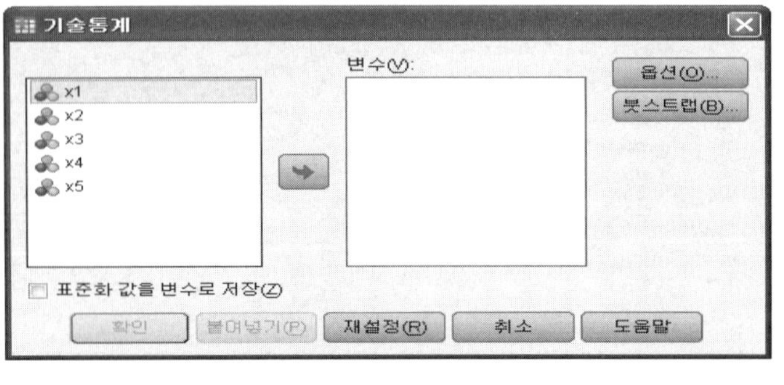

① 언어

언어는 한국어로 설정하여야만 모든 출력결과가 한국어로 번역된 상태로 출력된다.

② 알림

[뷰어 창 전면에 올리기]가 선택되면 출력결과 뷰어 창이 모든 창의 앞에 표시된다. 만약 선택되지 않았다면 다른 창의 뒤쪽에 놓이므로 다른 창에 가려서 보이지 않게 된다. 따라서 이 항목은 선택해 두는 것이 좋다.

[새로운 출력결과에 스크롤하기]가 선택되어야만 출력결과 뷰어 창의 새로 분석한 결과가 있는 위치로 이동된다. 만약 선택되어 있지 않다면 사용자가 뷰어 창에서 결과가 있는 위치로 화면 이동을 해야 한다. 그러므로 선택하는 것이 좋다.

뷰어

출력결과 뷰어 창에 표시될 항목과 글꼴, 글꼴 크기, 글꼴 속성, 텍스트 출력결과 크기 등을 지정한다. 기본값 그대로 사용해도 되지만 '텍스트 출력결과 글꼴'은 '굴림체'로 설정되어 있어야 표나 그림의 한글 글꼴이 깨지는 현상을 최소화할 수 있다. 단, [일반] 탭의 [시작시 출력 결과 유형]에서 [보통]으로 선택되어 있어야만 옵션 설정이 적용된다.

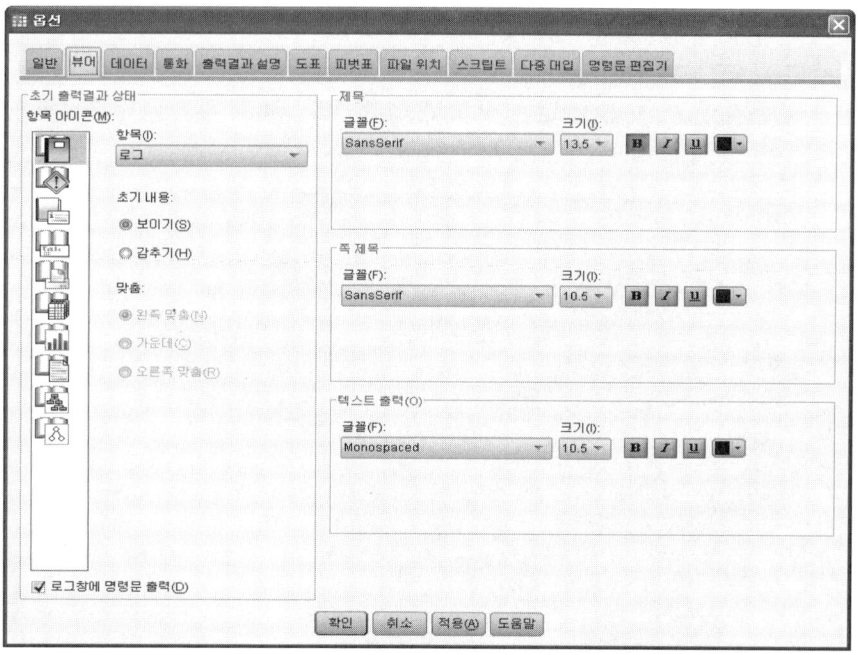

데이터

데이터 값표기 및 계산 등과 관련한 옵션을 설정한다.

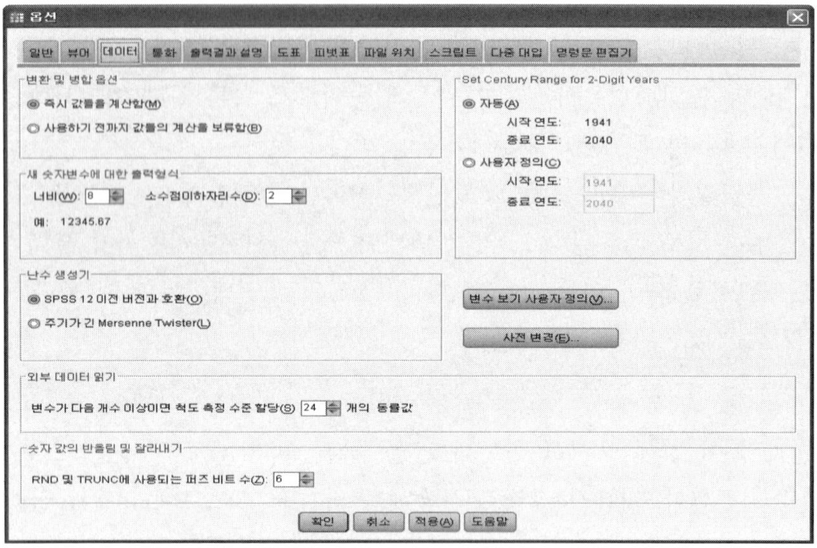

출력결과 설명

출력결과를 설명이나 이름, 설명과 이름, 변수값의 설명, 값, 값과 설명 중 선택한다. 기본값 그대로 사용해도 된다.

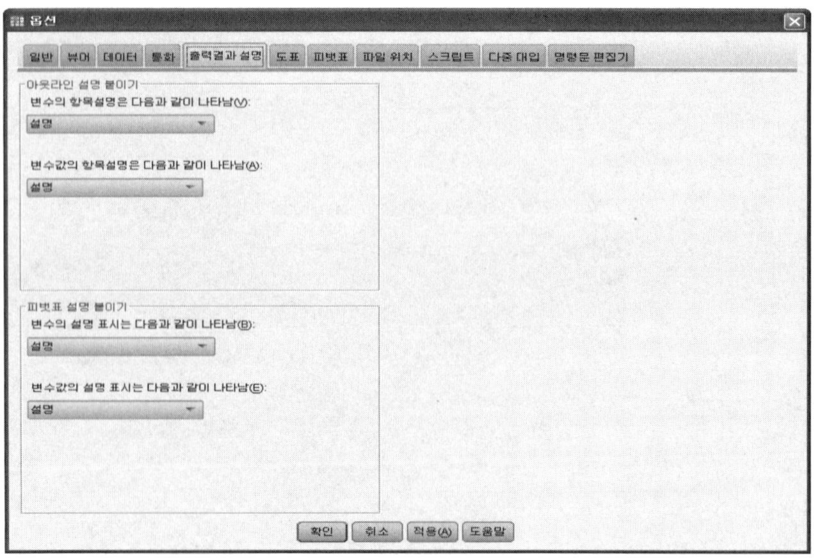

도표

출력되는 도표(그래프 또는 차트)와 관련된 글꼴, 채움모양과 괘선유형, 도표 인쇄 비율, 틀 표시영역(내부나 외부 중), 격자선 표시여부를 선택한다. 여기서는 글꼴을 한글 "굴림체"와 같이 한글 글꼴로 설정한다.

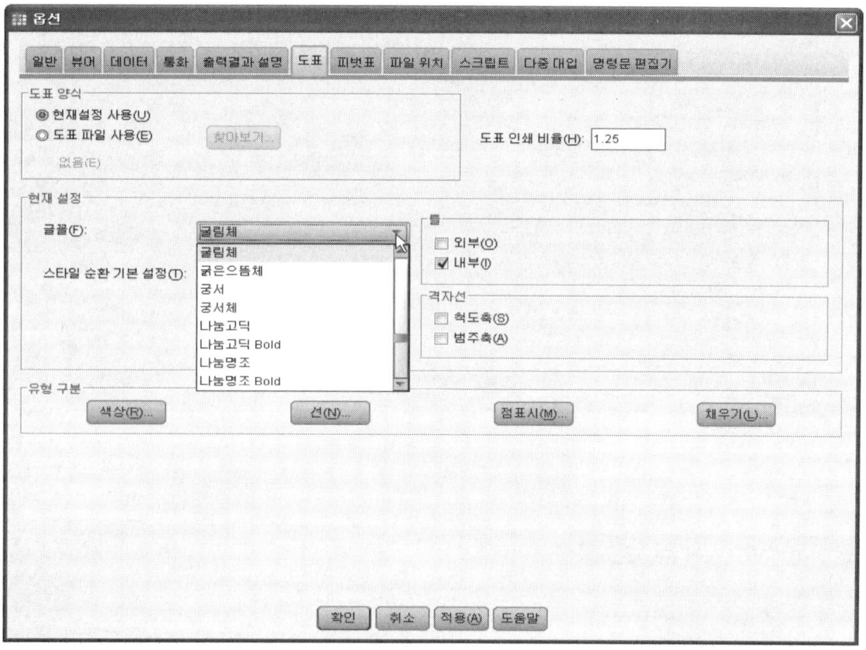

내부, 외부 틀을 모두 사용하지 않는 그래프

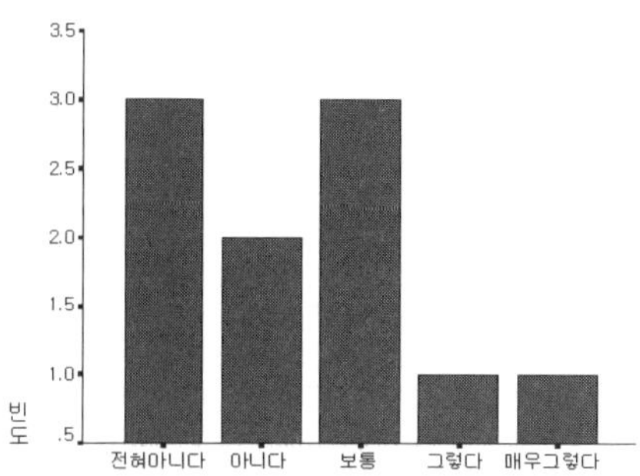

내부 틀을 사용한 그래프

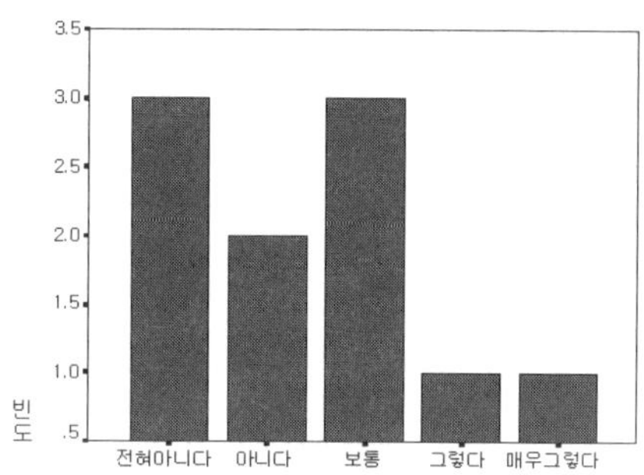

피벗표

출력결과에 표시되는 피벗표의 모양을 지정한다. 기본값인 [시스템 디폴트]를 그대로 사용하여도 된다.

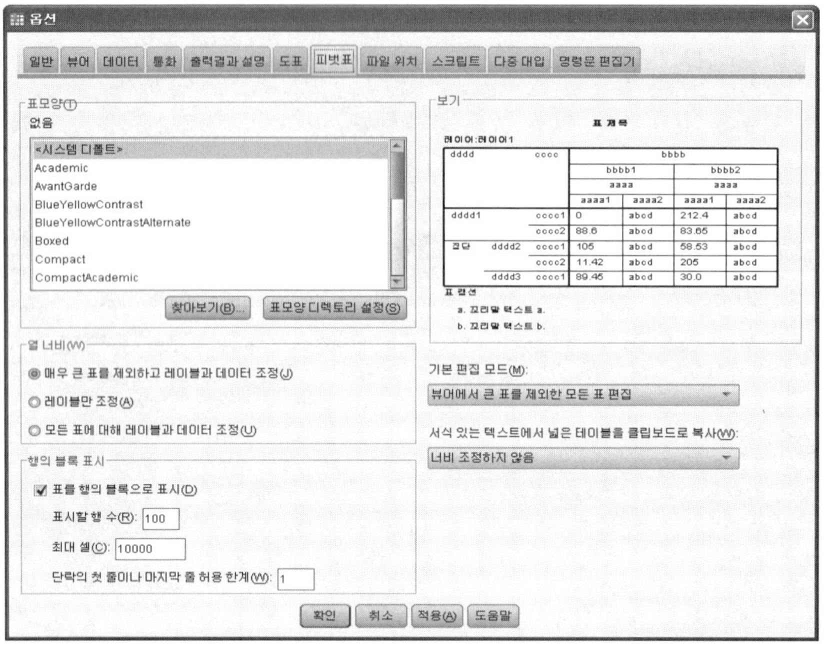

2. 텍스트 데이터 파일 열기

PASW에서는 기본적으로 PASW(구 SPSS포함) 데이터 파일 외에도 엑셀, 로터스, DB, SAS 등 타 프로그램의 데이터 파일을 읽어올 수 있다. 또한 데이터베이스 파일외에 텍스트 파일도 데이터 파일로 불러 올 수 있다.

먼저 다음과 같은 파일을 메모장에서 작성하여 저장한다.

흔글이나 MS워드 등으로 작성한 후 저장 옵션에서 텍스트 문서로 저장해도 된다.

성별	연령	학력
1	3	3
2	2	2
2	3	3
2	2	4
1	4	1
1	1	2
1	1	3
1	4	3

순서 1 ▸▸▸ 텍스트 데이터 선택

[파일] 메뉴의 [텍스트 데이터 읽기]를 선택한다. 데이터 열기 상자가 나타나면 [찾아보기]를 통해 텍스트 파일이 저장된 위치로 이동한다.

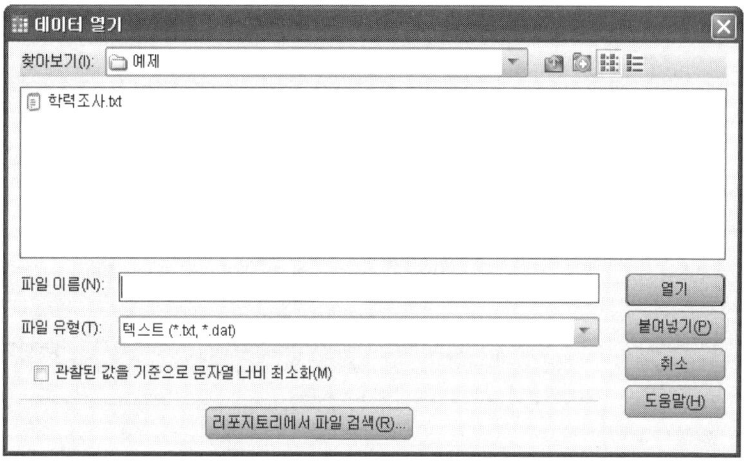

순서 2 ▸▸▸ 텍스트 가져오기 마법사

[텍스트 가져오기 마법사-6단계층 1단계]가 실행된다.

[텍스트 파일이 사전 정의된 형식과 일치합니까?]는 [아니오]를 선택하고 [다음] 버튼을 클릭한다.

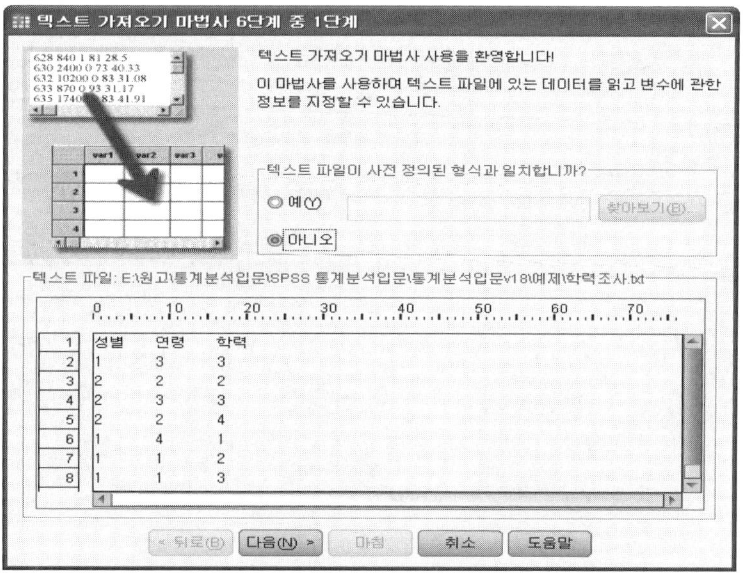

순서 3 ››› 변수 배열과 변수이름 선택

[구분자에 의한 배열]을 선택하고, 1행에 변수이름인 '성별', '연령', '학력'이 입력되어 있으므로 [예]를 선택한 후 [다음]을 클릭한다.

변수는 어떻게 배열되어 있습니까?
구분자에 의한 배열 : 콤마, 탭, 특수한 문자로 구분되어 있는 경우에 선택한다.
고정 너비로 배열 : 고정된 너비로 배열되어 있을 경우에 선택한다.

변수이름이 파일의 처음에 있습니까?
변수이름이 1행(가장 윗줄)에 입력되어 있다면 [예]를 선택한다.

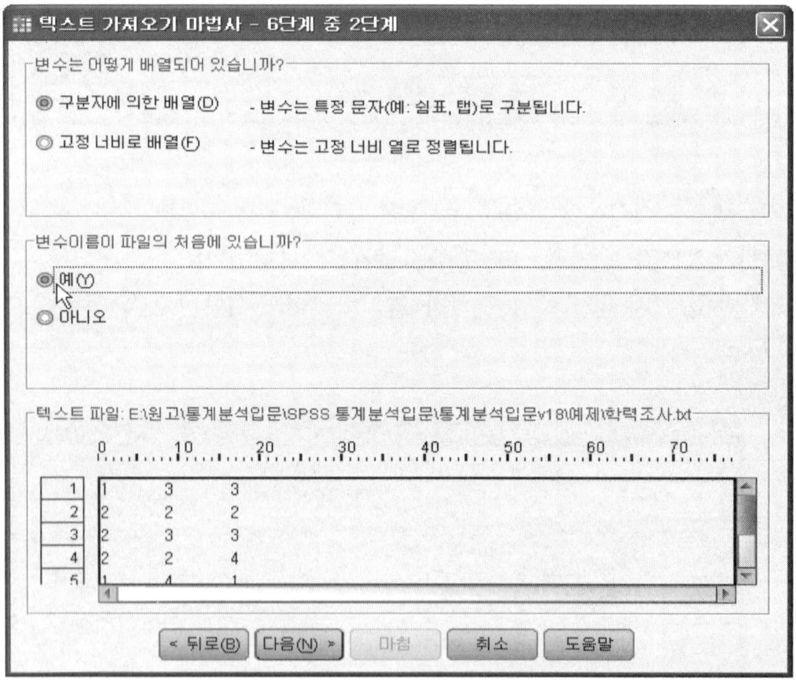

순서 4 ››› 데이터 케이스 설정

다음과 같이 각각 설정한 후 [다음]을 클릭한다.

[데이터의 첫 번째 케이스가 몇 번째 줄에서 시작합니까?] → '2'(1행은 변수이름이므로)
[케이스가 어떻게 표시되고 있습니까?] → '각 줄은 케이스를 나타냅니다.'를 선택
[몇 개의 케이스를 가져오시겠습니까?] → '모든 케이스'를 선택

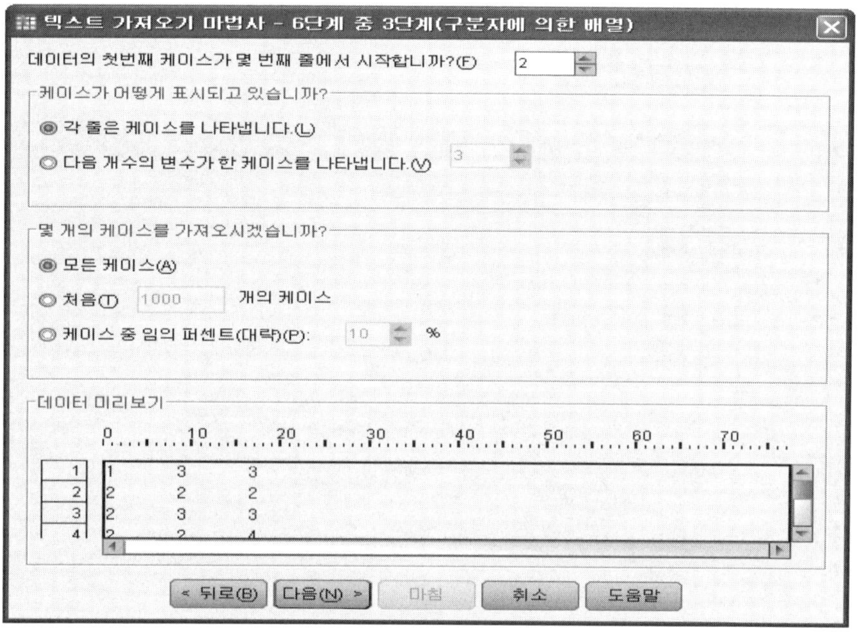

순서 5 ▸▸▸ 데이터 케이스 설정

4단계에서는 [탭]을 선택하고 [다음] 버튼을 클릭한다. 즉, 데이터를 입력할 때 [Tab] 키를 쳐서 입력하였기 때문에 탭으로 각 케이스가 구분되어 있다.

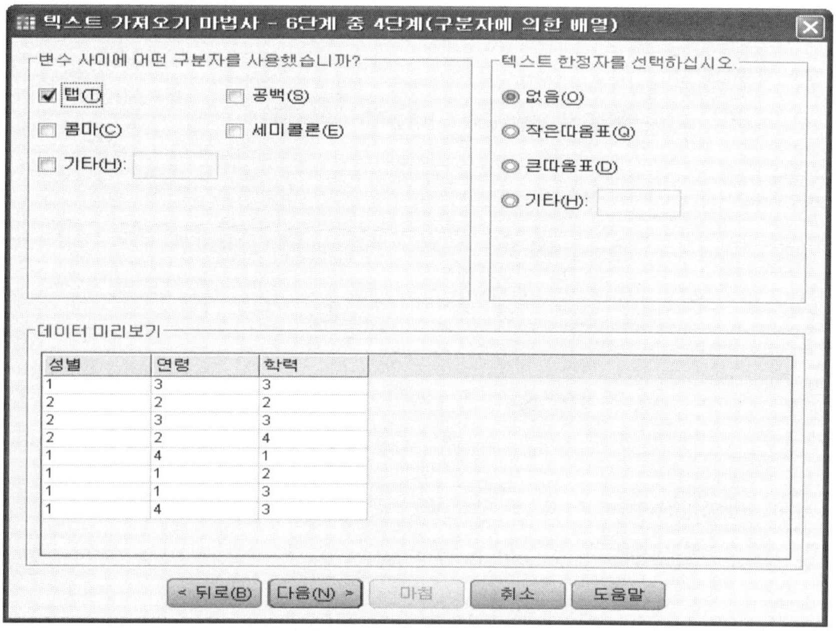

순서 6 ››› 변수 정의

5단계에서는 변수정의를 한다.

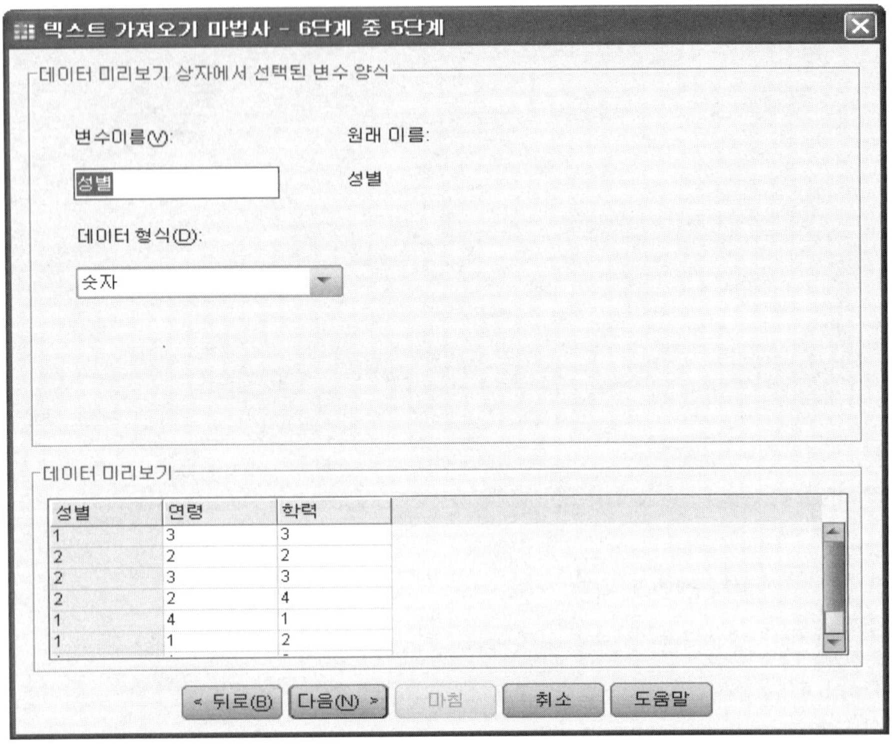

순서 7 ››› 변수 정의

[데이터 미리보기] 영역에서 [성별] 변수를 클릭한다.

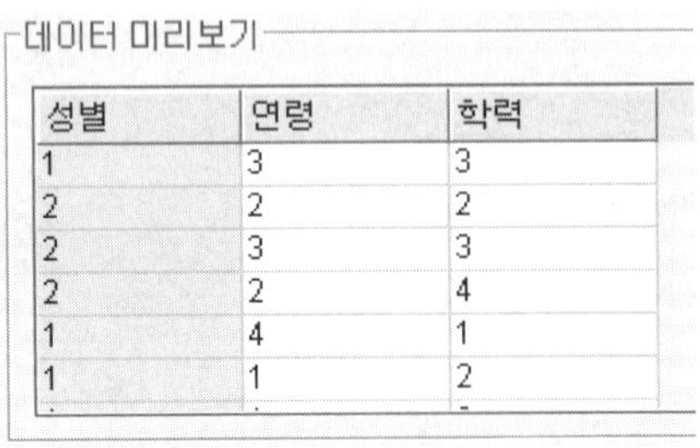

그러면 [성별] 변수의 이름과 형식을 지정할 수 있다.

이와같이 연령, 학력 등의 각각의 변수들에 대한 이름과 형식을 지정하고 지정이 끝나면 [다음] 버튼을 클릭한다.

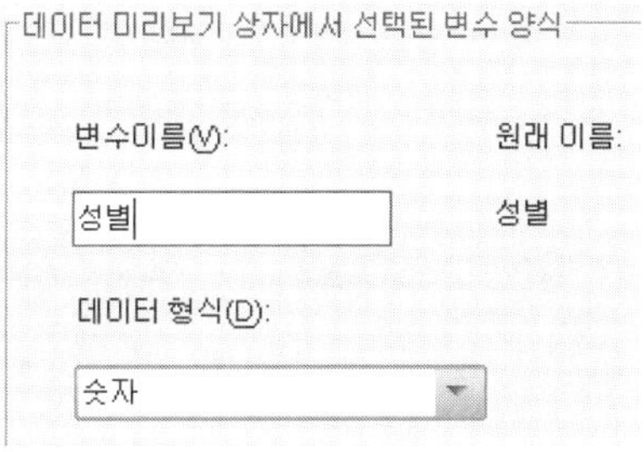

순서 8 ››› 텍스트 가져오기 마법사 종료

6단계에서는 [마침] 버튼을 클릭한다.

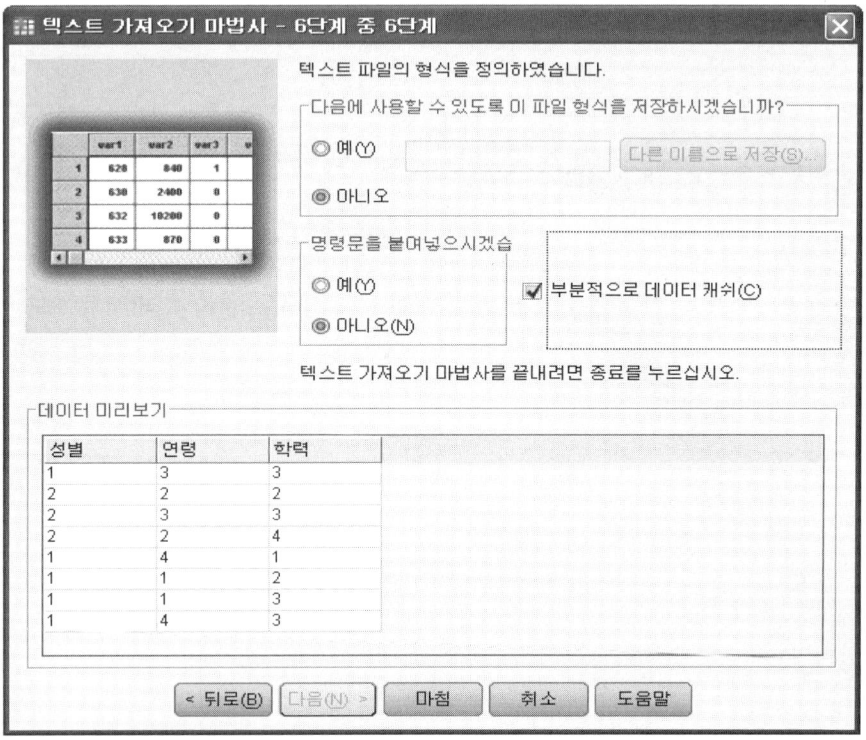

이와 같은 텍스트 파일읽기 형식을 사용하려면 [다음에 사용할 수 있도록 이 파일 형식을 저장하시겠습니까?]의 [예]를 클릭하여 저장해 두었다가 텍스트 파일읽기 마법사 1단계의 [텍스트 파일이 사전 정의된 형식과 일치합니까?]의 [예]를 선택하여 사용하면 된다.

순서 9 ▸▸▸ 텍스트 가져오기 마법사로 가져온 데이터 보기 화면

다음과 같이 데이터가 입력되며, 변수이름도 입력되어 있다.

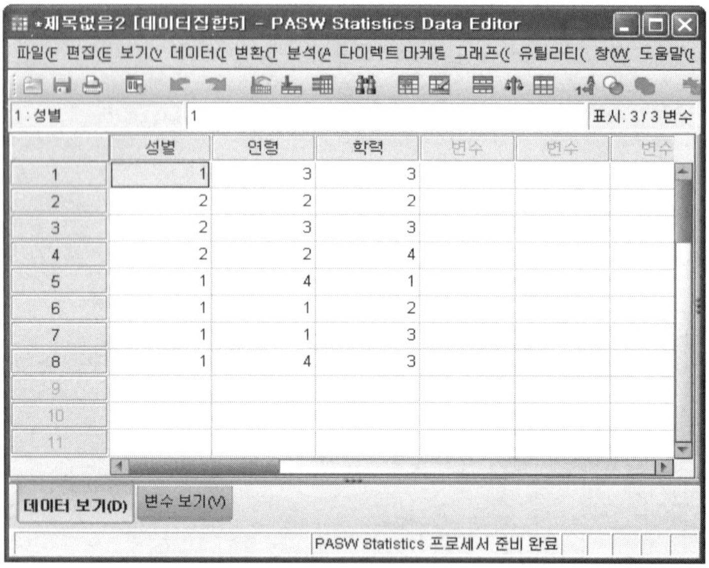

[변수 보기] 탭을 클릭한 후 '변수 설명', '값', '결측값' 등을 입력하면 데이터 입력은 끝난다.

찾아보기

(ㄱ)

(ㄴ)

(ㄷ)

(ㄹ)

(ㅁ)

(ㅂ)

(ㅅ)

(ㅇ)

(ㅈ)

(ㅊ)

(ㅋ)

(ㅌ)

(ㅍ)

(ㅎ)

기타

저자약력

노형진

- 서울대학교 공과대학 졸업(공학사)
- 고려대학교 대학원 수료(경영학박사)
- 일본 쓰쿠바대학 대학원 수료(경영공학 박사과정)
- 일본 문부성 통계수리연구소 객원연구원
- 일본 동경대학 사회과학연구소 객원교수
- 러시아 극동대학교 한국학대학 교환교수
- 중국 중국해양대학 관리학원 객좌교수
- 국방과학연구소 연구원 역임
- 현재, 경기대학교 경영학과 교수
  전공, 품질경영 · 다변량분석(조사방법 및 통계분석)
- 중소기업청 Single-PPM 심의위원
- 한국표준협회 품질경영 심사위원 · 자문위원
- 대한상공회의소 심사위원 · 지도위원
- 한국 식스 시그마 연구회 운영위원
- Single-PPM 지도위원 · 심사위원
- Single-PPM 품질경영연구회 회장

■ 주요저서

- EXCEL로 배우는 경영수학(한올출판사)
- EXCEL 2007에 의한 경영통계학(한올출판사)
- EXCEL 2007에 의한 경영과학(한올출판사)
- SPSS에 의한 통계분석 입문(한올출판사)
- SPSS에 의한 다변량분석 기초에서 응용까지(한올출판사)
- SPSS에 의한 다변량 데이터의 통계분석(도서출판 효산)
- SPSS에 의한 범주형 데이터분석(도서출판 효산)
- SPSS/Excel에 의한 재미있는 시계열분석(도서출판 효산)
- EXCEL에 의한 조사방법 및 통계분석(한올출판사)

▶ e-mail address : hjno@kyonggi.ac.kr

정한열

- 경영학 박사
- 현) 시스게이트 기술연구소 소장
- 현) 경기대학교 경영학부 산업체 겸임교수
  한국 OA학회 컴퓨터 기술분과 편집이사 역임
  에스엠 컨설팅 전문 연구위원 역임
  경원전문대 사무자동화과 산업체 겸임교수 역임
  서울보건대 유통과학과 산업체 겸임교수 역임
  오산대학, 국제대학, 동남보건대, 신구대 강사 역임

■ 주요저서

- 한글 SPSS 기초에서 응용까지(개정판)(공저, 형설출판사)
- e-Business 이론과 현황(공저, 형설출판사)
- STATISTICA에 의한 알기쉬운 통계분석(공저, 형설출판사)
- Excel 2000 기초에서 응용까지(공저, 형설출판사)
- 경영자료분석(Excel을 활용한) (공저, 청암미디어)
- 쉽게 배우는 PC통신과 인터넷(정보문화사)
- 쉽게 배우는 인터넷(정보문화사)
- 쉽게 배우는 인터넷 익스플로러 4.01(정보문화사)
- 한글 액세스 97(공저, 태성출판사)
- 알기쉬운 파워포인트 97(공저, 연학사)
- 한글 엑셀 97(공저, 높이깊이)
- 한글 Windows NT 4.0(정보문화사)
- 저는 PC를 하나도 모르는데요(키출판사)

PASW(SPSS)에 의한 통계분석 입문

2010년 5월 15일 초판1쇄 인쇄
2010년 5월 20일 초판1쇄 발행

저　자　노형진 · 정한열
펴낸이　임 순 재
펴낸곳　한올출판사
등록 제11-403호
121-849
주　소　서울시 마포구 성산동 133-3 한올빌딩 3층
전　화　(02)376-4298(대표)
팩　스　(02)302-8073
홈페이지　www.hanol.co.kr
e-메일　hanol@hanol.co.kr
정　가　**18,000원(CD 포함)**

- ISBN 978-89-8325-795-6